普通高等教育"十二五"国际经济与贸易专业规划教材

国家优秀教材一等奖

# 国际商法 （第二版）

主　编　周晓唯　杨林岩

副主编　王胜利

西安交通大学出版社
XI'AN JIAOTONG UNIVERSITY PRESS

## 内 容 提 要

　　本书主要包括国际商法导论、商事组织法、代理法、合同法、国际货物买卖法、国际技术转让法律制度、国际结算法律制度、国际货物运输与保险法、国际产品责任法、国际商事活动的管制制度、国际商事仲裁法等十一章内容,着重介绍了国际商事关系中调整平等主体间的商事行为的法律制度,包括对国际商法渊源及其与其他部门法关系、国际商事组织、国际商事代理、国际商事合同履行、国际货物买卖法律制度、国际技术转让与知识产权保护相关制度、国际商事票据制度、国际货物运输与保险法律制度、各国产品责任法及适用公约以及国际商事监管与仲裁法律制度的介绍。本教材体现了理论性、完整性、适用性等特点。为了区别于国际经济法的写作特点,国际商法每章写作着重点放在调整平等主体间的商事行为的法律制度上,没有过多地涉及纵向性管理、控制的法律制度。国际商事法律制度的介绍尽可能与经济贸易学科背景知识相联系,使学生了解和体验到法律制度是建立在经济贸易理论与实践基础上的。

　　本书既可作为高等院校国际经济与贸易专业基础课教材,同时也可供财经院校各本科专业使用,还可作为法学专业的辅助教材。

普通高等教育"十二五"国际经济与贸易专业规划教材

# 编写委员会

**学术指导：**王洛林

**总　主　编：**冯宗宪

**编委会委员（按姓氏笔画排序）：**

丁巨涛　　王凤丽　　王　珏　　王海刚

王桂林　　毛凤霞　　石冬莲　　叶换民

刘　鹏　　李锦城　　何　林　　周新德

周晓唯　　张文科　　张康淼　　武汉生

钟昌标　　高锦田　　郭根龙　　郭继荣

谈　毅　　樊秀峰　　薛伟贤

**策　　划：**魏照民

# 总 序

　　随着经济全球化和信息技术的发展,国际经济与贸易活动的环境、内容和方式都发生了重大变化。国际经济与贸易活动的内容不仅包括商品的跨国流动,还包括服务、技术以及知识的跨国流动,这些跨国流动比过去任何时候都规模更大、程度更高,同时也伴随着大量的劳动和资本的国际流动。对于国际经济与贸易方式,电子商务、电子结算等新的技术手段的出现和发展大大地减少了国际贸易的交易成本,提高了国际经济与贸易活动的效率,也使许多非贸易产品和服务变得可贸易。国际贸易产品提供者不仅要考虑东道国经济、政治和法律的影响,也必须考虑社会的、环境的、甚至伦理因素的影响。今天的跨国企业比过去任何时候都需要承担更多的社会责任,也比过去任何时候都将受到国际组织和贸易伙伴国相关规则的约束。

　　随着我国经济发展和对外开放规模的不断扩大,国际经济与贸易人才成为我国经济建设和社会发展需求量较大的人才,其人才培养模式多样化已成为必然的趋势。为了及时反映经济全球化和我国经济发展、对外开放的变化,促进国际经济与贸易领域人才的培养,发挥院校之间相互合作的优势,使国际经济与贸易专业的学生能尽快适应快速变化的国际经贸环境,西安交通大学出版社邀请了部分国内学有所长的专家教授编撰了这套普通高等教育"十一五"国际经济与贸易专业规划教材。为使这套教材的编撰有序地进行,还专门成立了教材编写委员会,由总主编、分主编和有关委员组成。各分册主编分别由具有一定实力的本学科学术带头人担任,组织编写人员时注意老中青结合、教学人员与科研人员结合。同时还建立了规范的编、审制度,每一分册的编写组拟出大纲,其框架和内容经过编委会详细讨论,最后由总主编和分主编审订。

　　这套教材具有如下特点:第一,涵盖了新环境下国际经济与贸易学科的主要领域和前沿课题,力图准确、全面、系统地阐述国际经济与贸易专业学生所应掌握的主要领域的最新知识和技能。第二,遵循规范化、国际化和本土化的要求。各教材尽量用现代主流经济学和管理学的规范化理论和研究方法阐述问题,也尽量与国际接轨,同时也特别注重理论和政策的中国化。不照搬西方理论,语言风格和具体案例尽量适合中国学生的学习兴趣,避免了一些翻译教材的语言晦涩和外国教材的距离感等问题。此外,特别对中国遇到的国际经济和贸易问题给予重点关注。第三,结构安排上最大限度地方便读者。各教科书每章的内容阐述前都明确列出了本章的重点问题,在章节内容讲述完毕后,都附有本章小结和思考练习题。

这套教材的作者们都来自教学和科研第一线,对国际经济与贸易的教材建设都有一些切身的感受和见解。教材经反复讨论、几易其稿,吸纳了各合作院校的独特风格,必将更加适合于学生的学习。

衷心感谢参加这套教材编写的教师们,正是由于他们的辛勤劳动,这套系列教材的编写工作才得以顺利完成。我还要真诚感谢西安交通大学出版社的领导和有关编辑,正是由于他们的支持和认真督促,这套教材才能够如期与读者见面。当然,也应看到,由于院校之间、编写者之间的差异性,教材中还是难免会出现一些问题和不足,欢迎选用本系列教材的教师、学生提出批评和建议,也希望参加这套教材编写的教师在今后的教学和科研实践中能够百尺竿头,更进一步,实事求是,不断改进,以使这套教材能够日臻完善。

王洛林

2008 年 8 月于北京

# 第二版前言

根据《普通高等教育"十一五"国际经济与贸易专业规划教材》编写精神,我们组织了在国际商法教学和研究领域中工作多年的教师和实际工作者参加了国际商法教材编写,该教材立足于经济贸易类专业基础课程,同时,也可以作为法学专业的辅助教材。为了区别于国际经济法的写作特点,国际商法每章写作着重点放在调整平等主体间的商事行为的法律制度上,没有过多地涉及纵向性管理、控制的法律制度。国际商事法律制度的介绍尽可能与经济贸易学科背景知识相联系,使学生了解和体验到法律制度是建立在经济贸易理论与实践基础上的。该教材体现以下几个特点:①理论性。在写作过程中,我们参阅了大量的资料,在总结前人经验的基础上,对国际商事活动中的公约、惯例及大陆法系、英美法系在国际贸易中的规定作了理论上的探讨。②完整性。为了使读者对国际商事活动有一个全面的理解,我们在写作的过程中,按照商事活动所具有的各类活动的内容、顺序、尽量全面体现整个商事活动的法律要求。③适用性。教材编写侧重于介绍国际商事活动最基本的法律制度,有理论、有实务,适用于财经院校本科教学。

本书主要内容包括国际商法导论、商事组织法、代理法、合同法、国际货物买卖法、国际技术转让法律制度、国际结算法律制度、国际货物运输与保险法、国际产品责任法、国际商事活动的管制制度、国际商事仲裁法等十一章内容,着重介绍了国际商事关系中调整平等主体间的商事行为的法律制度,包括对国际商法渊源及与其他部门法关系、国际商事组织、国际商事代理、国际商事合同履行、国际货物买卖法律制度、国际技术转让与知识产权保护相关制度、国际商事票据制度、国际货物运输与保险法律制度、各国产品责任法及适用公约以及国际商事监管与仲裁法律制度的介绍。

本书第一版出版后,受到读者的一致好评,重印多次。根据理论研究的不断发展,我们对本书的相关章节进行了修订,以使本教材更适合教学和国际贸易实务发展的需要。

作者

2013 年 8 月

# 目　录

总序

前言

1　第一章　国际商法导论

1　　第一节　国际商法的概念和渊源

4　　第二节　大陆法系和英美法系的形成及其特点

12　　第三节　我国现代法律制度概述

15　第二章　商事组织法

15　　第一节　商事组织法概述

16　　第二节　合伙企业法

19　　第三节　公司法

40　第三章　代理法

40　　第一节　代理法概述

46　　第二节　代理的法律关系

52　　第三节　承担特别责任的代理人

54　　第四节　中国的外贸代理制

59　第四章　合同法

59　　第一节　合同法概述

61　　第二节　合同的订立

64　　第三节　合同的生效

75　　第四节　合同的履行

79　　第五节　合同的违约、救济与消灭

88　第五章　国际货物买卖法

88　　第一节　国际货物买卖合同的成立

93　　第二节　卖方的义务

95　　第三节　买方的义务

97　　第四节　违反货物买卖合同的补救方法

104　　第五节　货物所有权及风险的转移

109　第六章　国际技术转让法律制度

109　　第一节　国际技术转让概述

112　　第二节　国际技术转让与知识产权保护

119　　第三节　国际技术许可合同

130　　第四节　国际技术转让管制制度

134 | **第七章　国际结算法律制度**

134 | 第一节　票据概述

137 | 第二节　汇票

142 | 第三节　本票与支票

145 | 第四节　关于票据的国际公约

148 | 第五节　国际贸易的支付方式

162 | **第八章　国际货物运输与保险法**

162 | 第一节　海上货物运输

171 | 第二节　铁路货物运输与航空货物运输

176 | 第三节　海上保险合同

180 | 第四节　承保的风险与损失

184 | **第九章　国际产品责任法**

184 | 第一节　国际产品责任法的现状与发展

186 | 第二节　美国的产品责任法

189 | 第三节　欧洲各国的产品责任法

190 | 第四节　关于产品责任的法律适用公约

194 | **第十章　国际商事活动的管制制度**

194 | 第一节　国际商事活动的管制制度概述

197 | 第二节　世界贸易组织的基本规则

206 | 第三节　国际经济活动中的其他管制制度

210 | 第四节　我国对外经济活动的管理制度

219 | **第十一章　国际商事仲裁法**

219 | 第一节　国际商事仲裁法概述

223 | 第二节　国际商事仲裁协议

226 | 第三节　国际商事仲裁程序

233 | 第四节　国际商事仲裁裁决的承认与执行

236 | **参考文献**

238 | **后记**

# 第一章　国际商法导论

## 本章要点

1. 国际商法的概念
2. 国际商法的调整对象和国际商法的渊源
3. 国际商法与相近法律的关系
4. 两大法系的特点及比较
5. 中国现代法律制度

## 第一节　国际商法的概念和渊源

### 一、国际商法的概念

#### (一)国际商法的概念

商法(business law 或 commercial law)是指调整商事关系的法律规范的总称。商法一般包括买卖、运输、海商、保险、票据、公司等方面的法律规范。此处的商事关系,是指人们在商业活动中形成的关系。

国际商法(international business law 或 international commercial law),也称国际商事法,它是指调整国际商事交易和商事组织的各种关系的法律规范的总称。这里的"国际"是跨越国界(transactional)的意思。具体在一个法律关系中,至少有一个要素与外国有联系:①国际商事关系的双方(或多方)当事人的国籍不同,或者双方当事人的营业地处于不同的国家。前者一般称为国籍标准,后者则称为营业地标准。②国际商事关系的客体是位于国外的物。此处的物,既包括货物等有形物体,也包括专利、商标、版权等无形财产权。③设立、变更或终止商事关系的事实发生在国外。如甲乙双方当事人订立货物买卖合同,该货物的交易地点在国外。

国际商法调整的国际商事法律关系强调的是各国商人、企业及其相互间从事商业活动、贸易和投资活动方面的法律关系。这种法律规范调整的对象随着全球经济一体化进程的加快和知识经济时代的到来,早已突破了传统的商事法范围,增加了许多新的领域,如传统意义上的(货物)买卖法,已经演变成除货物买卖法以外的技术贸易法及服务贸易法;此外,如投资、租赁、融资、工程承包及合作生产也都超出了传统的商事法调整的范围,因此,西方发达国家往往把调整上述各种商业交易的法律用国际商事交易法(the law of international business transactions)来概括。

#### (二)国际商法的历史发展

国际商法是随着商品经济的产生逐步发展起来,并随着国际贸易的扩大逐渐形成的一种法律规范。

从历史上看,国际商法的发展主要经历了以下三个阶段:

第一阶段,中世纪阶段。随着商品经济的逐步发展,贸易范围逐渐扩大到世界各地,自公元11世纪起,在地中海沿岸逐渐形成了一种由商人共同遵守的交易习惯,到15世纪完善为商人习惯法(law merchant)。这个阶段的国际商法以商人习惯法的形式出现。商人习惯法作为一种交易规则,成为支配那些往返于商事交易所在地的世界各港口、集市之间的国际商业界普遍适用的国际习惯性规则。中世纪的商人习惯法有以下明显的特点:①跨国性和统一性,普遍适用于各国从事商业交易的商人;②运用和解释不是由法院的专职法官来掌执,而是由商人自己组织的法院的"法官"来掌执,其性质类似于现代的国际商事仲裁;③强调依据公平、合理的原则处理案件。

第二阶段,始于国家主权这一概念被普遍采纳时期。在这一阶段中,商人习惯法被各国纳入本国的国内法律制度。自17世纪之后,欧洲中央集权国家日益强大,商人习惯法逐步被各国吸纳成为国内法的一部分,失去了其原有的国际性或跨国性。有些大陆法国家取民商分立的形式,把民法与商法分编为两部独立的法典,如法国和德国;有些国家则采取民商合一的形式,把商法某些内容包含在民法典之中,如瑞士、荷兰和意大利。法国先后于1673年、1681年颁布了《商事条例》、《海商条例》,为大陆法国家的商法奠定了基础。其后,1807年《法国商法典》和1897年《德国商法典》的颁布完善了大陆法系商法,使其成为现代资本主义商法的典型。大陆法系国家习惯上把民法称为普通私法,而把商法称为民法的特别法,凡商法典有规定的事项应适用商法典的有关规定,商法典没有规定的事项,则适用普通民法的规定。英美法系国家历史上只有普通法(common law)与衡平法(equity law)之分,没有商法这一概念,因为在18世纪中叶,英国首席法官曼斯菲尔特通过判例把商人习惯法吸收进普通法,使其成为普通法的一部分。自19世纪以来,英国先后制定了一些有关商事活动的单行法规,如1882年《票据法》、1890年《合伙法》、1893年《货物买卖法》等。

第三阶段,这一阶段主要是指第二次世界大战后,特别是20世纪60年代以来,国际商法进入了新的发展阶段。这一阶段的主要特点是恢复了国际商法的国际性和统一性,国际贸易统一法逐渐形成和发展,不断取得突破性的成果。各政府间国际组织和非政府国际组织以其长期坚持不懈的艰苦努力,在国际贸易领域逐步扫除了法律上的障碍。国际商会(ICC)制定的《国际贸易术语解释通则》、《跟单信用证统一惯例》,联合国国际贸易法委员会(UNITRAL)主持制定的《国际货物销售合同公约》(1980年)、《联合国国际贸易法委员会仲裁规则》(1976年),国际统一私法协会(UNIDROIT)主持制定的《国际商事合同通则》(1994年)等,都是国际贸易统一法的突出成果。这些国际贸易惯例和国际公约的问世、运用和推广,为国际贸易法逐步趋同和一致提供了发展前景。一个独立的国际商法学科也随着国际贸易法的发展在逐步形成和发展。

## 二、国际商法的渊源

国际商法的渊源是指国际商法产生的依据及其表现形式,它包括国际条约、国际惯例和各国国内立法。

### (一)国际条约

#### 1. 国际条约的概念

各国缔结的有关国际贸易活动的国际条约(或公约)历来被普遍认为是国际商事法律的重

要渊源。按照1969年《维也纳条约法公约》第2条第1款(甲)规定:"称'条约'者,谓国家间所缔结而以国际法为准之国际书面协定,不论其载于一项单独文书或两项以上之单独文书内,亦不论其特定名称为何。"国际条约是指两个或两个以上的国家,为确定相互之间的权利、义务而达成的协议。其中,两个国家签订的条约称为双边条约,两个以上的国家共同缔结或参加的国际条约称为多边条约(即公约)。

2. 国际条约的效力

国际条约对缔约国具有约束力,各缔约国家必须遵守条约,这是根据"约定必须遵守"的古老的国际法原则得出的结论。各国通过缔结条约(或公约),就可以将某些强制性的法律规范加之于当事人,当事人必须予以遵守。

3. 国际条约的种类

(1)统一实体法规范的国际条约。如1967年的《世界知识产权组织的公约》、1978年的《联合国海上货物运输公约》、1980年的《联合国国际货物销售合同公约》等。

(2)统一冲突法规范的国际公约。如1985年的《国际货物销售合同法律适用公约》、欧洲经济共同体主持制定的1980年《关于合同之债的法律适用公约》等。

**(二)国际贸易惯例**

国际贸易惯例作为国际商法的另一个重要渊源,是指国际贸易领域中常用的被交易当事人共同遵守的习惯做法。它不是法律,不具有法律的普遍约束力,无法与国际条约的效力相比,但是如果有关当事人在合同中采用了某种国际贸易惯例,该惯例对合同当事人就具有确定的约束力。有些国际惯例甚至已经被某些国家纳入其国内的成文法,从而具有了法律的普遍约束力。还有些国家的国内法规定,国际贸易惯例的适用,除双方当事人另有协议外,当事人应视为已默示同意或接受他们已经知道或理应知道的惯例的约束。由此可见,目前国际贸易惯例与国际公约在强制力上的这种区别已经被渐渐淡化了,采用国际贸易惯例已经成为国际贸易的一种趋势。

国际贸易惯例的效力和作用,已经得到日益增多的国家的认可。我国对国际商事活动中的国际贸易惯例,历来给予高度的重视,并严格予以遵守。《民法通则》第142条明确规定,中国法律和中国缔结或参加的国际条约没有规定的,可以适用国际惯例。

从历史角度来看,国际商法最初萌芽于国际贸易惯例,这些惯例与国内法无关,并独立于国内法,但它实际上代表了商业实践中逐步形成的造法过程。20世纪以来,一些国际组织坚持不懈地致力于国际贸易惯例的编纂以及修订工作,使这些国际贸易惯例在越来越大的范围得到运用和推广,受到许多国家当事人的普遍欢迎。例如,由国际商会制定并经多次修订的《国际贸易术语解释通则》(Incoterms,2000)和《跟单信用证统一惯例》(UCP,500),现已获得绝大多数国家和地区的承认,在全球范围内统一了关于贸易术语解释和跟单信用证运作的法律原则。

**(三)国内法**

国际贸易关系具有多样性和复杂性,现有的国际公约和惯例不可能满足实践中的需求;而且个人或企业在从事超越国境的贸易和商事活动时,也可能选择某国的国内法为准则,因此,国内法在国际商法中仍占有重要地位。同时,由于国际商法尚处于形成和发展阶段,其体系和内容尚不完善。在处理某些国际商事纠纷时,还需借助法律冲突规则的指引,适用有关国家的民法或商法的情形相当普遍。因此,在学习和研究国际商法的过程中,除必须了解有关的国际条约和国际贸易惯例以外,还应当了解有代表性的某些国家商法的有关规定,特别是某些发达国家比较成熟的国内法规。

### 三、国际商法的主要内容

国际商法主要包括以下内容:①绪论;②代理法;③合伙法;④公司法;⑤外商投资企业法;⑥合同法;⑦买卖法;⑧产品责任法;⑨票据法;⑩国际商事仲裁。应该说上述内容是国际商法的核心部分,但不等于全部内容。

### 四、国际商法与国际经济法的联系与区别

国际商法与国际经济法的共同点都是调整跨国之间商事活动(包括商事组织本身)的各种关系的法律规范总和。其主要不同点就在于国际商法的主体仅限于各国的商人及各种商事组织,如合伙企业及公司,而不包括国家、国际组织。也就是说,国际经济法的主体更加广泛,它除包括商人及商事组织之外,还应包括国家及国际组织在内。

# 第二节 大陆法系和英美法系的形成及其特点

法系是指根据法在结构上、形式上、历史传统等外部特征以及法律实践的特点、法律意识和法在社会生活中的地位等因素对法进行的基本划分。

## 一、大陆法系

### (一)大陆法系的概念

大陆法系(continental law system),一般是指以罗马法(Roman law)为基础、以 1804 年《法国民法典》和 1896 年《德国民法典》为代表的法律制度以及其他国家或地区仿效这种制度而建立和发展起来的一个完整的法律体系的总称。它是西方国家中与英美法系并列的渊源久远和影响较大的法系。在大陆法系内部,各个国家和地区的法律制度的情况不尽相同,大体上有两个分支——以法国民法典为代表的拉丁分支和以德国民法典为代表的日耳曼分支。

大陆法系名称的由来就是由于该法系首先是在欧洲大陆出现和形成,且具有法典的特征,因此,大陆法系又称为法典法系(code system)。

大陆法系还有一个重要的名称,即民法法系(civil law system),这是由于法国在 1804 年编纂的《法国民法典》和德国 1896 年编纂的《德国民法典》对大陆法系的发展具有强大的推动作用,以至于把大陆法系直接称为民法法系。

此外,大陆法系又称罗马－日耳曼法系或成文法系。在西方法学著作中多称民法法系,中国法学著作中惯称大陆法系。

### (二)大陆法系的分布范围

大陆法系形成于欧洲大陆,以法国和德国为代表,包括比利时、西班牙、葡萄牙、意大利、奥地利、瑞士、荷兰以及法国、西班牙、葡萄牙、荷兰的早期殖民地国家。北欧各国即挪威、瑞典、丹麦、芬兰和冰岛的法律,通称为斯堪的纳维亚法系,基本上也属于大陆法系。

在亚洲,日本自 1868 年"明治维新"以来的法律以及泰国等国法律,亦属大陆法系。

在北美,美国的路易斯安那州及加拿大的魁北克省法律,也因历史上的原因,属于大陆法系范围。

在非洲,如刚果、卢旺达、布隆迪等国法律,由于以前的殖民地历史,属于大陆法系;北非各国的法律,如阿尔及利亚、摩洛哥、突尼斯等国的法律,也受大陆法系的强烈影响。

### (三)大陆法系的渊源

#### 1. 法律

法律是大陆法的主要渊源,它包括宪法、法典、法律和条例等。

(1)宪法。宪法处于最高地位,具有最高的权威性,这是毫无疑义的。然而在大陆法国家,各国宪法的效力和地位有些差异:在有些国家,宪法可按一般立法程序制定和修改;而另一些国家则规定,宪法须经特殊程序才能制定和修改,并且制定了一套监督违宪的制度。

(2)法典。法典是指把同一类内容的各种法规和原则收集起来,加以系统化,汇编为一个单一的法律文件。大陆法国家都制定了一系列法典,法典是大陆法的主要渊源,在整个法律制度中起十分重要的作用。

除了由立法机关国会或议会制定的法律以外,在大陆法国家还有许多由行政机关制定的成文法,一般称之为条例。

#### 2. 习惯

尽管法学界有些争议,但一般而言,大陆法国家都承认习惯是法的渊源之一。至今习惯仍发挥一定的作用,某些法律往往需借助于习惯才能为人们所理解,立法者在法律中所使用的某些概念也需参照习惯才能搞清楚其含义。

#### 3. 判例

大陆法国家原则上不承认判例具有与法律同等的效力,一般只对被审理的那个案件有效,对日后法院审理同类案件并无约束力。然而,20世纪以来,大陆法国家无视判例作用的态度已有所改变,在一定范围内判例有其约束力和参考价值。

#### 4. 学理

在大陆法发展的过程中,学理起了重要的作用,对法律体系的形成有重大的影响,主要表现在以下三方面:

(1)学理为立法者提供法学理论、词汇和概念,通过立法者的活动制定为法律;

(2)解释法律,分析和评论判例;

(3)通过法学家的论著和培训法律人才,影响法律实施进程。

### (四)大陆法系的特点①

#### 1. 在历史渊源上,大陆法系源于罗马法(Roman law),受罗马法的直接影响

大陆法系不仅继承了罗马法成文法典的传统,而且采纳了罗马法的体系、概念和术语,如《法国民法典》以《法学阶梯》为蓝本,《德国民法典》以《学说汇纂》为模式。

罗马法是指罗马奴隶制国家的全部法律。其中最有代表性的,是由东罗马帝国编纂的《国法大全》。它汇编了罗马帝国一些皇帝的勒令、诏令和法学著作,包括奴隶制时期商品生产和交换关系下公民资格、家庭与婚姻、财产与财产取得、债、诉讼等一系列法律原则和法律制度。《国法大全》集罗马法之大成,主要是私法内容,也有一些公法内容,其法律体系比较完备,对后

---

① http://hi.baidu.com/bingzone/blog/item/5c906306c361257a030881ea.html.

世资本主义法律的发展有着深远的影响。

进入资本主义时期以后,欧洲各国制定的民商法受罗马法影响很深。1804 年《法国民法典》,即《拿破仑法典》,是资产阶级革命后第一部完备的民法典,恩格斯称之为"资产阶级社会典型的法律全书",并指出:"在《民法典》中把古代罗马法——它差不多完满地表现了马克思称为商品生产的那个经济发展阶段的法律关系——巧妙地运用于现代的资本主义条件下。"至于1900 年《德国民法典》,同样在内容、结构方面深受罗马法的影响,甚至被人称为"现代罗马法"。

2. 在法律结构上,大陆法的重要特点是强调成文法的作用

成文法(written law)又称为制定法(statute),它是指国家立法机构依照立法程序制定,并经一定形式公布施行的条文形式的法。大陆法在结构上强调系统化、条理化、法典化和逻辑性,其方法是运用几个大的法律范畴,把各种法律规则分门别类归纳在一起。

首先,大陆法各国都把全部法律分为公法(public law)和私法(private law)两大部分,法律体系完整,概念明确。这种分类法来源于罗马法,公法是与罗马国家状况有关的法律,私法是与个人利益有关的法律。随着现代法律的发展,大陆法国家把公法细分为宪法、行政法、刑法、诉讼法和国际公法等,把私法细分为民法、商法、婚姻法、家庭法等。

其次,大陆法各国都主张编纂法典。法国在资产阶级革命胜利后,曾先后颁布了五部法典:民法典、民事诉讼法典、商法典、刑法典和刑事诉讼法典。其他大陆法国家也制定了类似的法典,但在编制体例上却不完全相同。意大利、荷兰、瑞士等国采取民商合一的方法,把商法并入民法典中,作为民法典的一个组成部分。尽管如此,这些不过是形式上的差异,实际上民法和商法仍被视为不同的法律门类。

3. 在法官的作用上,大陆法系要求法官遵从法律明文办理案件,没有立法权

大陆法系国家的立法和司法分工明确,强调制定法的权威,制定法的效力优先于其他法律渊源,法官只能严格执行法律规定,不得擅自创造法律、违背立法精神。明确立法与司法的分工,强调成文法典的权威性。虽然也允许法官有自由裁量的余地,并承认判例和习惯在解释法律方面的作用,但一般不承认法官的造法职能,强调立法是议会的权限,法官只能适用法律,决案必须援引制定法,不能以判例作为依据。

4. 在审判方式上,大陆法系一般采取法院系统的双轨制,重视实体法与程序法的区分

大陆法系一般采用普通法院与行政法院分离的双轨制,法官经考试后由政府任命,严格区分实体法与程序法,一般采用纠问式诉讼方式。在司法过程中,法官的判决只是起着加强对法律的解释作用。

5. 在法律推理形式和方法上,采取演绎法

由于司法权受到重大限制,法律只能由代议制的立法机关制定,法官只能运用既定的法律判案,因此,在大陆法系国家,法官的作用在于从现存的法律规定中找到适用的法律条款,将其与事实相联系,推论出必然的结果。

法国近代法的体系是在拿破仑时期确立的,它不仅为后来法国资本主义的发展奠定了基础,而且对近代西方的法律制度产生了重大影响。法国是近代颁布宪法最多的国家,《人权宣言》确立了一系列资产阶级法制原则。法国是西方国家中行政法产生最早,也是最发达的国家。1804 年《法国民法典》贯彻了资产阶级民法的基本原则,它的出现标志着大陆法系的形成,是继罗马法之后民法发展的里程碑。1810 年《法国刑法典》是近代第一部刑法典,体现了

资产阶级的刑法原则。法国的诉讼法奠定了大陆法系诉讼制度的基础。法国法是大陆法系的代表,在世界法制史上占有重要地位。

**(五)大陆法系各国的法院组织**

大陆法各国的法院组织虽然各有特点,但都有一些共同之处。主要表现在:法院的层次基本相同,都分为三级,即第一审法院、上诉法院和最高法院;各国除普通法院以外,都有一些专门法院与普通法院同时并存。

## 二、英美法系

**(一)英美法系的概念**

英美法系(Anglo-American law system),又称普通法系(common law system),是指英国中世纪以来的法律,特别地是以它的普通法为基础,发展起来的法律制度的体系。普通法是与衡平法、教会法、习惯法和制定法相对应的概念,由于其中的普通法对整个法律制度的影响最大,所以,英美法系又称为普通法系。美国的法律源于英国传统法律,但从19世纪后期开始独立发展,已经对世界的法律产生了很大的影响。

普通法系以英国普通法为基础,但并不仅指普通法,它是指在英国的三种法律,即普通法、衡平法和制定法的总称。

美国法律,作为一个整体来说,属于普通法法系,但它有自己的、不同于英国法的很多特征。1776年美国独立后,开始有了自己的法律。到19世纪,美国的普通法传统终于确立。最根本的原因即为美国人是英国的移民,语言相通,传统相通。而且英国法在殖民地时期已经对美国法产生了一定的影响。再加上法律学说的传播,美国最终接受了普通法的传统。

**(二)英美法系的分布范围**

英美法系的发源地是英国,在漫长的历史进程中逐渐形成,以后扩展到美国以及过去曾遭受英国殖民统治的国家和地区,主要包括加拿大、澳大利亚、新西兰、爱尔兰、印度、巴基斯坦、马来西亚、新加坡、缅甸、利比亚、利比里亚、尼日利亚和中国香港地区。南非、斯里兰卡、菲律宾的法律则兼具大陆法和普通法的特点。自19世纪后期起,美国法律就逐步离开英国法律独立发展,此倾向在第二次世界大战以后日益强烈。美国虽然建国历史仅有200多年,但由于其在法制建设方面富于革新精神,有许多重大建树,故人们将其与英国并列为普通法系的代表,有的干脆称英美法系。“二战”后美国成为西方发达国家中最强大的国家,其法律制度、法学思想和法律教育对其他西方国家有相当大的影响。

但是,联合王国的苏格兰、美国的路易斯安那州和加拿大的魁北克属于大陆法体系

**(三)英国法**

1. 英国法的结构

英国法律分为普通法和衡平法两部分,这种二元性结构是其重要特征。

普通法来源于习惯法,其形成经历了漫长的年代,积累了13世纪以前各地法院的判决和13世纪以后皇家法院的判决。普通法是判例法,以法官判决为基础,体现在判例汇编之中。

衡平法是在14世纪为补充和匡正当时尚不完善的普通法,由枢密大臣法院发展起来的。国王授权枢密院大法官,根据“正义、良心和公正”的原则处理案件,逐步形成了完全不同于普通法的衡平法。

普通法与衡平法虽然同是判例法,但两者在救济方法、诉讼程序、法院的组织系统、法律术

语等方面均有较大的差异。总的来说,衡平法比较灵活、通融。普通法与衡平法各自保持独立平行的地位,但是当普通法与衡平法发生冲突时,以衡平法优先。

2. 英国法的历史渊源

(1)判例法(case law)。判例法是英国法的主要渊源,它是由高等法院的法官以判决的形式发展起来的法律规则。判例法的一个主要特点是,法院在判决中所包括的判决理由(ratio decidendi)必须得到遵循,即对作出判例的法院本身和对下级法院日后处理同类案件均具有约束力,这就是 19 世纪上半叶确立起来的所谓"先例约束力的原则"(rule of precedent)。它包括以下四个内容:

①上议院的判决是具有约束力的先例,对全国各级审判机关都有约束力,一切审判机关都必须遵循,但上议院可不受其先例的约束。

②上诉法院的判决可构成对下级法院有约束力的先例,而且对上诉法院本身也有约束力。

③高级法院的每一个庭的判决对一切低级法院有约束力,对高等法院的其他各庭以及对王冠法院也有很大的说服力。

④有些法院,还要遵守其以前判决中的原则。

由此可见,只有上诉法院、高级法院和上议院的判决才能构成先例,才具有约束力。

在英国,法律的约束力与说服力是两个不同的概念。具有约束力的先例是必须遵守的;而具有说服力的判决,则可由法官根据具体情况斟酌办理。英国法官的判决通常分为两部分,一部分是法官作出该判决的理由;另一部分是题外的话,阐述与该判决有关的英国法律原则,旨在说明该项判决。在这两部分内容中,只有前者才能构成先例,才具有约束力;而后者则不构成先例且无约束力,仅仅具有说服力。

英国法院只公布其判决的一部分,公布比例是:上议院 65%,上诉法院 25%,高级法院 10%。此举是为了剔除不涉及新问题、不宜作为先例的判决。但是尽管如此,英国法院数百年来公布的判例数量仍然十分可观,至 20 世纪初,判例汇编已达 1800 卷,包含 40 多万个判例。如此繁多庞杂的判例,对掌握和运用英国法造成很大的困难。

(2)成文法(statute law)。成文法是英国法的另一重要渊源,包括由立法机关议会(parliament)制定的法律和由行政机关依据法律制定的条例。成文法要通过判例法才能起作用,这是英国法的又一个特点。按照英国的传统理论,判例法是基础,成文法只是对判例法所作的补充或修正。即使是国会制定的成文法,也必须经过法院判决加以解释和适用,才能发挥作用。虽然这种理论在 20 世纪以来已经有了很大改变,但是这种法律传统仍有一定的影响,成文法还是要通过判例法才能起到作用。

(3)习惯法(custom law)。在英国普通法形成的过程中,法的渊源是判例法而不是习惯法。因此,习惯现在在英国法律中所起的作用极小。根据至今仍生效的 1265 年的一项法律,只有那些在 1189 年就已经存在的地方习惯,才有约束力。

**(四)美国法**

1. 美国法的结构

美国与英国一样以判例法作为法的主要渊源,而把成文法看作是对判例法的补充或修正。美国法也存在普通法与衡平法的区别。但与单一制国家类型的英国不同,美国逐步发展成为联邦制国家,其法律分为联邦法与州法两大部分,在法律结构上有较大的差异。美国宪法规定,凡宪法未授予联邦或未禁止各州行使的权力,均属于各州。就是说,各州的立法权是原则,联邦的立法权属于例外。但联邦法高于各州法律,例如,州法与联邦法有冲突时,应适用联邦法。联邦的立法权包括国防、外交、银行、货币、税收、移民、国际贸易与州际贸易、海商、专利权等方面。但即使在上述联邦立法权范围内,也不排除各州的立法权,各州仍可制定补充性或附加性的法律。例如,除联邦税法之外,各州有其税法,各依其法,各收其税。鉴于美国特殊的政治、经济和历史等背景,各州享有很大的立法权。尽管经历了统一州法的进程,各州法律仍存在不少差异,这是美国法律结构的一个主要特点。

联邦法院是否要受州判例法的约束,以及是否存在一种总的联邦普通法。最高法院法官布朗狄斯(Brandeis)宣布:除联邦国会法律所管辖的事项外,应适用州法。而州法应当包括州的成文法和判例法。但是在纯粹属于联邦立法权范围内的事项,联邦法院可以发展联邦的普通法;在这些问题上,联邦法院的判决,特别是联邦最高法院的判决具有约束力。

2. 美国法的渊源

美国同英国一样,都属于判例法国家,判例是美国法的主要渊源。美国至今仍然强调判例法,即使是成文法也要通过法院判决的解释方能发挥作用。

(1)判例法。美国法主要来源于判例法,尤其是在私法方面,主要是由判例法组成的。在美国的司法实践中,形成于英国的"先例约束力原则"在美国同样适用,不过美国又有其特色。美国的先例拘束力主要体现为:

①在州法方面,州的下级法院须受其上级法院判例的约束,特别是受州最高法院判例的约束。

②在联邦法方面,须受联邦法院判例的约束,特别是受美国最高法院判例的约束,但是,美国联邦和州的最高法院不受其先前确立的先例的约束,它们有权推翻过去的先例,并确立新的法律原则。这就是所谓"法官创造法律",此方面美国类似英国,处于特定位置的极少数高级法官,在特定情况下享有树立新的法律原则的权力,其显赫作用是"对号入座"的大陆法国家法官所望尘莫及的。

③联邦法院在审理涉及联邦法的案件时,须受其上级联邦法院判例的约束,而在审理涉及州法的案件时,则须受相应的州法院的判例的约束,但以该判例不违反联邦法为原则。

④联邦和州的最高法院不受它们以前确立的先例的约束,它们可以推翻过去的先例,并确立新的法律原则。

美国历年累积下来的判例数量很大,全国每年大约出版判例汇编 350 卷。

(2)成文法。美国有两种成文法,即联邦的成文法与各州的成文法。在联邦成文法中,美国宪法占有非常重要的地位。美国最高法院认为,宪法是一切法律之源,凡是违反宪法的法律或判例,美国各法院均有权不予执行。美国最高法院在解释宪法时,采取所谓"弹性"解释方法,这样就便于法官根据社会政治、经济条件的变化,扬弃不合时宜的法律,以更好地维护其利益。自 19 世纪末以来,美国联邦和各州都加强了立法活动,特别是在社会、经济立法方面,出现了成文法取代普通法的趋势。1926 年颁布的美国《法律汇编》,即《美国法典》(United States Code),是联邦法律的系统汇编。此后每隔 5 年修改颁布一次,增补新法,删除旧法,至今继续定期公布。除国会立法外,美国各行政机关的"委托立法"机构是重要的法律部门,联邦贸易委员等各种行政机构制定的各种条例、规章,在当代美国社会生活中起着十分重要的作用。

美国法律制度的发展,是成文法与判例法相互作用的结果。立法机关可以通过成文法,改变判例法中某些已经过时的法律规则,使法律适应社会经济、政治发展的要求;但另一方面,成文法又必须经过法院判例的解释才能起作用,因此,在美国真正起作用的不是法律条文的本身,而是经过法院判例予以解释的法律规则才是适用的法律。如果立法者认为法院的判例偏离立法的目标太远,他们可以制定新的法律予以匡正。

**(五)英美法系的主要特点**[①]

1. 在法律的思维方式和运作方式上,英美法系运用的是区别技术(distinguishing technique)

这一方法的模式可以归纳为:

(1)运用归纳方法对前例中的法律事实进行归纳;

(2)运用归纳方法对待判案例的法律事实进行归纳;

(3)将两个案例中的法律事实划分为实质性事实和非实质性事实;

(4)运用比较的方法分析两个案例中的实质性事实是否相同或相似;

(5)找出前例中所包含的规则或原则;

(6)如果两个案例中的实质性要件相同或相似,则根据遵循先例的原则,前例中包含的规则或原则可以适用于待判案例。

在对待先例的问题上有三种做法:

①遵循先例。一般来讲,下级法院应当遵循上级法院的判例,上诉法院还要遵循自己以前的判例。

②推翻先例。在美国,联邦最高法院和各州最高法院有权推翻自己以前的判决。

③避开先例。主要适用于下级法院不愿适用某一先例但又不愿公开推翻它时,可以以前后两个案例在实质性事实上存在区别为由而避开这一先例。

2. 在法律的形式上,判例法占有重要地位

从传统上讲,英美法系的判例法占主导地位,但从 19 世纪到现在,其制定法也不断增加,但是制定法仍然受判例法解释的制约。判例法一般是指高级法院的判决中所确立的法律原则或规则。这种原则或规则对以后的判决具有约束力或影响力。判例法也是成文法,由于这些规则是法官在审理案件时创立的,因此,又称为法官法(judge-made law)。

除了判例法之外,英美法系国家还有一定数量的制定法,同时,还有一些法典。如美国的《统一商法典》《美国宪法》等。但和大陆法系比较起来,它的制定法和法典还是很少的,而且对法律制度的影响远没有判例法大。

在判例法和制定法的关系上,是一种相互作用、相互制约的关系。制定法可以改变判例法,同时,制定法在适用的过程中,通过法官的解释,判例法又可以修正制定法,如果这种解释过分偏离了立法者的意图,又会被立法者以制定法的形式予以改变。

3. 在法律的分类方面,英美法系没有严格的部门法概念,即没有系统性、逻辑性很强的法律分类,它们的法律分类比较偏重实用

其原因有以下几点:

(1)英美法系从一开始就十分重视令状和诉讼的形式,这种诉讼形式的划分本身就缺乏逻辑性和系统性,因此就阻碍了英美法学家对法律分类的科学研究。

---

① http://hi.baidu.com/bingzone/blog/item/5c906306c361257a030881ea.html.

（2）英美法系重判例法，而反对法典编纂，判例法偏重实践经验，而忽视抽象的概括和理论探讨。

（3）英美法系在法院的设置上分为普通法院和衡平法院，普通法和衡平法的划分从政治的角度看是国会和国王争夺权利的表现，从法律技术的角度看是衡平法对普通法缺陷的修改和补充，衡平法是以普通法为基础的。它的说明价值在于指出了一般正义和个别正义的冲突和矛盾。而没有普通法院和行政法院的区分。因此，对涉及政治权力的案件和普通私人案件在处理时没有明显的区分。这也阻碍了对法律的分类，尤其是难以形成公法和私法观念。

（4）在英美法系的发展过程中，起主要推动作用的是法官和律师，而且其教育方式也是以学徒制为主，这就决定了他们更加关心具体案件，而轻视抽象理论意义上的法律分类。另外，像前面所提到的，英美法系有划分普通法和衡平法的悠久传统，尽管目前已经没有普通法法院和衡平法院的划分，但普通法和衡平法的区分仍然保留。

4. 在法学教育方面，英美法系主要是美国将法学教育定位于职业教育

英美法系国家，美国法学院的学生入学前已取得一个学士学位，教学方法是判例教学法，重视培养学生的实际操作能力，接受法学教育在大多数情况下意味着对法律职业的选择。完成学业毕业后授予法律博士学位，而且各学校有较大的自主权，不受教育行政机关的制约。英国的大学法学教育和大陆法系有些相似，也偏重于系统讲授，但大学毕业从事律师职业前要经过律师学院或律师协会的培训，才能从事以法律为职业的工作，仍然受学徒制教育传统的影响。而大陆法系法学教育面向广泛的社会成员提供法律知识与意识的训练，只有极少数人选择法学作为终生职业，且没有经过专业训练。

5. 在法律职业方面，职业流动性大

英美法系中，法官尤其是联邦法院的法官一般都是来自律师，而且律师在政治上非常活跃。法官和律师的社会地位也比大陆法系高。

## 三、两大法系的差异

西方资本主义国家两大法系各具特点，两者的差异主要表现在三方面：

**（一）法律渊源不同**

大陆法的渊源是成文法，其私法的大部分领域都是法典化、成文化的；而英美法的主要渊源是判例法，许多重要的法律原则体现在分散的判例之中。

**（二）司法实践中对成文法的适用不同**

大陆法国家的法官判案时以成文法为出发点和依据，对照案情，直接适用法律的某些规定，从而作出判决。而英美法国家的法官是从引证过去相似的判例开始，成文法须通过判例法才能发挥作用。一位西方学者这样描述两大法系之区别：大陆法向来先制订计划，以抽取规则为条件，事先对事情都作出规定，并且将其系统化。他们以固定的观念去接触生活，使用演绎法。而英美法则是临时制作，直到其不得不作出决定时才这样做，他们不习惯于抽象的法律规则。

**（三）受罗马法的影响程度不同**

大陆法受罗马法的影响很深，有的国家的法律直接继承了罗马法的传统。而英美法受罗马法的影响较小，罗马法主要是通过教会法、商法等途径，在 13 世纪至 15 世纪对英国法产生过一些影响。因此，两大法系从法律结构、诉讼程序到法律思维方法和法律术语，都各有不同

之处。

此外,英国特别注重程序法,而大陆法国家则重视实体法多于程序法。英国法有一句格言:"救济先于权利。"这里所谓救济,是指通过一定的诉讼程序给予当事人以法律上的保护,属于程序法的范畴,而权利则属于实体法的范畴。这表明诉讼程序在英国法中占有十分重要的地位。这种形式主义的诉讼程序至今还有很大的影响。虽然经过 19 世纪末的司法改革以后,英国的诉讼程序比以前有所简化,但总的说来,英国的诉讼法和证据法还是十分繁琐、复杂的。

### 四、两大法系的发展趋势

法系这种分类虽然不能揭示法的本质,但有助于促进对法律文化的了解与交流。大陆法系和英美法系在历史上有着显著差异,但 20 世纪以来,随着各国社会、政治、经济的发展变化,特别是国家之间的各种交流日益密切,西方国家两大法系在逐步演变之中,差别开始缩小。

一方面,在大陆法系国家,无视判例法作用的态度逐步有所改变,判例法渐渐有了一定的地位。例如,德国曾明确地宣布,联邦宪法法院的判决对下级法院有强制性约束力。大陆法系近年来也不再固守制定法的框架,一是通过最高法院的判决确立新的法律原则,二是法官在判案中对法典的条文作扩展解释而创造法律原则。

另一方面,在英美法系国家,成文法的数量日益增多,成文法发挥了越来越大的作用。这些成文法包括两种情况,一是国会(或议会)制定的法律,二是行政机关根据法律制定的条例。前面介绍美国法时,曾述及美国编纂《法律汇编》和行政机关制定各种条例,英国也有类似情况。19 世纪末以来,英国从判例法中提炼制定了《汇票法》、《货物买卖法》、《海上保险法》等单行法规,还编纂了《法律修订汇编》。第二次世界大战以后还展开了大规模的立法活动,逐步形成了劳动法、经济法等新的法律门类。总而言之,西方国家两大法系的发展趋势是逐步相互靠近,法律领域的差异正在逐渐缩小。较为典型的事例是英美法系的代表国英国,在其加入欧洲共同体后,欧洲共同体法就成为英国法的一个组成部分,而且在某些范畴内欧共体法优于英国法,这意味着英国法在某些方面与大陆法相融合,标志着英国法接受了大陆法的部分法律原则。

# 第三节　我国现代法律制度概述

## 一、中国法律的渊源

### (一)制定法

**1. 宪法**

1982 年 12 月 4 日,第五届全国人民代表大会通过了新的《中华人民共和国宪法》。宪法序言中规定:"本宪法以法律的形式确认了中国各族人民奋斗的成果,规定了国家的根本制度和根本任务,是国家的根本法,具有较高的法律效力。"

**2. 法律**

广义的法律包括宪法及其他由全国人大及其常委会分别制定的法律文件。狭义的法律则仅指全国人大及其常委会制定的、主要规定和调整国家和社会生活某一方面问题的法律。法律从属于宪法,其效力仅次于宪法。

3．行政法规

作为国家最高行政机关,国务院有权根据宪法和法律制定行政法规,发布决定和命令。国务院制定的行政法规直接调整全国政治、经济、文化、教育等各个方面的事项,其效力仅次于宪法和法律。

4．地方性法规和经济特区法规

根据宪法的规定,省、自治区、直辖市人大及其常委会在不同宪法、法律和行政法规相抵触的情况下,可以根据本地区的实际情况和需要制定地方法规。其内容主要涉及当地的行政管理、维护社会秩序、市容卫生、交通运输、青少年保护等。各地制定的地方法规应报全国人大常委会备案。

5．特别行政区的法律

香港特别行政区成立后,香港原有的法律(包括普通法、衡平法、条例、附属立法、习惯法)基本不变。因此,香港特别行政区所实行的法律包括基本法、上述香港原有的法律和香港特别行政区立法机关制定的法律三类。

澳门特别行政区所实行的法律,其结构和类型与香港特别行政区的法律基本相同。

**(二)法律解释**

1．立法解释

根据我国1982年宪法的规定,全国人大常委会对宪法和法律拥有解释权。凡关于宪法或法律的条文本身需要进一步明确界限或作补充规定的,由全国人大常委会进行解释或以法律加以规定。省、自治区、直辖市人大常委会有权对地方性法规进行解释。

2．司法解释

对于法院审判工作和检察院检察工作中具体应用法律的问题,分别由最高人民法院和最高人民检察院进行解释。它们所作的解释对其下级法院及检察院的审判和检察工作均有约束力。

3．行政解释

国务院及其授权的部门对有关法律和法规所作的解释称为行政解释。

**(三)判例**

在我国,判例在法律上和理论上不被认为是法律的渊源。最高人民法院及其他上级人民法院所作的判决对下级法院没有拘束力。这一点与欧洲大陆法系国家很相似。

中国加入WTO以后,及时公布涉外经贸案例已成为中国必须履行的一项义务。

## 二、中国的司法制度

**(一)人民法院的组织系统**

1．最高人民法院

最高人民法院是国家的最高审判机关。

2．地方各级人民法院

地方各级人民法院分为基层人民法院、中级人民法院和高级人民法院。

3．专门人民法院

我国还设有军事法院、海事法院、森林法院、铁路运输法院、农垦法院、石油法院等专门人民法院。

**(二)民事商事案件的审判制度**

我国人民法院审判案件,实行两审终审制。

## 本 章 小 结

本章的重点和难点在于对两大法系的结构、渊源及其特点的理解与掌握。法系是依据法律的历史渊源和传统以及由此形成的不同存在样式和运行方式,而对现存的和历史上存在过的各种法律制度所做的分类。凡是具有相同的历史渊源和传统,具有相同或相近的存在样式和运行方式的法律制度,便被视为属于同一个法系。资本主义国家的法律制度可以分为大陆法系和英美法系。大陆法系又称罗马法系、民法法系、法典法系或罗马—日耳曼法系,是承袭古罗马法的传统,仿照《法国民法典》和《德国民法典》的样式建立起来的各国法律制度的总称。英美法系又称英国法系、普通法系和判例法系,是承袭英国中世纪的法律传统而发展起来的各国法律制度的总称。

国际商法(international business law 或 international commercial law),也称国际商事法,它是指调整国际商事交易和商事组织的各种关系的法律规范的总称。这个概念包含三层意思:一是国际商事交易,是指国际货物的买卖或交易活动;二是国际商事组织,商事组织是指个人、合伙和公司这三种企业的组织形式;三是法律规范,是指法律明文规定的标准或范围。

国际商法调整的国际商事法律关系强调的是各国商人、企业及其之间从事商业活动、贸易和投资活动方面的法律关系。这种法律规范调整的对象随着全球经济一体化进程的加快和知识经济时代的到来,早已突破了传统的商事法范围,增加了许多新的领域,如传统意义上的(货物)买卖法,已经演变成除货物买卖法以外的技术贸易法及服务贸易法;此外,如投资、租赁、融资、工程承包及合作生产也都超出了传统的商事法调整的范围,因此,西方发达国家往往把调整上述各种商业交易的法律用国际商事交易法(the law of international business transactions)来概括。

## 关 键 术 语

国际商法　公法　私法　制定法　判例法　英国法的先例约束力原则

## 思 考 与 练 习

1. 英美法系与大陆法系有哪些主要区别?分析其发展趋势。
2. 衡平法与普通法有哪些主要区别?
3. 简要叙述中国民商法存在的问题。

# 第二章　商事组织法

## 本章要点

1. 在不同的商事组织形式下，各投资人权利义务的区别
2. 各种商事组织内部组织结构的设置，经营管理人员承担的义务
3. 有限合伙与无限合伙的区别
4. 公司法关于公司设立的规定
5. 有限责任公司与股份有限责任公司的区别

## 第一节　商事组织法概述

### 一、商事组织的概念和特征

商事组织，也称商事企业，是指能够以自己的名义从事经营活动，以营利为目的的经济组织。商事组织具有下列特征：

(1)商事组织是独立的经济组织；

(2)商事组织是以营利为目的的组织；

(3)商事组织是商人的组织表现。

### 二、商事组织的种类

在世界各国，主要的商事组织类型有独资企业、合伙企业与公司，这是按照投资者的责任形式和程序进行的种类划分。

我国按照所有制形式的不同，将商事组织分为国有企业、集体所有制企业、私有制企业。随着关于商事组织立法的健全和完善，特别是在《中华人民共和国个人独资企业法》、《中华人民共和国合伙企业法》、《中华人民共和国公司法》出台之后，中国法律对于企业组织形式的划分也按照投资者对企业承担责任的形式进行。

### 三、商事组织法的概念

商事组织法是调整各类商事组织设立和活动的法律规范的总称。我国目前仍然属于民商合一的法律体系，商事法属于民法的特别法，在特别法有规定的时候适用特别法，在没有特别法或者虽然有特别法，但是特别法对相关问题没有作规定的时候，按照民法的一般原则进行处理。商事组织法包含的单行法律主要有：《中华人民共和国个人独资企业法》、《中华人民共和国合伙企业法》、《中华人民共和国公司法》。对于个体工商户的规定则依照《中华人民共和国

民法通则》执行。

# 第二节 合伙企业法

## 一、合伙企业的概念与种类

### (一)合伙企业的概念

我国"合伙企业法"(2006年)第2条规定,合伙企业是指自然人、法人和其他组织依照本法在中国境内设立的普通合伙企业和有限合伙企业。

### (二)合伙企业的种类

根据上述规定,我国将合伙企业分为无限合伙和有限合伙两类。

1. 无限合伙

无限合伙又分为普通合伙和特殊普通合伙两种。①普通合伙企业由普通合伙人组成,合伙人对合伙企业债务承担无限连带责任。②特殊普通合伙是我国"合伙企业法"的新增内容。该法第55条规定,"以专业知识和专门技能为客户提供有偿服务的专业服务机构,可以设立为特殊的普通合伙企业"。第57条规定,"一个合伙人或者数个合伙人在执业活动中因故意或者重大过失造成合伙企业债务的,应当承担无限责任或者无限连带责任,其他合伙人以其在合伙企业中的财产份额为限承担责任。合伙人在执业活动中非因故意或者重大过失造成的合伙企业债务以及合伙企业的其他债务,由全体合伙人承担无限连带责任"。本条主要规定了"特殊的普通合伙"中合伙人承担无限责任的和有限责任的两种债务,无限责任的债务为合伙人非故意或重大过失造成的合伙企业债务,有限责任的债务为合伙人故意或因重大过失造成的合伙企业的债务。这条规定来源于英美法系国家实行的"有限责任合伙"(limited liability partnership,LLP),具体是指,"合伙企业中的合伙人对于其他合伙人或雇员的不法职务行为或过失所造成的侵害、侵权而导致的债务,无辜的合伙人——即该合伙人不是直接的责任行为人或不是该项侵害事由的管理者、权利掌控者或虽然事后知晓但已经尽力弥补损失的,其在合伙企业无力承担所有该项债务时,以其出资为限承担该项债务的有限责任的一种合伙方式"。

2. 有限合伙

有限合伙也是我国《合伙企业法》的新增内容。按照该法的规定,合伙企业中的合伙人分为两类:普通合伙人和有限合伙人,普通合伙人依法对合伙企业债务承担无限连带责任,有限合伙人依法对合伙企业债务以其认缴的出资额为限承担有限责任。

## 二、合伙企业的财产与法律地位

### (一)合伙企业的财产

我国《合伙企业法》第20条规定,合伙人的出资、以合伙企业名义取得的收益和依法取得的其他财产,均为合伙企业的财产。第21条规定,除非法律另有规定,合伙人在合伙企业清算前,不得请求分割合伙企业的财产。上述规定突出了合伙企业财产的相对独立性。

### (二)合伙企业的法律地位

欧洲大陆法系一些国家已通过修改立法直接确认合伙企业具有法人资格,如1978年修订的《法国民法典》。英美法系的一些国家和地区则通过颁行合伙企业的单行法律,确认合伙企业有团体资格,合伙可以商号的名义购置动产和不动产,强化了合伙企业在市场运行中的地位。还有一些国家和地区仍然固守合伙是契约的传统认识,将合伙关系视为契约的一种,如我国台湾地区。根据我国法律的规定,合伙企业具有团体资格,它是一种经济组织。

### 三、合伙人的权利与合伙事务的执行

#### (一)合伙人的权利

**1. 财产上的权利**

合伙人向合伙企业履行出资义务后,即与其他合伙人共同共有合伙企业的全部财产,在合伙企业解散时,合伙人可按比例分配属于自己的财产份额;合伙人有权分配合伙企业每年度的经营收入;当合伙企业经营效益较好,且须扩大投资规模时,合伙人有权优先投资;合伙人经全体合伙人同意可将其财产份额转让给他人。

**2. 企业管理权利**

合伙人作为合伙企业财产的共有投资人,对合伙企业有全面的管理权。当全体合伙人委托一名或数名合伙人执行合伙企业事务时,执行合伙人以外的合伙人有权监督,有权依约定听取执行合伙人就企业营业状况、财务状况的汇报,并可提出质询及异议。合伙人还可对合伙企业的一些重大事项单独行使否决权,如处分合伙企业的不动产,改变合伙企业的名称,向他人赠送合伙企业财产以及其他一些合伙协议约定的重大事项等。但根据我国《合伙企业法》第68条的规定,有限合伙人不执行合伙事务,不得对外代表有限合伙企业。

#### (二)合伙事务的执行

小规模的合伙企业往往由全体合伙人共同执行合伙企业的事务,规模较大的合伙企业因合伙人较多,共同执行合伙事务有较多不便,因而法律许可经合伙人全体同意,可委托少数合伙人负责执行合伙事务。受委托执行合伙事务的合伙人便成为执行合伙人。

执行合伙人行使管理权的范围要由全体合伙人签署的授权委托书记载明确,并在企业成立时或运营中变更后,报送企业登记机关备案,企业的营业执照上要反映执行合伙人的姓名。执行合伙人一般应以善良人的诚信和谨慎处理合伙企业事务,不得损害合伙企业与全体合伙人的利益,否则全体合伙人即可撤销委托。如果执行合伙人的行为给合伙企业造成损害,其他合伙人有权要求赔偿。执行合伙人的人数,可根据企业规模及业务开展的需要等因素,由全体合伙人协商确定。执行合伙人在法律上是其他合伙人的代理人,也是合伙企业的法定代表人。其履行职责执行合伙企业事务所产生的收益归全体合伙人,所产生的亏损及其他民事责任,由全体合伙人承担。

### 四、合伙企业与第三人的关系

#### (一)合伙企业与善意第三人的关系

合伙人或合伙组织聘用的经营管理人员执行合伙事务受约定或法律规定的限制,但是这些限制不得对抗不知情的善意第三人。即如果合伙人或者其聘用的经营管理人员超越约定或者法律规定的限制,此时合伙组织必须先行对外承担责任,在承担对外责任之后,其可以依照约定或者法律的规定,再对该合伙人或者经营管理人员行使追索权。

#### (二)合伙人与合伙企业债权人的关系

普通合伙人对合伙企业所形成的债务负有无限责任和连带责任。当合伙企业不能清偿到期债务时,债权人可越过合伙企业直接向任一或全体合伙人请求清偿;清偿了全部债务的合伙

人有权请求其他合伙人补偿各自应负担的份额。有限合伙人依法对合伙企业债务以其认缴的出资额为限承担有限责任。

### (三)合伙企业与合伙人债权人之间的关系

合伙企业的财产是合伙企业赖以进行生产经营活动的物质基础,其在法律上已趋于相对独立。为保障合伙企业经营活动的正常进行,法律限制单个的合伙人在合伙企业解散以前要求析产。合伙人个人对合伙人以外的第三人负有债务或向其举债的,未经全体合伙人之同意,不得将其在合伙企业财产中的份额向该第三人设抵押或质押。未告知其他合伙人而为之的,其行为无效,因此而给合伙企业造成损失的,可要求其赔偿。上述规定适用于普通合伙人,根据我国《合伙企业法》第71条和74条的规定,有限合伙人可以将其在有限合伙企业中的财产份额出质;当有限合伙人的自有财产不足清偿其与合伙企业无关的债务的,该合伙人可以以其从有限合伙企业中分取的收益用于清偿,债权人也可以依法请求人民法院强制执行该合伙人在有限合伙企业中的财产份额用于清偿。

## 五、入伙、退伙与合伙关系的终止

### (一)入伙

入伙,是指在合伙企业存续期间,原来不具有合伙人身份的第三人加入合伙企业并取得合伙人资格的行为。

各国合伙法律一般均规定,接纳一个新的合伙人必须经全体合伙人的同意。但英美法系国家的合伙立法规定,对合伙人加入的程序可由合伙人在合伙契约中约定。根据我国《合伙企业法》第43条的规定,新合伙人入伙时,合伙协议可以约定不必全体合伙人一致同意,但应依法订立书面入伙协议。除入伙协议另有约定之外,入伙人与合伙人享有同等权利,承担相等责任。对于新入伙的合伙人是否对合伙企业以前的债务承担责任,各国的规定不尽一致。法国、瑞士、日本等大陆法系国家,大多规定新合伙人对入伙前企业的即存债务承担连带责任,而英美法系国家则普遍主张新合伙人对入伙前债务不承担责任。我国《合伙企业法》规定,新合伙人对入伙前合伙企业的债务承担连带责任。因此,法律上要求在订立入伙协议之前,原合伙人须向新合伙人告知原合伙企业的经营状况和财务状况。

### (二)退伙

退伙,是指已经取得合伙人身份的人使其合伙人身份归于消灭的法律行为和事实。

退伙一般分为任意退伙、法定退伙和除名三种。

(1)任意退伙也称为声明退伙,即以合伙人自己的意思表示而决定并于适当时期告知其他合伙人而发生的退伙行为。合伙人因其适当理由而退伙,事实上是其民事权利的实现和行使,其他合伙人不可能有绝对禁止其退伙的权力,但为维护合伙企业的利益,法律或合伙协议对声明退伙设定一定的限制,是有必要的,且在法理上也是有根据的,即权利的行使不能损害他人的合法权益。

(2)法定退伙,是指基于法律的规定以及法定事由而当然退伙的情况。

(3)除名,是指合伙人因严重违反合伙协议的规定或有其他重大违法行为,损害了合伙企业的利益或威胁合伙企业的生存与发展,而被其他合伙人一致决定开除的行为。

退伙人自退伙生效时丧失合伙人身份,脱离原合伙协议约定的权利义务,不再对退伙后合伙的事务承担任何责任。退伙同时导致合伙财产的清理与结算,退伙人以使用权出资的财产需返还给退伙人,盈余部分需进行分配,如有亏损须由退伙人分担,但是退伙时有未了结的合伙企业事务的,待了结后进行结算。

### (三)合伙关系的终止

合伙协议所约定的权利和义务不复存在,称之为合伙企业的终止。合伙企业的终止有以下几种情况:合伙协议约定的合伙经营期限届满,未再延续;合伙协议约定的解散事由出现;全体合伙人决定解散;合伙人已不具备法定人数;合伙协议约定的合伙人目的已实现或无法实现;被依法吊销营业执照。

合伙企业解散后应当进行清算,并通知和公告债权人。清算时,首先应支付清算费用,然后支付所欠职工工资和劳动保险费用,在缴纳所欠税款,偿还债务,最后返还合伙人的出资。之后仍有剩余财产的,由合伙人依照合伙协议约定的比例分配,未约定的平均分配。

# 第三节　公司法

公司法是有关公司的组织与活动的法律规范的总称。各国公司法规范的公司事项,主要包括公司的设立、权能范围、组织、经营、分立、合并、清算、终止及外国公司等问题。

## 一、公司概述

### (一)公司的概念与法律特征

公司是依法定程序设立的、以营利为目的的法人组织。公司是法人,具有独立的法人人格,这是公司最重要的和最基本的法律特征。公司还具有以下一些法律特征:

1. 公司拥有自己独立的财产

公司的财产来自股东的投资,但一旦股东将投资的财产移交给公司,在法律上这些财产便属于公司所有,由公司依法占有、使用、收益和处分,包括股东在内的他人不得非法干涉。

2. 公司以自己的名义享受权利、承担义务

当公司与他人订立合同时,公司应以自己的名义签订合同,并作为合同当事人享受合同规定的权利,承担相应的义务。公司以其财产独立承担民事责任,股东、董事或其他管理人员对公司的债务一般不负清偿责任,公司若不能清偿到期债务且资不抵债时,就依法宣布破产。

3. 公司以自己的名义起诉、应诉

当公司与他人发生纠纷时,公司应以自己的名义在法院提起诉讼,行使其诉讼权利,他人也只能对公司起诉。

4. 公司有日常经营管理权

公司的经营管理一般由专门的管理人员如董事、经理等负责,股东大多并不直接参与公司的日常经营管理。股份有限公司更是如此。

5. 公司的存续一般不受股东变化的影响

股东的死亡、退出、破产原则上不影响公司的存续。因此,在英美法系中,公司被认为具有"永续性"(perpetual existence)。

6. 公司是一个组织体

公司有自己的名称;有自己经营场所;有符合法律规定的组织机构;有与经营规模相适应的生产经营条件和从业人员;有专门的财会人员和健全的财务制度。

公司具有独立法人资格,股东与公司相互分离,这锁定了投资者的风险,有利于社会资本的集中和经营管理的科学化。然而在另一方面,由于公司一般采取有限责任制,一些不法分子常常利用公司进行投机和欺诈活动,逃避法律义务,损害社会及公众利益。为了防止这种现象的发生,英美公司法逐渐形成了所谓"揭开公司面纱"(lifting the veil of corporation)的制度。根据这个制度,如果法院认为成立公司的目的在于利用公司作为手段从事妨碍社会利益、进行欺诈或其他犯罪活动的,法院将不考虑公司所具有的法人资格,而直接追究股东或其他行为人的民事或刑事责任。《中华人民共和国公司法》(2006 年)(以下简称我国《公司法》)对此也有明确的规定。

**(二)公司的主要类型**

公司可以按照不同的分类标准作不同的划分,如以信用标准进行划分,可以分为人合公司、资合公司及人合兼资合公司;以规模标准进行划分,可以分为大型公司、中型公司、小型公司;以是否公开招股标准进行划分,可以分为公开型公司、封闭型公司;以公司支配关系标准进行划分,可以分为母公司、子公司;以登记标准进行划分,可以分为本国公司、外国公司;按照股东对公司债务所负责任的不同和集资方式的不同,可以将公司分为无限责任公司、有限责任公司、两合公司和股份有限公司,这是公司分类中最基本、最常见,也是最具法律意义的分类。

1. 无限公司

无限公司是由两个以上的股东组成的,每个股东对公司债务负连带无限清偿责任的公司。无限公司是一种以人合为基础组成的公司。这种公司类似合伙,当公司财产不足以清偿债务时,股东必须以个人全部财产负责清偿。英美法系国家和大陆法系的一些国家不承认无限公司的法人资格,但是法国、日本等一些国家承认无限公司是独立的法人。

2. 有限责任公司

有限责任公司,是指由一定人数的股东组成的、股东只以其出资额为限对公司承担责任、公司只以其全部资产对公司债务承担责任的公司。其主要特点是,所有的股东都是只以其对公司的出资额为限来对公司承担责任;公司只是以其全部资产来承担公司的债务;股东对超出公司全部资产的债务不承担责任。有限责任公司是仅在特定当事人之间筹集资本,有限责任公司具有"封闭"的性质,经营管理的组织机构也比较简单,比较适合中小企业的发展。在现代西方各国,有限责任公司是一种主要的公司类型,并日益为越来越多的国际投资者所采用。

3. 两合公司

两合公司是由一个以上无限责任股东与一个以上有限责任股东所组成的公司。两合公司兼有无限责任公司和有限责任公司的双重特点,兼有人合与资合的双重性质。无限责任的股东对公司债务负连带无限责任,并对内执行业务,对外代表公司。有限责任股东对公司债务所负的责任以其出资额为限。从法律地位来说,各国法律一般都承认两合公司为法人。

4. 股份有限公司

股份有限公司是指由一定人数以上的股东组成、公司全部资本分为等额股份、股东以其所认购股份为限对公司承担责任、公司以其全部资产对公司债务承担责任的公司。其主要特点是,公司的全部资本分成等额股份;股东只以其所认购的股份为限对公司承担责任;公司只以其全部资产来承担公司的债务。股份有限公司是最重要的公司类型,它对于加速资本的集中和社会化,促进市场经济的发展有着十分重要的作用。

在世界各国或者地区的公司立法中,因为情况的不同,往往只是在法律上规定其中的几种,如日本《商法》第 53 条规定,"公司为无限公司、两合公司与股份有限公司三种"。但也有的国家或者地区的法律是允许设立以上四种公司的,如韩国《商法典》第 170 条和我国台湾地区《公司法》第 2 条规定,公司分为无限公司、有限公司、两合公司、股份有限公司四种。我国《公司法》所称的公司是指依照本法在中国境内设立的有限责任公司和股份有限公司。这既是公司法对公司种类的规定,也是对我国《公司法》调整对象的规定。

## 二、公司的设立

公司设立是为了使公司成立而依法定程序所进行的一系列行为的总称。公司设立完成,意味着公司可以以独立的人格从事法律规定的各种活动。

### (一)公司设立的方式

公司设立的方式可分为两种:发起设立和募集设立。

1. 发起设立

所谓发起设立,是指公司的资本由发起人全部认购,不向发起人之外的任何人募集而设立公司。无限公司、两合公司和有限责任公司的资本具有封闭性,不容许向社会公众募股,因而只能采取这种设立方式。股份有限公司在不公开募股的情况下,也可采取发起设立的方式创立。

2. 募集设立

所谓募集设立,是指发起人不能认足公司的资本总额,其余部分向外公开募足而设立公司。在各类公司中,只有股份有限公司在设立阶段可对外募集股份。

各国公司法对采取募集方式设立公司,发起人认购的股份应占发行资本总数的比例,大都有限制性规定。例如,我国《公司法》第 85 条规定:以募集设立方式设立股份有限公司的,发起人认购的股份不得少于公司股份总数的 35％。但是法律、行政法规另有规定,从其规定。

### (二)公司设立的程序

各国公司法对设立公司各有不同的规定,但一般说来,公司设立的主要程序包括:聚齐法定人数的发起人;发起人负责拟订公司的章程和内部细则;组织认购股份;由发起人召开公司创立大会选举和任命公司第一届管理机构;向政府有关主管部门申请注册登记。经主管机关审查认为符合法律规定条件准予登记后,公司即告成立。

1. 聚齐法定人数的发起人

所谓发起人(promoter),是指提出设立公司申请,对公司设立承担责任的人。设立任何公司都必须有发起人。在通常情况下,发起人可以是自然人,也可以是法人。

关于发起人的人数,多数国家有最低数量要求。美国多数州法却对发起人数不作限制性规定,1 人或数人皆可,美国的州立法者解释称:若规定了最低限额的发起人数,则任何人都可拉些附庸来凑数,这是毫无意义的事情。我国《公司法》第 24 条规定,有限责任公司由 50 个以下股东出资设立。按此规定,1 人可以发起设立有限责任公司。而"设立股份有限公司,应当有 2 人以上 200 人以下为发起人"。(我国《公司法》第 79 条)

关于发起人的国籍,发达资本主义国家一般是不作限制性要求的,仅个别国家有限制。我国《公司法》第 79 条规定,设立股份有限公司的发起人在中国境内有住所的必须超过半数。

关于发起人的义务,各国的规定基本上可概括为忠诚、无欺诈和办事公正。发起人应对公司设立过程中的行为承担连带责任;对公司设立的全部费用和可能产生的债务承担连带责任;

在公司公开募集股份不能如愿募足时,承担连带认购责任;在因发起人过失致使公司受到损失时,承担连带赔偿责任;如果公司最终未能设立,发起人对认股人和债权人的损失承担返还、赔偿的责任。

### 2. 订立章程

公司的章程(certificate of incorporation 或 articles of association),是规定公司的宗旨、资本、组织结构、名称等对内对外事务的法律文件,是有关公司组织和行为的基本规则,是规范公司活动的根本大法,因此是公司设立的一个必备条件和重要步骤。

根据法律规定,有限责任公司的公司章程,应当载明的事项包括:公司名称和住所,公司经营范围,公司注册资本,股东的姓名或者名称,股东的出资方式、出资额和出资时间,公司的机构及其产生办法、职权、议事规则,公司的法定代表人。股份有限公司的公司章程,应当载明的事项包括:公司名称和住所,公司经营范围,公司设立方式,公司股份总数、每股金额和注册资本,发起人的姓名或者名称、认购的股份数、出资方式和出资时间,董事会的组成、职权、任期和议事规则,公司法定代表人,监事会的组成、职权、任期和议事规则,公司利润分配办法,公司的解散事由与清算办法,公司的通知和公告办法以及股东大会认为需要规定的其他事项。上述事项,是法律规定公司章程应当载明的事项,可以说是公司章程的法定载明事项,除此之外,公司还可以根据自身情况,对其他事项作出规定。

### 3. 缴纳出资

公司股份的认购与缴纳可分为三种类型:

(1)法定资本制。公司设立时,公司章程必须载明公司的资本总额,并且必须在公司注册登记前,由发起人和其他股东认足缴清,才能正式登记注册成立公司。法定资本制为法国、德国首创,并为许多大陆法系国家所采用。

(2)授权资本制。公司成立时,在公司章程中载明公司被授权的股份总数,公司设立人只须认购其中的一部分,公司即告成立。至于股份总数的全部认购以及实际缴纳,则授权董事会于公司成立之后,根据公司业务需要来募集或催缴。这是英美法系公司法上一种通行的资本制度。

(3)折衷资本制。公司设立时,须在章程中载明公司的总股份数和每股的票面价值,但只需要募足法律所要求的最低资本数额,公司就可以成立。其余的股份授权公司董事会根据经营需要另行募集,或者根据法律规定由股东在指定的期限内募足。从 20 世纪世界各国公司资本制度的变化趋势看,实行折衷资本制的国家愈来愈多。这实际上是在保障公司具有最低资本额的前提下,降低了公司的设立成本。

我国原有公司法(1994 年)在公司资本制度上严格贯彻大陆法系的法定资本制,要求投资者在公司注册登记前将等于或高于法定最低资本金的由公司章程所定的资本如数缴纳,然后公司才可以注册成立。这种情况与国际上较普遍性地推行的软化资本约束的趋势形成了较大的差距,有必要结合国情实际推行渐进的改革。据此,现行公司法采用了有期限的分期缴付资本制,根据我国《公司法》第 81 条的规定,允许股东首次缴付注册资本的 20%,但不得低于法定的最低注册资本限额,其余的部分在公司成立后两年内缴足,其中投资公司可以在 5 年内缴足。

### 4. 确立组织机构

公司机关是公司的法定机构,在公司设立阶段应予确定。各国公司法对不同种类的公司有不同的要求。例如,有限责任公司必须设立股东会,董事由股东会选举产生,公司可以设立董事会,也可以不设立董事会,而股份有限公司必须组成董事会,并由董事会选举董事长。

5.申请登记

各国公司法皆规定,只有经注册登记后公司才告成立。创办人在申请注册登记时除缴纳法定的手续费和捐税外,还得提交若干法定的文件,其中最主要的就是符合法律规定的章程。创办人履行了各种法定的手续,经主管机关审查完备合法后即予注册,并发给登记证书。至此公司便告成立。

## 三、公司的基本权利

### (一)公司的基本权利

公司设立后,为了生存并实现其宗旨须拥有一些最基本的权利。各国法律所承认的公司基本权利大体一致,归纳起来,主要有:①以公司的名义起诉、应诉;②拥有并使用可随意改变的印章;③以任何合法的方式处理不论位于何处的公司的动产或不动产、有形或无形财产、债权或债务;④资助雇员;⑤选举或任命公司的行政人员和代理人,明确其职权,确定其报酬;⑥订约权;⑦为经营和管理公司事务,制定或修改与法律不相抵触的章程和内部细则;⑧有权贷款,使用其资金进行投资,为投资而作动产或不动产抵押;⑨在本国内外开展业务活动,建立办事处及从事其他法律许可的活动;⑩为公共福利、慈善、科学和教育目的而捐款;⑪制定和实施对公司董事、雇员或任何个人的奖励或抚恤计划;⑫拥有并行使其他有利于实现其宗旨的合法权利。公司在行使上述权利的时候不得侵犯国家、第三人和股东的正当利益,公司亦不得被某些人用来逃避法定义务或进行欺诈;否则,有关人员须负个人责任。

### (二)公司权利能力的限制

公司在法律规定范围内享有权利能力,但作为一种特殊的企业法人,公司权利能力又有某些特殊性,其权利能力应受到法律的限制。公司法对公司权利能力的限制主要表现在以下几个方面:

1.对公司转投资行为的限制

公司转投资是指公司以现金、实物、无形资产作为出资而成为另一法律实体的所有者。之所以采用"转投资"这一称谓,是因为公司本身是股东投资的产物,公司再将股东投资形成的资产作其他投资,实质上是将公司的投资转作其他投资。由于公司作为法人,应当有自主运用资金和承担责任的权利,当然可以用公司的财产进行投资活动,但这种对其他公司的投资不能影响公司的稳定和发展,并要合理的承担责任。依照风险程度,转投资行为的风险分成两类:一是公司投资后承担有限责任;二是公司投资后承担无限责任。为了避免公司转投资行为给股东和债权人带来损失,国外公司法往往明确禁止公司充当其他组织中的无限责任股东或合伙人。我国《公司法》第15条规定,公司可以向其他企业投资;但是,除法律另有规定外,不得成为对所投资企业的债务承担连带责任的出资人。我国《公司法》第16条还规定,公司向其他企业投资,按照公司章程的规定由董事会或者股东会决议的,必须经过董事会或者股东会决议;公司章程对投资总额及单项投资的数额有限额规定的,不得超过规定的限额。

2.对公司提供担保行为的限制

国外公司法均严格限制公司向他人提供担保,一是切实保护股东权益,避免公司财产因提供担保而招致被查封拍卖;二是普通商业公司不得从事金融业活动。担保属于金融业的组成部分,普通商业公司无权涉足金融业,除非公司宗旨允许公司从事金融业或者明确规定可以对外提供财产担保。我国公司法对此也有明确的规定,根据《公司法》第 16 条的规定,公司为他人提供担保,依照公司章程的规定,由董事会或者股东会、股东大会决议;公司章程对担保的总额及担保的数额有限额规定的,不得超过规定的限额。公司为公司股东或者实际控制人提供担保的,必须经股东会或者股东大会决议。股东或者受实际控制人支配的股东,不得参加规定事项的表决,该项表决由出席会议的其他股东所持表决权的过半数通过。

3. 对公司提供贷款行为的限制

普通公司既然不是金融机构,依法当然不得向他人提供贷款。否则既有悖于国家的金融管制政策,又将妨碍公司按照既定计划使用资金,影响公司业务的开展。各国公司法均特别强调不得将公司的资金借贷给股东和其他人。其立法意图在于保证公司资金在其宗旨范围内合理使用,并保护公司债权人的合法权益。

## 四、公司的资本

广义的"公司资本",是指公司用以从事经营、开展业务的资金和财产,包括股本、公司债、利润留成、受馈赠的资金等。狭义的"公司资本"则仅指公司的股本。公司法上的公司资本一般是指狭义资本。公司的资本是公司开展业务的物质基础,是公司对第三人的最低财产担保。因此公司的资本对债权人以及公司自身的发展均具有重要意义。

### (一)公司资本的原则

公司资本原则是由公司法所确立的在公司设立、营运以及管理的整个过程中,为确保公司资本的真实、安全而必须遵循的法律准则。传统公司法确立了三项最重要的资本原则,即资本确定原则、资本维持原则和资本不变原则。

1. 资本确定原则

所谓资本确定原则,是指公司设立时应在章程中载明公司的资本总和,并由发起人认足或募足,否则公司不能成立。按资本确定原则办理,能保证公司的资本真实可靠,防止公司设立中的欺诈、投机行为。

2. 资本维持原则

资本维持原则又称资本充实原则,是指公司在其存续过程中,应当经常保持与其资本额相当的财产。主要表现有:公司成立后,发起人或股东不得退股,不得抽回股本;股票发行价格不得低于股票面值;公司应按规定提取和使用法定公积金;亏损或无利润不得分配股利;公司原则上不能收购自己的股份,也不得接受本公司的股票作为抵押权的标的等。为防止因公司资本减少而危害债权人的利益,同时也为了防止股东对盈利分配的过高要求,确保公司本身业务的正常开展,各国公司法都确认了资本维持原则。

3. 资本不变原则

资本不变原则是指公司资本总额一旦确定,非经法定程序不得任意变动。实际上资本不变原则是资本维持原则的必然要求。

### (二)公司资本的构成

1. 现金

公司要从事经营活动,必须要有现金,因此,任何公司都离不开现金出资。为了保证公司资本中有足够的现金,多数国家公司法都规定了现金占公司资本的比例。例如,有的国家规定,股份有限公司的现金出资应占公司总资本的 25% 以上。我国《公司法》第 27 条第 3 款规定,全体股东的货币出资金额不低于有限责任公司注册资本的 30%。

#### 2. 实物

实物属于有形资产,主要包括厂房、机器设备、原材料和其他建筑物等。在多数情况下,实物是公司运营所必不可少的。各国公司法都允许以实物出资。

股东以实物出资,必须对该实物拥有所有权和处置权,并应提供有效证明。股东不得以租赁物或他人的财产作为自己的出资,也不得将已设立担保的实物作为出资。以实物出资,必须对该实物进行估价。由于对实物价值的评估直接涉及其他投资人的利益,因此,不仅应请权威性的评估机构采用科学的计算方法进行评估,还要将评估结果让其他股东知晓,得到发起人和其他股东的认可。

#### 3. 无形财产

无形财产包括专利权、商标权、专有技术、土地使用权和商誉等。无形财产可以折价作为股东的出资。但如何对无形财产作价,是比较复杂的,这同样需要权威性的评估机构用科学的计算方法进行评估。

#### 4. 信用与劳务

所谓信用出资,是指股东将其个人的信用,由公司进行营利性的使用,并以此抵作出资。所谓劳务出资,是指股东以精神上、身体上的劳务抵充出资。一些大陆法系国家允许无限责任股东以信用和劳务作为出资,但有限责任公司和股份有限公司的股东都不得以信用和劳务出资。一些英美法系国家虽然允许以劳务作为向公司的出资,但同时限定这些劳务必须是"实际上为公司完成了的",未来的劳务不能作为向公司的出资。

我国《公司法》第 27 条规定:"股东可以用货币出资,也可以用实物、知识产权、土地使用权等。"按此规定,股东用什么东西出资,只需满足三个条件:可用货币评估;可以转让;法律不禁止的。

## 五、公司的股份

### (一)股份的含义

"股份"在英国称为"share",在美国称为"stock"。股份是股份有限公司资本构成的最小单位。它是股份有限公司资本构成的专称,在法律上表现为股票。股份有限公司的资本分为均等的股份,股份是对资本的等额划分,也是股东权的基础。每一股份代表一份股东权,股东权利义务的大小,取决于股份数额的多少。

### (二)股份的种类

#### 1. 普通股和优先股

根据股东的权限,股份可分为普通股和优先股。

普通股是股份公司设立的基础性股份,为任何股份公司发行股份时必须发行的股份。此种股东在股份公司事务上具有平等权利和相同的法律地位,如出席股东大会的权利、行使公司事务表决权、获得利润和剩余财产的分配权等。各国公司法关于股份的一般规定,主要都是针对普通股而言。优先股是优先于普通股获得特定权利的股份。至于在何方面优先于普通股,要视股份公司所发行优先股的具体内容而定,主要包括优先获得股息和优先获得剩余财产分配权。

2. 记名股与无记名股

根据股票票面是否记载股东的姓名,股份可分为记名股与无记名股。

凡在股票上载有股东的姓名,并记载于公司的股东名册上的股份称为记名股。记名股除原主外,其他持有人都不得行使其股权。凡在股票上不记载股东姓名的股票则称为无记名股,此种股票的持有人可享有股东资格,行使股东的权利。

根据有些国家公司法的规定,记名股在公司设立登记后,虽然股款尚未缴清,亦可以发行。但无记名股,则必须在缴足股款之后才能发行。由于无记名股有一定的流弊,因此,有些国家不允许发行无记名股票。例如美国大多数州的公司法规定,股份有限公司只许发行记名股票,不许发行无记名股票。但大数国家都允许发行无记名股。我国《公司法》第 130 条规定:公司发行的股票,可以为记名股票,也可以为无记名股票。公司向发起人、法人发行的股票,应当为记名股票。

3. 额面股和无额面股

按照股票票面是否记载金额为标准,分为额面股和无额面股。

所谓额面股,是指股票票面上记载股份金额的股票或股份。如在股票上载明每股金额为 10 美元或 100 美元等。无额面股则是指股票票面上不记载股份金额的股份或股票,称为份额股,它是以公司财产价值的一定比例为其划分的标准,股票上不载明金额,其价值随公司财产的增减而增减。这种股票在美国比较常见,但欧洲大陆有些国家(如法国)的法律规定,股份有限公司只许发行有票面金额的股票,不得发行无票面金额的股票。

额面股最为常见,也比较容易理解,无额面股则既少见,又不易理解。发行无额面股的股份公司多为减少股份的流通性而发行此种股份,由于该种股票上没有记载其金额,查知其所代表金额虽非不能但却不便,在强调交易快捷的现代社会中,无额面额股确实起到限制流通的作用,故它通常只适用于非上市公司。

(三)股本的变更

股本的变更包括股本的增加和减少两个方面。

1. 股本的增加

如果公司需要筹集资金,扩大经营规模,就可以用增资的办法解决筹集资金问题。各国法律均无例外地允许公司增加资本。增加资本对于公司股东、公司本身和公司债权人来说,都是有利的。但是,如果增加资本缺乏相应规则,就有可能损害到某些股东的利益。在公司决定增资而有的股东反对增资时,该不同意追加投资的股东在公司中的出资比例会有所降低。增资程序操作不当,也会导致不利后果。所以,各国法律均对增资问题作有明确规定。

(1)股东大会通过增资决议。这一程序的主要目的在于保证充分体现股东意见和意志。公司增资首先由董事会提出增资方案,股东(大)会就是否增资、如何增资作出决议。股东(大)会按特别决议程序通过决议。

(2)修改公司章程。公司资本是公司的基本要素,也是公司章程的必要记载事项,增加资本必然会直接影响公司章程所记载事项是否准确,故增资必须修改公司章程。

(3)原股东追加投资。各国公司法均承认公司股东只有增加出资的权利而无增资义务,但同意增资的股东必须在规定的时间内将应当缴纳的款项交付公司,对于反对增资的股东来说,增资决议对其并无约束力。与股东(大)会会议的其他决议相比,这是增资决议独有的特点。

(4)办理公司变更登记。公司在增加注册资本后,应当到公司登记机关办理变更登记手续。否则,公司增加注册资本的行为均无效。

2. 股本的减少

公司减资原因主要有四种:第一,普通减资,这是指公司在相当时期内没有适宜的投资项目,为减少资金的积压和浪费,将多余的资金撤出;第二,特殊减资,如公司因合并而减少资本;第三,在公司盈利数额较少的情况下,通过减少多余资本,保持相对稳定的股利分配水平。

多数国家允许公司减资,但公司减少注册资本对公司、股东及公司债权人利益会产生不利影响,属于公司的重大变更,因此在允许公司减资的同时,明确限制公司减资的条件和程序。这些限制主要是:第一,限制公司减资数额,即减资后,公司注册资本不得低于法定的最低资本限额;第二,限制公司减资程序,公司减资必须履行比增资更为复杂的审查及决议程序;第三,限制减资目的,即公司不得为了逃避债务而减资;第四,减资必须履行保护债权人程序,并在登记后向社会公众公告。在减资中,都涉及如何妥善保护公司债权人利益的问题。公司减少资本,意味着可以用来担保债权人利益的公司财产的减少,显然这会在一定意义和程度上损害债权人的利益,或者危及债权人的利益。在此问题上,各国公司法多有保护债权人利益的规定。

**(四)股份的转让**

各国皆允许持股者转让其股份,但不得违背限制性规定。

1. 有限责任公司的出资转让

有限责任公司股东转让出资的方式有两种:一是股东将出资转让给其他现有股东,此所谓公司内部的出资转让;二是股东将出资转让给现有股东以外的其他投资者,此所谓公司外部的出资转让。上述两种方式在条件及程序上存在一定差异。

(1)股东之间可以自由转让股权。有限责任公司的股东向该公司的其他股东转让其全部股权,其后果是股东人数减少,并且股东间的出资比例发生变化。因此,公司的股东之间无论是转让全部股权,还是转让部分股权,都不会有新股东的产生,其他股东已有的伙伴关系不会受到影响,也就没有必要对这种转让进行限制。

一般来说,公司内部出资转让意味着转让方和受让方经协商一致后,通过签署转让协议并办理登记,即可完成出资转让。这种出资转让方式分为两个步骤:首先,出让方和受让方签署出资转让协议。该转让协议应当采用书面合同形式,并载明出让的数量、价格以及双方商定的其他交易条件。该合同经双方签署后生效,任何一方不履行出资转让协议的,应当向对方承担违约责任。其次,办理与出资转让相关的公司变更登记。出资转让只与公司的变更登记有关,故相关的公司变更登记应当由出让方、受让方和公司三方共同完成。为了避免办理登记中出现障碍,股东之间可就办理公司变更登记手续的责任事先确定。

(2)股东应当依据法定的程序向股东以外的人转让股权。股东向股东以外的人转让股权,会发生新股东进入公司的情况,而新股东与其他股东之间并不一定存在相互信任的关系。为了维持有限责任公司的人合因素,我国《公司法》规定除转让股东以外的其他股东中,有超过一半的股东同意,股东才能向股东以外的人转让股权。

其他股东对于股权转让的意见,意图转让股权的股东应当用书面征求意见的方式来获得。即意图转让股权的股东应当向其他股东发出书面通知,告诉其他股东有关其股权转让的有关事项,如转让多少股权、价格是多少、受让方是谁等,并询问其他股东是否同意该股权转让。其他股东应当自接到书面通知之日起 30 日内向发出通知的股东表示是否同意该股权转让。如果某一股东自接到书面通知之日起 30 日内没有答复,那么,在法律上就认为该股东同意该股权转让,应当计入同意转让的股东数之内。在对有限责任公司股东自愿转让股权进行规定的同时,考虑到股权转让行为是一种商事行为,法律应当尊重当事人的意思,我国《公司法》还规定,公司章程对股权转让另有规定的,从其规定。

2. 股份有限公司的股份转让

股份以自由转让为原则,即股东在一般情况下可以完全按自己的意愿转让自己所持有的股份。但这并非绝对的自由,为了维护公司、股东和债权人的利益,防止利用转让活动谋求不当利益,对有些股份的转让有必要的限制。

(1)记名股票的转让。记名股票的转让由股东以背书方式或者法律、行政法规规定的其他方式转让。背书转让是指公司的股份持有人在所持股票上签字而转让给他人的行为,法律、行政法规规定的其他方式则是指《公司法》和有关法律及行政法规规定的方式。公司股份转让后必须由公司将受让人的姓名或名称及住所记载于股东名册,否则,该记名股份的转让对公司不发生效力。在公司召开股东大会前30日内或者公司决定分配股利的基准日前5日内,记名股票不得进行转让,其目的在于便于股东大会的召开和股利的分配。

(2)无记名股票的转让。与记名股票的转让方式相比,无记名股票的转让较为简单。大多数国家的法律规定,无记名股票的转让,其方式依一般无记名有价证券转让的规则,只要股份持有人将股票交付给受让人后,该行为即发生法律效力,受让人即成为合法的股份持有人。

(3)对特定持有人转让股份的限制。①发起人。发起人持有的本公司的股份,自公司成立之日起一年内不得转让。法律作这一规定的目的是,增强发起人在公司创办阶段的责任感和防止某些人利用创办公司的名义实施违法投机行为。②上市交易前的股东。公司公开发行股份前已发行的股份自公司股票在证券交易所上市交易之日起1年内不得转让。法律作这一规定的目的是,确保上市公司上市初期的稳健运作和防止某些人从事一些违法投机行为。③公司管理人员转让股份的限制。法律规定的限制:一是公司董事、监事、高级管理人员应当向公司申报所持有的本公司的股份及其变动情况;二是这些人员在任职期间每年转让的股份不得超过其所持有本公司股份总数的25%,公司股票在证券交易所上市交易的,自上市交易之日起1年内不得转让;三是这些人员离职后半年内,不得转让其所持有的本公司股份。法律作出上述限制性规定,目的是防止这些人因了解公司情况从事投机行为,损害其他投资者的合法权益。需要说明的是,如果这些人属于法定限制的“发起人”,则同时执行有关发起人的限制性规定。公司章程规定的限制:公司章程可以对法定的公司管理人员转让股份作出更严格的规定。这项规定属于授权规定。公司章程可以规定,也可以不作规定。章程有规定的,执行章程的规定;章程没有规定的,执行法律的规定。

**(五)公司股份的购回和设质**

1. 购回公司股份

购回公司股份是指股份有限公司按照一定的价格,以公司拥有的资金从股东手中买回本公司的股份。当股份公司买回自己发行在外股份时,就成为自己股份的持有人,形成自有股份。

多数国家公司法对买回股份或持有自有股份持否定态度。第一,买回股份将导致公司和股东身份的混淆。股东持有公司发行在外股份时,可以向公司主张权利,但若公司持有自己发行在外的股份时,无疑会出现本公司向本公司主张权利的状况,从而造成权利主体与义务主体相混淆。第二,客观减少了公司的资本。股东缴纳的股款构成公司资本,而股份公司又使用公司资本购买本公司股份,这实际是将公司获得的资本退回给股东,并因此实际减少了公司资本。显然这种"减资行为"并没有履行严格的程序,将会给公司债权人造成误解,并实质性地动摇资合公司存在的财产基础。第三,容易加强证券市场上的投机成分。股票市场的价格是在若干市场因素共同影响下形成的,其关键是股份公司自身的经营业绩。但当公司可以随意持有本公司股份时,公司往往会为保持或煽动本公司股票的市场表现采用不当手段,这必然会误导投资者,也会导致股票市场的非正常波动,从而加大了股票市场原有的投机性。

2. 股份的设质

股票作为有价证券,所代表的股东权利是一种具有财产内容的权利,股票可以流通并可以抵押,这是各国法律上的通例。股份或股票既然是有价证券,显然就可以作为质权标的。但是,当股份公司接受他人提供的、本公司对外发行的股份作为质权标的时,就将导致非常特殊的法律问题。因为权利质于债权无法获得实现时,须依强行法加以处理,如质权人可以通过拍卖或其他程序进行处理,也可以通过收回股份折抵未收回的债权。以后者方式收回债权,将形成股份公司的自有股份,遇到与上述购回股份完全相同的问题。

## 六、公司的组织机构

公司组织机构是指公司依法设置的管理机构。尽管在不同类型的公司,组织机构可能不同,但典型的公司组织机构是由权力机构即股东(大)会、经营机构即董事会和监察机构即监事会三部分组成。至于这三部分机构间的权力与相互关系,各国公司法立法不同,大致可以分为以下四种类型:

(1)以德国为代表的双层制,即由监事会和董事会共同经营公司。由股东会选任监事组成监事会,监事会选任董事组成董事会。董事会负责公司的具体经营活动,监事会负责行使公司业务的持续监督权以及一定事项的同意权。股东会原则上不享有经营权,并且只能就公司章程规定的事项作出决议。

(2)以英美法系国家为代表的单层制,即由股东会选任董事组成董事会,董事会负责公司的经营决策,并由董事会聘任经理等高级职员负责具体的经营管理,董事会对其具体经营管理进行监督。

(3)以法国为代表的选择制,即公司法规定公司既可以采取单层制,又可以采取双层制,任由当事人选择。

(4)以日本为代表的三角制,即在股东会之下设董事会和监察人,分别行使业务执行权和监察权,但是董事会与监察人是平等的机关,均由股东会选任和罢免,相互之间没有隶属关系。

**(一)股东(大)会**

1. 股东(大)会的种类

股东会或股东大会会议有两种,一是定期会议,二是临时会议。

所谓股东(大)会的定期会议,是指按照公司章程规定在一定时期内必须召开的会议。这就要求公司章程对定期股东(大)会会议作出具体规定,比如是一年召开一次定期会议,或者一年召开两次定期会议等,并明确定期会议召开的时间。

所谓股东(大)会的临时会议,是指公司章程中没有明确规定什么时间召开的一种不定期的会议。临时会议相对于定期会议,指在正常召开的定期会议之外,由于法定事项的出现而临时召开的会议。临时会议是一种因法定人员的提议而召开的会议,有权提议召开临时会议的主要有:股东、董事以及监事机构。

2. 股东(大)会会议的召集通知、主持与会议记录

(1)董事会召集、董事长主持。设立董事会的,股东(大)会会议由董事会召集,董事长主持;董事长不能履行职务或者不履行职务的,由副董事长主持;副董事长不能履行职务或者不履行职务的,由半数以上董事共同推举的一名董事主持。所谓"不能履行职务",是指因生病、出差在外等客观上的原因导致其无法履行职务的情形。所谓"不履行职务",是指不存在无法履行职务的生病、出差在外等客观上的原因,但以其他理由或者根本就没有理由而不履行职务的情形。

由于股东人数较少或者规模较小的有限责任公司可以设一名执行董事,不设立董事会。因此,对于这类公司,股东会会议由执行董事召集和主持。

(2)监事会或者不设监事会的公司的监事召集和主持。股东(大)会会议由董事会召集,董事会会议由董事长召集和主持。在公司大股东担任董事长的情况下,仍然存在大股东一股独大,不召集、主持董事会,进而不召集股东(大)会会议的可能。因此,董事会或者执行董事不能履行或者不履行召集股东(大)会会议职责的,由监事会或者不设监事会的公司的监事召集和主持。

(3)股东召集和主持。监事会或者监事不召集和主持的,代表 1/10 以上表决权的股东(股份公司为连续 90 日以上单独或者合计持有公司 10％以上股份的股东)可以自行召集和主持股东(大)会会议。

召开股东(大)会会议,应当于会议召开 10 日前(股份公司为 20 日前)通知全体股东;但是,公司章程另有规定或者全体股东另有约定的除外。股东会应当对所议事项的决定作成会议记录,出席会议的股东应当在会议记录上签名。

3. 股东(大)会的职权

股东(大)会享有以下职权:决定公司的经营方针和投资计划;选举和更换非由职工代表担任的董事、监事,决定有关董事、监事的报酬事项;审议批准董事会的报告;审议批准监事会或者监事的报告;审议批准公司的年度财务预算方案、决算方案;审议批准公司的利润分配方案和弥补亏损方案;对公司增加或者减少注册资本作出决议;对发行公司债券作出决议;对公司合并、分立、解散、清算或者变更公司形式作出决议;修改公司章程;公司章程规定的其他职权。这些职权,可以归纳概括为几个方面的内容:投资经营决定权;人事决定权;重大事项审批权;重大事项决议权;公司章程修改权;其他职权。

股东(大)会行使职权,应当按照法律规定和公司章程规定的议事方式和表决程序进行。一般情况下,股东(大)会应当通过召开股东(大)会会议作出决定的形式,行使自己的职权。但是,如果全体股东以书面形式一致表示同意将属于股东会职权范围内的事项,以不召开股东(大)会会议的形式作出决定的,则应当由全体股东在相关决定文件上以签名、盖章的形式作出决定。

4. 股东(大)会的议事方式和表决程序

所谓"议事方式",是指公司股东(大)会以什么方式就公司的重大问题进行讨论并作出决议。所谓"表决程序",是指公司股东(大)会决定事项如何进行表决和表决时需要多少股东赞成,才能通过某一特定的决议。

股东(大)会的议事方式和表决程序,是股东通过股东(大)会会议行使股东权利、股东(大)会作为公司权力机构行使权力的具体途径。由于有限责任公司具有人合性质,不同的公司,往

往有不同的做法。为了保障各方面的合法权益,公司法作了一些明确的规定,提出法定要求,公司、股东以及股东会必须严格遵守。如股东(大)会会议由股东按照出资比例行使表决权等,这些是原则性的规定。股东(大)会议事和表决,除了公司法的原则规定外,还需要更为详细、具体的操作规则,以便具体实施和操作。

为了维护少数股东的利益,英美法系国家及我国的公司法允许股东(大)会在选举董事会成员时,实行累积投票制(cumulative voting),即允许股东按应选董事的人数,把拥有的表决权集中使用。

5. 股东权利

(1)享有资产收益、参与重大决策和选择管理者等权利。股东作为出资者享有的权利主要有:按投入公司的资本额享有的资产收益权;参与公司生产经营以及利润分配等重大问题的决策权;选举公司董事、监事等选择管理者的权利等。这些权利都是由股东是公司出资者这个身份决定的。

(2)股东知情权。股东是公司的投资人、出资者,是公司财产的最终所有人,是公司的主人,对公司如何开展生产经营活动,如何对重大事务作出决策,如何运用公司财产进行生产经营,公司盈余如何分配等,拥有决定权。因此,股东有权了解公司的一切情况,特别是公司经营决策和公司财产使用的情况,即股东对公司事务享有知情权。公司的内部机构必须尊重股东的知情权,保障股东知情权得到切实的维护和实现。股东知情权,并不是一项空泛的权利,而是一项实实在在的权利,具体表现为股东对反映公司经营决策和财产使用情况的相关资料,有权进行查阅和复制。

(3)股东的诉讼权。股东诉讼可以分为两种基本类型:对股东(大)会、董事会决议提起的诉讼和股东代表诉讼。

股东代表诉讼制度源于英美衡平法,经过一百多年的发展,已被世界各国的公司法普遍采用。根据这一制度,当有权代表公司的机关或个人怠于通过诉讼追究给公司利益造成损害的董事、监事或其他高级管理人员的责任时,为维护公司利益,符合法定条件的股东可以代表公司起诉。股东代表诉讼制度是加强股东对经营管理者的监督,促使其勤谨忠诚,防止权利滥用侵害公司或股东合法权益,防止管理层官官相护的有效法律机制。

股东(大)会或者董事会的会议召集程序、表决方式违反法律、行政法规或者公司章程,或者决议内容违反公司章程的,股东可以自决议作出之日起60日内,请求人民法院撤销。股东提起诉讼的,人民法院可以应公司的请求,要求股东提供相应担保。公司根据股东(大)会或者董事会决议已办理变更登记的,人民法院宣告该决议无效或者撤销该决议后,公司应当向公司登记机关申请撤销变更登记。这是关于股东(大)会或者董事会决议无效和撤销的规定。

公司股东应当遵守法律、行政法规和公司章程,依法行使股东权利,不得滥用股东权利损害公司或者其他股东的利益,不得滥用公司法人独立地位和股东有限责任损害公司债权人的利益。

**(二)董事会**

董事会是公司的业务管理与执行机构。20世纪以来,随着市场经济的发展,公司规模的日益扩大,在公司组织机构的权力设置上,就典型的公司即股份有限公司来说,经历了一个从股东中心主义向董事会中心主义的转换。这是一种世界性的趋势,其背后有着深刻的社会经济因素:一方面随着公司股权结构的高度分散化,中小股东缺乏足够的信息和动力去关心公司的经营;另一方面公司的经营活动日益专业化和复杂化,更加需要专业人员进行决策和组织经营活动。在这种形势下,若仍由股东大会决定经营决策,再交由董事会执行,显然会以平等牺牲效率,不利于公司对市场机遇做出敏捷反应。于是,在公司组织结构的权力分配上,经营决策的权力逐渐转移到董事会。

1. 董事会的职权

董事会是公司的执行机关,它负责公司经营活动的指挥和管理,其中包括代表公司对各种业务事项作出意思表示或者决策,以及组织实施和贯彻执行这些决策。因此,在一定程度上讲,董事会是股东(大)会的执行机关,是公司的业务决策机关。董事会行使的职权,概括起来,可以分为宏观决策权(如经营计划、投资方案)、经营管理权(如制订年度财务预算方案、决算方案)、机构与人事管理权(如内部管理机构设置、聘任经理),以及基本管理制度制定权。这些职权体现了董事会在公司内部组织机构中的地位,体现了董事会作为公司业务执行和业务决策机关应当享有的权利和承担的职责。

2. 董事会的组成

董事会是由董事组成的,董事是拥有实际权力与权威、能代表公司进行管理的人,其名称可以是总裁、经理或理事等。关于董事的资格,大多数国家的公司法规定,公司的董事可以是自然人,也可以是公司或其他法人,但公司或法人担任董事时,须指定有行为能力的自然人作为其代理人。

我国《公司法》规定了公司董事、经理、监事资格的禁止性条件,即下列人员不得担任公司的董事、监事、经理:无民事行为能力者和限制民事行为能力者;因犯有贪污、贿赂、侵占财产、挪用财产罪或者破坏社会经济秩序罪,被判处刑罚,执行期满未逾 5 年,或者因犯罪被剥夺政治权利,执行期满未逾 5 年者;担任因经营管理不善破产清算的公司、企业的董事或者厂长、经理,并对该公司、企业的破产负有个人责任的,自该公司、企业破产清算完结未逾 3 年者;担任因违法经营被吊销营业执照的公司、企业的法定代表人,并负有个人责任的,自该公司、企业被吊销营业执照之日起未逾 3 年者;个人所负数额较大的债务到期未清偿者;国家公务员。

我国《公司法》第 45 条规定,有限责任公司设董事会,其成员为 3 人至 13 人。两个以上的国有企业或者其他两个以上的国有投资主体投资设立的有限责任公司,其董事会成员应当有公司职工代表,其他有限责任公司董事会成员中可以由公司职工代表,董事会的职工代表由公司职工民主选举产生。我国《公司法》第 109 条规定股份有限公司设董事会,其成员为 5 人至19 人。

3. 董事的任期及董事职务的解除

董事的任期一般为 3 年,连选可以连任。我国《公司法》规定,董事任期由公司章程规定,但每届任期不得超过 3 年。

董事解任的原因有三:任职期满;免职;辞职。任职期满而未被连选的,董事当然得卸任。但在任职期满前,各国一般规定,公司的股东(大)会或监事会可以基于任何原因按一定的程序随时撤销公司某个人的董事之职甚至整个董事会。当然,在董事任期届满前,如果没有正当理由将董事解任,公司应负损害赔偿责任。基于任何合法的原因,董事可以辞职,这也是各国通例。但各国一般要求董事应在辞职前的一定时日内向公司发出通知。

4. 董事会的召集和主持

董事会会议同样有普通会议和特殊会议之分。普通会议是董事会根据公司内部细则规定而定期召开的会议,俗称"例会";特殊会议是董事们认为必要时而随时召开的会议。

股份有限公司董事会每年度至少召开两次会议,每次会议应当于会议召开 10 日前通知全体董事和监事。代表十分之一以上表决权的股东、三分之一以上董事或者监事会,可以提议召开董事会临时会议。董事长应当自接到提议后 10 日内,召集和主持董事会会议。董事会会议应由过半数的董事出席方可举行。董事会作出决议,必须经全体董事的过半数通过。

董事会会议由董事长召集和主持;董事长不能履行职务或者不履行职务的,由副董事长召集和主持;副董事长不能履行职务或者不履行职务的,由半数以上董事共同推举一名董事召集和主持。

### 5. 董事会议事、表决和会议记录

董事会会议的议事方式和表决程序,是保证董事会会议顺利进行的一个重要前提。议事方式是指董事会会议讨论问题采用的形式,表决程序是指董事会会议对所议事项作出决定的步骤、方式。议事方式和表决程序,包括如何通知董事参加会议,会议的召集和主持,讨论问题的方式,有效出席人数,议事议程的提出和确定,审议规则,表决方式等。

董事会作出决议,需要由董事投票表决。董事会决议的表决,实行一人一票制。董事会作为公司的业务决策机关,为了执行股东(大)会的决议,实施公司经营活动需要依照其职权经常作出决议。董事会会议应当对所议事项的决定作成会议记录。董事会会议记录的内容应当包括董事会会议所议事项及讨论后所得出的结论,具体包括会议召开的时间、地点、出席人员、议题、董事讨论意见、投票表决情况等。

### 6. 董事的责任

公司董事是公司管理权的主要承担者,其与公司有关的行为直接关系到公司、股东及第三人的利益。因此,各国法律在赋予董事会广泛的权力同时,亦规定了董事们对公司的严格责任。根据各国的立法与实践,董事的责任可分为以下两个方面:

(1)作为公司的代理人,董事首先应在法律和公司章程及公司内部细则授权的范围内行使职权,否则,董事的行为即被视作越权行为,须对公司承担个人责任;其次,董事不能为其个人利益而使公司的利益受到损害,包括董事不得为自身利益而与公司业务相竞争,不得接受贿赂而抛弃公司的营业机会等。

(2)作为公司的受托人,董事负有为公司的最高利益而尽忠诚、勤勉和谨慎之责,否则,该董事即被视作有渎职行为。根据美国各州的公司法,公司董事对股东负有“信托义务”(fiduciary obligation)。信托义务又分为“勤谨义务”和“忠诚义务”。“勤谨义务”(duty of care)要求董事在履行职责时恪尽职守,合理地注意、审慎地判断,“表现出处于类似位置的通常审慎者在类似情况下所表现出的勤勉、谨慎和技能”。“忠诚义务”(duty of loyalty)要求董事在履行职责时要以公司和股东最佳利益为重,禁止背信弃义和自我交易。对尽到忠诚义务的判断,主要从以下几个方面进行:①董事应当亲自行使“酌情权”,即自己亲自对发生或将要发生的事情进行了解、斟酌、思考、判断和决策,而不能将董事的权力下放给高级管理人员或其他管理人员。此外,由于他是占据董事位置的“事实董事”,应独立承担责任。②董事应以公司的最佳利益为自律要求,不得为个人或自己享有私利的团体利益攫取本应属于公司的商业机会而使公司的利益受到损害或不公平对待。③董事应当保证公司财产的安全和有效利用,严禁利用董事职位或职权挪用、侵占或盗用公司财产等。忠诚义务一直是导致诉讼的源泉,英美法院已形成了许多标准。

董事违反上述诸项职责时,各国一般都规定了相应的经济责任和刑事责任。

### (三)监事会

近年来,随着股份有限公司董事会权力的不断扩大,各国法都采取各种不同形式加强对公司业务执行机构的检查与监督,防止它们滥用职权,危及股东和第三人的利益。有的国家规定股份有限公司必须设立监察人会(监事会),有的国家则要求设立监察人或审计人,情况不完全相同。

#### 1. 德国法

联邦德国股份有限公司法规定,股份有限公司必须设立监察人会(aufsichtsrat),由股东代表、银行代表以及职工代表共同组成,因此可以说它们的监察人会相当于公司利害关系人代表大会。

监察人会对公司的经营管理实施全面的监督,对董事会的工作有监督权。为履行上述职责,德国公司法要求监事会须定期听取董事会关于公司经营方针、营利能力、营业过程、资金周转、公司事务的状况和对公司或子公司十分重要的交易情况的报告;及时向董事会了解公司具有重要影响的情况,并亲自或通过专家对公司的账目和记录进行检查等。但监察人会的权力仅限于监督与检查,而不能代替董事会执行公司的业务,因为根据联邦德国股份有限公司法的规定,公司的业务执行权专属于董事会,公司不能以章程的规定把这项权力转于监察人会。

#### 2. 英美法

在英美公司法以及公司实践中,没有实行监察会或监察人的制度。按照英国公司法的规定,对股份有限公司的会计监督职能主要由审计人(auditor)担任。公司应在每届股东大会上指定审计员一人或数人,原则上任职一年。审计员的地位属于合同性质,只向公司负责。其任务纯属会计审核,主要是审查公司的账目是否符合事实,是否反映公司的真实情况。此外,商务部如怀疑公司有诈欺行为或经营不善等情形时,有权主动进行审查。股东大会也可以申请法院下令对公司进行上述审查。

美国公司也没有实行监察会或监察人制度。美国的一些大公司往往由一名高级职员(officer)负责审查公司的会计账目,但其地位不同于联邦德国、日本等国的监察人。在美国主要是由股票与交易所委员会从外部对公司进行监督。该委员会要求公司每年向它提交符合规定格式的财务报告,此项报告必须首先由独立的会计师进行审核,并附具该会计师表示愿对其内容的真实性承担责任的报告。

#### 3. 日本法

日本公司法上设有股东会、董事会和监事这样的公司机关。但是日本公司没有监事会,每个监事独立行使对公司会计的"会计检查"职权,不构成合议体制,并且监事的人选通常是来自环形持股的法人股东。监察人的权限有一定的限制,有关公司业务的"内部监查"权,已由监察人移转于董事会,董事会得依此项权力对其下属的业务执行作"事前监查",而监察人的权限仅限于在事后作会计检查。因此,日本公司的监察人并不享有完全的监察权。其地位与作用远逊于德国公司的监察会。

#### 4. 中国法

根据我国《公司法》的规定,监事会是一负责监督工作的合议机构,因此监事会成员不得少于3人,这是最低的限额,超过此数是允许的,少于此数则影响监事会的集体作用,从法律上,是不符合监事会组成的法定条件的。监事会作为一个负责监督工作的集体,从其成员中推选一名召集人,以便于共同议定事项,同时也表明,在监事与监事之间具有平等的地位。但股东人数较少和规模较小的有限责任公司,可以不设监事会,只设一至二名监事,发挥监事会的监督功能。

监事会的议事方式和表决程序由公司章程规定。监事会是由股东代表和职工代表共同组成的,监事会要监督董事、经理的经营活动,但又不能直接干预董事、经理的正常活动。因此,它的议事方式和表决程序都要反映这个特点,由公司章程依据《公司法》的原则具体确定。监事会应当向股东(大)会报告工作,其报告的时间和次数都应由公司章程或股东(大)会规定,报告的内容根据其职权决定。监事会是公司的监督机构,股东(大)会是公司的权力机构,这种由监事会向股东(大)会报告工作的体制是必要的,是股东权力的一种体现。这个报告要经过股东(大)会的批准,要体现股东对公司享有监督的权力。

## 七、公司的合并和分立

### (一)公司的合并

#### 1. 公司合并的形式

公司合并是指两个或两个以上的公司按照公司法的规定合为一个公司的法律行为。公司合并可以是有限责任公司之间的合并、股份有限公司之间的合并,也可以是有限责任公司和股份有限公司之间的合并。有限责任公司之间的合并与股份有限公司之间的合并,合并后存续的公司仍然是有限责任公司或股份有限公司。而有限责任公司与股份有限公司合并后存续的公司一般是股份有限公司。各国公司立法规定的公司合并有两种形式:一种是吸收合并;一种是新设合并。

吸收合并是指一个公司接纳一个或一个以上的其他公司加入本公司,加入方解散,取消法人资格,接纳方存续。吸收合并在美国又叫兼并。新设合并是指两个以上公司设立一个新的公司为新设合并,合并方解散,新公司依法取得法人资格。新设合并在美国又叫联合。

#### 2. 公司合并的特征

(1)公司合并是公司之间的合同行为。合并行为当事人是参加合并的各方公司,而不是公司股东。因此,国外公司法理论称公司合并为团体法行为,而不是个人法行为。公司合并完成后,虽然参加合并的各方公司股东当然取得合并后公司股东资格,但这仅属于公司合并的结果。

(2)公司合并是公司之间的法定合并。在公司合并中,合并双方只需按照公司法规定的条件和程序签署合并合同,并办理法定的登记手续,即可完成公司合并。作为一种法律规定的特殊形式,参加合并的各方公司无须进行公司清算,即可完成公司合并。

(3)公司合并导致参加合并的一方或各方公司的法人人格消灭。如果合并为新设合并,则参加合并的公司人格消灭;如果合并为吸收合并,则至少一方公司人格保持,另一方人格消灭。

#### 3. 公司合并的程序

(1)签订合并协议。公司合并应当由公司股东会或者股东大会作出合并决议,之后订立合并协议。

(2)编制资产负债表及财产清单。公司决定合并之时,应当编制公司的资产负债表和财产清单。此项活动经股东会或者股东大会授权后,应当由董事会负责实施。

(3)通知债权人。公司股东会或股东大会等作出合并决议之日起 10 日内通知债权人,并于 30 日内在报纸上进行公告。债权人自接到通知书之日起 30 日内,未接到通知书的自公告之日起 45 日内,可以要求公司清偿债务或者提供担保,超过以上期限未向公司提出要求的,视为承认公司的合并。

(4)合并登记。合并后须依法进行公司登记。

为了保护在公司进行合并行为时对合并持反对意见的少数股东的权益,我国《公司法》第75条规定有限责任公司在合并决议形成时投反对票的股东有权向公司提出以合理价格收购其股权的请求,如在决议通过后60日内不能达成协议的,该股东可在合并决议通过后的90日内向法院提起诉讼。《公司法》第143条第四项规定了股份有限公司股东的股份回购请求权。

4. 公司合并的法律后果

(1)公司人格消灭。参加合并的一方或各方的公司人格归于消灭。

(2)公司债权债务的概括承受。公司合并时,合并各方的债权、债务,应当由合并后存续的公司或者新设的公司承继。

(3)公司的注销、变更或新设。公司合并后须履行相关登记程序,至于何种情况下发生注销、变更或新设登记,须考虑合并性质及实质后果而定。

(4)股东转换公司股份或出资。参与合并各方公司股东以其持有的股份或出资,按合并合同的规定,换取合并后存续或新设公司的股份或出资,从而成为合并后存续或新设公司的股东。

**(二)公司的分立**

1. 公司分立的形式

公司分立是指一个公司按照公司法的规定分化为两个或两个以上公司的法律行为。公司分立一般有两种形式:一种是存续分立;一种是新设分立。

存续分立,是指公司以其部分财产和业务另外设立新公司,原公司保留其公司人格,分立出一家或多家具有独立人格的新公司。新设分立,是指公司将其全部财产和业务分别归入两个或两个以上新设公司,原公司解散。

2. 公司分立的程序

(1)公司董事会拟定公司分立方案。公司分立与公司合并类似。但在公司分立方案中,除应当对分立原因、目的、分立后各公司的地位、分立后公司章程及其他相关问题作出安排外,特别应妥善处理财产及债务分割问题。如果没有债务分担协议,或者一方无力或拒不执行分担协议,分立后的公司应对债权人承担连带清偿责任。

(2)公司股东(大)会关于分立方案的决议。公司分立属于重大事项,应当由股东(大)会以特别决议方式决定。股东(大)会决议通过方案时,特别要通过公司债务的分担协议,即由未来两家或多家公司分担原公司债务的协议。为了保证分立方案的顺利执行,应当同时授权董事会具体实施分立方案。该授权包括向国家主管机关提出分立申请、编制其他相关文件等事项。

(3)董事会编制公司财务及财产文件。公司分立时应当进行财产分割。为妥善处理财产分割,应当编制资产负债表及财产清单。经股东(大)会授权后,应当由董事会负责实施。

(4)政府主管机关的批准。与公司合并须经政府主管机关批准的规则相同,公司分立应以政府批准为前提。

(5)履行债权人保护程序。债权人保护程序主要涉及分立公告及债务清偿程序:第一,在分立决议作出后的10日内,将分立决议通知债权人,并于30日内在报纸上至少公告3次;第二,债权人自接到通知书之日起30日内,未接到通知书的自第一次公告之日起90日内,有权要求公司清偿债务或者提供相应的担保。不清偿债务或者不提供相应担保的,公司不得分立。

### 八、公司的解散和清算

由于公司具有独立的人格,且股东对公司的债务不承担连带给付责任,因此公司在退出市场、消灭自身时的活动应当受到法律的严格规制,并受到债权人等利益相关者的监控,以便保障各方当事人的法定利益按公正的规则秩序获得满足。这些规则秩序被法律嵌入几项重要的制度平台上,它们就是公司的解散制度、清算制度和破产制度。

#### (一)公司的解散

公司解散,是指公司法人资格的消灭过程。公司解散尚具有法人资格,但处于解散状态的公司已经不能与处于正常状态的公司相提并论,不得从事公司宗旨内的活动,只能依法从事特定的活动。公司若完成解散到终止的过程,必须履行公司清算程序。

1. 公司解散的事由

(1)公司自愿解散。自愿解散是基于股东(大)会的决议或者公司章程的规定而引起公司法人解体的一种程序。因公司章程规定的公司期限届满而解散;因公司章程规定的其他解散事由出现而解散。主要有:设立公司的目的已经达到,公司继续存在已无必要;设立公司的目的无法实现;出现设立公司时规定的不可抗力事件;公司出现严重亏损,无法继续经营;公司长期未能达到公司章程规定的经营目的;公司股东(大)会特别决议而解散。当公司章程中未对公司解散的事由做出明确规定,或者虽对公司解散事由作了部分规定,但未出现公司章程规定的公司解散事由时,公司仍可通过公司股东(大)会做出特别决议的方式,由股东(大)会决定解散公司。法律并不强调公司解散的具体事由,只是要求股东(大)会做出解散公司决议的内容和程序必须合法;因公司合并、分立而解散。

(2)公司强制解散。强制解散是指出现了法定的事由,由行政机关或者法院的决定而解散公司的一种程序。主要包括:公司因破产而解散;公司因违法被公司登记机关依法责令关闭而解散;司法解散。

2. 公司解散的效力

(1)公司必须停止正常的生产经营活动。公司解散后,虽然公司的法人地位仍将持续到公司注销登记,但除有利于清算的必要业务外,公司必须停止一切业务活动。

(2)公司必须立即进入清算程序。公司自愿解散的,应该在宣告公司解散之日起 15 日内成立清算组;公司被依法责令关闭的,或依法宣布破产的,由有关主管机关或者法院组织股东、有关机关及有关人员成立清算组,进行清算。

(3)公司由经营公司转变为清算公司。公司解散后,由公司清算组代表公司行使以清算为目的的法定职权,了结尚存的各种法律关系。

#### (二)公司清算

公司清算,是指公司宣告解散后,为终结公司各种法律关系,清理公司资产、债权和债务,并且依法进行分配的法律行为。公司因合并、分立而解散,无须成立清算组清算。公司破产而解散,适用破产法规定的破产清算程序。除上述两种情形外,公司解散必须依照《公司法》规定进行清算。

1. 公司清算组成员的权利、义务和责任

公司清算组成员在执行清算事务的范围内,享有与公司董事相同的权利。清算组成员享有取得报酬的权利。清算费用和清算组成员的报酬,应由公司现存的财产中优先给付。

清算组成员在执行清算职务时,应当忠于职守,依法履行清算义务,维护公司的合法权益;

不得利用职权收受贿赂或者其他非法收入,不得侵占公司财产。在清算期间,清算组代表公司从事一切对外事务。清算组有权代表公司就公司涉及的民事权利义务问题向人民法院起诉和应诉,清算组在职权范围内代表公司参与民事诉讼的活动受法律保护。如果清算组成员故意或者因重大过失给公司或者债权人造成损失的,应当承担连带赔偿责任。对于清算组的决定事项通过书面声明或要求记录在案等方式表示异议的清算组成员,可以完全免除其赔偿责任。

2. 公司清算程序

(1)清理公司财产,分别编制资产负债表和财产清单。公司解散时,清算组织要全面清理公司的全部财产,包括固定资产、流动资产、有形资产、无形资产、债权债务等现有的自有资产,并列出财产清单,同时编制公司的资产负债表,明晰公司的负债情况。

(2)制订清算方案。清算方案是由清算组制订的,如何清偿债务、如何分配公司剩余财产的一整套计划。制订清算方案,清偿公司债务,分配剩余财产,是清算组的主要职责,因而,清算组在清理公司财产,编制资产负债表和财产清单后,应尽快制订清算方案。清算组制定出清算方案后,应报股东会、股东大会或者人民法院确认,否则该清算方案是不具有法律效力的。如果股东会、股东大会或者人民法院认为清算方案有瑕疵而不予确认的,清算组需修改清算方案,直到股东会、股东大会或者人民法院确认为止。

(3)通知、公告债权人。公司在解散清算时,对公司所负的债务有清偿的义务,因此,清算组应当通知各债权人尽快申报债权,以便顺利清偿债务。为了顺利完成债权登记和债务清偿,避免和减少偿债纠纷,对清算组催告债权人申报债权的期限和方式作了限定,规定两种催告方式:通告书和公告。对于住所明确的债权人,可以用通知书通知其申报债权,而对于住所不明确的债权人,由于难以用通知书通知其申报债权,因此规定,清算组应自成立之日起 60 日内在报纸上公告,催促债权人申报债权。债权人应在规定的期间内向清算组申报债权。债权人逾期不申报债权的,可以视为放弃债权。债权申报期满后,在清算结束前,如果债权人申报债权,并提出其延期申报的理由,则清算组可根据其理由是否充分决定是否接受其债权申报。在债权申报期间内,清算组不能对个别的债权人进行清偿,否则会严重侵害其他后来申报的债权人的权利。

(4)处理与清算有关的公司未了结的业务。公司未了结的业务主要是指公司解散前已经订立,目前尚在履行中的合同事项等。对公司尚在履行的合同是继续履行或者终止履行,清算组有权根据清算工作的需要做出决定。但是清算组无权进行与清算无关的新的业务活动。

(5)清理债权、债务。公司解散清算前和为清算的目的产生的各项债权、债务关系均由清算组予以清理。清算组接管公司后应立即着手清理公司依法享有的债权和承担的债务,包括按照合同的约定产生的债权、债务和依照法律的规定产生的债权、债务。如公司对某一当事人既享有债权又负有债务的,其债权和债务可以相互冲抵。

(6)清偿债务和处分剩余财产。清算组处分公司的财产应遵循一定的原则进行:①顺序清偿的原则。公司财产的支付应按照支付清算费用、职工工资、社会保险费用和法定补偿金,缴纳所欠税款、清偿公司债务,分配剩余财产的顺序进行清偿。②先债权后股权的原则。即清算组必须在清偿公司全部债务后再向股东分配公司的剩余财产。③风险收益统一的原则。即清算组在处分公司剩余财产时必须按照股东的出资比例或者持股比例进行分配,不得违反风险与收益统一的原则处分公司的剩余财产。

3. 公司的注销

(1)制作清算报告。清算组向股东分配公司剩余财产后,公司清算即告结束。清算组应当制作完整的清算报告,并附上清算期间收支报表及其各种财务账册,向股东(大)会或者有关主管机关报送。股东(大)会和有关主管机关经审查未发现问题的,应当予以确认。如果在审查时发现清算过程中存在违法行为,有权要求清算组作出解释。如果因清算组成员故意或者重大过失造成他人损失的,清算组成员应当承担赔偿责任。

(2)申请注销公司登记。清算组制作的清算报告经股东(大)会或者有关主管机关确认后,清算组应向公司登记机关申请注销公司登记。这是公司清算组最后一项工作。公司清算组应当自公司清算结束之日起 30 日内向原公司登记机关申请注销登记。

经公司登记机关核准注销登记,公司终止。此时,公司法人资格消灭。如果清算组在法定期限内未向原公司登记机关申请注销登记的,由公司登记机关吊销公司营业执照,并予以公告。此时,公司法人资格同样归于消灭。

## 本 章 小 结

商事组织,也称商事企业,是指能够以自己的名义从事经营活动,以营利为目的的经济组织。商事组织法是调整各类商事组织设立和活动的法律规范的总称。

按照投资者的责任形式和程序进行划分,商事组织主要有独资企业、合伙企业与公司三种类型。其中合伙企业是指自然人、法人和其他组织依照本法(《中华人民共和国合伙企业法》2006 年)在中国境内设立的普通合伙企业和有限合伙企业。即我国法律将合伙企业分为两种:无限合伙和有限合伙。无限合伙又分为普通合伙和特殊普通合伙两种。普通合伙企业由普通合伙人组成,合伙人对合伙企业债务承担无限连带责任。在特殊的普通合伙企业中,一个合伙人或者数个合伙人在执业活动中因故意或者重大过失造成合伙企业债务的,应当承担无限责任或者无限连带责任,其他合伙人以其在合伙企业中的财产份额为限承担责任。合伙人在执业活动中非因故意或者重大过失造成的合伙企业债务以及合伙企业的其他债务,由全体合伙人承担无限连带责任。而在有限合伙企业中,合伙人分为两类:普通合伙人和有限合伙人,普通合伙人依法对合伙企业债务承担无限连带责任,有限合伙人依法对合伙企业债务以其认缴的出资额为限承担有限责任。

公司法是有关公司的组织与活动的法律规范的总称。各国公司法规范的公司事项,主要包括公司的设立、权能范围、组织、经营、分立、合并、清算、终止及外国公司等问题。

## 关 键 术 语

有限合伙　无限合伙　有限责任公司　股份有限公司

## 思 考 与 练 习

1. 在合伙企业中,不同合伙人的权利有何区别?
2. 什么是公司资本的三项基本原则?其立法目的何在?
3. 公司的设立应经过哪些法定程序?

# 第三章　代理法

## 本章要点

1. 代理的概念
2. 代理权的产生
3. 代理的内部关系和外部关系

代理制度是随着社会经济关系发展而建立起来的一项法律制度。早在古罗马时期,只有家长有权利能力。奴隶和家属的活动,被认为是家长手足的延长,不认为是代理行为;此外,当时法律行为的完成必须由当事人以亲自履行特定的方式来进行,否则行为无效。因此,这一时期并没有代理的观念。随着欧洲工业革命的兴起,资本主义生产方式占据主导地位,商品经济获得了高度发展。由于时间、空间、精力和知识技能等原因,人们不可能事必躬亲,代理制度的确立成为必然。在两大法系中,代理法在英国的确立时间较早,它以判例的形式出现。大陆法系国家则吸收了英国法中的某些原则,形成了自身的代理法律制度,成为民法的重要制度之一。其中,德国民法典建立的代理制度比较完备,对大陆法系各国的立法影响很大,并被日本和旧中国所仿效。

在现代国际商事交易中,代理制度被广泛地应用于国际货物买卖、运输、保险、支付、证券交易等领域。特别是 20 世纪以来,随着国际经济贸易分工越来越细、越来越专业化,与国际商事交易有关的各种代理形式——国际货物销售代理、国际运输代理、国际保险代理、国际保付代理等——贯穿了国际贸易的全过程,为世界各国广泛应用。代理制度在国际贸易领域的应用,显示了它的一系列优势,如:提高国际流通效率和资金使用率,减少国际流通费用和降低信用风险,加快国际贸易信息反馈速度,拓展国际贸易市场等。因此,在我国加入 WTO 后,学习代理制度有着重要的理论和现实意义。目前,在国际贸易领域中,与代理有关的国际公约有《代理统一法公约》、《代理合同统一法公约》以及《国际货物销售代理公约》,虽然它们归纳了很多国家的共同规定,但都未生效,因此,本章主要介绍两大法系对代理制度的相关规定。

## 第一节　代理法概述

### 一、代理的概念和特征

#### (一)代理的概念

关于代理的概念,大陆法系国家与英美法系国家从不同的理论角度出发,建立了不同的代理概念。

大陆法系国家的代理制度存在的理论基础是区别论,区别是指委任和授权的严格区分。其中委任是指委托人与代理人之间的合同,用以调整本人与代理人的内部关系。授权指委托人授予代理人与第三人签订合同的权力,它所调整的是代理人、本人与第三人的外部关系。建立在区别论基础上的代理概念可以简单地概括为一人以他人名义为他人进行的法律行为。

在普通法系国家,代理的概念建立在"等同论"的基础上,该理论可以表述为"通过他人去做的行为视同自己亲自做的一样"。建立在这个理论基础上的代理概念是指当一个人(代理人)根据委托人的授权而与第三人订立合同时,该代理人与委托人之间发生法律关系。代理人所订立的合同对委托人和该第三人发生法律效力。根据美国《法律重述·代理(第二次)》第1条第1款的规定,代理是当事人明示同意由一方当事人遵照他方当事人的指示,并代表他为一定行为的信托性关系,因为是一种信托性关系,因此除包括本人与代理人之间的代理关系外,还包括独立缔约人与本人之间的关系,雇主与受雇人之间的雇佣关系。正如美国学者怀亚特所说的,在美国,代理这个词含义广泛,足以包括一个人被雇佣为另一个人做事的所有情况。

尽管两大法系有关代理的概念不同,但都揭示出代理关系是一个三方关系这一特征,因此,这里把代理定义为:代理人按照被代理人的授权或法律规定,代表被代理人同第三人签订合同或从事其他有法律意义的行为,由此产生的权利与义务对被代理人发生效力。其中,经他人授权或依照法律规定代表他人完成某项法律行为的人称为代理人;由代理人依照自己的授权或法律规定代表自己完成某项法律行为者称被代理人或本人;与代理人实施法律行为的人叫做第三人。

**(二)代理的特征**

**1. 代理是代理人自己的意思表示**

代理人在代理权限范围内,可以独立地表现自己的意志,他可以以自己的理解和判断进行民事行为。在这一点上,代理人既与使者不同,也区别于委托合同中的受托人。使者只传达他人的意思而不独立为意思表示。受托人接受委托,所处理的委托事务,既有民事行为,也有非民事行为。严格说来,代理只能适用于民事行为。

对于必须由表意人亲自作出决定和进行表达的行为,尽管包含有意思表示因素,但不得适用代理,例如订立遗嘱、婚姻登记、收养子女等。

此外,代理人自己必须具有民事行为能力,但不一定具有完全行为能力,限制行为能力的人也可以成为代理人。例如,《德国民法典》第165条规定:"代理人所为或所受的意思表示的效力,不因代理人为限制行为能力人而受影响。"又如《日本民法典》第102条规定:"代理人毋须为能力人。"

**2. 代理的行为是具有法律意义的行为**

代理人所为的代理行为,是能够在被代理人与第三人之间产生、变更或消灭某种民事法律关系的行为,如代订合同而建立了买卖关系、代为履行债务而消灭了债权债务关系。因此,代理行为区别于事务性的委托承办行为。诸如代为整理资料、校阅稿件、计算统计等行为,不能在委托人与第三人之间产生民事法律关系,不属于民法上的代理行为。

**3. 代理人以被代理人的名义或自己的名义进行活动**

代理人与第三人从事法律行为时,可能是以被代理人的名义也可能是以代理人自己的名义。在大陆法系国家,如果代理人以代理人的身份,并以被代理人的名义从事代理行为,这种代理就是直接代理;如果代理人为了被代理人的利益,以自己的名义从事代理行为,则该代理为间接代理,也被称为行纪。而在英美法系国家,代理人以被代理人的名义从事代理行为的被称为显名代理;向第三人明示自己是为本人利益而从事代理行为,但不公开其姓名和身份的代理称为隐名代理。以自己的名义从事代理行为而不披露本人的代理被称为不公开本人身份的代理。

4. 代理行为的法律后果由被代理人承担

在大陆法系国家,代理行为在直接代理的情况下直接归属于本人。但在间接代理时,只有当代理人将合同的权利义务转让给被代理人后,被代理人才能向第三人主张权利。而在英美法系国家,发生显名代理和隐名代理时,代理行为的法律后果直接归属于被代理人。当出现不公开本人身份的代理时,要使代理行为的法律后果归属于被代理人,只要被代理人行使介入权即可,而毋须代理人将合同的权利义务转让给被代理人。

## 二、代理权的产生

大陆法系和英美法系代理权产生的原因各不相同,分别介绍如下:

### (一)大陆法系

大陆法系国家将代理权产生的原因分为两种:一种是法定代理;另一种是意定代理。

1. 法定代理

非基于本人意思而发生的代理,称为法定代理。法定代理是指本人在事实上或法律上不能为法律行为时,由法律直接赋予他人进行法律行为所产生的代理。

根据大陆法系国家的规定,法定代理权的产生原因主要有以下几种:①根据法律规定而享有代理权,如亲权人对未成年子女、监护人对禁治产人的代理行为。这种情况下,代理人须具有法定身份或居于法定地位。②根据特定机关的指定取得代理权,例如由法院指定的法人清算人、指定监护人。③因本人以外的私人选任而发生代理权,如亲属会议所选定的监护人和遗产管理人。

从以上几种情况可以看出,尽管法定代理中不存在本人的自主意思表示,但却反映了本人的权利和利益。在本人缺乏意思表示能力的情况下,这种代理可以使本人借助代理人的意思表示能力维护自身的权益。因此,法定代理是意定代理不可缺少的补充。

2. 意定代理

意定代理又称委托代理,它是基于本人的意思表示而产生的代理权,即通过本人的授权行为而产生的代理。在作出授权的意思表示时,意思表示的相对人既可以是代理人,也可以是代理关系中的第三人。例如《德国民法典》第 167 条规定:"代理权的授予应向代理人或向代理人对其为代理行为的第三人的意思表示为之"。其中本人向代理人为意思表示的是内部授权,向作为代理行为相对人的第三人为意思表示的是外部授权。授予委托代理权的意思表示一般无形式上的限制,既可以采用书面形式,也可以采用口头形式。在复杂而变幻莫测的国际商事活动中,为避免不必要的麻烦,书面授权形式更有实际意义。

代理权的授予人依广告或其他方法对不特定人的授权行为也发生授权法律效力,如空白委任状即含有向不特定人授予代理权的意思。大陆法的这种做法,可以使本人视具体情况而有选择的余地,使授权行为更为灵活,这在国际贸易活动中有着积极的意义。

### (二)英美法系

英美法系代理权的产生有以下几种原因:

1. 实际授权

实际授权又包括三类：

(1)明示授权。明示授权是指由被代理人以明示的方式授予代理人以代理权,使代理关系得以产生。在绝大多数的国际贸易往来中,代理授权行为采用的是明示授权方式。按照普通法法例,以明示授权而产生的代理不要求特定的形式。例如,英国《1791 年代理权法》规定,代理人与被代理人之间可以通过口头或书面形式的协议确定其代理关系。无论代理人所受托代订的合同是否为法定书面合同,他与被代理人之间的代理合同均无特殊形式要求。即使代理人需要以书面方式同第三人订立合同,被代理人仍然可以采用口头方式授予代理权,除非被代理人要求代理人采用签字蜡封的方式替他同第三人订立合同。如转让不动产和不动产权益的合同,其授权书需采用签字蜡封的方式。根据英国法例,下列情况的授权必须有书面协议：①代理人与第三人订立签名盖章的契约,如土地买卖契约和租期在 3 年以上的租赁契约；②根据1948 年《公司法》,代理人以公司经理的名义在公司创办发起书上签名。

(2)默示授权。代理人在明示授权之外,还有一定程度的默示代理,这或者是因为明示代理权限不足以使代理人实施代理行为,或者是因为从明示权限的解释而产生一定的默示权限,这个默示权限是必要的。

根据普通法国家的判例原则,默示授权是指一个人虽未明示授权,但以他的言词或行为使另一个人有权以他的名义签订合同,他就要受该合同的约束,就像他明示地指定了代理人一样。例如：一个商人委托一个保险经纪人为其办理一批小麦保险,却没有指定保险单种类,也没指定取得谁的承保,这时保险经纪人就被赋予了自由的代理权。在不存在诈欺的情况下,代理人可以自由选择保险单的种类和承保人。代理人的这种权利就是默示代理权。再比如,代理本人出售房屋的人在没有本人明示授权的情况下也有权同第三人草签合同。

默示代理关系还可以根据当事人之间的身份关系或合作行为而推定产生,比较典型的是配偶间的默示代理与合伙人之间的默示代理。在夫妻关系存续期间,妻子以家庭生活所需向商店赊购一批商品,并对商店提供证明,法律一般可以推定妻子有处理家务的责任,要求丈夫事后结账,这是默示授权的原则。对于合伙,合伙人之间的关系均为相互代理关系,合伙关系中的任一合伙人依合伙经营方式订立的合同,对任何其他合伙人均具有默示代理的效力。

(3)职业代理权。职业代理权也称为惯常代理权,职业代理权或惯常授权是指尽管没有明示或默示授权,本人都受其代理人行为拘束的情况。换言之,此处所说的"惯常授权"是指职业授权,指以某种代理行为作为职业的人——如地产经纪人、代办商、律师、经销商、拍卖商等,在其经营业务范围内享有代理权。本人明示收回代理人之惯常代理权后,第三人依代理人之惯常代理权仍可与本人缔结合同。但合同给本人造成损失的,本人可对代理人的违约行为起诉,并否认其索取报酬和费用的资格。

2. 表见代理权

表见代理权,又称不容否认的代理权,是指本人虽没有对代理人加以明示委托,但如果出于故意或疏忽,通过其言行使第三人有理由相信某人是其代理人而采取行动时,那么他便不能否认其言行,而必须视为已向该代理人授权,并不得否认该代理人为其设定的与第三人的权利义务关系。但如果代理人确无代理权时,本人可诉请损害赔偿并否认其取得报酬与费用的资格。如果第三人明知该代理人无权代理,则本人对该代理人的行为不负责任。

表见代理的成立必须具备三项条件：①代理的声明,声明原则上只能由被披露或部分披露的委托人作出,未披露本人的,不发生表示授权,例外地可由代理人作出(在代理人越权的情况下);声明可以采取口头方式,也可以行为作声明,但声明必须清楚而确定;声明的事项限于事实而非法律。②第三人(受声明人)依赖该声明行事,并知道有声明人存在。③第三人(受声明人)遭受损失或者处境改变如订立合同,且与依赖声明行事有因果关系。

表见授权与明示或默示授权的区别在于:后者是本人实际授权于代理人,前者是使第三人明显感觉到表面上存在代理关系。例如,在 1857 年萨默斯诉索洛蒙(Sammers V. Solomon)中,被告曾雇佣一名经理经营一家珠宝商店,并定期为该经理从原告处订购的用以在该商店转卖的珠宝付款,该经理辞职后,继续以被告名义从原告处订购珠宝,并携珠宝潜逃。判决认为被告应对该经理拿走的珠宝承担付款责任,理由是他通过自己过去的行为使原告相信该经理享有利用其信用的权利,而且他没有通知原告该权利已经终止。

### 3. 客观必须的代理权

客观必须的代理权,又称为紧急处分代理权(agency of necessity)、必要代理权,它是指在某一当事人根据法律关系受托管理他人财产的情况下,如果发生了为保护该财产的紧急情况而必需代理时,在该当事人与财产所有人之间依法产生代理关系。虽然财产的处理未得到财产所有人的委托,但他必须承担代理义务,其行为效果及于财产所有人。

客观必须的代理权,不同于默示代理的特征在于,它对于代理双方当事人具有强制性或不可选择性。由于国际贸易中经常会遇到各种不测因素,如战争、动乱及各种自然灾害,代理人往往不得不采取一些紧急措施,以维护被代理人的利益。因此,英美法各国法律都承认因客观必需而产生的代理关系。但是,客观必须的代理权符合下述三项条件才能发生:①代理事由发生时,代理人必须处在毫无可能取得本人指示的环境中。现代通讯事业的发展,使这种情况趋于减少;②代理产生的事由必须是真实而明确的具有商业必需性质的紧急情况。仅仅因保管不便,不能成为享有必要授权而处理货物的理由;③代理人的行为必须出于善意,而且是考虑到所有相关当事人的利益。

按照英美法的判例,有两类人可以获得上述授权:

(1)为出票人的信誉而承兑票据的人。当某人基于出票人的信誉,而承兑未予承兑的汇票,他便取得了持票人所拥有的对出票人的代位诉权,因为他之所以接受和承兑汇票是为了维护票人的信誉。所谓的"必要"在这里是指出票人正处于困境和信誉危机的不利处境。因此,这里的出票人被认为是被代理人,而承兑票据的人被看做是代理人。这种形式的代理早期源于英国的商人法,在 1882 年为英国票据法所确认。

(2)船长。船长在船舶或货物面临危险时有权处置船舶或货物。英国判例法确认船长在船舶意外受损需维修时,或者货物面临腐烂时,或者其他将导致不能继续航行的情况发生时,船长有权处置货物或船舶本身。此时船长将被视为货主或船东的代理人,处理货物或船舶的行为后果由货主或船东承担。

### 4. 追认代理权

追认代理权,又称后成代理权,是指代理人未经授权或超出授权范围而以本人的名义实施代理行为,本人事后对此事予以追认或不明示否认,代理人由此获得了追认的代理权。相对表见代理权而言,追认授权是在代理行为发生之后予以认可,本人所承担的责任是其真实意图所引起;而表见授权则是在"代理行为"造成对第三人的损害时,由法律的规定而非本人的真实意愿,本人对"代理行为"的结果承担责任。

追认代理权通常用来矫正代理人权力的轻微瑕疵,把技术性答辩减至最低限度,阻止不必要的诉讼。大陆法也赞同对某些商业代理人行为的追认,具体做法是本人一旦知道代理人实施某项无权代理行为,应马上予以拒绝,否则即视为追认了此项行为。英美法追认方式较自由,既可由本人明示,也可依其作为或不作为默示,但追认不得破坏或损害第三人在追认时的既得权利。按照英美法的判例,本人对代理行为的追认有如下条件的限制:

(1)代理人为"代理行为"时必须声明为本人的利益而为代理行为,即代理人只有声称自己是代理人,该行为才能被追认。无论代理人的行为是否是为本人(委托人)利益或是自己的利益,本人均有权对该行为予以追认。但须指出的是,伪造文件尤其是伪造签名通常是直接使用他人名义,因此伪造文件是不能被追认的。

(2)代理人为代理行为时,其所声称的本人必须存在,且身份能够最终确定。这是代理关系发生的前提,没有真实的本人存在,代理人宣称的事由实质是欺诈。

(3)无权代理人的本人应具备实施该代理行为的民事能力。代理人实施代理行为时本人不具备相应的行为能力,则本人不能追认代理人的行为。

(4)本人对合同进行追认前必须了解主要内容。

## 三、代理关系的终止

### (一)代理关系终止的原因

1. 依据当事人的行为终止代理关系

此种情况又可分为以下几种:

(1)代理合同约定的法律事务完成。如果代理的范围限于特定的事项,代理关系将因代理行为达到代理目的而消灭。

(2)附有解除条件或期限的代理权,因条件成就或期限的届至而消灭。

(3)因一方当事人的法律行为而终止。包括下列几种情形:①本人撤回委托;②代理人辞去委托。产生上述两种情形的原因有多种,有可能是由于一方严重违约,则另一方有权解除代理合同;也有可能并不存在违约情形,仅仅是一般的事由,一方也可以解除代理合同。各国法律原则上都允许本人撤回委托或代理人辞去委托。如《法国民法典》第2003条规定:"委托终止:a.因受托人解职;b.因受托人放弃委托。"美国《法律重述·代理(第二次)》第118条也规定:"代理权于代理人或本人向他方表示反对其存在时终止。"

由于在国际商事活动中,当事人相互间存在商事利益关系,如果一方随意终止代理关系,将损害另一方甚至第三人的利益。因此,为维护公平,各国法律均采取了不同程度和方式的限制性规定。大陆法系国家多规定了通知义务,如德国法律规定,一项未定期限的代理合同,缔结后三年内的解约期为六个月,缔结三年后的解约期为三个月,且都须在下一个季度做出终止通知。

在英美法系国家,根据判例,本人单方面撤回代理权的行为受到以下几方面的限制:①表见代理的情况下,委托人撤销其代理权的行为只有在通知送达第三人时才发生效力。这是因为委托人撤销代理权的行为不具有公示力,因此任何善意第三人在不知悉委托人撤销行为时,基于表见代理权而与之订立的合同仍对该委托人具有约束力。②代理人正在执行本人指示的过程中或第三人已按与代理人议定的合同开始行动,则本人不得撤销代理人的代理权。③存在"并联利益"的情况下,由于代理权的授予是以契据或对价形式并与代理人的佣金以外的利益联系在一起的,如甲委托其债权人乙代为出卖其土地,以所得价金清偿其债务,这种代理权不能因为本人(或代理人)的单方撤回(死亡或破产等)而终止。

### 2. 根据法律规定终止代理关系

根据各国法律,有下列法定事由之一,代理关系即依其所适用的法律而终止:

(1)本人死亡、破产或丧失民事行为能力。

(2)代理人死亡、破产或丧失民事行为能力。美国《法律重述·代理(第二次)》第123条还规定:"两个以上代理人约定共同为代理行为时,如其中一代理人死亡或丧失能力,其余代理之代理权亦终止。"

(3)履行不能或嗣后违法。根据各国法律规定,当代理标的毁损或消灭时,因代理的目的无法实现,代理关系终止。在英国,根据判例规则,若发生使代理关系不合法的事件,如爆发战争使本人或代理人成为外敌,代理关系便告终止。

### (二)代理关系终止的法律后果

#### 1. 对本人和代理人的法律后果

代理关系终止后,本人与代理人之间因合同所创立的关系随之解除,本人与代理人之间不再有新的权利义务。代理人在代理关系终止后,如果继续以本人的名义为代理行为属无权代理,其法律后果除由本人追认的以外,应由代理人承担。另一方面,代理关系终止前,本人与代理人之间业已存在的应予履行的权利义务,并不因为代理关系的解除而消灭。

代理权消灭后,本人应收回能够证明代理权的法律文件,如介绍信、授权委托书、空白合同书等,否则,要承担表见代理的责任。在大陆法国家,出于对代理商的特别保护,除本人解除代理合同应履行在合理期间的通知义务外,还必须给予代理商一定的补偿或赔偿。

#### 2. 对第三人的法律后果

代理关系的终止,不论是本人撤回代理权、代理人抛弃代理权还是代理协议解除的情况,对第三人而言,代理关系的终止是否发生效力,取决于是否将合同终止的情况通知第三人或第三人是否业已知情。本人撤回代理权的行为只有在通知送达第三人时或第三人已经知道,才对第三人发生效力。如果本人未通知第三人,善意第三人在不知晓代理关系已经解除,而与代理人订约,则该合同效力及于本人。如《日本民法典》第112条规定:"代理权的消灭,不得对抗善意第三人。但第三人因过失不知其事实时,不在此限。"《法国民法典》规定:"仅通知受任人解任的情形,不得以此种解除对不知解任而与受任人缔结契约的第三人提出主张……"与此相对应,当代理人抛弃代理权时,只有通知第三人或第三人业已知晓才对第三人发生效力。在代理人抛弃代理权而第三人未知晓的期间,善意第三人与代理人订立的合同同样对本人产生拘束力,只不过本人有权要求代理人予以赔偿。

# 第二节　　代理的法律关系

## 一、代理的内部关系

代理的内部关系指本人与代理人之间的关系,即本人与代理人之间的权利义务关系。在整个代理关系中,内部关系是最基本的关系,它是代理关系产生的基础。通常情况下,本人与代理人通过签订代理合同确定他们之间的权利义务,以及代理人的代理权限范围和报酬。代理合同中的未尽事宜则依据各国法律的规定来确定。

对于本人和代理人的权利义务,大陆法系国家规定在民商法典中,英美法系国家则以判例加以确定。尽管法律渊源不同,但长期的法律实践使两大法系在这一方面的基本内容趋于一致。

**(一)代理人的义务**

代理人对本人的义务,分为三个方面的内容:因代理协议而产生的履行义务;因代理关系的信任特征所产生的忠诚(受托信义)义务;因日常代理工作而产生的管理义务。

1. 履行义务

(1)亲自履行代理职责。代理人必须亲自履行代理义务,未经许可代理人无权再委托他人代理本人的委托事项。即代理人不得将本人授予他的代理权再行授权,也不能雇佣他人代自己履行代理行为。这一原则,源自本人和代理人之间的特定身份关系以及本人对代理人个人的信任。它是本人信赖代理人履约能力的产物。国际商事活动中,由于本人在选择代理人时一般是基于对代理人知识、专业技能的信赖,或者是为了降低跨国交易的信用风险,所以特别要强调代理人亲自履行代理职责这一义务。

在严格的条件限制下,各国法律也允许代理人在一些特定场合享有转委托权:①本人明示或默示的授权;②在紧急情况下或贸易交易习惯认可的条件下,代理人可在无事先授权的情况下进行转代理,但代理人应及时通知本人以取得本人的追认。需指出,在英国法上凡被授予"独家代理权"的房地产代理人在任何条件下均不得转代理。

(2)谨慎、勤勉地履行代理职责。代理关系确立之后,代理人有义务本着诚实勤勉的态度以自己的技能履行代理职责,但是怎样才算是"谨慎勤勉",通常认为:"勤勉谨慎的标准是客观标准。即平均标准是公平的,代理人必须达到平均标准。"

各国立法中,谨慎、勤勉的程度视有偿和无偿而有所区别。对无偿代理的代理人持较低的要求,如《法国民法典》规定:"关于过失责任,无偿的受任人应较受领报酬的受任人为轻。"

然而在国际商事活动中,无偿服务极为少见,代理人多具有专业技能,并且提供有偿服务。因而要求谨慎、勤勉、注意的程度比一般的民事代理以及无偿代理的程度高,他必须达到所要完成的代理事务的要求,否则应承担相应的赔偿责任。即:一个职业代理人除一般的注意义务外,还应尽到合乎该职业要求的注意义务,如美国《法律重述·代理(第二次)》第379条规定:"除另有约定外,有偿代理人就其受雇履行工作,应对本人负标准的注意义务,并具有当地从事该工作的标准技能,且须使用任何其特有之技术。"

(3)服从本人的合法指令。代理人有义务遵循本人的指示完成受托事项。发现本人的指示无法实现时应及时通知本人。欧共体理事会《关于协调成员国间有关代理商法律的指令》第三条规定,代理商尤其必须遵从本人的合理指示。如果他在任何实质性方面不遵守本人的指示,或没有通知本人预期的交易无法实现的事实,他将对因其行为给本人造成的损失承担责任,除非该指示不合法或该行为是无偿的。

在从事交易过程中,如果代理人无法得到本人指示或由代理人自己决定代理事项时,代理人必须以诚实的且竭尽所能的判断力决定代理事项,尤其是承担特殊事务的专业人员,如律师、证券经纪人,否则本人遭受损失时,代理人应承担损失赔偿的责任。

(4)在授权范围内履行义务。如果本人在代理合同中明确了代理权的范围,那么代理人履行代理职责必须符合本人的授权范围。当本人的授权范围模棱两可时,代理人有义务明确确定授权内容。在默示授权情况下,代理人的行为除了和他所从事业务的一般性质相一致外,还必须和交易习惯、惯例相符合。但如果既没有明确指令又没有惯例时,代理人最需要考虑的是本人的利益。只要代理人的行为是为了本人的利益,代理人可以自行行事。

2. 忠诚义务

(1)不竞争义务。基于本人对代理人的信赖,代理人在实施代理行为时可以获取大量与本人有关的信息,尤其是商业情报。因此为保护委托人的利益,在代理期限和代理关系终止后的一段合理期限内,代理人不能同本人进行同业竞争。为避免由于"公司机会"的纠纷产生,许多国家采用的代理协议文本中都订有非竞争条款,对代理人自己所从事的业务加以限制。

(2)不密谋私利。代理人不得利用代理人的地位谋取私利。它包括:①不得接受第三人的贿赂;②在为代理行为时不得谋取超过本人向其支付的佣金以外的任何利益。为维护本人的利益,弥补由于代理人图谋私利而给本人产生的损失,一些国家的法律允许本人采取相应的补救措施。根据英国判例法,在代理人从代理行为中获取私利或接受贿赂的情况下,本人可行使以下六项权利:a. 向代理人追回其取得的全部利润,包括代理人获取的佣金和受贿物;b. 有权拒付代理人佣金和其他费用;c. 有权不经预先通知而解雇代理人;d. 有对受贿代理人和行贿第三人请求补偿的选择权,即本人有权追回贿款,亦有权就其受到的实际损失请求赔偿(两者只选其一);e. 有权否认代理人所订立的合同,无论秘密的给付是否影响了代理人的善意订约;f. 刑事起诉权。受贿代理人和行贿人的行为构成犯罪的,本人可以告发,请求法院的追究。③禁止自己代理和双方代理。禁止自己代理和双方代理行为是法律对代理权的一种限制,其理论基础在于代理制度的本质要求代理人本着"为本人计算"的原则。在自己代理和双方代理的情形下,代理人的"道德危机"很可能牺牲本人的利益,与代理制度的宗旨相悖。因此各国法律均明文禁止。如《日本民法典》第108条规定:"任何人,不得就同一法律行为任其相对人的代理人或当事人双方的代理人。但是关于债务履行者,不在此限。"若发生自己代理和双方代理,本人有权随时撤销代理合同,并有权要求赔偿损失。

(3)保密义务。代理协议存续期间或终止后的一段合理时间内,代理人若知悉本人提供的秘密资料后负有保密义务,不得向第三人泄露。代理人违反此类义务,本人有权诉请赔偿和撤销合同。如果本人有证据证明代理人会销毁或处分秘密信息从而造成重大损失,按英美法系判例,本人有权申请法院发布单方面禁令,以授权本人的代表(通常为律师)进入该代理人的营业处所检查和转移这些秘密资料。但如果本人的秘密资料构成犯罪、诈骗或严重违反公共利益,则代理人不负保密义务。代理合同终止后,除经双方同意的合理的贸易限制外,不得限制代理人使用他在代理过程中获得的技术和经验。

(4)公开客户情况。代理人应向本人公开他所掌握的一切有关客户的情况,以便本人考虑是否同该客户订立合同。特别是代理人对某项交易渗有个人利益时,更应向本人公开。在受托出售货物的情况下,代理人应为被代理人的利益最大化着想,尽可能取得最好的价位。

3. 管理义务

(1)财产区分义务。代理人有义务明确区分属于代理人的财产和本人的财产。如果代理人与本人的财产相互混淆而导致双方财产无法区分,除非代理人能证明为自己所有,本人可以推定有权领取全部混淆财产。对因财产混淆而带来的损失,本人有权向代理人请求赔偿。

但代理人的财产区分义务也有例外情形,例如:①被代理人与代理人可以协商免除代理人的财产区分义务;②众多被代理人同时委托代理人出售财产时,要求代理人履行区分义务,既不必要也不可能。

（2）申报账目义务。代理关系存续期间,代理人有义务对所有代理交易制作正确的账目,并按合同规定或在本人提出要求时向本人申报账目。但是,代理人没有义务向被代理人提交与本人无关的交易记录。在代理关系终止时,代理人必须归还用于本人事务而从本人处接收的剩余金额。即使涉及这笔款项的交易是无效或违法,只要代理合同本身是合法的,代理人也有义务向本人申报账目。

**（二）本人的义务**

1. 支付佣金（commission）或报酬（remuneration）

支付报酬或佣金的责任只存在于明示或默示该责任存在的场合。该报酬可以是依代理事务性质定量取得,也可以是参照以前的交易或代理事务惯例而定。但如果代理协议标记代理人无偿代理时,代理人就丧失了取得报酬的权利。

代理人依照代理协议履行代理义务后,本人哪怕从中未得到任何利益,也不影响代理人对报酬的收取。然而如果代理人受雇实施一非法行为而作成交易,法律上将剥夺其取得报酬的资格。

在商订代理合同时,对佣金问题必须特别注意两点:①本人不经代理人的介绍,直接从代理人代理的地区内收到订货单,直接同第三人订立买卖合同时,是否仍需对代理人照付佣金?②代理人所介绍的买主日后连续订货时,是否仍需支付佣金?

根据英美法系的判例,如果本人与第三人达成的交易是代理人努力的结果,代理人就有权得到佣金。因此,如果经代理人与买方谈判,而最后买方直接向本人订货,或代理人向本人推荐了买方,买方所出的价钱虽较标价低,但本人还是接受了这个较低的价格,代理人都可以要求佣金。但如果本人没有经过代理人的介绍而直接同代理地区的买方达成交易,代理人一般无权索取佣金。关于代理人所介绍的买方再次向本人订货时,代理人是否有权要求付给佣金的问题,主要取决于合同的规定。如果代理合同没有规定期限,只要本人在合同终止后接到买方的再次订货,仍须向代理人支付佣金;如果代理合同规定了一定的期限,则在期限届满合同终止后,代理人对买方向本人再次订货就不能要求本人给予佣金。

2. 补偿代理人在履行代理义务中所产生的费用

代理人因履行代理职责所产生的费用,通常已被计入佣金之中,除合同另有规定外,本人没有支付的义务。但是,如果代理人由于执行本人的特别指示而支出费用或遭受损失,则有权要求本人给予补偿。例如:美国《法律重述·代理（第二次）》第39条规定:"除另有约定外,如代理人的行为合法,本人应就以下各款事项,对代理人履行补偿义务:①代理人代表本人在授权范围内所为之给付;②代理人在授权范围内依契约负有替本人付款之责,以及代理人为本人的利益占有或拥有某物而发生债务;③代理人依授权履行契约而有违反契约或侵权行为时,对第三人已尽损害赔偿之责;④第三人对代理人所为的代理行为提起诉讼时,代理人所花费的辩护费用,但限于第三人不是恶意提起诉讼且第三人遭败诉;⑤代理人为本人的利益所支出的、依情形若本人不予补偿便会有失公平的费用。"同时《法律重述》在第440条规定:"除另有约定外,下列情形下,本人对代理人不负补偿义务:①代理人未经授权而行为,或纯粹是因为其过失或其他过错,而遭受金钱损失或其他侵害,且其行为本身对本人无益;②本人已对代理人履行了义务,而代理人因履行代理行为所受的身体伤害,或除侵权之诉外,第三人因代理人的雇佣关系而对其为侵权行为致代理人受侵害,或因第三人拒绝与代理人交易所造成的代理人的损失;③代理人明知是非法企业仍与之交易所造成的损失。"

3. 向代理人提供与代理活动有关的资料

为使代理人能顺利开展代理活动,本人有义务向代理人提供各种必需的资料、信息,并最大可能地保证其真实性,否则由此产生的损失代理人不承担责任。

4. 允许代理人检查核对其账册

有些大陆法系国家中法律明确规定代理人有权查对本人的账目,以便核对本人支付的佣金是否准确,这是一项强制措施,不允许当事人通过合同进行变更。

## 二、代理的外部关系

本人、代理人与第三人之间的关系被称为代理的外部关系。国际商事活动中,由于两大法系法律规定的差异性,代理人与第三人签订合同的法律后果如何归属也有所不同。

### (一)大陆法系

大陆法系国家,以名义标准(name test)来确定合同关系的当事人。如果代理人以代理人的身份,并以本人的名义从事代理行为,这种代理就是直接代理;如果代理人为了本人的利益,以自己的名义从事代理行为,则该代理为间接代理。

在直接代理的情况下,代理人以本人的名义与第三人签订合同,除非合同另有约定,合同的内容直接约束本人与第三人。此外,大陆法系的判例和学说认为,代理人并非必须指明本人姓名或名称,只要声明自己受本人的委托与第三人订立合同,并能够在个案中推断出代理人系以本人的名义为代理行为就足够了。

间接代理在大陆法系国家又被称为行纪(brokerage),间接代理人被称为行纪人。行纪人虽然也是受本人的委托为本人的利益与第三人进行交易,但在订约时是以自己的名义而非本人的名义,因此代理人与第三人订立的合同不能直接约束本人。本人不能仅凭该合同向第三人主张权利,只有当代理人将合同的权利义务转让给本人后,本人才能向第三人主张权利。对于行纪人的从业范围,因国家不同而规定有所差异,《德国商法典》将行纪人仅限于"以自己的名义为他人购买或销售货物、有价证券,并以其作为职业性经营",而法国法律则没有这些限制。

### (二)英美法系

与大陆法系不同,英美法系中代理的概念和范围十分宽泛。其代理法的理论基础是等同论,认为代理人的行为等同于本人的行为,无论是以本人的名义还是以代理人的名义从事代理行为,结果都一样。因此在英美法系中没有直接代理和间接代理的区分,甚至在大陆法系中不认为是代理行为的居间行为在英美法系中也被纳入代理的范畴。

在英美法系国家,对第三人而言,如何确定本人还是代理人应对合同承担直接的法律责任,采用的是责任标准。根据对本人的披露程度,将代理分为三种:显名代理、隐名代理和不公开本人身份的代理。

1. 显名代理(disclosed principle)

显名代理,即披露本人的代理,是指代理人既披露本人的存在,也公开本人的具体姓名或名称和身份,并以本人的名义签订合同的代理行为。

显名代理的情况下,代理人与第三人订立的合同直接约束本人与第三人,代理人退居合同之外。但也有例外:①如果代理人以他自己的名字在签字蜡封的合同上签名,他就要对此负责;②如果代理人以自己的名字在汇票上签字,即使代理人的名字排在本人之后,他须对汇票负责③一些行业惯例要求代理人承担特别责任,代理人亦须承担合同责任,如运输行业中货运代理人在替本人预定舱位时须对船公司交纳运费和亏舱费；④第三人要求代理人在缔约前承诺将承担一定责任，如代理人同意，则代理人在合同成立后应承担责任，这属于意思自治的范畴，通常在合同中有相应条款或第三人与代理人之间订有补充协议。

2. 隐名代理（partially disclosed principle）

隐名代理又称不公开本人姓名的代理，代理人在实施代理行为时仅公开本人的存在，不公开其姓名和身份，仅向第三人明示自己是为本人利益而从事代理行为。隐名代理情况下签订的合同是本人与第三人之间的合同，由本人和第三人承担权利义务。在国际贸易中，代理商为避免本人与第三人建立直接联系，通常使用这种做法。

3. 不公开本人身份的代理（undisclosed principle）

不公开本人身份的代理指代理人在从事代理行为时，既不是以本人的名义，也不明示为本人的利益，而是以自己的名义为意思表示。与代理人订约时，第三人并不知道本人的存在，代理人也无义务证实是否存在不公开身份的本人，因此第三人有理由认为是与代理人进行交易。国际商事活动中，不公开本人身份的代理很普遍，第三人往往与自己所熟悉的代理人进行交易而不问本人究竟是谁。

英美法系的此种代理类型中，不公开身份的本人对代理人与第三人缔结的合同有介入权；第三人对本人和代理人享有选择权，下面作具体介绍。

（1）介入权。不公开身份的本人有权介入合同并直接对第三人行使请求权或在必要时向第三人起诉，从而直接同第三人发生法律关系，而无需经过代理人把权利转移给他。一旦本人行使了介入权，就应对第三人承担责任。但值得注意的是，按照英国法律，未披露的本人行使介入权时有相关条件的限制：

①合同中明示条款排除本人的介入权。在合同中缔约方为保护自身的利益，避免出现一个事先对其一无所知的人介入到合同中来，对原本明晰的权利义务产生影响，经常在合同中出现排除第三方介入合同的条款。一旦合同中明确排除本人介入合同，本人自然无法行使介入权。

②代理人在与第三人定约时必须具有代理权。代理人在没有得到本人的授权的情况下与第三人订立合同，其效力根本不及于本人，不公开身份的本人的介入权自始不存在。不公开身份的本人与该合同的关系处于不确定状态，只有当本人对合同予以追认时该合同的效力才及于本人。在追认的情况下，本人只是以自己的名义接受合同，这与行使介入权是两回事，不能混淆。与此相反，在代理人拥有本人的授权时，尽管在定约时没有表示本人的存在，本人仍以其授权行为获得对合同的介入权。

③第三人定约是基于对代理人的特别信赖。如果第三人可以证明，他与代理人签订合同是基于对代理人才能或清偿能力的信任，即代理人的"人身因素"是第三人缔约的唯一基础，那么，不公开身份的本人就不能行使介入权。如果第三人不与本人订约的理由不是人身因素而是其他原因，如第三人厌恶本人，第三人一旦得知在与本人定约时就会拒绝，在这种情况下通常认为本人不能行使介入权。如果代理人以误导的方式引诱第三人与之定约，第三人一旦得知代理人讲述的是谎言，可以拒绝定约，这时法庭往往也会限制本人的介入权。

（2）选择权。介入权的行使产生了第三人对本人和代理人的权利——选择权（right of election）。此时，应当适用"隐名代理规则"（the doctrine of the undisclosed principal）。依据该规则：①第三人既可向委托人行使诉讼请求权，也可向代理人行使诉讼请求权。②第三人必须在一个合理的期限内作出选择，否则，他只能对代理人提起诉讼。③第三人一旦选择诉请其中一方承担责任,即不得反过来向另一方提出诉讼请求。④未公开的委托人在特定情况下可以向第三人提出诉讼请求。⑤鉴于代理人此时也是立约当事人,他也可以提出诉讼请求,但代理人既不得起诉第三人,也不得继续此类对第三人的诉讼。⑥当代理人明示自己是委托人时,不适用"隐名代理规则"。

# 第三节　承担特别责任的代理人

根据各国代理法的一般原则,代理人在授权范围内代表被代理人同第三人签订合同,其法律后果由本人承担,代理人对第三人不承担个人责任;如果第三人不履行合同,代理人对本人也不承担个人责任。但在现代国际贸易中,根据各国不同的法律和商业惯例,有些代理人在一定条件下须对本人或第三人承担个人责任,因此被称为承担特别责任的代理人。承担特别责任的代理人之所以会出现,主要原因在于在国际贸易中,本人与第三人分处两国,他们对于彼此的资信能力和经营作风不很了解,而对于他们经常往来的代理人则比较熟悉。因此,在交易时,往往对代理人的信任多于对交易对方的信任。而这些承担特别责任的代理人大多数是长期从事自营或代理国际商事交易的商人,他们本身在本国或外国客户中建立了良好的信誉。这样,不太了解交易对手的被代理人或第三人便要求其较为了解的代理人对交易合同承担特别责任;为了扩大客源,代理人也乐于承担特别责任。这类承担特别责任的代理人主要有信用担保代理人、保付代理人、保兑银行、保险经纪人、运输代理人等,按照承担责任的对象,可以分为两类:对被代理人承担特别责任的代理人和对第三人承担特别责任的代理人。

## 一、对被代理人承担特别责任的代理人

在国际贸易中,对被代理人承担特别责任的代理人主要是指信用担保代理人。这种代理人的责任是:在他所介绍的买方,即第三人不付货款时,由他赔偿委托人即本人因此而遭受的损失。采用这种办法有两种好处:第一,由于委托人对国外市场情况了解不多,无法判断代理人所在地区的买方的资信是否可靠,而且由于竞争的需要,往往要用赊销的方法销售货物,一旦买方破产或赖账,委托人就会遭到重大损失。因此,如果代理人同意为国外的买方保付,委托人就可以避免这种风险。第二,由于代理人承担了信用担保责任,他就不会因为贪图多得佣金而在替委托人兜揽订单时光图数量而忽视买方的资信能力。从法律上来看,在本人与代理人之间除了普通的代理合同以外,还存在另一个合同,即担保合同,代理人根据担保合同对本人承担个人的责任。

对于信用担保代理,大陆法系国家一般由成文法典来进行规范,而普通法系国家虽没有信用担保方面的成文法典,但有关信用担保代理的规则已完善地确立在判例法之中。目前,在西方国家信用担保代理人制度已逐步被淘汰,取而代之的是出口信贷保险机构。这种机构是由政府进行经营,专门办理承担国外买主无清偿能力的保险业务机构,它替代了过去信用担保代理人的作用。

## 二、对第三人承担特别责任的代理人

### (一)保付代理人

保付代理是指代理人接受国外买方(本人)的委托,向本国的卖方(第三人)订货,并在国外

买方的订单上加上自己保证,由他担保国外的买方履行合同。如果国外的买方不履行合同或拒付货款,代理人负责向本国的卖方支付货款。保付代理人在付清货款后,有权要求国外买方偿还其所支付的款额。如有损失,还可向国外买方追偿。保付代理人的付款承诺是一种绝对的付款保证,只要买方不付货款,无论何种原因,即使是无正当理由取消订单,保付代理人都必须对卖方承担付款责任。因此,保付代理可以解除买方对卖方资信能力的顾虑,降低国际贸易的风险,对促进国际经济交往起到了重要作用。也正是意识到保付代理在国际贸易发展中发挥重要作用的事实,国际统一私法协会于1988年制订了《国际保付代理公约》,目的是"采用统一规则以提供便利于国际保付代理的法律制度"。

**(二)保兑银行**

在国际贸易中,普遍使用商业跟单信用证的方式支付货款。在采用这种支付方式时,卖方为了保证收款安全,往往要求买方通过银行对他开出保兑的、不可撤销的信用证。其办法是:由国外的买方通过进口地的银行向出口地的保兑银行或代理银行开出一份不可撤销的信用证,委托该出口地的代理行对其不可撤销的信用证加以保兑,即在其上加上"保兑"字样,并将该信用证通知卖方(即第三人,在银行业务上称为受益人)。卖方只要提交信用证所规定的单据,就可以向设在出口地的保兑银行要求支付货款。

根据国际商会《跟单信用证统一惯例》第10条的规定,当开证银行授权另一银行对其开出的不可撤销信用证加以保兑,而后者根据开证银行的授权予以保兑时,此项保兑就构成保兑银行的一项确定的担保,即他对该信用证的受益人承担按信用证规定的条件付款或承兑信用证项下的汇票并于到期时付款的义务。在这种法律关系中,开证银行是委托人(本人),保兑银行是代理人,卖方是受益人(第三人),由于作为代理人的保兑银行在开证银行的不可撤销信用证上加上了他自己的保证,他就必须据此对第三人承担责任。但如果他没有加上自己的保兑,而仅仅是把开证银行开出的不可撤销的信用证通知他所在地的受益人(第三人),他对该受益人就不承担按信用证规定的条件付款的义务。

**(三)保险经纪人**

保险业务是现代国际贸易不可分割的一部分,对国际贸易风险有着特殊的意义,几乎全部的货物贸易在运输期间均要办理保险,其中保险中介人在扮演着重要角色。按照各类保险业务的不同,中介人分为保险代理人、保险经纪人。在人寿保险中办理保险业务的通常是保险代理人,他们通常是保险公司的雇员、全职或兼职的提取佣金的代理人,在一般情况下其业务与国际贸易联系较少。尽管近年来铁路运输尤其是大陆桥运输发展很快,但海运在国际货物运输中仍占主导地位。在海事保险业务中保险经纪人是保险业务主要承办人。

保险经纪人在中国《保险法》中这样定义:"保险经纪人是基于投保人的利益,为投保人与保险人订立保险合同提供中介服务,并依法收取佣金的单位。"根据这个定义,保险经纪人应是投保人的代理人,为投保人的利益代为办理保险。中国的保险经纪人必须是法人,自然人不能成为保险经纪人的合法主体。由于保险经纪人是以自己的名义从事代理活动,因此应当有一定的组织机构便于开展服务,同时应有一定的资本作为开展义务的信誉保证。在海事保险业务发达的英国和香港,保险经纪人可以由自然人充任,但须经注册并持有职业资格。

在国际贸易中,进口人或出口人(投保人)在投保货物运输保险时,按照惯例通常不能直接与保险人(保险公司或自然人)订立保险合同,而须委托保险经纪人代为办理。在办理海事保险业务而闻名的英国劳合社,保险经纪人是保险市场的中心,占有举足轻重的地位。投保人办理保险时首先向经纪人提出要求,然后由经纪人牵头组织保险人(或其代理人)承保。依据行业惯例承保人向经纪人支付佣金,这样利益冲突在所难免,因此保险经纪人较一般的商业代理人承担更重的诚信义务:

(1)从事业务时,必须客观地独立地提出意见。

(2)应该与足够数量的承保人保持密切关系以保证能满足投保人的要求。

(3)必须客观地为投保人的最佳利益运用自己的业务技能。

(4)如投保人要求,必须向投保人解释他(经纪人)认为适合投保人需要的主要险别,以及它们之间的区别和相对费用。

(5)当投保人向经纪人询问他可能获取的佣金时,经纪人有义务披露。

按照一般保险法的原则,保险单一经保险人及其授权的代理人签发,保险合同即告成立。由于大宗贸易中投保人保险费的缴付经常不是一次结清,有时甚至在投保人未予支付保险费时,保险人依然向经纪人开出保险单。在实务操作中为扩大业务量,经纪人对于投保人、保险人对于经纪人在相当大的程度上存在着"赊销"行为,通过信用的方式扩大和稳定客户群体。因此,投保人有可能出现拖欠保险费的情况甚至最终履行不能。英国《海上保险法》53条第1款规定:"除非另有协议,假如经纪人代投保人安排海事保险的,经纪人直接向承保人就保险费负责。"由此,经纪人承担了保险费保证支付的义务。

**(四)货物运输代理人**

货物运输代理人的业务种类繁多、范围广、涉及法律关系复杂,对于货物运输代理人的概念和法律地位因各国法律制度不同而各有所异。货物运输代理人是指根据客户(本人)的委托,为客户的利益而办理货物运输业务,并从承运人处收取佣金或向货主收取代理费的中介人,原则上货物运输代理人自己不是承运人。历史上货物运输代理人是不能被视同为承运人并承担承运人的责任的,他通常作为托运人与承运人的中间纽带将两者连接起来。随着经济的高速发展,货物运输代理人拥有的固定资本不断增加,已能投入必要的运输设备到实际货运市场开展竞争,并以此提高自身服务质量,有利于赢得更大的市场份额。货物运输代理人在现今国际贸易中已经扮演着特殊角色,其角色不限于"契约承运人",有时在某一运输阶段就是"实际承运人",具有双重法律身份——代理人或缔约当事人,并相应地承担了不同的责任。

经常出现货物运输代理人同时为双方代理的情况:既是货主代理又是运输公司代理,这样它势必将所有揽到的业务交由某一家运输公司,除非货主提出相反的指示。为了获取较高的利润,货物运输代理人有时会以自己的名义安排运输人(如国内所谓的船务公司),托运人(货主)向其支付一笔费用(在个案中很可能认定为一笔"运费"),而后,货物运输代理人再向实际承运人支付较低的运费办理货运。国际集装箱运输的发展,使货物运输代理人常常有机会将许多货主的货拼装到一个集装箱中,从而可以在"运费差价"中获取额外利润。此时货物运输代理人的身份在运输公司方面看来已转变成为"托运人",而与此同时,在委托方(货主)看来货物运输代理人是"承运人",进而在不同的法律关系中,货物运输代理人应承担不同的法律责任。

# 第四节　中国的外贸代理制

## 一、中国外贸代理制的形成背景

建国以后很长一段时期内,我国在对外贸易中实行国家垄断政策,由国家对外贸统一管理,出口贸易采取收购制,即由外贸公司以自有资金向国内供货部门收购出口产品,然后再由外贸公司以自己的名义对外成交,自营出口、自负盈亏。收购制在旧的外贸体制下对出口贸易的增长起过重要作用。但是,随着外贸经营权下放和我国经济体制改革的深入,以收购制为主的外贸经营方式的弊端日益显露,无法再适应商品经济的发展要求。在这一前提下,外贸代理制应运而生。

我国关于外贸代理制的规定最早见于 1984 年 9 月国务院批准外经贸部颁发的《关于外贸体制改革意见的报告》,其中明确指出推行外贸代理制先在进口方面实施,其意图是"使生产企业与外贸企业之间的购销关系转变为委托代理关系,把工贸双方的利益捆在一起,提高经营和开拓国际市场的能力"。1987 年中共十三大报告指出,外贸体制改革的方针是"自负盈亏,放开经营,工贸结合,推行代理制"。1991 年 8 月,外经贸部颁布了《关于对外贸易代理制的暂行规定》(以下简称《暂行规定》),就外贸代理制作出了较为详尽的规定。1992 年 7 月国务院发布的《全民所有制工业企业转换经营机制条例》第 12 条规定,企业可以在全国范围内自行选择外贸代理企业从事进口的业务,并有权参与同外商的谈判。1993 年中共十四届三中全会通过的《关于建立社会主义市场经济体制若干问题的决定》再次重申:"坚持统一政策、放开经营、平等竞争、自负盈亏、工贸结合,推行代理制。"在政府的大力倡导下,建立在对外贸易垄断经营体制下的强制性外贸代理制基本确立。1994 年 5 月 12 日公布的《中华人民共和国对外贸易法》(以下简称《对外贸易法》)更以法律的形式对外贸代理制作了原则性的规定。至此,外贸代理制从指导性的政策变为了具体的行为规范,纳入了我国现行的法律体系。

## 二、我国外贸代理制的概念和法律特征

### (一)我国外贸代理制的概念

对于外贸代理制,目前在立法和理论上并没有明确的定义。实践中,大多数学者都认可对外经济贸易部 1991 年发布的《暂行规定》中对外贸代理的法律规定。即:有外贸经营权的公司、企业(代理人)接受其他公司、企业,事业单位及个人(委托人)的委托,在授权范围内代理进出口商品(包括货物和技术),并收取约定代理费的一项外贸制度。

我国的外贸代理主要有三种类型:①有对外贸易经营权的公司、企业、可在批准的范围内相互代理,代理人以被代理人的名义同外商签订合同;②有外贸经营权的公司、企业可在批准的范围内相互代理,代理人以自己的名义同外商签订合同;③有外贸经营权的公司、企业可在批准的范围内接受国内无外贸经营权的公司、企业、事业单位、个人的委托同外商签订进出口合同。由于我国大多数公司企业不具备外贸经营权。所以第三种类型的外贸代理在我国现行的外贸代理实践中最为常见,出现的问题也最多。我国外贸代理也主要是针对这类代理而言的。

### (二)法律特征

(1)在外贸代理制的主体方面,代理人必须是经我国外贸主管部门核准具有外贸经营权的公司、企业,其他公司、企业、事业单位或个人以及国外客商均不能代理进出口业务;被代理人则既可以是有外贸经营权的公司、企业,也可以是无外贸经营权的公司、企业、事业单位甚至个人。

(2)代理的事项仅限于商品(包括货物和技术)的进出口业务,即国际货物买卖和技术贸易,至于其他涉外经济事务方面的代理,如国际投资、国际借贷等,则不属于外贸代理制调整的

范围。

（3）外贸代理包括直接代理和间接代理，不同于我国民法中固有的代理制度，也不完全等同英美法系中的代理。我国民法中的代理仅指直接代理，否认间接代理，外贸代理作为民事代理的一部分却采用了广义的代理概念，冲突和矛盾由此而生。在外贸代理中的间接代理，如果委托企业无外贸经营权，代理企业只能以自己的名义对外而别无选择；委托企业在进出口方面无权利能力，其进出口业务只能委托有外贸经营权的企业。

（4）我国外贸代理制是我国法律、法规和政策所规定的调整和规范外贸代理活动的一切规章制度的集合。它不是一项具体的法律行为，而是一项综合性的外贸制度，用以规范委托人、受托人及外商在代理进出口业务中的具体行为，明确各自的权利义务。

### 三、我国外贸代理制存在的法律问题

#### （一）我国的外贸代理制度与我国的代理理论相矛盾

我国外贸代理制度产生的根本原因是外贸经营权受到控制，在当时外贸经营权没有放开的情况下，无外贸经营权的生产企业只有通过委托有外贸经营权的公司或企业以代理的方式解决其进出口的问题，但它无论从理论上还是在实践中均存在着很大的缺陷。

从理论上看，委托人必须自身享有权利才有可能"授予"代理人权力。委托人没有权利，委托无从谈起，当然也无法对代理人授权。根据我国的法律规定，只有经过国家有关部门审批的有关公司、企业才能取得外贸经营权，才能经营进出口业务，而没有取得这种权利的企业、公司，一律不得对外从事贸易活动。显然无外贸经营权的企业就不具备外贸经营权。按代理理论，自然也就不能委托有外贸经营权的企业为自己从事进出口业务。然而《暂行规定》却肯定了这种"无效授权"。这无疑在法律上是值得商榷的。反言之，法律上所做的这一规定就是在立法上鼓励规避法律的行为，其直接后果是使对外贸易经营权的限制名存实亡。一方面国家对外贸经营权严格限制；另一方面，又允许以这种无效授权对这一限制进行规避，这在法律逻辑上自相矛盾。

从实践中看，国内生产企业委托外贸企业代理进出口业务，往往看中的是外贸公司手中的外贸经营权而不是它在信息、资源、技术、销售网络等方面的优势，一旦自己有权，即甩开外贸公司。外贸公司也自持自己手中有权，对所代理的业务代而不理，使外贸代理行为变成了垄断行为、特权行为，而不是市场行为。这就必然使外贸企业主动进行外贸代理的积极性不高，进而也阻碍了外贸代理业务的发展。

#### （二）《暂行规定》对代理人与被代理人的权利义务规定不合理不平衡

《民法通则》、《合同法》作为基本法律，只是对代理进行了一般规定。在外贸领域，尤其在上述第二种和第三种类型的外贸代理中，除适用《合同法》所规定的一般原则外，目前仍然沿用《暂行规定》。然而《暂行规定》却存在着合同当事人权利、义务划分不合理、不平衡的现象。例如《暂行规定》第8条第2款规定："凡委托人同意的进口或出口条款，委托人不得由于条款本身的缺陷引起的损失向受托人要求补偿。"这条规定明显是片面地损害了被代理人的权益。不论是直接代理，还是间接代理，被代理人采用外贸代理方式进出口其商品，必然是要利用代理人在行情、客户以及订立涉外合同技巧方面的优势弥补自己的不足。合同有些条款本身风险很大，需要做周密的市场调查方能拟就，但这并不能说合同条款本身的缺陷所引起的损害就必须要由被代理人承担，如果因受托人的过错而造成的合同条款存在缺陷，受托人没有尽到恪尽

职守的责任,而不能由委托人来承担。而且保证合同条款不存在缺陷,本身就是代理人的当然义务。如果代理人通过取得"同意"的方式,来规避其责任和风险,进而变更民法上关于代理关系三方间的责任规定,那么这显然违背了民法的平等原则。

### (三)《对外贸易法》对对外贸易代理制的规定太简单

为更好地规范对外贸易秩序,我国于 1994 年 5 月通过了《对外贸易法》作为规范对外经济贸易活动的基本法律,该法对对外贸易代理制仅在第 13 条做了极其概括性的规定。该规定虽然第一次从法律上确定了对外贸易经营者以自己的名义代理无外贸经营权的组织和个人对外签约的法律问题,但是对于双方的权利义务却没有作出更为详细、具体的规定,显然与该法在该领域的实际地位不太相称。

## 四、完善我国外贸代理制的建议

鉴于我国外贸代理制存在的问题,有必要健全相关立法。

首先,修订《对外贸易法》,对外贸代理制问题作出明确、具体的规定。《对外贸易法》作为调整对外经济贸易的基本法律,应对外贸代理制作出应有的规定,当然它在具体内容上不能只就其所规定调整的间接代理形式的外贸代理进行规范,还应在《合同法》的原则上对不公开本人身份的代理予以规定。

其次,修改《暂行规定》。新《合同法》的出台,使《暂行规定》在很多方面有了法律依据,但同时也使《暂行规定》的某些规定与《合同法》的规定相悖。《暂行规定》在今后一段时间内,在对外贸易代理业务方面仍将起着不容忽视的作用。因此在目前的情况下,在《民法通则》和《合同法》的指导下,修改《暂行规定》使之成为与《民法通则》、《合同法》和《对外贸易法》在外贸代理领域配套的规章制度。

### 本 章 小 结

代理制度是随着社会经济关系发展而建立起来的一项法律制度。在我国加入 WTO 后,学习代理制度有着重要的理论和现实意义。

两大法系国家从不同的理论角度出发,建立了不同的代理概念。尽管两大法系国家有关代理的概念不同,但都揭示出代理关系是一个三方关系这一特征。其中,本人与代理人之间的权利义务关系是代理的内部关系;本人、代理人与第三人之间的关系被称为代理的外部关系。大陆法系国家以名义标准、采取直接代理和间接代理的形式来确定代理人与第三人所签合同的法律后果如何归属;而英美法系国家在解决这一问题时,采用责任标准,以显名代理、隐名代理和不公开本人身份的代理三种形式进行区分。从代理权产生的原因看,大陆法系国家的代理可分为法定代理和意定代理;英美法系的代理权可分为实际授权、表见代理权、客观必须的代理权和追认代理权。代理关系终止时,可以依据当事人的行为终止代理关系,也可依据法律规定终止代理关系。代理关系终止后,会对本人、代理人和第三人产生相应的法律后果。

在现代国际贸易中,根据各国不同的法律和商业惯例,有些代理人在一定条件下须对本人或第三人承担个人责任,因此被称为承担特别责任的代理人,这类承担特别责任的代理人主要有信用担保代理人、保付代理人、保兑银行、保险经纪人、运输代理人等。

我国对外贸易领域中,长期存在外贸代理制度这一独特的法律制度。但是随着时间的推移,外贸代理制日益显示出它的诸多问题。鉴于我国外贸代理制存在的问题,有必要健全相关立法以对其进行完善。

## 关 键 术 语

法定代理　意定代理　表见代理　客观必须的代理　追认代理　直接代理　间接代理
显名代理　隐名代理　不公开本人身份的代理

## 思考与练习

1. 代理的概念是什么？
2. 什么是法定代理、意定代理？
3. 代理人对本人负有哪些义务？
4. 在大陆法系和英美法系中，代理人与第三人签订合同的法律后果有何差异？

# 第四章　合同法

## 本章要点

1. 合同的概念、渊源和基本原则
2. 合同有效成立及生效应当具备的条件
3. 缔约能力、内容形式及意思表示等合同成立要件的各国规定
4. 合同履行的原则与履行过程中抗辩权的种类、意义

## 第一节　合同法概述

### 一、合同法在国际商法中的重要作用

从理论上讲,国际商法是调整商事主体从事各种跨越国界商事活动的法律规范的总称,而合同几乎是从事一切商事活动的工具。特别是在国际商事活动中,各国基于各自的国家主权,并不愿承认外国法在本国的效力。相反,对于当事人之间平等协商后达成的合同,因其充分体现了签约当事人的意思自治,为各国普遍承认。这使得合同成为约束各方当事人商事交往中权利义务的最主要规则和依据。同时,无论是在国际货物买卖过程中的交易本身,还是为配合交易完成而进行的运输、保险、甚至是货款支付等方面的权利、义务,都无不与合同紧密相关,靠合同来确定和保护;进而,国际技术贸易、国际服务贸易中所涉及的交易标的、品质、数量、履行期限、地点、方式等,商事主体法中代理问题所涉及的本人、代理人及第三人的相互间权利与义务问题等也无不以合同为其确定的依据。所有这些都在理论体系上确定的合同法在国际商法中的重要地位。

从现实中看,伴随着社会化大生产和全球经济一体化的进程,当今各国生产厂商基于各自成本效益的考虑,越来越多地将自己不占比较优势的生产环节"外包",使得世界上"万国牌"产品日益增多。一种产品从原料、技术、资金到劳动力来源于多国,其零部件更由多国联合制造,然后,再运往世界各地销售。如我们耳熟能详的欧洲"空中客车"集团,其生产厂商组成由最初的法、德、英、西班牙四国,扩展到包括北美、日本、新加坡等地,甚至我国也已加入了空客的零部件生产商的行列,已经为 A320 生产机翼,并有可能为 A350 甚至为最新的 A380 飞机提供零部件及进行相关研发①。如何使这么多国家生产的零部件能严丝合缝地组装在一起并保证质量,如何确定各方在这一生产过程中的责任分担与利润分配,无不依靠合同来得以实现。另

①　央视经济信息联播 2007 年 8 月 21 日播出特别节目《相信中国制造》。

一方面,当今社会,每年数以万亿美元的银行存款和游资正在寻找适合的投资场所;千万计的成熟的先进技术和专利寻求出让;百万计的专家教授(包括退休的)寻求有偿服务的机会以及每时每刻都在产生大量的经济科技,金融等信息资源都要通过合同来实现保护和实现自身的价值。这些又都在实践需求层面确立了合同法在国际商法中的重要性。

## 二、合同及合同法的概念

顾名思义,合同法是调整有关合同关系之法。而不同的国家在法律文件中对合同定义的文字表述却有所差异。具体比较如表4-1所示。

表4-1 部分国家对合同的定义

| 国家 | 合同定义 | 出处 |
|---|---|---|
| 英国 | 合同由可提起诉讼的一项承诺或几项承诺构成 | A·G·盖斯特《英国合同法与案例》 |
| 美国 | ①合同是一项或一组这样的诺言,它或它们一旦被违反,法律就会给予救济<br>②合同是两个或两个以上的人之间的协议,该协议创设做或不做某特定事情的义务 | ①《第二次合同法重述》;②《布莱克法学辞典》 |
| 法国 | 合同是一人或数人对另一人或数人承担给付某物,做或不做某事的义务的合意 | 《法国民法典》第1101条 |
| 德国 | 依法律行为债务关系的内容者,除法律另有规定外,应依当事人之间的合同(指合同是一种在特定当事人之间产生债权债务关系的法律行为) | 《德国民法典》第305条 |

综合比较上述合同概念,我们可以发现无论是作为大陆法系代表的法、德,还是英美法系典型的英、美,都在强调合同的合意性、义务(债务)性,可被救济性。但英、美更强调合同单方面的诺言性质,尤其是基于其传统的对价理论,他们认为合同的本质是交易,是关于交易的协议;只有当诺言有了对价时,诺言与对价互为交易的对象,诺言才有了被强制执行的效力,此时,诺言才成为合同。这与大陆法系的"只要合意达成,就有执行力"是不同的。(如《德国民法典》516条:"某人以其财产使另一人获得利益的,在双方对以无偿方式进行给予成立合意时,给予为赠与。")

须指出,伴随着全球经济一体化的进一步发展,为了促进合同的成立,英美法系的前述观点正在悄然发生变化,对于无对价的诺言能否构成合同的效力问题开始出现向大陆法系靠拢。最典型的例子是:《美国统一商法典》第2—209条(1):"修改本篇范围内之合同的协议,即使缺少对价,仍可具有约束力。"与此同时,作为国际间的立法努力也体现出相同的趋势。如:《联合国国际货物销售合同公约》第29条:"合同只须双方当事人协议,就可更改或终止。"国际统一私法协会起草的《国际商事合同通则》第32条规就规定:"合同仅由双方的协议订立、修改或终止,除此另无其他要求。"

　　综上所述，关于合同的定义问题，各国已逐渐形成共识，合同必须基于当事人之间的合意。一经合意达成就对当事人具有一定的约束力。我国《合同法》第 2 条规定："合同是平等的自然人、法人和其他组织之间设立、变更、终止民事权利义务关系的协议。"这一合同的定义与前述趋势潮流无疑是相符的。

### 三、合同法的渊源

　　英美法系中，合同法包含在法院判例中，没有一套系统的、成文的合同法。如英国《1893年货物买卖法》(Sale of Goods Act, 1893)，美国 1952 年公布的《统一商法典》(Uniform Commercial Code)等，但它们只是对货物买卖合同及其他一些有关商事交易合同作了具体规定，至于合同法的许多基本原则，如合同成立的各项规则等，仍须按照判例法所确定的规则来处理。此外，一些专家、学者、组织编写的学术著作、论述，如：英国的《奇蒂论合同法》、《安森论合同法》，美国法学会编撰的二次《合同法重述》等虽不具备法律的效力，但是对审判实践有重大影响，经常为法官判案时所引用。

　　大陆法系国家，制定法曾经是法律的唯一渊源。如德国、日本、法国、瑞士和意大利等国，它们的合同法都是包含在民法典或债务法典中的。以德国为例，1900 年问世的《德国民法典》中规定的合同法原则和规则，依然是法官办案的依据。此外，学者著述中阐述的法学理论也开始对法官判案具有重要的指导作用。

　　国际领域，上文提及的由国际统一私法协会推出的《国际商事合同通则》（以下简称《通则》）虽然并不是一部国际性的公约，但它可以由合同当事人约定适用，并且由于其尽可能地兼容了不同法系的制度和国际惯例，可以对各国的和国际的立法产生示范作用。再有如前述《国际货物销售合同公约》（以下简称《80 公约》）等国际性法律文件中，也包含了不少已得到许多国家采纳的可适用于国际商事交易的合同法一般原则和规则。

　　结合到我国，在 1999 年 3 月 15 日我国新《合同法》通过出台之前，中国的合同法主要由《民法通则》的相关部分、《经济合同法》、《涉外经济合同法》和《技术合同法》以及同时国务院根据宪法和法律的规定，制定的包括《工矿产品购销合同条例》、《农副产品购销合同条例》、《加工承揽合同条例》等 13 个配套行政法规及一系列行政规则和地方性法规组成。《合同法》的问世不仅将《经济合同法》和《涉外经济合同法》以及适用于各种特殊合同的单行法规合并，结束了我国长期以来合同法体系繁杂、混乱的现实，同时，新《合同法》"总则"中包含的合同法一般规则共 129 条，极大地填补了我国合同法的空缺。并且，该法结合我国国情和我国社会主义市场经济发展的需要，新《合同法》很好地吸收了英美法系、大陆法系以及《联合国国际货物销售合同公约》先进的理念和精神，更多地体现了与国际接轨的特征。

## 第二节　　合同的订立

　　合同是当事人意思表示一致的结果。而各国合同法都认为，意思表示一致必须由双方当事人就同一标的交换各自的意思，即一方向另一方表明按一定条件订约的建议，另一方对这个建议的内容表示同意从而达成一致的过程。这一过程就是合同订立的过程。法律上把前者称为要约,后者称为承诺。一项合法有效的合同首先是要通过要约与承诺的过程来订立的。

关于要约与承诺的概念、特征、构成要件及有关效力等的基础性问题,世界各主要国家的法律规定差异不大,因其核心内容主要在《国际货物买卖法》中详细介绍,本章将集中就各国法律在以下几个规定不同的方面加以阐述。

## 一、要约的内容如何才算具有足够的确定性问题

两大法系的学者普遍认为,要约的内容必须包含合同的基本因素(essential element),即要约的内容具有足够的确定性;否则,当事人的提议就不能构成要约,其相对方的接受表示,不能单独或直接引起合同的成立。但具体各国关于何种情况下要约的内容具有足够的确定性的看法是有差异的,如表4-2所示。

整体看来,世界各国普遍承诺、标的、数量与价款是构成一个内容足够要约的最基本性因素。此外,鉴于合同标的的性质及合同金额大小的不同,要约的确定性标准也可能会有差距,例如:关于转移不动产的要约必须具体说明打算转移的是什么不动产。进而,交易的标的越大、性质越复杂,法院对要约在内容上的具体、详尽的要求越高。例如,对于大型公司的转让,只有正规的合同文本(formal contract)才能证明当事人有正式签约的意思而不是仅有签约的意向。而对于租赁一部机器的简单交易,法院可能只要求达成简单的备忘录,其中只须包括起码的合同条件即可。

表4-2 部分国家关于要约的确定性内容

| 国家 | 要约的确定性内容 | 出处 |
|---|---|---|
| 法国 | 当事人双方就标的物及其价金相互同意时……买卖即告成立(其中的标的物应含有相应的数量,故其认为标的、数量与价金是要约的必备内容) | 《法国民法典》第1583条 |
| 美国 | "当事人只要订立合同的意思,并有合理的确定的依据给予相应的补救,则合同自然可以成立。""……合同,如果在其书面文据中不规定货物的数量,即为不可强制执行的。"(表明具备标的与数量,要约即为确定) | 《美国统一商法典》第2—201条 |
| 《80公约》 | 一项关于订立合同的建议,如果包含了下述三项内容,即为"十分确定"(Sufficiently definite):①写明货物;②明示或默示地规定数量,或规定如何确定数量的方法;③明示或默示地规定价格或规定如何确定价格的方法 | 《80公约》第14条 |

## 二、要约的撤销问题

关于要约能否撤销问题,各国法律规定存在很大的差异,特别是表现在传统英美法系与大陆法系之间,如表4-3所示。

表 4 - 3　部分国家关于要约的撤销内容

| 国家 | 要约的撤销 | 出处 |
|---|---|---|
| 传统英美法系 | 要约作为一种诺言在被承诺之前没有对价,因而对要约人没有约束力 | 《国际商法》沈四宝等著,对外经贸大学出版社 |
| 传统大陆法系 | 大陆法系国家普遍在原则上认为,要约对要约人有约束力;要约一经生效便不能再撤销 | 同上 |
| 英国 | 单方合同的要约人,只要采取了与发出要约具有同样公开性的方式撤销要约,就被认为是有效的。但是,如果有人已经开始采取了要约中提出的行动,要约人就不能自由地撤销要约了 | 英国合同法 |
| 美国 | "如果商人在签名的书面函件中提出出售或买进货物的要约,且函件保证该要约将保持有效,则即使无对价,在要约规定的有效时间内,或如果未规定时间,在合理时间内,要约不可撤销。"(时间不超过 3 个月) | 美国《统一商法典》第 2—205 条 |
| 德国 | 要约原则上对要约人具有约束力。除非要约人在要约中表明不受拘束的词语,否则均要受拘束。如果在要约中规定了有效期限,则在有效期限内不得撤回或更改要约;如果在要约中没有规定有效期限,则依通常情形在可望得到答复以前,不得撤销或更改其要约 | 《德国民法典》第 146 条 |
| 法国 | 如果要约人在要约中指定了承诺期限,要约人也可以在期限届满前把要约撤销,但是必须承担损害赔偿的责任。即使在要约中未规定承诺的期限,但如果根据具体情况或正常的交易习惯,要约应视为在一定期限内等待承诺者,要约人如不适当地撤销要约,也应负担损害赔偿责任 | 判例,引自《国际商法》任荣明等,清华大学出版社 |
| 《80 公约》 | 在合同成立以前,要约可以被撤销,但撤销的通知必须于受要约人发出承诺通知以前送达受要约人。但是下列情况,要约不得撤销:①要约写明承诺期限,或者以其他方式表明要约是不可撤销的;②受要约人有理由信赖该项要约是不可撤销的,而且受要约人已经本着该要约行事 | 《80 公约》第 16 条第 2 款 |

　　通过上表的比较可以看出,除德国外,当代各主要国家都在承认合同可以撤销的同时,对其作了限制。而《联合国国际货物销售合同公约》也在正视了传统英美法系和大陆法系在要约是否可以撤销问题上存在巨大差异的基础上,试图通过公约的规定,协调两个法系之间的差异。该公约的前半部分是对英美法系的妥协,后半部分是对大陆法系的妥协,作了原则上准许撤销,但有限制的情形例外的规定。这种做法为后来的《国际商事合同通则》所借鉴,在其 24 条中有相同的规则,我国合同法在第 18 条和第 19 条中也吸收了该公约的规定,只是将"已基于对该要约的信赖行事"改成了"已经为履行合同作了准备工作"而已。

### 三、承诺生效的时间

关于承诺何时产生法律效力,各国存在较大的差异。大陆法系实行到达生效原则(received the letter of acceptance),《德国民法典》第 1326 条规定,对于相对人以非对话方式所作的意思表示,于意思表示到达相对人时发生效力。英美法系国家则采用投邮生效原则(mailbox rule),承诺一经投寄即生效。对这一问题,《联合国国际货物销售合同公约》采用了大陆法系的做法,其第 18 条规定,承诺于表示同意的通知送达要约人时生效。《国际商事合同通则》第 26 条规定,对一项要约的承诺于意思表示送达受要约人时生效。目前,美国有关国际贸易的判例已采用到达生效的原则。由此可见,承诺到达生效原则已成为国际上通用的法律原则。

我国《合同法》第 26 条也做了类似的规定:承诺通知到达受要约人时生效,承诺不需要通知的,根据交易习惯或者要约的要求作出承诺的行为时生效。

### 四、承诺的撤销与撤回

与要约相同,承诺的撤回是指使未生效的承诺不产生法律效力。对英美法系国家来说,因其采用投邮主义,承诺一经投入邮筒就生效,故其不可能产生承诺的撤回问题;而对大陆法系国家而言,承诺在到达要约人之前是尚未生效的,因而存在着撤回的可能,其前提是撤回通知要先于或与承诺同时到达要约人。

关于承诺的撤销问题,因承诺一经生效,合同即告成立,不可能再由单方面随意撤销。故无论是英美法系,还是大陆法系,均无承诺撤销的概念。

但应当指出的是,在现代电子商务条件下,由于互联网的传输方式与速率的问题,使得无论是要约,还是承诺,在理论上均不可能撤回。为了倾斜性保护电子商务消费者的弱者利益,当今世界各国有关立法出现通过合同约定优先来约定网上要约、承诺能否撤销、撤回的问题,这无疑是突破了传统合同法的界限。

## 第三节　合同的生效

合同的效力指已订立完成的合同的有效性。世界各国法律对合同的有效成立都规定了一定的条件,除了上节提到的合同要约与承诺的过程订立以外,通常还要求具备以下条件,它们统称为合同成立生效的要件。包括:

(1)当事人必须具有相应的缔约能力;

(2)合同的内容必须合法;

(3)合同的形式必须符合法定要求;

(4)当事人的意思表示必须真实;

(5)合同的订立以约定或对价为根据。

合同不具备以上成立要件时,就将使其产生效力的瑕疵。进而,从性质上分,效力有瑕疵的合同分为无效的合同和可撤销的合同。从后果上分,合同的效力瑕疵产生的影响更为复杂。

在实践中,英美法院经常使用无强制执行力(unenforceable)一词,即合同一方不能通过起诉强制另一方履行合同项下的义务来表明合同效力的瑕疵。

## 一、当事人的缔约能力

依世界各国法,当事人订立合同必须具有相应缔约能力,具体包括民事权利能力、民事行为能力。所谓民事权利能力是指当事人享受权利、承担义务的资格;而民事行为能力则是指当事人以自己的名义独立从事民事行为,并对自己的行为独立承担民事责任的能力。两者的差别在哪里呢?很显然,享有资格是具备能力的前提,但享有资格并不意味着当然可以以自己的行为去享受权利和履行义务。在各国法律中,自然人和法人或者其他组织的民事权利能力和民事行为能力是有差异的。

### (一)自然人的缔约能力

我国民法规定,自然人的民事权利能力始于出生,终于死亡,且各自然人自出生起就不分民族、种族、地域、出身、宗教信仰、受教育程度等享有一律平等的民事权利能力。这一点在世界各国立法中基本是共通的,但关于自然人的民事行为能力问题,尤其是未成年人或成年的能力限制人问题,各国立法却有不同的规定。其主要差别如表 4-4 所示。

表 4-4　主要国家立法对未成年人或能力限制人的规定

| 国家 | 能力限制人名称 | 能力限制人范围 | 缔约能力限制 |
|---|---|---|---|
| 德国 | 无民事行为能力人 | ①未满 7 岁的儿童;②处于精神错乱状态,不能自由决定意志,而且按其性质此种状态并非暂时者;③因患精神病被宣告为禁治产者(因精神病或因有酒癖不能处理自己的事务,或因浪费成性有败家之虞者) | 前述人员签约一律无效 |
| | 限制民事行为能力 | 年满 7 岁的未成年人未经其法定代理人的同意所订立的合同 | 须经法定代理人的追认后,才能生效 |
| | | 未成年人的法定代理人经法院的同意,允许未成年人独立经营业务者 | 对在其营业范围所作的一切法律行为有完全的行为能力,他所签订的合同无须取得法定代理人的同意即可生效 |
| 法国 | 无订立合同能力人 | ①未解除亲权的未成年人;②受法律保护的成年人,包括官能衰退者和因挥霍、游手好闲以致陷入贫困者 | 前述人员原则上没有订立合同的能力,订立合同必须取得其监护人或管理人的同意,否则无效 |

| 国家 | 能力限制人名称 | 能力限制人范围 | 缔约能力限制 |
|---|---|---|---|
| 英美 | 无缔约能力人 | 未成年人 | 原则上没有订立合同的能力,但是在其成年之后,可以予以追认或者要求撤销,但属于生活必需品的合同有效 |
| | | 有精神缺陷的人 | 在其被宣告精神错乱以后所订立的合同,一律无效;至于在宣告精神错乱之前所签订的合同,则可要求予以撤销 |
| | | 酗酒人 | 酗酒者订立的合同原则上有强制执行力;但如果酗酒者在订立合同时,由于酗酒而失去行为能力,则可要求撤销合同 |
| 中国 | 无民事行为能力人 | ①不满 10 周岁的未成年人;②完全不能控制或者辨认自己行为的精神病人 | 除纯获利益的民事行为外,一般只能由法定代理人代理进行民事(缔约)活动 |
| | 限制民事行为能力人 | ①10 周岁以上 18 周岁以下的未成年人;②不能完全控制或者辨认自己行为的精神病人 | 可以从事与其年龄、智力相适应的民事(包括缔约)行为。其他民事行为由其法定代理人代理或征得同意 |

　　此外,各国对于成年的完全民事行为能力人(一般为年满 18 周岁,神智健康,无不良禁制产规制)的缔约能力,普遍认为与民事权利能力一样,认为其具有同等无差别的完全缔约能力。

**(二)法人的缔约能力**

　　法人的民事权利能力和民事行为能力的关系不同于自然人在这两者之间的关系。由于法人是法律后天授予的拟制主体,所以法人的民事权利能力和民事行能力一方面同时取得(成立时),同时消灭(终止时);另一方面其均由法人的经营范围决定,所以二者的范围是完全等同的。对于某一个特定的主体而言,其享有怎样的权利能力,也就具备怎样的行为能力。当然对于不同的主体,其权利能力和行为能力也是不等同的。

　　关于经营范围问题各国立法有不同的规定,有的国家严格规定法人无权实施超越经营范围的行为(如早期英国);也有的国家比较宽松,例如澳大利亚法律对于企业的经营范围就没有严格的限制,即使在登记时是艺术品公司也仍然可以从事钢铁贸易等。法国在 1969 年通过颁布第 69—1176 号法令在《商事公司法》第 49 条中增加了如下规定：对于有限责任公司，"在与第三人的关系中，经理拥有在任何情况下以公司的名义进行活动的最广泛的权力，……公司甚至应对经理的不属于公司宗旨范围的行为负责，但公司举证证明第三人已知道或根据当时情况不可能不知道该行为超越了公司宗旨范围的除外。仅公布公司章程不足以构成此种证据。限制经理根据本条所产生的权力的章程条款不得对抗第三人"。

为了促进交易成立，我国一改过去认为合同只要超越了法人的经营范围就应判定为无效的规定，而改为承认合同的一般超范围经营有效。如 1993 年，最高人民法院在《全国经济审判座谈会纪要》中指出："合同约定仅一般违反行政管理性规定的，例如一般地超范围经营、违反经营方式等，而不是违反专营、专卖及法律禁止性规定，合同标的物也不属于限制流通的物品的，可按照有关的行政管理规定进行处理，而不因此确认合同无效。"

## 二、合同的内容合法

契约自由是合同法的一般原则，一直以来为资本主义国家所广为推崇。但在资本主义的发展过程中，人们发现对契约自由原则的过度推崇将会导致社会公共利益的缺失，并最终损害包括合同当事人在内的社会整体利益。为此，各国普遍开始以合同内容合法是契约自由的例外情形，作为对契约自由原则的补充和制约。即在保障当事人契约自由的同时，维护国家或社会的整体利益；若契约自由与社会或国家整体利益发生冲突，那么将牺牲契约自由的原则。两大法系对合同内容合法的要求规定比较如表 4-5 所示。

表 4-5　两大法系对合同内容合法的要求规定比较

| 国家或法系 | 合同内容合法的要求 | 法律后果 |
| --- | --- | --- |
| 英美法系 | ①不违反公共政策<br>②不违反社会公共道德<br>③不违反法律、行政法规的强制性规定 | 违反前述内容要求的合同不能得到法律上的救济，法院通常会拒绝强制执行合同 |
| 大陆法系 | ①合同标的物合法：A. 合同的标的必须能确实给付；B. 合同的标的不能是法律所禁止流通或限制流通的物<br>②不能违反法律的强制性规定<br>③不能违反公序良俗 | 不符合前述条件的合同无效，并且将会承担严厉的法律责任，乃至刑事责任 |

须指出，英美法系中的"公共政策"是个非常灵活、宽泛的概念，在通常情况下，违反公共政策就是指损害公众利益，违背某些成文法所规定的政策或目标，或旨在妨碍公众健康、安全以及一般社会福利的情况。公共政策加上公共道德与大陆法系的公序良俗（社会公共秩序和善良道德风俗的简称）并无多少本质的区别。所以我们可以认为两大法系关于合同内容的要求实际上有着一致的价值取向和精神。而我国合同法在关于合同内容的合法要求上，除了吸收了前述两大法系的共同点之外，更强调合同不得损害国家、集体的利益。如我国《合同法》第 52 条就规定：有下列情形之一的，合同无效。

(1)一方以欺诈、胁迫的手段订立合同,损害国家利益;

(2)恶意串通,损害国家、集体或者第三人利益;

(3)以合法形式掩盖非法目的;

(4)损害社会公共利益;

(5)违反法律、行政法规的强制性规定。

至于上述合同无效的后果,依《合同法》,无效的合同自始没有法律约束力(第56条)。在合同被认定无效之后,当事人因合同取得的财产,应予以返还;不能返还,应当折价补偿;有过错的一方应当赔偿对方因此所受到的损失,双方都有过错的,应当各自承担相应的责任(第58条)。当事人恶意串通,损害国家、集体或者第三人利益的,因此取得的财产收归国家所有或者返还集体、第三人。

### 三、合同的形式合法

合同的形式,是合同当事人合意的表现形式,是合同内容的载体和外部表现形式。在古罗马法和其他早期的法律中,只有遵行特定的形式合同才有效。如马克思在《资本论》第一卷第三章"货币或商品流通"的注释中谈到:"野蛮人和半野蛮人以另外的方式使用舌头。例如帕里船长在谈到巴芬湾西岸居民的情况时说:'在这种场合下(在交换产品时)……他们用舌头舔它(要换给他们的物品)两次,这才表示交易已经顺利完成。'"

当今,根据各国法律的规定,合同可以分为要式合同与不要式合同。要式合同是指必须根据法定的形式订立的合同,不要式合同是指不要求根据法定的形式而订立的合同。为了促进合同的成立,追求交易的简便迅速,在合同形式问题上,各国法律大多采取"不要式主义"。但是为了保障社会交易的安全,对某些合同要求必须按照法律规定的形式订立,即采取"要式主义"原则。但即使同是采用"要式主义"原则,各国关于合同形式的要式性的意义规定也有所差别。一个是以此作为合同生效的要件,另一个是以此作为证明合同存在的证据。前者合同应按照法律规定的形式订立,否则合同无效;后者法律虽然对于合同有书面等特别形式要求,但是,如果当事人没有采用书面等特别形式,并不是说合同是无效的,只是当事人丧失了证明其之间的合同已经成立的一个有力证据。当事人仍然可以采用其他书面形式来证明合同关系的成立。具体比较如表4-6所示。

在1999年我国新《合同法》实施以前,为避免合同纠纷出现举证困难的情况,我国原则上不认可口头合同的效力,《经济合同法》规定除"即时清洁"的合同外,必须采用书面形式。新《合同法》从促进合同成立与世界接轨的角度,接受了以不要式为原则,要式为例外的合同形式立法模式。这表现在《合同法》第10条:"当事人订立合同,有书面形式、口头形式和其他形式。法律、行政法规规定采用书面形式的,应当采用书面形式。当事人约定采用书面形式的,应当采用书面形式。"实践中,依据我国其他法律的有关规定,我国对于转移不动产、国际贸易、担保、保险合同等都规定应当采用书面形式。但同时,为促进合同成立,我们又规定了书面合同形式例外情况。表现在我国《合同法》第36条的规定:"法律、行政法规规定或者当事人约定采用书面形式订立合同,当事人未采用书面形式但一方已经履行主要义务,对方接受的,该合同成立。"

表4-6　英美两国合同形式比较

| 国家 | 合同形式的立法原则 | 要式适用范围 | 法律意义 |
|---|---|---|---|
| 英国 | 把合同分为签字蜡封合同和简式合同<br>①签字蜡封合同是一种要式合同，合同的订立无须对价，但是需要有符合法律规定的特别形式 | 没有对价的合同；转让地产或地产权益的合同，包括租赁土地超过三年的合同；转让船舶的合同（这些合同必须以书面方式作成，且需双方当事人签署并加盖印戳〈现代加注"Seal"或"L.S"〉，然后将合同互相交付给对方） | 不具备前述形式要求的合同无效 |
| | ②简式合同一般是非要式合同，口头/书面均可特例下列必须采用书面形式：<br>A.作为合同有效成立的条件 | A.汇票与本票；海上保险合同；债务承认；卖方继续保持占有的动产权益转让合同 | 不采用书面形式合同无效 |
| | B.作为证据上的要求 | B.保证合同；有关土地买卖或处分土地权益的合同；金钱借贷合同 | 不采用书面形式，合同并非无效，而只是不能以口头证据来证明合同的存在及其内容，因而不能强制执行，如果双方当事人自愿执行，则合同仍属有效 |
| 美国 | 书面形式作为合同证据 | 不动产买卖合同；从订约时起不能在一年内履行的合同；为他人担保债务的合同；价金超过500美元的货物买卖合同 | 不具备书面形式无强制执行力，但对于已经履行的部分有强制力 |

## 四、当事人的意思表示

合同是当事人之间的意思表示达成一致的产物，而当事人能自由、准确、不受干涉地表达自己的意思，是契约自由的一个基本要求。导致意思表示不真实的原因有多种，如对合同性质的误解或者因为表达错误，致使表达的意思与其真实意愿产生较大的误差；或者受到外来力量的影响，当事人进行的不符合自身真实意思的表达。各国法均规定这些意思表示的瑕疵将影响到合同的效力。具体包括：

**（一）错误**

错误是指合同当事人对有关事实情况的误解，或指合同当事人对于构成他们之间交易基础的事实在认识上发生的不一致性。各国对于错误的法律规定不尽相同，表现如表4-7所示。

根据我国《合同法》的规定,行为人对行为内容有重大误解的,一方有权请求人民法院或者仲裁机关予以变更或者撤销。而所谓重大误解是指对于包括对行为的性质,对方当事人,标的物品种、质量、规格和数量等的错误认识,使行为的后果与自己的真实意思相悖,并造成较大损失。对于合同中其他事项或条款的误解一般不能被认定为重大误解。重大误解合同的法律后果为当事人可以请求人民法院变更或撤销该合同。

**表 4-7 部分国家对于错误的法律规定的比较**

| 国家 | 法律规定 | 两大法系特点 |
|------|----------|--------------|
| 法国 | 《法国民法典》1110 条:错误,仅在涉及契约标的物的本质时,始构成无效的原因。合同标的物的本质含义是:"物的实质性品质;没有它,当事人就不会订立合同。"(包括对缔约对象的考虑成为合同订立的主要原因时〈法国法依主观性标准确定错误的本质性〉) | 大陆法系的错误均要求有本质性或实质性。对错误的认定存在主观(如法国)和客观(如德国)标准,后果是导致合同无效(法国法)或撤销合同(德国法) |
| 德国 | 《德国民法典》119 条:在进行意思表示时,对意思表示的内容发生错误或根本不要进行该内容的表示的人,在可以认为其知悉情事并理智评价情况即不进行此表示时,可以撤销表示。关于人或物的性质的错误,以性质在交易上具有实质性为限,也视为表示内容的错误。但要构成法律上的错误须具备下列条件之一:①对意思表示内容的错误(如交易上认为重要者,视为意思表示内容的错误,〈德国法采用客观标准〉);②对于意思表示形式的错误 | |
| 意大利 | 《意大利民法典》因错误、被胁迫或被欺诈而同意缔结的当事人,得主张契约的撤销。但该错误应当是本质性的并应当可以为缔约另一方识别。这些本质性错误包括:①涉及标的物性质或标的物时;②标的物种类、质量认定方面的错误;③对缔约当事人认定的错误;④缔约目的的错误 | |
| 英国 | 英国法普通法认为:订约当事人一方的错误原则上不能影响合同的有效性。只有当该项错误导致当事人之间根本没有达成真正的协议或者虽已达成协议,但双方当事人在合同的某些重大问题上都存在同样的错误时,才能使合同无效。衡平法认为:除前述情况外,错误只会导致一方撤销合同。<br>英国法认可的导致合同无效的情况包括:①在合同性质上发生错误;②在认定当事人时发生错误(须当事人是订立合同的要素,且对方也明知有此误会);③在认定合同标的物时,当事人双方都存在着错误;④在合同标的物存在与否或在合同的重大问题上,双方当事人发生共同的错误;⑤诺言一方知道对方有所误会,并加以利用,对方当事人可以主张合同无效 | 英美法系的错误认定标准较为严格,均强调单方面的错误原则上不能主张无效。只有双方的共同错误或错误使得合同没有根本成立时才能使合同无效(普通法)或可撤销(衡平法) |
| 美国 | 单方面的错误原则上不能要求撤销合同或主张撤销。双方当事人彼此都有错误时,也仅在该项错误涉及合同的重要条款,如认定合同当事人或合同标的物的存在、性质、数量或有关交易的其他重大事项时,方可主张合同无效或要求撤销合同 | |

### (二)受诈欺

也称欺诈,是指一方当事人故意实施某种欺骗他人的行为,并使他人陷入错误而订立合同。各国法律都认为,凡因受诈欺而订立合同时,蒙受欺骗的一方可撤销合同或主张合同无效。各国法律的相关规定如表4-8所示。

**表4-8　部分国家对诈欺的相关法律规定**

| 国家 | 有关诈欺的规定 | 法律后果 |
|---|---|---|
| 法国 | 《法国民法典》第1116条规定:①在当事人一方实施"欺诈手段"(manoeuvres)时,如果没有这种手段的实施另一方显然不会签订合同,欺诈构成合同无效的原因。②"诈欺不得推定,而应加以证明"(故除非被表示方能够证明表示方有实施欺诈的动机,否则,该方无权依第1116条提起欺诈之诉) | 合同无效 |
| 德国 | 《德国民法典》第123条规定:因欺诈而被诱使为意思表示的人,可以撤销表示 | 合同可撤销 |
| 英国 | 按英国法不正确说明,按表意人的过错程度分类,分为①欺骗性的(fraudulent)不正确说明、②过失的(negligent)不正确说明和③无过错的(innocent)不正确说明,而诈欺就属于"欺骗性不正确说明"。<br>对③而言,受欺骗方可以撤销合同,但法官有自由裁量权宣布维持合同并裁定以损害赔偿代替撤销合同,受骗方无权主动要求损害赔偿。<br>对②来说,受欺骗方有权请求损害赔偿,并可撤销合同。法官有自由裁量权宣布维持合同并裁定以损害赔偿代替撤销合同。<br>对①而言,受欺骗方可请求损害赔偿,并可撤销合同或拒绝履行其合同义务 | "欺骗性不正确说明"受欺骗方:请求损害赔偿+撤销合同/拒绝履行其合同义务 |
| 美国 | 美国法院的判例表明,以不正确说明(欺诈)起诉说明人的前提是:<br>①被告对事实作了虚假的说明;<br>②原告基于对该陈述的信赖采取了行动;<br>③此种虚假说明使原告蒙受了损害。<br>当一方通过欺骗另一方而订立合同时,双方之间没有真正的合意存在,因此,受到欺骗的一方可以撤销合同。 | 撤销合同 |
| 《通则》 | 《通则》第38条规定:"一方有权撤销合同,如果合同的订立是另一方欺诈性的表示所导致,包括语言、行为和欺诈性地不披露情况,而根据有关公平交易的合理商业标准,后者本应披露该情况。" | 撤销合同 |

至于仅对某种事实保持沉默是否足以构成诈欺的问题,德国判例认为,只有当一方负有对某事实提出说明的义务时,不作这种说明才构成诈欺,而当事人是否具有说明义务应依据合同的性质来定。如:买卖合同中,当事人有说明合同标的物品质的义务,必须披露与其货物品质相关的信息,如明知披露实情后买方将不会订约而保持沉默,构成诈欺。但在同一合同中,卖方却没有披露货物市场价格的义务,此时的沉默不构成诈欺。

英国普通法认为,单纯沉默原则上不能构成不正确说明。因为一般而言,合同当事人没有义务把各项事实向对方披露,即使他知道对方忽略了某种重要事实,或他认为对方可能有某种误会,他也没有义务向对方说明。但是在以下情况下,英国法也认为当事人负有披露实情的义务:

(1)如果在磋商交易中,一方当事人对某种事实所做的说明原来是真实的,但后来在签订合同之前发现此项事实已经发生变化,变得不真实了,在这种情况下,即使对方没有提出询问,该当事人也有义务向对方改正其先前作出的说明。

(2)凡属诚信合同,如保险合同、公司分派股票的合同、处理家庭财产的合同等,由于往往只有一方当事人了解全部事实真相,所以,该当事人有义务向对方披露真情,否则即构成不正确说明。

结合国际上关于诈欺合同的效力认定经验,我国《合同法》第 54 条规定:"一方实施欺诈,使对方在违背真实意思的情况下订立合同的,受损害方有权请求人民法院或仲裁机构变更或撤销合同。"第 52 条规定:"一方以欺诈、胁迫的手段订立合同,损害国家利益的合同无效。"第 42 条规定:"一方故意隐瞒与订立合同有关的重要事实或者提供虚假情况,给另一方造成损失的,应当承担损害赔偿责任。"

### (三)受胁迫

胁迫是指当事人一方以暴力、暴力威胁或其他手段使对方当事人产生恐惧并因此而订立合同的行为,这里的其他手段包括货物胁迫和经济胁迫等(所谓货物胁迫,是指如果卖方为索要更多的货款而扣留货物,买方为得到货物而多付了钱,买方有权在卖方交货之后再把多付的钱要回来。这种制度为后来更加开放的经济胁迫的理论和实践的发展奠定了基础)。各国法都认为,凡在胁迫之下订立的合同,受胁迫方可以主张合同无效或撤销合同,其具体规定或作法如表 4-9 所示。

表 4-9 部分国家对胁迫的相关法律规定

| 国家 | 有关胁迫的法律规定 | 法律后果 |
|---|---|---|
| 法国 | 《法国民法典》1112 条规定:如行为的性质足以使正常人产生印象并使其担心自己的身体或财产面临重大且现实的危害者,即为胁迫。在这方面,应考虑到受胁迫人的年龄、性别及个人情况。<br>第 1111 条规定:对订立契约承担义务的人进行胁迫构成无效的原因,即使胁迫由为其利益订立契约的人以外的第三人所为时,亦同。对父母或其他直系亲属仅心怀敬畏,而未进行胁迫时,不足以撤销契约 | 合同无效 |
| 德国 | 《德国民法典》①因被胁迫而为意思表示者,表意人得撤销其意思表示。<br>②但如果法律行为系乘他人穷困、无经验、缺乏判断能力或意志薄弱,使其对自己或第三人的给付作出财产上的利益的约定或担保,而此种财产上的利益与给付,显然为不相称时,该法律行为无效。<br>③如果胁迫是第三人所为,即使合同的相对人不知情,受胁迫的一方也有权撤销合同 | ①③合同可撤销<br>②合同无效 |

| 国家 | 有关胁迫的法律规定 | 法律后果 |
|---|---|---|
| 英美 | ①英美普通法认为,胁迫是指对人身施加威吓或施加暴力或监禁。英美衡平法中还有"不正当影响"(undue influence)的概念。不正当影响主要适用于滥用特殊关系以订立合同为手段从中谋取利益的场合(医生与病人、教师与学生),他们之间订立的合同,如果有不正当的地方,即可推定为有"不正当影响",蒙受不利的一方可以请求撤销合同。<br>②胁迫的对象不仅包括缔约当事人本人,也包括该当事人的丈夫、妻子或近亲,如果对后者施加胁迫,迫使当事人不得不同意订立合同,也构成胁迫,当事人可以撤销合同。<br>③以揭发对方的犯罪行为进行要挟,也构成胁迫,但如以对对方提起民事诉讼为要挟,则一般不能认定为胁迫 | 合同可撤销 |
| 《通则》 | 《通则》第 39 条规定:在以下情况下,一方可以撤销合同,合同的订立是另一方不正当的威胁所致,这种威胁在当时的情况下如此地急迫和严重,致使前者没有合理的选择余地。特别是,当某一对被威胁方进行的威胁行为或不行为本身是不法的,或者,将该威胁作为达到订立合同的目的的手段是不法的时候,该威胁就是不正当的。 | 合同可撤销 |

　　结合国际上关于诈欺合同的效力认定经验,我国《合同法》第 52 条、第 54 条规定:一方以欺诈、胁迫的手段订立合同,损害国家利益的合同无效。一方以欺诈、胁迫的手段或者乘人之危,使对方在违背真实意思的情况下订立的合同,受损害方有权请求人民法院或者仲裁机构变更或者撤销合同。

## 五、对价与约因

　　西方许多国家法律要求,一项在法律上有效的合同,除了具备前述各条件外,还应具备另一项要素。这个要素英美法称之为"对价",法国法称之为"约因",并以其作为判断合同有无效力、诉权或有无强制力的根本性标志。以下将分别对其作以介绍

　　**(一)英美法上的"对价"**

　　对价一词,从英文的 Consideration 翻译而来。为了理解方便,我们可以把对价简单地定义为诺言的回报,或诺言的代价。如:甲对乙说:"如果你能出 1 000 美元,我就把这辆摩托车卖给你。"此时若乙①回答说:"我同意,成交。"或②没说话,但给甲支付了 1 000 美元现金或开给甲一张 1 000 美元的支票。两者均可构成对价。

　　根据 1875 年英国高等法院在 Currie 诉 Misa 案判决中:对"对价"所下的定义,"指合同一方(在作出诺言时)在他方得到的某种权利、利益、利润或好处,或是他方当事人克制自己不行使某项权利或承担某项义务"。简单地讲,对价就是对诺言的回报或诺言的代价。

　　在前述合同形式中我们曾提过,英美法系普通法将合同分为两类:一类是签字蜡封的合同;一类是简式合同,简式合同包括口头合同和非以签字蜡封形式做成的书面合同。简式合同必须有对价,否则合同就没有约束力。所以对价在合同法中是个非常重要的概念。

英美法官在审判实践中经常用"充分的"（sufficient）或"完好的"（good）描述对价是以使诺言产生约束力或强制执行力的依据。一般而言，这样的对价须符合如下条件：

1. 对价必须是合法的

凡以法律所禁止的东西作为对价的合同都是无效的，如贩毒、贩奴。

2. 对价须发生于诺言作出的同时或之后

对价按其作出的时间可以分为待履行的对价（指双方当事人诺言在将来履行的对价），已履行的对价（指当事人中的一方以其作为要约或承诺的行为，表明自己已付出了对价，并以此换取对方的对价），过去的对价（指一方在对方作出诺言之前已经全部履行完毕的对价）。

作为英美法的一项原则，过去的对价不能使诺言得到强制执行，因为过去的对价是在对方作出诺言之前就已经完成的，并不是以此来换取对方的诺言之用的。如：乙在甲没有提出请求的情况下主动为甲提供了某种服务，从而使甲获得了利益；甲出于感激，许诺向乙支付一定的报酬。在这种情况下，该诺言就属于过去的对价，其不能通过诉讼得到强制执行。

3. 对价与诺言互为诱因

依英美法，对价与诺言互为交易对象，诺言人为得到对价而作出诺言，受诺人为得到诺言而提供对价，故两者互为诱因。若诺言人作出诺言不是为了谋取对价（如因多年的捐资助学热心公益而被评为助学爱心大使），对价人所给付对价也不是为了得到诺言的好处（如未见到悬赏合同而归还遗失物），均不构成有效地对价。

4. 对价必须具有某种价值，但不要求充足

依英国法，只有当法律确认，一种行为、不行为或诺言具有某些经济价值时，才能构成对价。英国法院早在 1600 年就判决说：人类的自然情爱本身不能成为"充分"的对价。但对价并不要求充足，英美法上有一句著名的格言：一分钱或一粒胡椒子也可以作为对价。其意指，诺言的价值与对价的价值相差悬殊，并不能成为否认诺言已有对价的理由。

已经存在的义务或法律上的义务不能作为对价。

5. 已经存在的义务或法律上的义务不能作为对价

某公司的保险柜被盗，其对警方表示，如果谁将失窃的 100 万元现金追回，将给予 10 万元人民币的奖励。后来警方在行动中，由一位警官成功追回了现金，此时依英美法其无权要求该奖金，因为破案及追回赃款、赃物是警方及其工作人员的法定义务，不能作为合同的对价。

6. 对价原则的限制与例外："蜡字签封"合同与"不得自食其言"（promissory estoppel）原则

依英国法，蜡字签封的诺言不需对价。而美国《第一次合同法重述》中指出：诺言不得反言（特定情况下）：如果诺言人①应合理地预期其诺言会诱使受诺人行为或不行为；②该行为或不行为是确定和实质性的；③同时该诺言事实上导致了此种行为或不行为；④强制执行该诺言才能避免不公正的情况。此时，该诺言有约束力。

须指出：伴随社会经济的进一步发展，及对社会弱势群体及利益的保护力度加强，对价制度出现了一些变革的趋势。表现在美国：事后的诺言"基于对诺言人过去从受诺人收到的利益的确认而作出的许诺，在为了防止不公正而在于必要的程度上是有约束力的"（《第二次合同法重述》）。在英国：一个成年人作出的同意偿还他未成年时欠的债的诺言是可以强制执行的。

**（二）法国法上的"约因"**

在法国法中和对价相适应的法律概念是约因。《法国民法典》第 1131 条规定："无原因的

债、基于错误原因或不法原因的债,不发生任何效力。"法国的传统理论认为,原因是法律行为人所追求的近前的、直接的目的(immediate and direct end)。约因不同于动机(motives),某个具体的行为可能产生于很多动机,但是其目的只有一个。比如甲和乙签订一份汽车买卖合同,其购车的目的肯定就是得到汽车并进行再处置,但是其动机可能是为了商业转售,也可能是为了自用,甚至是为了行贿。

约因的应用价值在于以下三方面:

1. 无约因的合同无效

依法国法,其包含两层意思。①标的物不存在或实际上无价值的合同无效;②标的价值过低的合同不生效。如不动产的买方许诺以其土地或房屋的终生租金作为不动产的代价,其不出租该财产,就会使卖方一无所有,法国法院据此判断为合同因无约因而无效。

2. 约因不法的合同无效

法国 1873 年一个判决的案件中,被告与原告签订了一个由原告代被告服兵役的合同,但后来,被告知道自己实际上无义务服兵役,于是拒约向原告支付许诺的钱。法院判决,被告的义务没有约因,不必付钱。

3. 约因不法的合同无效

1981 年法国最高法院审理了一个案件:一方向另一方承租了一处位于商业中心的房产用于买卖水果,且享有排他权,并另支付了排他费。此后,根据新法律,出租方无法让承租方实现这种权益,合同被判定约因违法而无效。

**(三)德国法上的相关规定**

在德国法中,没有与对价制度相类似的制度,合同的成立也不以原因的存在为条件。根据《德国民法典》第 812 条,"无法律上的原因而受领他人的给付,或以其他方式由他人负担费用而受到利益者,有返还所受利益的义务"。虽然这是关于不当得利的规定,而不是关于合同成立要件的规定。但从这里可以看出,德国法与英美法和法国法的相似之处在于:不轻易让无偿的诺言发生法律上的强制力。

**(四)我国法上的有关规定**

在我国现行《民法通则》和《合同法》中都没有提到对价或者约因这个词,但是《中华人民共和国票据法》中引进了对价概念。《中华人民共和国票据法》第 10 条第 2 款规定:"票据的取得,必须给付对价,即应当给付票据双方当事人认可的相对应的代价。"第 11 条第 1 款规定:"因税收、继承、赠与可以依法无偿取得票据的,不受给付对价的限制。但是,所享有的票据权利不得优于其前手的权利。"且我国《民法通则》第 4 条:民事活动应当遵循有偿原则。同时规定了不当得利返还的制度;我国《合同法》上规定了非公益性赠予合同可在实施财产转移前撤销的规定(表明无原因赠予合同原则上不具有强制执行的效力)均表明对价在中国商事法律中不仅作为一个概念被引入,而且已经事实上具备了与英美法的对价、大陆法的约因相类似的法律含义。

# 第四节 合同的履行

合同的履行是指合同当事人按约定履行其义务,以实现他方合同权利的过程。当事人签订合同的目的就是希望通过合同的履行去享受合同的权利与承担合同的义务。而合法有效的合同只有得到履行之后才能使合同当事人订立合同的目的得到实现,也才能对社会产生积极的影响。

# 一、合同履行的原则

## (一)全面履行原则

全面履行原则,是指合同当事人应按照合同约定,实际、全面、适当地履行合同义务。该原则应包含实际履行(指本人依约亲自履行)、全面履行(完全按合同约定的质量/数量/价格/交货条件、方式、期限等去履行合同义务)与适当履行(有利于交易目的的实现)三方面的含义。该原则为世界各国法律所普遍承认。大陆法认为,需对履行合同义务的全面性、适当性加以约定,即使某些事项合同条款未必载明,当事人也应适当履行。英美法认为,当事人必须全面履行合同中的"条件"(condition)条款和"担保"(warranty)条款。我国《合同法》规定,当事人应当按照约定全面履行自己的义务。

## (二)诚实信用履行原则

诚实信用履行原则,是指合同当事人在履行合同过程中应当诚实,向对方提供真实的客观信息,同时为对方提供必要的协助,讲究信用,不违背承诺。诚实信用原则作为西方社会的帝王原则体现在各国法律中。《德国民法典》第 242 条规定:"债务人应依诚实和信用,并参照交易上的习惯,履行给付。"《美国统一商法典》第一章第 203 条规定:"本法范围内的任何合同或义务都使当事人承担了履行或执行该合同或义务的过程中善意行事的义务。"第二章第 103 条规定:"涉及商人时,善意是指事实上的诚实和遵守该行业中有关公平交易的合理商业准则。"我国《合同法》也在第 60 条规定:"当事人应当遵循诚实信用原则,根据合同的性质、目的和交易习惯履行通知、协助、保密等义务。"

## (三)促进交易履行原则

早在罗马法时期,就创立了一项基本合同规则:与其使合同无效,不如使它有效。其目的在于促进交易。今天,为市场经济的发展更需要本原则。我国《合同法》多处体现了这一原则。如第 36 条:"法律、行政法规规定或者当事人约定采用书面形式订立合同,当事人未采用书面形式但一方已经履行主要义务,对方接受的,该合同成立。"

# 二、合同履行中的抗辩权

合同一经签订生效,当事人就应严格按合同的约定去履行。但在合同履行过程中,若一方当事人有法律的依据,并根据事实和理由,不履行或拒绝履行合同的义务,以对抗对方要求或否认对方要求的权利,这就是各国法律所规定的合同履行抗辩权。根据享有并行使抗辩权所依据的理由,抗辩权主要分为:同时履行抗辩权、先履行抗辩权和不安抗辩权三种。

## (一)同时履行抗辩权

同时履行抗辩权是指合同双方互负权利、义务,且无履行的先后顺序,一方当事人,在对方未履行根据合同应当履行的义务时,有权拒绝履行自己承担的义务。大陆法系国家普遍有对于合同履行中的同时履行抗辩权的规定,具体如表 4-10 所示。

表 4 - 10　部分国家对同时履行抗辩权的相关法律规定

| 国家 | 有关同时履行抗辩权的法律规定 | 出处 |
|---|---|---|
| 德国 | ①因双方契约而负担债务者,在他方当事人未为对待给付之前,拒绝自己有先为给付的义务,但自己有先为给付的义务者,不在此限。②应向数人为给付者,在未为全部对待给付之前,对于对方各个当事人应受领的给付部分得拒绝履行。③他方当事人为部分给付,依其情形,特别是因迟延部分无足轻重时,当事人一方如拒绝为对待给付有违背诚实信用原则者,即不得拒绝给付 | 《德国民法典》320 条 |
| 意大利 | 在附有对应给付的契约中,缔约的任何一方在他方不履行或者不同时履行义务的情况下,得拒绝履行其义务,但是当事人确定不同履行期间或者依契约性质有不同履行期间的情况除外。然而在拒绝履行将违背诚实信用原则的情况下,不得拒绝履行。 | 《意大利民法典》1460 条 |
| 《通则》 | 如双方当事人能够同时履行,则双方当事人应同时履行其合同义务,除非情况另有表示。当事人各方应同时履行合同义务的,任何一方当事人可在另一方当事人提供履行前拒绝履行。 | 《通则》6.1.3 条第 1 款 |

与世界各国的合同履行立法同步,同时履行抗辩权在我国《合同法》中也有所规定。我国《合同法》第 66 条规定:当事人互负债务,没有先后履行顺序的,应当同时履行。一方在对方履行之前有权拒绝其履行要求。一方在对方履行债务不符合合同约定时,有权拒绝其相应的履行要求。

**（二）先履行抗辩权**

又称为顺序履行抗辩权,是指当事人的合同义务根据合同约定有先后履行顺序,在按约定负有先履行义务的一方当事人在未履行之前,后履行一方有权拒绝其履行要求;先履行一方债务不符合约定的,后履行一方有权拒绝其相应的履行请求的权利。英美国家及《国际商事合同通则》对于合同履行中有先履行抗辩权的规定。具体规定如表 4 - 11 所示。

表 4 - 11　英美国家及《通则》对先履行抗辩权的相关法律规定

| 国家 | 有关先履行抗辩权的法律规定 | 出处 |
|---|---|---|
| 英美 | 如果合同当事人履行合同义务有先后顺序,先履行义务一方没有履约,另一方可依违约责任的规定,追究未先履行义务一方的违约责任。 | 英美判例 |
| 《通则》 | 凡当事人各方应相继履行合同义务的,后履行的一方当事人可在应先履行的一方当事人完成履行之前拒绝履行。 | 《通则》6.1.3 条第 2 款 |

我国《合同法》在第 67 条规定了先履行抗辩权制度。其规定:"当事人互负债务,有先后履行顺序,先履行一方未履行的,后履行一方有权拒绝其履行要求。先履行一方履行债务不符合约定的,后履行一方有权拒绝其相应的履行要求。"

**（三）不安抗辩权**

不安抗辩权是指在双务合同中,应当先履行债务的当事人有确切证据证明对方有丧失或可能丧失履行能力的情形时,采取相应的防卫性措施,中止履行自己债务的权力。不安抗辩权制度是大陆法系的一项传统制度,而英美法系与之相似的规定被称为预期违约制度。各国对不安抗辩权的具体法律规定如表4-12所示。

**表4-12 部分国家对不安抗辩权的相关法律规定**

| 国家 | 相关法律规定 | 出处 |
|---|---|---|
| 法国 | 即使出卖人同意延期支付价金,但如买卖成立以后,买受人破产或者无支付能力,使出卖人面临丧失价金之危险时,出卖人亦不再负交付标的物之义务,但如买受人提供到期支付价金的担保不在此限 | 《法国民法典》1613条 |
| 德国 | 因双务契约负担债务并应向他方先为给付者,如他方的财产于订约后明显减少,难为对待给付时,在他方未为对待给付或者提出担保之前,得拒绝自己的给付 | 《德国民法典》321条 |
| 意大利 | 如果相对方的资产状况发生变化,使应获得的对待面临明显的危险,则任何一方得暂停其应当进行的给付 | 《意大利民法典》1461条 |
| 英国 | ①在一方当事人明确表示他将不履行该合同的情况下,允许受害方缔结其他合同关系是合理的;②在合同履行期届满前,一方完全拒绝履约,并不等于违约,但是另一方可以解除合同,立即取得诉权;③默示毁约亦构成预期违约规则 | ①1853年霍切斯手诉陶尔案 ②1886年约翰诉米林案 ③1894年辛格夫人诉辛格案 |
| 美国 | ①如果任何一方表示拒不履行尚未到期的合同义务,且这种明示预期违约行为于另一方而言会发生重大合同义务,且这种明示预期违约行为对于另一方而言会发生重大合同价值损害,受害方则可以:a.等待明示预期违约方履行合同;或b.依法请求任何违约救济;并且c.在上述任何一种情况下,均可停止自己对合同的履行,或根据本篇第2704条关于卖方权利的规定,将货物特定于合同项下或对半成品货物做救助处理。②买卖合同双方都负有不辜负对方要求自己正常履约的期望的义务,当任何一方有合理理由认为对方不能正常履约时,他可以书面形式要求对方提供正常履约的充分保证,且在他收到这种保证之前,可以暂时中止与他尚未得到约定给付相对应的那部分义务,只要这种中止在商业上合理 | ①《美国统一商法典》2-610条 ②《美国统一商法典》2-609条 |
| 《通则》 | 一方当事人如果有理由相信另一方当事人将根本不履行,可要求对如约履行提供充分保证,并可同时拒绝履行其自己的合同义务。若在合理时间内不能得到这种保证,则要求提供保证的一方当事人可中止合同 | 《通则》73条 |

我国的《合同法》借鉴两大法系相关制度的长处并借助立法技术,通过法律制度的移植与改造将两者有机地结合在一起,制定了符合我国国情的不安抗辩权制度。我国《合同法》第68条规定:"应当先履行债务的当事人,有确切证据证明对方有下列情形之一的,可以中止履行:

①经营状况严重恶化;②转移财产、抽逃资金,以逃避债务;③丧失商业信誉;④有丧失或者可能丧失履行债务能力的其他情形。当事人没有确切证据中止履行的,应当承担违约责任。"第69条进一步规定:"当事人按照本法第68条的规定中止履行的,应当立即通知对方。对方提供适当担保时,应当恢复履行。中止履行后,对方在合理期限内未恢复履行能力并且未能提供适当担保的,中止履行的一方可以解除合同。"

# 第五节　合同的违约、救济与消灭

## 一、合同的违约(*breach of contract*)

### (一)违约的形式

违约,即违反合同约定,是指合同当事人由于某种原因没有履行或者没有完全履行合同义务的行为。因合同一方的违约,必然导致对方当事人订立合同的目的无法实现,乃至造成各种损失。而关于违约行为的表现分类上,两大法系规定却有所不同。具体分类及规定如表4-13所示。

表4-13　两大法系及国际上对违约的分类及规定

| 国家 | | 违约分类 | 法律规定 | 后果 |
|---|---|---|---|---|
| 大陆法系 | 德国 | ①给付不能 | 指因为合同不可能履行而不去履行。其又分成自始不能和嗣后不能。<br>A.自始不能:"凡是以不可能履行的东西为合同的标的者,该合同无效。"<br>B.嗣后不能:"在债务关系发生后,非因债务人的过失而引起给付不能者,债务人得免除给付的义务。""因债务人的过失而以引起给付不能者,债务人应对债权人赔偿因不履行所产生的损害。""双方合同的当事人,因不可归责于双方当事人的事由,致使自己不能履行应当履行的给付者,双方均可免除其义务。" | 自始不能,合同无效;嗣后不能,免除义务;过错引起的给付不能过错人赔偿损失 |
| | | ②给付迟延 | 指债务已经届履行期限,且是可能履行的,但债务人却没有按期履行其合同义务,而是在履行期届至后的一段时间内才履行。凡在履行期届满后,经债权人催告仍不为给付者,债务人自受催告时起应负迟延责任。但是,非由于债务人的过失而未为给付者,债务人不负迟延责任 | 催告后承担迟延责任;自己无过错不负责 |
| | 法国 | ①不履行债务<br>②迟延履行 | A.债务人对于其不履行债务或迟延履行债务,应负损害赔偿责任。<br>B.以不可能履行的事项为标的者,合同无效。但如果债务人在订立合同时已经知道或应该知道他所做的诺言是不可能履行的,债权人得以侵权行为为由请求损害赔偿。<br>C.双务合同,如果一方当事人不履行其合同义务,对方有权选择要求履行合同或要求解除合同加损害赔偿 | 不履行/迟延履行,损害赔偿;履行不能,合同无效;守约方对不履行有选择权 |

续表 4 – 13

| 国家 | 违约分类 | 法律规定 | 后果 |
|---|---|---|---|
| 英美法系 | 英国 | ①违反条件 | 指一方当事人违反了合同的主要条款(条件)。在违反条件的情况下,对方有权解除合同,并要求赔偿损失。条件一般包括:履约的时间、货物的品质及数量等项条款 | 选择:A.解除合同＋赔偿损失;B.要求继续履行＋赔偿损失 |
| | | ②违反担保 | 指违反合同的次要条款或附随条款(担保)。在违反担保的情况下,蒙受损害的一方不能解除合同,而只能向违约的一方请求损害赔偿<br>依法守约方在对方违反条件时,可选择按违反担保处理 | 要求继续履行＋赔偿损失 |
| | 美国 | ①轻微违约 | 指债务人在履约中尽管存在一些缺点,但债权人已经从中得到该项交易的主要利益。一方轻微违约,受损害的一方可以要求赔偿损失,但不能拒绝履行自己的合同义务 | 要求赔偿损失 |
| | | ②重大违约 | 指由于债务人没有履行合同或履行合同有缺陷,致使债权人得到该项交易的主要利益的期望落空。一方重大违约的情况下,受损害的一方可以解除合同,即解除自己对待履行的义务,同时可以要求损害方赔偿全部损失 | 解除合同＋解除自身对待义务＋要求赔偿全部损失 |
| | 共同 | ③预期违约 | 是指一方当事人在合同规定的履行期限到来之前,即以文字、言辞或行动明确表示他届时将不履行合同。<br>一方预期违约时,对方可以解除自己的合同义务,并可立即要求给予损害赔偿,而不必等到合同规定的履行期来临 | 解除合同＋要求赔偿损失 |
| | | ④履行不可能 | 分成订立时不能和订立后不能。A.订立时不能(如订约时标的物已灭失),合同无效;B.订约后不能,原则上并不因此而免除诺言人的履行义务,即使这种意外事故不是由于诺言人的过失造成的,诺言人原则上仍须负损害赔偿的责任 | 订约时不能,合同无效;订约后不能,诺言人赔偿损失 |

续表 4 - 13

| | 国家 | 违约分类 | 法律规定 | 后果 |
|---|---|---|---|---|
| 国际 | 《80公约》 | ①根本违约 | 一方当事人违反合同的结果,如使另一方当事人蒙受损害,以至于实际上剥夺了他根据合同有权期待得到的东西,即为根本违反合同……。一方根本违约,另一方可解除合同并要求损害赔偿 | 解除合同＋要求损害赔偿 |
| | | ②非根本违约 | 未达到前述根本违反合同的严重程度的属于非根本违约。不符构成根本违反合同时,买方可以采取以下救济办法:买方可以要求卖方交付替代的货物,给宽限期促其履行;当卖方仍不履行,买方可以撤销合同,任何情况下买方均可请求赔偿损失 | 要求交付替代物/宽限期/撤销合同＋赔偿损失 |
| | | ③预期违约 | A. 在订立合同之后,一方当事人鉴于履行合同的能力或信用有严重缺陷,或者从对方在准备履行合同中的行为中看出对方显然将不履行其大部分重要义务时,该当事人可以中止履行其义务;B. 如果在履行合同日期之前,明显看出一方当事人将根本违反合同,另一方当事人可以撤销合同 | A. 中止履行＋要求担保——解除合同;B. 撤销合同 |
| | 《通则》 | 不履行 | 不履行系指一方当事人未能履行其在合同项下的任何义务,包括瑕疵履行或迟延履行。A. 构成根本未履行,一方当事人可终止合同 | 终止履行 |
| | | | B. 不构成根本未履行,受损害方当事人可通知另一方当事人,允许其有一段额外的时间履行其义务。在此额外期限内,受损害方当事人可拒绝履行其对应的义务,并且可要求损害赔偿,但不得采取任何其他救济手段。如果受损害方当事人收到另一方当事人在此额外期限内将不会履行的通知,或者,在此额外期限届满时另一方当事人仍未完成对其义务的履行,则受损害方当事人可采取通则规定的任何救济手段 | 给宽限期＋中止履行自身义务＋要求损害赔偿——仍不履行,采取一切救济手段 |

参考各国立法的经验,我国《合同法》规定了三种合同履行中的违约情形。包括:①全部不履行:合同当事人完全不履行合同约定的本方应当承担的义务,这是最典型的违约表现形式;②部分不履行:合同当事人部分履行了合同约定的本方应当承担的义务,但是没有能够履行全部义务;③履行不适当:从表面上看,当事人的义务已经履行,但是该种履行不符合合同约定的规格、数量、质量或时间、交付方式等,由于这种履行显然不能满足合同对方当事人缔约目的,所以称为履约不适当,也是违约的一种表示形式。

### (二)违约责任的归则原则

违约责任是当事人违反了有效合同后应承担的法律责任,也就是当事人因不履行合同或不完全履行合同导致的法律后果。各国法律涉及违约责任的归责原则主要有两类,一类是过失责任原则,一类是严格责任原则。

大陆法以过失责任作为民事责任的一项基本原则,即合同债务人只有当存在着可以归责于他的过失时,才承担违约责任。如《德国民法典》第 276 条规定:债务人除另有规定外,对故意或过失应负责任,并规定基于故意的责任,不得预先免除。《法国民法典》第 1147 条规定:凡不履行合同是由于不能归责于债务人的外来原因造成的,债务人即可免除损害赔偿的责任。

英美法以严格责任为原则,即只要合同当事人客观上存在不履行合同或者履行合同不适当的情形,就应该承担违约责任,除非有法律规定的免责事由的存在。英美法认为,一切合同都是担保,只要债务人不能达到担保的结果,就构成违约,应负损害赔偿责任。如《美国合同法重述》第 314 条对违约作了如下定义:"凡没有正当理由地不履行合同中的全部或部分允诺者,构成违约。"

在我国新《合同法》出台之前,我国当时的《经济合同法》适用过失责任原则;但是在 1999 年立法的时候发生了重大转化,转而适用严格责任原则。我国《合同法》第 107 条规定:"当事人一方不履行合同义务或者履行合同不符合约定的,应当承担继续履行、采取补救措施或者赔偿损失等违约责任。"

## 二、合同的救济

合同的救济是指当事人因对方违约造成自身的合法权益受到侵犯时,法律上给予受损害方的补偿方法。根据各国法律规定,主要有实际履行、损害赔偿、支付违约金、解除合同等救济方法。

### (一)实际履行

实际履行是指合同债务人依合同约定去履行或具体履行其合同义务。实际履行的实现途径既可以是债权人直接要求债务人按合同的规定履行合同,也可以是债权人向法院提起实际履行之诉,由执行机关运用国家的强制力,使债务人按照合同的规定履行合同。世界各主要国家对实际履行的违约救济态度有所不同。其表现如表 4-14 所示。

表 4-14　世界主要国家对实际履行的法律规定

| 国家 | 有关实际履行的法律规定 | 总结 |
| --- | --- | --- |
| 德国 | 《德国民法典》241 条:"债权人根据债务关系,有向债务人请求履行债务的权利。"(前提是合同可以实际履行,且应依德国民诉法典程序执行) | 承认实际履行救济,前提是可实际履行 |
| 法国 | 《法国民法典》1184 条:"双务契约当事人的一方不履行其债务时,债权人有选择之权;或者在合同的履行尚属可能时,请求他方当事人履行合同,或者解除合同并请求损害赔偿。"第 1142 条规定:"凡属作为或不作为的债务,在债务人不履行的情形,转变为损害赔偿的责任。" | 承认对可以实际履行的合同的实际履行救济,但属作为、不作为债务的例外 |

续表 4－14

| 国家 | 有关实际履行的法律规定 | 总结 |
|---|---|---|
| 英美 | 普通法是没有实际履行的救济方法的,但是英美的衡平法在处理某些案件时,如果原告能证明仅仅采用损害赔偿的办法还不足以满足他的要求,则可以考虑判令实际履行。且实际履行也只是作为一种例外的救济方法,而且法院对于是否判令实际履行有自由裁量的权力。且依法不得用于:金钱赔偿可充分救济、提供个人劳务、法院不能监督履行、承担义务方系未成年人、判决实际履行会造成对被告过分苛刻的负担的五种合同上 | 一般不采用,衡平法特殊例外下可用,法院自由裁量 |
| 《80 公约》 | 《80 公约》第 26 条:"如果按照公约的规定,当事人一方有权要求他方履行某项义务,法院没有义务作出判决,要求实际履行此项义务,除非法院依照其自身的法律对不受本公约支配的类似买卖合同可以这样做。" | 未直接统一规定,规定由各缔约方根据本国的法律决定 |

与大陆法系国家一致,我国《民法通则》和《合同法》均对实际履行做了明确的规定。《民法通则》第 111 条规定:"当事人一方不履行合同义务或者履行合同义务不符合约定条件的,另一方有权要求履行或者采取补救措施,并有权要求赔偿损失。"《合同法》第 107 条规定:"当事人一方不履行合同义务或者履行合同义务不符合约定的,应当承担继续履行、采取补救措施或者赔偿损失等违约责任。"其中的"要求履行"、"继续履行"就是要求实际履行。

**(二)损害赔偿**

各国法律关于违约救济方法中普遍承认损害赔偿的方法,但是各国法律对损害赔偿的方法及损害赔偿额的计算,有不同的规定和要求,如表 4－15 所示。

**表 4－15 世界主要国家有关损害赔偿的法律规定**

| 国家 | 有关损害赔偿的法律规定 | 总结 |
|---|---|---|
| 德国 | 《德国民法典》第 286 条:债权人有权就债务人的迟延所致的全部损失得到赔偿。赔偿的范围包括因违约所造成的实际损失和所失利益。<br>所失利益依法是指凡依事物的通常过程,或依已进行的设备、准备或其他特别情形,可以预期得到的利益,即视为所失的利益。 | 赔偿的范围＝因违约所造成的实际损失和所失利益 |
| 法国 | 《法国民法典》第 1149 条:"对债权人应负的损害赔偿,除下列限制外,一般应包括债权人所受的损失和所失的可获利益。"第 1150 条规定:"如债务的未履行并非因债务人的诈欺时,债务人仅就订立契约时所预见的损害负赔偿的责任。"第 1151 条规定:"债务虽因债务人的诈欺而未履行时,关于债权人所遭受的损失和已丧失的利益的损害赔偿,仅应以不履行契约而直接发生者为限。" | 赔偿的范围＝违约所受损失＋失可获利益(债务人未欺诈),损害赔偿≤订约时所预见的损失;债务人欺诈＜直接发生的损失 |

续表 4－15

| 国家 | 有关损害赔偿的法律规定 | 总结 |
|---|---|---|
| 英美 | 通过判例确定了四项原则：①是使由于债务人违约而蒙受损害的一方在经济上能处于该合同得到履行时同等的地位，但赔偿应以该方在订立合同时能够合理地预见到的由该违约造成的损害为限；②不应让违约方通过违约而获利；③受损害方有义务减轻损失；④对损失的计算应具有合理的确定性。包括：期待利益或至少是依赖利益（指当事人一方基于对另一方诺言的信赖而改变了地位，该改变的地位与原来的地位在经济价值上的差异，比如他因履约而发生的成本） | 赔偿的范围＝受害方在合同履行所得的同等利益——实际损失＋可获利益（依赖利益）受损方有减损义务，损偿（订约合理预期） |
| 《80 公约》 | 公约规定，一方当事人违反合同应负责的损害赔偿额，应与另一方当事人因他违反合同所遭受的包括利润在内的损失额相等。但这种损害赔偿不得超过违反合同一方在订立合同时，依照他当时已知道或理应知道的事实和情况，对违反合同预料或理应预料到的可能损失 | 完全赔偿原则减轻损失原则 |

综合比较了世界各国损害赔偿的范围立法之后，我国在《合同法》中规定，在当事人一方不履行合同义务或者履行合同义务不符合约定的情况下，损失赔偿应相当于因违约造成的实际损失，以及合同如果顺利履行后可以获得的利益。包括因对方违约所造成的财产的毁损、减少和为减少或消除所支出的费用等直接损失，而且还要赔偿对方在合同履行后可以获得的收益。

**（三）支付违约金**

违约金是指当事人在合同中约定的或者法律规定的，一方违约时向对方支付一定数量的货币。各国对以赔偿违约金作为合同救济的手段均予承认，但各国对违约金的性质认识有所差异，有些国家认为其性质是为了弥补守约方的损害，而另一些国家则认为其目的是为了惩罚违约方，属于惩罚金。具体差异如表 4－16 所示。

表 4－16 世界主要国家关于违约金的相关法律规定

| 国家 | 性质认定 | 违约金的相关法律规定 |
|---|---|---|
| 德国 | 惩罚性 | 《德国民法典》第 339 条规定："债务人与债权人约定，在其不能履行或不能依适当方式履行时，应支付一定金额作为违约金，在其迟延时，罚其支付违约金。以不作为给付者，于为违反行为时，罚付之。"（故而要求违约金不影响要求损害赔偿——双罚制） |
| 法国 | 预定赔偿总额 | 《法国民法典》第 1129 条规定："违约金是对债权人因主债务不履行所受损害的赔偿。"（故违约金与损害赔偿金只能选择其一要求） |

续表 4 - 16

| 国家 | 性质认定 | 违约金的相关法律规定 |
|------|----------|---------------------|
| 英美 | 赔偿金或惩罚金 | 当事人可以在合同中约定当一方违约时向对方支付一定数额的条款，但是从性质上来说，该笔金钱有两种性质：罚金或损害赔偿金。<br>如果这一金额是双方当事人在订约时考虑到作为违约可能引起的损失，法院将认为是真正预先约定的损害赔偿金额；但如果双方当事人约定的金额过高，大大超过违约所能引起的损失，或者带有威胁性质，目的在于对违约的一方施加惩罚，则法院将会认为是罚金 |
| 《通则》 | 预定补偿金 | 《通则》规定，如果合同规定不履行方当事人应支付受损害方当事人一笔约定的金额，则受损害方当事人有权获得该笔金额，而不管其实际损害如何 |

我国新《合同法》实施前，对违约金问题学习了德国的做法，采用违约金与损害赔偿双罚制，1999 年新法颁布实施后，采用法国体例，要求当事人只能择一适用。如《合同法》第 114 条规定："当事人可以约定一方违约时应当根据违约情况向对方支付一定数额的违约金，也可以约定因违约产生的损失赔偿额的计算方法。""约定的违约金低于造成的损失的，当事人可以请求人民法院或者仲裁机构予以增加；约定的违约金过分高于造成的损失的，当事人可以请求人民法院或者仲裁机构予以适当减少。"

**（四）解除合同**

如前所述，各主要国家法律均认可当一方当事人根本违约、重大违约、违反条件、给付不能时，以至于整体损害对方当事人通过合同的合理利益预期时，或当事人虽未达到前述严重违约程度，但被给予其他补救机会后仍拒不履行合同或履行严重不适合时，守约方当事人有权通过单方面解除合同，使合同失效。不同点在关于解除权的行使上，《法国民法典》第 1184 条规定：债权人解除合同，必须向法院提起；《德国民法典》第 349 条规定，解除合同应向对方当事人以意思表示为之；而英美法认为，解除合同是一方当事人由于对方的违约行为而产生的一种权利，他可以宣告自己不再受合同的拘束，并认为合同已经终止。

我国《合同法》在第 94 条规定："有下列情形之一的，当事人可以解除合同：①因不可抗力致使不能实现合同目的；②在履行期限届满之前，当事人一方明确表示或者以自己的行为表明不履行主要债务；③当事人一方迟延履行主要债务，经催告后在合理期限内仍未履行；④当事人一方迟延履行债务或者有其他违约行为致使不能实现合同目的；⑤法律规定的其他情形。"依法解除合同，应当通知对方。

## 三、合同的消灭

合同的消灭（discharge of contract）指因一定法律事实的出现而使合同关系不复存在，当事人之间的债权债务消灭，当事人不再受合同关系约束的过程。大陆法系把合同、侵权行为、不当得利、无因管理、代理权的授予等都作为债产生的原因。合同只是债的一种，而不是债的全部，故大陆法系各国仅有对债的消灭的规定，而没有专门的就合同消灭的规定。反之，英美法有合同法和侵权法之分。在合同法与侵权行为法上，没有"债"的总的概念，因此，英美法没有债的消灭的法例，而只有合同消灭的法例。

### (一)大陆法国家债(包括合同)消灭的原因

1. 清偿(payment)

清偿就是债务已按约定履行,当债权人接受债务人的清偿时,债的关系即告消灭。

2. 提存(deposit)

提存是指在债务人的义务已到履行期,因债权人无正当理由而拒绝接受其履行,或因债权人的身份地址不明等原因而无法向权利人履行义务的,通过一定的程序将其履行义务的标的物送交有关机构的行为。

3. 免除(release)

免除是指债权人放弃债权,债为之消灭。

4. 抵销(set off)

抵销是指合同当事人彼此互负债务,而且债的种类相同,并均已届清偿期,因而,双方均得以其债务与对方的债务在等额的范围内归于消灭。

5. 混同(merger)

混同是指债权人和债务人混为一人,即同一个人既是债权人也是债务人。在这种情况下,债的关系已无存在的必要,应归于消灭。

### (二)英美法国家合同消灭的原因

(1)合同因协议而消灭;

(2)合同因履行而消灭;

(3)合同因违约而消灭,履行不能属于合同可以解除的法定理由之一;

(4)依法使合同归于消灭。

我国《合同法》将关于合同消灭称为合同权利义务的终止,其具体规定与大陆法系的有关债消灭的规定基本相同,表现在《合同法》第91条规定:"有下列情形之一的,合同的权利义务终止:①债务已经按照约定履行;②合同解除;③债务相互抵销;④债务人依法将标的物提存;⑤债权人免除债务;⑥债权债务同归于一人;⑦法律规定或者当事人约定终止的其他情形。"

## 本 章 小 结

合同是现代国际商事交往中的最主要工具和依据,本章也是国际商法中的核心重点章节之一。本章从合同的概念、渊源入手,在分析了世界两大法系(英美法与大陆法)在合同理念差异及发展的基础上,得出了合同的共性内涵。进而按照一个合同的产生、发展和终止过程,从合同的订立、生效、履行、终止及违约责任追究等方面比较世界主要国家(两大法系代表国家英、美、法、德、意等国)的相关法律制度差异,并结合与有关的国际性条约、规则的类比分析,力图引导学生去了解各主要国家的相关法律制度,发现各国合同法律制度中的共性特征,掌握合同法中有关要约与承诺、无效与可撤销、错误、欺诈与胁迫、对价与约因、终止与违约责任承担等核心重点问题。并希望同学们在学习中进一步分析各主要国家相关合同理念、制度的内在联系性及价值取向,分析其差异、成因及趋势,以更好地学习、理解和掌握我国合同法律相关制度的规定。

## 关 键 术 语

要约　承诺　诈欺　胁迫　对价　约因　实际履行　违约

**思考与练习**

1．两大法系关于合同概念的理念有何不同？现代商法涉及这一问题时表现出了什么倾向？反映出了合同概念中的什么共性特征？

2．我国《合同法》中对于合同的定义与上述哪种理念接近？

3．各国法律关于合同成立生效的要件包括哪些？

4．两大法系关于合同的当事人的缔约能力、合同内容的合法性、合同的形式、当事人的意思表示瑕疵（包括受诈欺或胁迫）的规定有何区别？

5．什么是对价与约因？两者有何区别？英美法对"充分的"或"完好的"对价有何要求？

6．什么是不安抗辩权？大陆法对其有何规定要求？英美法上类似的制度叫什么？

7．两大法系对于合同违约形式的种类和后果规定有何区别？

# 第五章  国际货物买卖法

## 本章要点

1. 《联合国国际货物销售合同公约》的适用范围
2. 在国际货物买卖当中,买卖双方的主要权利义务
3. 在国际货物贸易中,货物风险转移的法律规定

当今在国际上影响最大的关于国际货物买卖的法律是《联合国国际货物销售合同公约》(以下简称《公约》)。虽然调整货物买卖的有《法国民法典》、《德国民法典》、《日本民法典》、英国的《货物买卖法》、美国的《统一商法典》以及我国的《中华人民共和国合同法》和《中华人民共和国对外贸易法》,由于各国在货物买卖立法方面都是从本国的历史、文化传统和商业习惯出发,在不少内容的规定上各国都有分歧。本章以后的内容就以《公约》的规定作为重点来介绍。

## 第一节  国际货物买卖合同的成立

### 一、《公约》的适用范围和总则

《公约》规定,该公约适用于营业地处在不同国家的当事人之间所订立的货物买卖合同。只要其营业地处于不同国家就适用该公约,无论当事人国籍如何;如果国籍不同,即使当事人双方的营业地处于同一个国家也不能适用该公约。除了营业地因素外,当事人双方还必须符合下列条件之一,该公约才能适用:①如果这些国家是该公约的缔约国;或②如果当事人营业地所在国不是缔约国,则须依据国际私法的规则导致适用某一缔约国的法律。第二项条件是指如果当事人双方或一方的营业地所在国不是该公约的缔约国,发生争议时,若审理该案的法院或仲裁机构根据国际私法规则认为该合同适用某一缔约国的法律时,就应适用公约的规定。我国对该项条件提出了保留。

根据《公约》规定,不适用公约的买卖有下面几方面:①供私人或家庭使用的货物的销售,除非卖方在订立合同前任何时候或订立合同时,不知道而且没有理由知道购买这些货物是作何使用;②经由拍卖的销售;③根据法律或法令强制进行的买卖;④公债、股票、投资证券、流通票据或货币的销售;⑤船舶、气垫船或飞机的销售;⑥电力的销售。同时公约又规定,不适用由买方提供制造货物的大部分原料的合同,也不适用供应货物一方的绝大部分义务是提供服务的合同。这样单纯的来料加工合同及来件装配合同,加工方仅收取加工费的,都不适用该公约。如果进口原料或零件与出口成品分别作价,分别结算的,则可视为两个买卖合同,从而适用该公约。

　　《公约》规定,该公约只适用于销售合同的订立以及卖方与买方因此种合同而产生的权利和义务。它不涉及有关买卖合同的效力或惯例的效力问题,不涉及买卖合同对所售出的货物所有权的影响,不涉及卖方对货物所引起的人身伤亡的责任。

　　《公约》又规定,该公约对缔约方公民或企业不具有普通约束力,当事人可以排除公约的适用,也可以消减或改变公约任何规定的效力。但是当事人在作出部分排除公约的适用或改变公约中的任何一条规定而代之以合同中所作出的规定时,如果任何一方当事人的营业地所在国在批准或参加该公约时,按照《公约》第11条的规定发表声明,表示公约中任何有关合同的订立、修改及废止等,所采用书面形式以外的其他形式对该缔约国一律不适用。在这种情况下,有关当事人就必须遵守这项声明,而不能排除这项声明的效力。我国在批准公约时,对国际货物买卖合同的订立、修改或废止,均应采用书面形式。因此,我国的企业对外签订合同时,必须采用书面方式,而不能以口头方式订立买卖合同或以口头方式修改、废止该合同。

　　对于贸易惯例与公约的关系,公约规定,当事人应当受他们业已约定的任何惯例或他们之间已建立起来的习惯做法的约束。如果双方约定采用某一惯例,那么这项惯例就适用于他们之间的合同,双方当事人均须受这一国际惯例的约束;《公约》第9条第2款还规定,除当事人另有约定,双方当事人应视为已默示地同意对他们的合同或合同的订立适用双方当事人已知或理应知道的惯例,而这种惯例在国际贸易上,已为有关特定贸易所涉及同类合同的当事人所广泛知道,并为他们经常遵守。当惯例与公约的规定不一致时,应当优先适用贸易惯例。

## 二、有关国际货物买卖合同的成立的规定

### (一)《公约》对要约的规定

#### 1. 要约的含义

　　《公约》第14条第1款规定的"向一个或一个以上特定的人提出订立合同的建议,如果十分确定并且表明要约人在得到接受时承受约束的,即构成要约。一个建议如果写明货物并且明示或暗示地规定数量和价格或规定如何确定数量和价格,即为十分确定。"根据这一规定,要约应符合以下条件:①要约应向一个或一个以上特定的人(Specific persons)提出。其特定的人指有名有姓的公司或个人。②一项订立合同的建议要构成要约,其内容必须十分确定。《公约》第14条规定的内容"十分确定"是指:a.表明货物名称;b.明示或默示地确定货物的价格或规定确定数量的方法;c.明示或默示地确定货物的价格的方法。

#### 2. 要约的生效时间

　　在货物交易过程中,一方发出要约,若形成对要约人的拘束,有一个时间的界定,此时间是要约的生效时间。按照《公约》第15条第1款规定,这个生效时间是要约于送达受约人的时候,要约的生效时间是受要约人承诺的前提。如果要约没有送达到受要约人处,受要约人就不能作出是否"承诺"的表示,只有要约生效后,受要约人才能决定是否承诺;如果对方没有接到要约,那么要约便没有生效,他们所做的任何表示,均不能视为要约生效后的意思表示,而只是一项要约,是两个交互的要约(cross offer),并不导致双方意思表示一致的合同成立。因此,只有当要约生效后,即要约送达到受要约人时,才产生承诺或拒绝的情况。

#### 3. 要约的撤回

　　《公约》第15条第2款规定:"一项要约即使是不可撤销的,得予撤回。撤回通知于要约送达受要约人之前或同时,送达受要约人。"根据这一规定,对于一项有效的要约,是可以撤回的。

所谓撤回,是要约人对所发出的要约,由于情况的变化,如国际市场价格的波动,货物数量的变动等,在要约尚未到达受要约人之前,将撤回通知送达受要约人,或同时与要约送达到受要约人,使该项要约失去作用。要约的撤回,其意义在于要约人排除要约对自己的约束。为了排除这种约束,必须使要约在没有生效前更改,至少也应与该要约生效时间同时出现。对于受要约人来说,当得到要约撤回通知时,就不得对原要约作出是否承诺的表示,即使作出"承诺",也应视为一项新的要约。

**4. 要约的撤销**

《公约》第 16 条规定:"在未订立合同前,要约得予撤销。撤销通知于受要约人发出承诺通知之前送达受要约人。"按照这一规定,要约即使不能撤回,也可以撤销。所谓撤销,是指要约已经送达到受要约人之后,即要约生效之后,在受要约人发出承诺之前,将撤销通知送到受要约处,该项要约的效力便归于消灭。要约人撤销要约的意义,在于使自己不再被要约约束,由于国际行情的变化,要约人对发出的要约觉得有不足之处,为了避免合同成立后所受到损失,而将生效的要约归于消灭。对于受要约人来说,一旦接到要约人的撤销通知,即使要约已经生效,也不能就该项要约有所表示。如果发出"承诺",也视为一项新的要约。

**5. 要约的终止**

《公约》第 17 条规定:"一项要约,即使是不可撤销的,于拒绝通知送达要约人时终止。"这项规定是指受要约人对生效的要约由于不接受而使该要约产生的法律后果。

对于一项要约,其终止情况有以下几方面:①要约的有效期限已过,若未规定有效期限,则过了合理时间,要约便自动终止;②受要约人明白表示拒绝接受要约;③受要约人对要约提出的交易条件同要约人进行讨价还价;④在受要约人发出承诺之前,要约人进行有效的撤销;⑤要约因要约人进行有效的撤回而失败。从公约来看,构成拒绝要约的情况,主要是上述②③两点。一旦受要约人表示拒绝或对要约所提出的条件加以变更,加添或限制,就构成以要约的拒绝。

**(二)公约对承诺的规定**

**1. 承诺的含义**

《公约》第 18 条第 1 款规定:"受要约人声明或做出其他行为表示同意一项要约,即是承诺(接受)。"根据这一规定,承诺是受要约人收到要约后做出接受这一要约的声明或行动。受要约人一旦作出表示同意该项要约的声明或行动时,合同即宣告成立。对于承诺方来说,其承诺方式有两种,一种是以声明的方式,即用书面的或口头的表示对要约方的要约表示接受;另一种是用行动来表示对要约方的要约的接受。如受要约人收到要约后,并没有以书面或口头的形式向要约方表示承诺,而是按照惯常作法,向要约方支付货款或已着手生产要约中的产品。根据这种情形,按照公约的规定,以作出具体行动的方式来履行要约中的义务,也视为对要约的承诺。

同时,《公约》又规定:"缄默或不行动不等于承诺。"因此,如果受要约人收到要约后,既不明确回答,也不采取任何符合要约要求的行动,则应视为受要约人对要约不接受。但是,对于双方当事人多年形成的贸易习惯,根据《公约》第 9 条 1 款规定:"双方当事人业已同意的任何惯例和他们之间确定的任何习惯作法,对双方当事人均有约束力。"在这种情况下,如果买卖双方多年来只是以买方向卖方发出订单,而卖方无须确认其订单,就向买方按订单发货。双方均以卖方的缄默,这一习惯表示承诺进行交易。若某次卖方在收到买方订单后,既不发货,也不通知买方表示拒绝其订单,这时,买方有权认为卖方按双方习惯作法,承诺了其订单,如果卖方不履行发货义务,买方指控卖方违约。

### 2. 承诺的生效

承诺作为受要约人表示对要约的接受,并对自己的行为形成约束,有个时间的限定。《公约》第 18 条第 2 款规定:"受要约人于表示同意的通知到达要约人时生效。"也就是说,受要约人的承诺通知一旦送达到要约人处,受要约人即开始受要约的约束,双方当事人必须按照要约内容严格履行各自的义务。

但在国际上,对承诺什么时候开始生效,各国有不同的法律规定。英美法系的国家认为,承诺通知一经投邮就立即生效。生效的时间以邮戳或电报局收电印章上的时间为准,即"投邮生效原则"。即使函电在邮递中遗失,也不影响合同的成立。除非当事人在要约中规定须以收到承诺的函电为有效者,方可例外。大陆法系国家却与之相反,认为承诺必须送达要约人时才发生效力,如果在邮递中遗失,合同就不能成立,即"到达生效原则"。《公约》采用的是"到达生效原则",规定承诺到达要约人时生效。

如果要约人在要约中规定了有效期限,那么承诺人要在规定的时间内承诺;如果没有规定时间,承诺人应在一段合理的时间内将承诺通知送达要约人,否则承诺无效。所谓一段"合理时间",在《公约》中出现的地方很多。《公约》认为这是一个事实问题,应根据具体情况来分析。如果受要约人根据要约或双方之间确立的习惯作法或惯例,受要约人作出某种行为来表示对要约的同意,则无须向要约人发出通知,承诺的生效时间即为表示同意要约的行为作出之时。但这项行为必须在要约的有效期内作出,没有有效期的,则在合理的时间内作出,方为有效。这些规定都体现在《公约》第 18 条第 2、第 3 款中。

### 3. 对要约的变更

受要约人对要约的承诺,必须是完全地、无条件的承诺。《公约》第 19 条第 1 款规定:"对要约表示接受但载有添加、限制或其他更改的答复,即为拒绝该项要约并构成反要约。"但是《公约》第 19 条第 2 款又规定:"但是,对要约表示接受但载有添加或不同条件的答复,如所载的添加或不同条件在实质上并不变更该项要约的条件,除要约人在不过分迟延的期间内以口头或书面反对其间的差异处,仍构成承诺。"因此,如果受要约人在对要约表示接受的同时,附加上某些条件,或对要约中的某些条件作了修改或增删,在这种情况下有两种结果:一种是要约人对承诺人的某些轻微或不重要的更改,即公约所称的"在实质上并不变更该项要约的条件",如果要约人未在一定时间内提出反对,即构成有效承诺。合同的条件就以该项要约的条件和承诺通知内所载的更改为准。另一种是承诺人对要约进行了实质性变更,即《公约》第 19 条第 3 款规定:"有关货物价格、付款、货物质量和数量、交货地点和时间、一方当事人对另一方当事人的赔偿责任范围或解决争端等等的添加或不同条件,均视为在实质上的变更要约的条件。"据此,对上述条件有变更者的承诺,即为无效,无须要约人作出反对。但是什么是轻微的、非实质性的改动,在实践中往往是不容易判明的,《公约》只规定实质性的变更条件,是否未规定的就是非实质性的变更,也未竟然。对此,各国也可能会有不同的解释。因此,在业务中如果发现对方的承诺通知中对要约的内容有所改动,应及时通知对方是否同意,以免引起纠纷。

### 4. 承诺的期限

承诺必须在一定期限内作出,才是有效的。但是逾期承诺是否有效? 公约对此也作了规定,下面分两种情况来说明。

　　第一种情况,承诺是在一定的有效期限内作出,即承诺是在要约规定的期限内作出,这种要约只要没有更改要约的实质性内容,即为有效要约。但是要约的有效期何时开始计算,到何时为止,这是双方要明确的问题。对此,《公约》第20条作了如下规定:"要约人在电报或信件内规定的承诺期间,从电报交发时或信上载明的发信日期起算;若信上未载明发信日期,则从信封上所载日期起算。要约人以电话、电传或其他快速通讯方法规定的承诺期间,从要约送达受要约人时起算。"在有效期限内,若有节假日或非营业日时,如何处理?《公约》在第20条第2款又规定:"在计算承诺期间时,承诺期间内的正式假日或非营业日应计算在内。如果承诺通过在承诺期间的最后一天未能送到要约人地址,则接受期间应顺延至下一个营业日。因此,凡是在要约中没有明确规定有效期限的,则按公约的规定办理。"

　　第二种情况,如果承诺人不是在要约有效期内作出承诺,或者要约未规定有效期时,已超过了合理的时间,即逾期承诺。对这种承诺是否有效,各国法律都普遍认为这是一种无效的承诺,国际货物买卖公约对此也认为是一种无效承诺。但是,公约又根据两种不同情况,对逾期承诺的效力作了规定。一种情况是,如果要约人毫不延迟地对逾期承诺作出同意,那么,这种逾期的承诺仍然有效。即《公约》规定的"逾期承诺仍有承诺的效力,如果要约人毫不延迟地用口头或书面将此种意见通知受要约人"。另一种情况是,如果载有逾期承诺的信件或其他书面文件表明,依照它寄发时的情况,只要邮递正常,它本应是能够及时送达要约人的,则此项逾期承诺应认为具有效力,而无须要约人表示同意此项逾期承诺。只有当要约人毫不迟延地用口头或书面通知受要约人,表示他的要约因逾期而失效,则这项逾期承诺亦无效。即《公约》第21条第2款规定的,"如果载有逾期接受的信件或其他书面文件表明,它是在传递正常、能及时送达要约人的情况下寄发的,则该项逾期承诺具有承诺的效力。除非要约人毫不迟延的用口头或书面通知受要约人,他认为他的要约已经失效。"

　　5. 承诺的撤回

　　在《公约》中,规定承诺是可以撤回的。承诺的撤回是指受要约人在发出承诺通知后,在承诺生效之前或同时,受要约人以更便捷的通讯手段,将撤回承诺的通知送达到要约人。那么,原承诺便归于无效。公约规定了承诺可以撤回,但同时又规定了必须在一定条件下方可撤回。《公约》规定:"承诺得以撤回,如果撤回通知于承诺原应生效之前或同时,送达要约人。"因此,承诺撤回的通知必须在原承诺到达要约人之前或同时,原承诺通知方可撤回,受要约人不受原承诺的约束。在国际贸易实践中,如果要约人在要约中规定了承诺方式(如规定采用电报或航空信等方式),则受要约人在承诺时,应严格遵守所提出的方式。若与指定的方式不同,则非经要约人同意,该承诺不产生法律效力。但是,如果受要约人按照要约中规定的承诺方式发出承诺通知后,而又想撤回承诺,那么,撤回承诺的通知并不受要约中规定的承诺方式(如航空信传递)的约束,而以更快的通讯方式(如电报)将原承诺通知撤回。

　　**(三)合同的成立**

　　当要约方发出要约,受要约方收到要约后,发出的承诺生效时,双方的合同便宣告成立。

　　1. 合同成立的要件

　　对于合同成立的要件,各国法律有不同规定,但就其合同成立的基本原则,大多数国家规定了如下几项为合同成立的要件。①须有当事人之间互相意思表示一致;②具备法定的必要方式或约因;③当事人应有订约的行为能力;④合同标的合法;⑤当事人所表示的意思须真实。

2. 合同成立的形式

从国际贸易角度来看,合同的成立形式有两种:一是书面形式,为大多数国家所采用,在多数贸易场合下运用;二是口头形式(非书面形式),这种形式在英美法系及联合国的公约中认为为有效,但多用于交易数量小,手续简便的贸易。

# 第二节 卖方的义务

按照《公约》的规定,卖方的义务有下面几项:

## 一、交付货物

按照联合国的公约规定,卖方在履行交货时,有以下几项义务。

### (一)按合同规定的地点和时间交货的义务

1. 交货的地点

(1)如果合同规定有交货地点,卖方应按合同规定的地点交货。

(2)如果合同没有规定具体的交货地点,而该合同又涉及货物的运输,则卖方交货义务就是把货物交给第一承运人。对于运输方式是联运还是多式联运,不论承运人有几个,如果合同没有规定具体的交货地点,卖方只须将货物交给第一承运人,即可完成交货义务。

(3)如果合同既没有规定具体的交货地点,卖方又没有负责运输事宜,卖方根据出售货物不同情况,在不同地点将货物交给买方,有这样三种情况。第一种情况,如果该合同出售的货物是特定物,双方当事人又明确知道该特定物在何处,卖方的交货地点就在特定物所在地。第二种情况,如果出售的货物是从特定存货中提取的,双方也知道从何处在特定存货中提取的,当卖方从特定存货中提取了合同项下的货物(如分开堆放,对提取的货物加上标志等)时,卖方的交货地点就在提取货物的地点。第三种情况,如果出售的货物是尚待制造或生产的未经特定化的货物,而买卖双方在订立合同时,已知道这些货物将在某一特定地点制造或生产,那么,卖方的交货地点就是在制造或生产该货物的某一地点。

(4)当买卖合同不涉及货物运输,而当事人在订立合同时,也不知道货物在哪里生产或将在哪里生产等情况时(也就是说在排除上述三种情况下的交货地点),卖方必须在其订立合同时的营业地将货物交给买方处置。如果卖方在订立合同时,其营业地有数个,那么交货地点在与合同及合同的履行关系最密切的营业地。如果卖方在订立合同时没有营业地,则应在他的惯常居住地将货物交给买方处置。这种情况下的交货,应视为卖方完成了为买方提取货物而做的一切准备工作,如给货物打上标志,发出提货通知等。

2. 交货时间

卖方按时交货是履行合同的一项重要内容,《公约》第33条规定了三种情况下卖方的交货时间。

第一种情况,如果合同规定有日期,或者从合同上可以确定日期,应按该日期交货。

第二种情况,如果合同规定在一段时间内交货,或从合同可以确定一段时间(除非情况表明应由买方选定一个日期),应在该段时间内的任何时候交货。

第三种情况,在其他情况下的交货时间。《公约》第33条第3款规定:"在其他情况下,应在订立合同后一段合理时间内交货。"买卖双方在合同中若既没有规定具体交货日期,也没规定一定的交货期限,则卖方必须在订立合同后一段合理时间内交货。如何确定"一段合理时间",应根据交易的具体事实来确定,如卖方所出售的货物在通关手续上的繁简;所售货物是卖方已有的现货,还是从其他来源取得等等。在国际货物买卖中,未规定交货时间的合同是极少数的,往往是买方争相求购所需货物的情况下产生的。

**（二）与交货有关的其他义务**

（1）卖方除了按时、按地点将货物交付买方外,还要将所交货物明确地规定为是合同项下的货物,即特定化问题。如果卖方已将货物按照合同或公约规定交给承运人,但没有标明是合同项下的货物（如没有在货物上加上标记,或以装运单据或其他方式方法清楚说明有关合同）,则卖方必须向买方发出货物的发货通知。

（2）如果卖方有义务安排货物的运输,他必须订立必要的合同,以按照通常运输条件,用适合情况的运输工具,把货物运输到指定的地点。因此,如果合同中规定由卖方安排运输或双方采用 CIF、CFR 等贸易条件成交时,卖方必须按照此项规定安排运输,把货物运到指定地点。

（3）如果卖方没有义务对货物的运输办理保险,他必须在买方提出要求时,向买方提供一切现有的必要资料,使其能够办理这种保险。

## 二、交付单据

《公约》第 34 条规定:"如果卖方有义务移交与货物有关的单据,他必须按照合同所规定的时间、地点和方式移交这些单据"。在国际贸易中,大多数情况下,卖方都有义务向买方提交有关的单据,因为卖方交付与货物有关的单据,与买方支付货款和受领货物有重要关系。只有当买方在持有有关货物单据后,才能受领货物。这类与货物有关的单据,通常是指提单、保险单、商业发票、产地证明书、重量或质量证书等。这些单据一般是买方受领货物、办理进关手续与向承运人或保险人求偿的必备文件,卖方只有按时、按地点、按规定方式移交这些单据,合同的最终目的才能实现。

## 三、卖方所交货物应与合同规定的货物相符

卖方在交付货物时,要保证所交货物是完全符合合同规定的货物。因为买方之所以购买某种货物,是有其特定的用途,如果卖方所售不具备该种特定的用途,买方的期望就不能达到。按照《公约》第 35 条规定,卖方应对货物的品质负责保证义务,要求卖方交付的货物必须与合同所规定的数量、质量和规格相符,并须按照合同所规定的方式装箱或包装。也就是说,卖方应严格按照合同的规定,交付符合合同要求的货物。

货物买卖合同本身未对货物的品质作出明确规定的,《公约》在第 36 条中作了规定。

第一,货物应适用于同一规格货物通常使用的用途。

第二,货物适用于订立合同时,买方曾明示或默示地通知卖方的任何特定目的,卖方应按照买方的要求提供货物,使货物符合买方的特定用途。

第三,货物的质量与卖方向买方提供的货物样品或样式相同,这是一种凭样品或模型（model）贸易的方式。在订立合同时,要求卖方所交货物是以自己向买方提供的样品或模型为基础,符合合同约定的样品或模型的要求,也就是以卖方的样品或样式为准。

第四,货物按照同类货物通用的方式装箱或包装。

#### 四、卖方所交货物必须是第三方不能提出任何权利或请求的货物

《公约》要求卖方对其所售货物负有权利担保责任。卖方应保证他对所售货物享有合法的权利,他应有权出售货物,并保证买方能稳定地占有货物,不受任何第三方的侵扰。《公约》规定买卖双方权利与义务的方法,将卖方应担保所售货物不受任何第三方的侵扰,作为卖方的一项义务。其目的是为了保障买方的合法权益,一旦有第三方主张对买方所购货物的所有权时,卖方应承担责任。

#### 五、卖方所交货物不得侵犯任何第三方的工业产权或其他知识产权

《公约》第 42 条规定,卖方所交付的货物,必须是第三方不能根据工业产权或其他知识产权主张任何权利或请求的货物。公约又对卖方的这种义务作了以下限制:

第一,卖方只有在其订立合同时,已知道或不可能不知道第三方对其货物会提出工业产权方面的权利或请求时,才对买方承担赔偿责任。

第二,第三人的请求,必须是根据货物转售地或使用地国家的法律提出的。在这种情况下,卖方只对根据货物转卖地或使用地国家的法律提出的请求负责。

第三,在其他任何情况下,卖方对第三方根据买方营业地所在国法律所提出的有关工业权和知识产权方面的请求,应对买方承担赔偿责任。

第四,如果买方在订立合同时,已经知道或不可能不知道第三方会提出有关工业产权或知识产权的权利或请求,则卖方对买方就可不承担由此而引起的责任。这项规定,要求买方在订立合同时,如果已知道或不可能不知道会有第三方提出请求,而要求卖方出售货物依该营业地所在国法律提出的请求或转售到别国而引起的权利请求,卖方对此不负责任。

第五,如果第三方所提出的有关工业产权或知识产权的权利或请求,是由于卖方遵照买方所提供的技术图样、图案、程式或其规格制造的,无论卖方是否知道将要侵权,只要卖方是遵照买方的旨意、意图制造的,卖方对此就不应负责任。

应当指出的是,对于第三人的任何请求,不管这种权利要求是否正当,无论第三人提出的请求有无法律依据,有没有胜诉的可能,只要第三人对卖方所售货物提出请求,就有可能会妨碍买方使用货物至少也会使买方蒙受不必要的诉讼费用等经济损失。因此,只要出现因第三人的请求而使买方蒙受损失的情况,而买方又无过错,根据《公约》规定,卖方必须赔偿买方的损失。

# 第三节　买方的义务

根据《公约》第 53 条规定:"买方必须按照合同和本公约规定支付货款和收取货物。"因此,买方的主要义务有两项,一是支付货款,二是收取货物。买方履行这两项义务,应严格按照合同规定办理,如若合同对此事项未明确规定的,则按照《公约》的规定办理。

### 一、支付货款

支付货款是买方的义务之一。买方要完成履行支付货款的义务,就首先必须履行与支付货款相关的手续,包括付款手续,合理确定货物的价格,确定付款的时间和付款的地点等。

### (一)办理必要的付款手续

在国际贸易中,一方当事人必须采取与另一方当事人相适应的步骤,以完成当事人之间的合作义务。当卖方发货时,就会要求买方办理好一切支付货款手续,如合同规定卖方发货以买方开立信用证为条件。因此,买方开立了信用证,才可能使卖方发货,如果买主不开信用证,就会承担违约责任。

### (二)支付货款的地点

由于国际贸易买卖双方地处不同国家,买方向何地付款,就成为买方所要履行的一项义务。如何确定付款地点,通常在合同中都明确加以规定。如果有合同规定,买方就应严格按照合同规定办理,若没有合同规定。则适用《公约》的规定。

当合同的付款地点未作具体规定时,按照《公约》第57条规定,买方应在下列地点向卖方支付货款:

(1)在卖方的营业地付款,当卖方有一个以上营业地的情况下,买方的支付地点为卖方与合同及合同的履行关系最密切的营业地。

(2)如果约定交货付款或单据付款时,其付款地点应在移交货物或单据的地点。

### (三)支付货款的时间

支付货款的时间,是买卖双方关心的另一个问题。《公约》规定,如果合同中明确规定了付款时间,买方应严格按照合同的约定时间付款。对于买方没有义务在任何其他特定时间内支付价款时,按《公约》第58条地规定办理。

(1)如果买卖合同未规定买方应在何时付款,则买方应在卖方按合同和公约的规定,将货物或控制货物处置权的单据交给买方处置时支付货款。即买方一旦掌握了货物的单据或货物,此时即为买方的付款时间。

(2)如果合同涉及货物的运输,卖方可以在发货时订明条件,规定只有买方在支付货款时,才可以把货物或代表货物所有权的单据移交给买方。这是卖方交付货物义务与买方付款义务的一种对流条件。卖方只有当买方付款时,才能把货物或控制货物处置权的单据移交给买方。买方必须在接到银行的付款通知后在规定的时间内支付货款。

(3)买方在未有机会检验货物以前,没有义务支付货款,除非这种机会与双方当事人约定的交货或支付程序相抵触。《公约》这样规定,是为了保护善意的受让人(买方)的利益。在买方未检验货物前,买方没有支付货款的义务,通过买方对货物的检验防止卖方在交货时弄虚作假,以次充优,使买方付了款却得不到合同项下要求的货物。因此,如果卖方为了得到货款,就必须为买方保留检验货物的权利。但是,如果买方这种检验货物的机会与双方当事人商定的交货或付款程序相抵触,则买方丧失其在付款前检验货物的权利。《公约》规定的限制性条件,实质上排除了买方无条件地援引货物检验的权利。在大量的国际贸易中,出现了由于约定的交货或付款程序与买方检验货物的机会相抵触而排除了买方先检验货物后支付货款的情况,如CIF合同中付款交单的安排,就与买方检验货物的机会相抵触。

## 二、收取货物

《公约》第60条规定:"买方收取货物的义务如下:①采取一切应采取的行动,以便卖方能交付货物;和②接收货物。"因此,买方受领货物的义务主要包括两个组成部分:一是为配合卖方交付货物,买方应采取一切理应采取的行动,协助卖方交付货物;二是买方应当接收货物。

分别论述如下。

（1）买方采取一切理应采取的措施，以便卖方能交付货物。买方在合同订立后，就应当根据合同规定，为卖方交付货物准备一些条件。这些条件，通常有为卖方指定准确的发货地点，委托代理人接收货物，按照不同的贸易术语的要求为卖方负责安排运输或与承运人签订合同，为卖方指定船名和交货日期等。

（2）接收货物，买方接收货物是指卖方按照合同或公约的规定交付了货物，买方就必须接收货物。《公约》的这一规定，是为了防止买方如不及时接收货物，势必对卖方利益产生不利影响，买方应承担责任。

# 第四节　违反货物买卖合同的补救方法

违约是合同的当事人没有履行合同或者没有完全履行其合同规定的义务的行为，除在发生不可抗力等特殊情况下违约方可以根据法律的规定免责外，违约方应承担相应的违约责任。按照各国法律规定，当一方违约时，受损害的一方有权采取适当措施以获得救济，这种措施在法律上被称为对违反合同的补救方法。一般来讲，违约可以分为卖方违约和买方违约，相应地法律救济也可以分为卖方违约时的法律救济和买方违约时的法律救济。在违约及其救济的问题上，各国法律规定是不尽相同的。

## 一、违约的类型

### （一）大陆法的规定

大陆法以当事人的过错（故意或过失）作为违约责任的前提，即判定当事人是否违约，要不要承担法律责任，要看当事人有无过错。在大陆法系中，各国对违约的分类也有所区别。

《德国民法典》把违约分为给付不能和给付迟延两种。

所谓给付不能是指债务人由于某种原因而无法履行其合同义务。给付不能划分为自始不能和嗣后不能两种。自始不能是指合同在成立时，该合同就不可能履行；嗣后不能是指该合同成立时是可能履行的，但是，在合同成立后由于出现了阻碍合同履行的情况从而使合同不能履行。在自始不能的情况下，若违约方在订立合同时没有过失，不知道该合同不能履行，则不承担违约责任；如果在订立合同时有过失，明知该合同不能履行而订立该合同，从而导致违约，则要承担违约责任。在嗣后不能的情况下，要看债务人在履行合同过程中有无过错，如果是由于违约方的过错造成给付不能，违约方要承担责任；如果债务人在履行合同过程中无过错从而导致合同不能履行，则违约方不承担违约责任。

所谓给付迟延是指合同已届履行期，而且是可能履行，但合同当事人未按期履行其合同义务。给付迟延的责任按照债务人有无过错而定。凡合同履行期届满，经催告违约方仍不履行合同，则违约方自受催告之日起负迟延责任。

法国法把违约分为不履行债务和迟延履行债务两种情况。不履行或迟延履行债务的损害赔偿责任，视债务人有无过错而定。对于已不可能履行的合同，债权人有权请求法院解除合同，并要求债务人支付损害赔偿。

### （二）英美法的规定

英国法将违约分为违反条件和违反担保两种形式。在违反条件的情况下，受害方有权解除合同,并要求赔偿;而在违反担保的情况下,受害方不能解除合同,而只能要求违约方赔偿损失。至于合同中哪些条款属于要件,哪些条款属于担保,需视各个合同的具体内容而定。在司法实践中,由法官在审理案件时根据合同的内容推定双方当事人的意思作出决定。

美国法把违约划分为重大违约和轻微违约两类。重大违约是指由于债务人没有履行合同或者在履行合同时有缺陷,致使债权人不能取得合同的主要利益。轻微违约是指尽管债务人在履行合同时有缺陷,但是债权人仍能取得合同的主要利益。在重大违约情况下,受损害的一方有权解除合同,并要求损害赔偿。对于轻微违约,受损害的一方只能要求损害赔偿,而不能要求解除合同。

### (三)《公约》的规定

《公约》把违约分为根本性违约、非根本性违约和预期违约三种情况。

《公约》第 25 条对根本性违约下了如下定义,即"一方当事人违反合同的结果,如使另一方蒙受损害,以至于实际上剥夺了他根据合同规定有权期待得到的东西,即为根本违反合同,除非违反合同的另一方并不预知,而且一个同等资格、通情达理的人处于相同情况中也没有理由预知会发生这种结果。"根据这一定义,构成根本性违约取决于两个方面:一是看违约造成损害的程度,即必须是已给对方造成实质性的损害;二是看违约方在主观方面有无过错,即违约方是否预知或是否应预知损害的结果。具备这两个方面,才是根本性违约,否则就是非根本性违约。根据《公约》的有关规定,在根本性违约的情况下,受损害的一方有权要求宣告合同无效并要求损害赔偿;而在非根本性违约的情况下,受损害的一方只能要求损害赔偿,而不能主张合同无效。

《公约》还规定了预期违约的情况。所谓预期违约是指在合同订立以后,因一方当事人履行义务的能力或信用有缺陷,或在准备履行合同或在履行合同中的行为表明他将不履行其大部分义务,则另一方可以中止履行其义务。预期违约分两种情况:一是在订立合同之后,一方当事人发现对方的履约能力或信用有严重缺陷;对方在准备履行合同或履行合同的行为当中,确认对方显然将不履行其大部重要义务。此时一方当事人就可以中止履行其义务,但是,他必须将中止履行通知对方;如果对方对履行义务提供充分保证,则他必须继续履行合同义务。二是如果在履行合同日期之前,明显看出一方当事人将根本违反合同,则另一方当事人可以解除合同。

### (四)我国《合同法》的规定

我国《合同法》没有像英美法和大陆法那样明确区分违约的各种形式,但该法规定了中止履行合同的情形。我国《合同法》第 68 条规定:"应当先履行债务的当事人,有确切证据证明对方有下列情形之一的,可以中止履行:①经营状况严重恶化;②转移财产、抽逃资金,以逃避债务;③丧失商业信誉;④有丧失或者可能丧失履行债务能力的其他情形。"第 69 条规定:"当事人依照本法第 68 条的规定中止履行的,应当及时通知对方。对方提供适当担保时,应当恢复履行。中止履行后,对方在合理期限内未恢复履行能力并且未提供适当担保的,中止履行的一方可以解除合同。"这两条规定与《公约》的规定是基本一致的,并且还吸取了大陆法系的催告制度。

## 二、买卖双方均可采取的违约救济方法

根据各国的法律规定,买卖双方均可采取的违约救济方法主要有以下几种方式。

### (一)实际履行

实际履行是指一方当事人不履行合同时,另一方要求违约方严格按合同约定履行义务。

《公约》采用了这种救济方法。《公约》规定，一方当事人有权要求另一方当事人按合同约定履行义务。但同时规定，一方向违约方提出实际履行要求时，不能采取与这一要求相抵触的其他救济方法。从《公约》的规定看来，买卖双方都可以采用这一救济方法。《公约》第 46 条规定，买方可以要求卖方履行义务；《公约》第 62 条也规定，卖方可以要求买方支付价款、收取货物或履行其他义务。

但是，《公约》对实际履行并没有作出强制性的规定，《公约》在第 28 条规定："当一方当事人有权要求另一方当事人履行某项义务时，法院没有义务作出判决，要求具体履行此项义务，除非法院依照其本身的法律对不属于本公约范围的类似买卖合同愿意这样做。"这主要是因为实际履行的法律效力在各国的法律规定上是不尽相同的。

大陆法国家以实际履行作为救济的主要方法，当债务人不履行合同时，只要债务履行尚有可能，当事人就可以申请法院做出判决，要求债务人按合同履行义务；而在英美法中，违约救济以金钱赔偿为主，实际履行只是辅助性的平衡救济手段。只有在例外的情况下，法院才会作出实际履行的判决。

我国《合同法》也对实际履行做了规定，在第 107—110 条规定，对一方当事人违约，另一方可要求其继续履行，但以下三种情况除外：①法律上或者事实上不能履行；②债务的标的不适于强制履行或者履行费用过高；③债权人在合理期限内未要求履行。另外，在第 114 条中规定，当事人就迟延履行约定违约金的，违约方支付违约金后，还应当履行债务。

**（二）损害赔偿**

损害赔偿是当一方违反合同时，另一方有权要求违约方用金钱补偿其所受的损失的一种法律救济方法。损害赔偿是在国际贸易中使用最广泛的救济方法，并且损害赔偿的权利并不因权利人已经采取了其他补救措施而丧失。

大陆法对损害赔偿采用的原则是，违约方损失赔偿额应与债权人所受的实际损失与可得利益相等。所谓可得利益是指预期应得到的利益。

《公约》规定，一方当事人违反合同应付的损害赔偿额，应与另一方当事人因其违反合同而遭受的包括利润在内的损失额相等。这种损害赔偿不得超过违反合同一方在订立合同时，依照他当时已经知道或理应知道的事实和情况，对违反合同预料到或理应预料到的可能损失。也就是说，《公约》对损害赔偿的范围，既规定赔偿包括实际损失和预期利润，又规定赔偿损失应以违约方在订立合同时可以遇见的损失为限。此外，《公约》还规定违约赔偿的责任不以过失为要件，只要违约方给另一方造成损失就应当承担损害赔偿责任。但是，《公约》认为，损害赔偿请求方有采取措施防止损失扩大的义务，如果他不采取措施，则不能就扩大的损失请求赔偿。

我国《合同法》也对损害赔偿做了规定。我国《合同法》第 113 条规定："当事人一方不履行合同义务或者履行合同义务不符合约定，给对方造成损失的，损失赔偿额应当相当于因违约所造成的损失，包括合同履行后可以获得的利益，但不得超过违反一方订立合同时预见到或者应当预见到的因违反合同可能造成的损失。"这项规定包含两个方面：一是赔偿责任应与违约所造成的损失相符，即损失既包括直接损失，也包括间接损失；二是不论直接损失或间接损失，都不能超过违约方在订立合同时所能预见到的范围。同时我国《合同法》第 119 条规定："当事人一方违约后，对方应当采取适当措施防止损失的扩大；没有采取适当措施致使损失扩大的，不得就扩大的损失要求赔偿。当事人因防止损失扩大而支出的合理费用，由违约方承担。"

### （三）中止履行合同

中止履行合同是针对预期违约而设立的一种补救措施，其实质是据公约的规定，一旦当事人存在预期违约的情况，另一方当事人可以通过中止履行合同暂时解除合同义务，从而避免不必要的损失。《公约》第71条规定，如果合同订立后，由于一方当事人的履行能力、履约信用、履行准备或履约行为有严重缺陷，显然将不履行合同中规定的大部分重要义务，则另一方当事人可以中止履行合同，但是，中止履行合同义务的一方当事人必须通知另一方当事人，如另一方当事人在接到通知后提供了充分的履约保证，则中止履行合同义务的一方必须继续履行义务。若对方当事人拒绝提供担保，则预期违约转化为实际违约，当事人享有相应的救济权利。

### （四）解除合同

根据《公约》规定，解除合同即"宣告合同无效"，是指当一方当事人根本违反合同时，另一方当事人享有宣告合同无效的权利。对于构成解除合同的条件和解除合同的法律后果，两大法系和《公约》的规定有所不同。

大陆法规定，债务人不履行合同时，债权人可以解除合同。债务人不履行合同包括拒绝给付、给付不能、给付迟延和不完全给付。在拒绝给付和给付不能情况下，债权人有权立即解除合同；而在给付迟延和不完全给付的情况下，需要先催告，在催告的期限内，债务人仍未完全履行时，债权人才可以解除合同。解除合同的法律后果是使合同归于消灭，恢复到订约以前的状态。未履行的债务理所当然不再履行了；已经履行的给付，因为缺少法律上的约因，也应予以返还，原来依合同产生的一切权利和义务均归于消灭。

在英美法里，英国把违约分为违反要件和违反担保，美国把违约分为重大违约和轻微违约。按照英美法的规定，一方违反要件或重大违约，另一方就可以解除合同。解除合同后仍可向违约方要求损害赔偿或其他救济方法。但是，对于违反担保或轻微违约，则不能解除合同，而只能要求损害赔偿等其他救济方法。

《公约》把解除合同称为宣告合同无效。按照《公约》的规定，解除合同包括如下情况：①一方当事人不履行合同造成根本违约时，另一方当事人可以解除合同；②当一方当事人预期违约时，另一方也可以宣告合同无效，但必须向对方发出通知，以使对方对履行合同提供担保。③在分批交货中，如果一方当事人对其中一批货物没有履行合同的义务，并构成根本违约，另一方可以宣告合同对该批货物无效，但不能宣告整个合同无效；如果一方当事人不履行对其中一批货物的义务，使另一方当事人有充分理由断定今后各批货物也将会发生根本违约，则该另一方当事人可以在一段合理时间内宣告今后各批合同无效，但对在此之前已经履行义务的各批货物不能宣告无效；如果合同项下的各批货物是相互依存、不可分割的，其中一批货物的交付被认为无效时，可以同时宣告对已交付或今后交付的各批货物均为无效。

我国《合同法》也规定了当事人可以解除合同的各种情形，《合同法》第94条规定："有下列情形之一的，当事人可以解除合同：因不可抗力致使不能实现合同目的；在履行期限届满之前，当事人一方明确表示或者以自己的行为表明不履行主要债务；当事人一方迟延履行主要债务，经催告后在合理期限内仍未履行；当事人一方迟延履行债务或者有其他违约行为致使不能实现合同目的；法律规定的其他情形。"

### （五）保全货物

保全货物是指在一方当事人违约时，另一方当事人仍持有货物或控制货物的处置权时，该当事人有义务对他所持有的或控制的货物进行保全，以达到救济的目的。按照《公约》规定，卖买双方都有保全货物的义务,但条件不同:卖方保全货物的条件是买方没有支付货款或接受货物,而卖方仍拥有货物或控制着货物的处置权;买方保全货物的条件是买方已接收了货物,但打算退货。公约还对保全货物的方式做出规定,按照公约的规定,保全货物的方式有两种,第一是对于不易坏物品,将其寄放于仓库。有义务采取措施以保全货物一方当事人可以将货物寄放于第三方的仓库,由对方承担费用,但该费用应合理;第二是对于易迅速变坏的货物或保全会发生不合理费用的货物,可以出售货物,并应将出售货物的打算在可能的范围内通知对方。出售货物的一方可从出售货物的价款中扣除保全货物和销售货物发生的合理费用。

### 三、卖方违约时买方的救济方法

卖方违约是指卖方不交货、交货迟延或交付的货物与合同规定不符。根据《公约》和各国法律的规定,买方可以采取以下方法进行救济。

#### (一)当卖方不交货时买方可采取的救济方法

当卖方拒绝交货时(包括不装运和不提交单据),只要卖方实际履行其合同义务的可能性存在,买方就有权要求卖方按合同规定交货,或者向法院提起实际履行的诉讼。实际履行是大陆法系的合同法原则。

当卖方拒绝交货时,买方可以要求解除合同并请求损害赔偿。解除合同与损害赔偿并用是英美法系中的合同法原则。《公约》也有如此规定,《公约》规定,买方享有的要求损害赔偿的权利,不因行使其他救济权利而丧失。而在大陆法系,关于解除合同与损害赔偿的规定各国之间不尽相同。按照《法国民法典》的规定,买方可以在要求解除合同的同时,请求损害赔偿,不过,解除合同和损害赔偿的请求必须向法院提出,法院在做出判决时方可行使。而《德国民法典》则规定,买方可以在解除合同和损害赔偿之中只能选择一种补救方法,而且买方在行使权利时,只要由买方向卖方做出意思表示即可。

#### (二)当卖方迟延交货时买方可采取的救济方法

关于对卖方迟延交货,《公约》规定,如果卖方不按照合同规定的时间履行其义务,则买方可以规定一段合理的额外时间让其履行义务。也就是说,在卖方迟延交货时,买方首先应考虑给予卖方一段合理的额外时间,让卖方履行其义务。如果卖方同意,买方在这段时间内就不得采取任何补救办法。只有在这种合理的宽限期之后,卖方仍然不履行合同,或者在这段时间内,卖方申明将不履行合同,买方才有宣告合同无效的权利。当然,卖方并不丧失享有要求损害赔偿的权利。这种规定实质是《公约》鼓励交易原则的一种体现。当然,这种规定也不是绝对的,按照《公约》的规定,如果卖方不按合同规定的时间交货的,本身已经构成根本违反合同,买方可以不给卖方额外时间就立即宣告合同无效。

大陆法系和英美法系关于当卖方迟延交货时买方可采取的救济方法的规定与《公约》的规定是不尽相同的。《法国民法典》规定,迟延交货如果单独由卖方造成,买方可选择解除合同或者请求占有标的物,同时卖方应当对迟延交货给买方造成的损失负赔偿责任。《德国民法典》规定,卖方迟延交货,只有当他接到催告后,或者买方给他一段相当时间而又超过此时间仍然未履行后,买方才可以请求解除合同,或者请求损害赔偿。《英国货物买卖法》规定,如果卖方迟延交货,买方有权解除合同,并要求损害赔偿,或接受迟延交付的货物,而只要求损害赔偿。

#### (三)卖方交付的货物与合同不符合时买方可采取的救济方法

《公约》对卖方交付货物不符合合同时买方可采取的救济方法做了如下规定:①卖方交付

货物不符合合同,如果已经构成根本性违约,买方可以要求卖方交付替代物。②如果货物不符尚未构成根本性违约,则买方可以采取其他补救方法。如果买方采取了要求卖方交付替代物的补救办法,买方必须在向卖方发出货物与合同不符的通知时提出此要求,或者在发出上述通知后的一段合理的时间内提出这种要求。③如果卖方交付货物虽然不符合合同,但并没有构成根本性违约,买方可以要求卖方对不符合合同之处作出补救,除非他考虑了所有情况之后,认为这样做是不合理的。修理要求必须在发出收到货物与合同不符通知之后一段合理时间内提出。④如果货物不符合合同,不论价款等是否已付,买方都可以减低价格。减价按照实际交付的货物在交货时的价值与符合合同的货物在当时的价值两者之间的比例计算。⑤如果交货品质只有一部分符合规定,买方可以要求卖方补足缺漏,对不符合合同的部分货物交付替代物、进行修理或减低价格,对于此种情况,买方一般不能宣告整个合同无效或拒收全部货物。⑥对于卖方少交货物时,买方可以要求卖方补交货物,在补交货物后,还可要求损害赔偿的权利。此外,也可以采取单独要求损害赔偿、退货或申请保全货物的救济方法。⑦如果卖方交付的货物大于合同规定的数量时,对于多交货物部分,买方可以收取,也可以拒绝收取多交部分的货物。如果买方收取多交部分的全部或一部分,他必须按合同价格付款。

大陆法系和英美法系的国家对此也作了规定。

《法国民法典》规定,如果卖方所交付的货物含有隐蔽缺陷,而买方不知情时,买方可以返还货物并要求返还已付的货款,或者接受货物而按照公证人的鉴定要求卖方返还部分货款;如果卖方明知所交付的货物含有隐蔽缺陷,除应返还其货款外,还应当赔偿买方全部损失。《德国民法典》规定,当卖方违反对货物的瑕疵担保义务时,买方可以解除合同或减少价金。

《英国货物买卖法》规定,当卖方交付的货物在品质、规格或包装等方面与合同规定不符时,买方可以拒收货物,解除合同并要求损害赔偿;若卖方交付的货物大于合同规定的数量时,对于多交货物部分,买方可以拒绝收取多交的部分,也可以拒收全部货物;如果卖方所交付的货物中混杂了合同规定以外的货物时,买方可以全部拒收或只接受符合合同约定的部分。《美国统一商法典》也规定,在卖方交付的货物与合同不符时,如果买方未正式接收货物,买方可以拒收也可以接受全部货物,也可以只接收符合合同规定的那部分货物,或者在货物具有独特性质时请求法院判令卖方实际履行,买方有权在选取上述补救方法的同时要求损害赔偿;如果买方已经接受了货物,一般只能要求损害赔偿。

### 四、买方违约时卖方可采取的救济方法

买方违约主要有以下几种情况:不付货款、迟延付款、不收取货物、迟延收取货物。对于当买方违约时,卖方应如何寻求救济,《公约》和两大法系的法律规定也是不尽相同的。

#### (一)《公约》的有关规定

《公约》规定,当买方违约时,卖方可以寻求以下途径救济:①当买方不支付货款、不收取货物或不履行其他义务时,卖方可以要求买方实际履行其合同义务,并有权请求损害赔偿;②如果买方没有支付价款或拖欠其他任何金额,卖方有权对这些款额收取利息,但不妨碍按照《公约》规定取得损害赔偿;③即使卖方给出了一段合理的额外时间让买方履行合同义务,即使在此期间内卖方不得采取任何其他补救措施,这样的限制也不会使卖方丧失他对迟延履行义务可能享有的要求损害赔偿的权利;④如果买方违约构成根本违反合同,如经卖方通知后买方仍未履行其义务,卖方即有权宣告合同无效;⑤如果买方没有在合理时间内对卖方自行确定的规

格提出不同要求,卖方可以按自行确定的规格交货。

### (二)大陆法系的有关规定

根据某些大陆法系国家民法典的规定,如果买方不根据合同规定支付货款,或不受领货物,则卖方有权请求解除合同。如《法国民法典》规定,如果买方不支付价款,卖方可以请求解除合同。关于商品或动产的买卖,超过协议期限买方未受领买受物时,为了卖方利益,不经催告,合同即告解除。如果买方迟延支付价款,买方应从收到支付价款的催告之日起支付利息。

根据《德国民法典》的规定,如果买方不支付价款时,卖方可以请求损害赔偿或者解除合同,并可以提出请求支付价款之诉,要求支付价款。

### (三)英美法系的有关规定

根据《英国货物买卖法》的规定,如果买方拒绝支付价款,卖方可以采取物权方面的救济方法或债权方面的救济方法。物权方面的救济是卖方对货物的权利,是一种对物权。债权方面的救济是卖方对买方的权利,一种对人权,是一种必须通过诉讼才能实现的权利。物权方面的救济方法主要有三种:行使留置权、行使停止交货权和行使转售货物权。当货物仍在卖方的占有时,不论货物的所有权是否转移给买方,未收货款的卖方在买方不付款或买方失去偿债能力时,都可以对货物行使留置权;当买方无清偿能力时,如果卖方已经不占有货物,但又未收到货款,卖方可以对运输在途中的货物行使停止向买方交货的权利;如果货物为易腐货物,未收到货款的卖方可以未经通知买方,行使转售货物的权利。如果货物为不易腐货物,未收到货款的卖方必须把另行出售的意思通知买方,如果买方未在合理的时间内付清货款,卖方才可以行使转售货物的权利。债权方面的救济也分三种情况:第一种是当货物的所有权未从卖方转移到买方时,如果买方拒绝付款或受领货物,卖方只能提起损害赔偿之诉,但是,如果合同规定,不论卖方何时交货,买方均应于某日支付货款,在这种情况下,即使货物的所有权尚未转移于买方,只要买方不按照合同规定的日期支付,卖方就有权提起支付价金之诉;第二种是当货物的所有权已从卖方转移到买方时,如果买方无理由拒绝受领货物,卖方可以向买方提起损害赔偿或支付价金之诉。如果买方已经领受了货物,但拒绝支付货款,则卖方只能要求买方支付货款;第三种是当买方的行为构成预期违约时,卖方可以立即宣告解除合同并请求损害赔偿,或者等到买方应该履行其义务的日子来临时,再向有关司法机关起诉买方[①]。

根据《美国统一商法典》的规定,当买方违约时,卖方可以采用以下救济方法。①扣交货物:当卖方发现买方无清偿能力或未能在交货前或交货时支付已经到期的货款,或有无理拒收货物等违约行为时,除非买方同意付款,否则卖方有权扣留货物;②停止运交货物:如果卖方已经把货物交给承运人或者其他受托人,在此情况下,如果买方失去清偿能力或者拒付货款,卖方可以行使停止运交货物的权利;③停止或继续制造合同项下的货物:如果卖方得知买方违约时,该合同项下的货物尚未制造成成品,卖方可以继续制造该批货物成成品,并将其划归到合同项下,也可以停止制造该批货物,出售残次品,并向买方要求损害赔偿;④解除合同:如果买方错误地拒收货物或撤销已接受的货物,或不支付已经到期的货款,或撕毁合同,则卖方可以解除合同,但其享有的所有权利仍然不受影响;⑤请求损害赔偿:当买方拒收货物或拒付货款时,卖方可以向买方请求损害赔偿;⑥向买方提起支付价金之诉。如果买方在接受货物之后,拒绝支付货款,卖方的主要救济方法就是提起支付价金之诉。如果合同项下的货物在风险转

---

① 　任荣明,侯兴政.国际商法[M].北京:清华大学出版社,2004:195-198.

移于买方后发生损害或灭失,或者卖方在经过合理的努力后,仍然无法以合理的价格把合同项下的货物另行出售,卖方也可以向买方提起价格之诉①。

# 第五节　货物所有权及风险的转移

## 一、货物所有权的转移

国际买卖中的货物所有权的转移是指货物标的物的财产权由卖方转移到买方,而不是指与货物转移相关的价款的所有权的转移②。货物所有权何时从卖方转移到买方,是关系到买卖双方利益的一个重大问题,它决定着货物风险的转移,并直接影响买卖双方在一方违约时可能采取的救济措施及其他有关的权利义务。

各国民法或买卖法中对货物所有权的转移都有一些规定,但彼此差异较大。

### (一)大陆法系的有关规定

大陆法系关于货物所有权的转移方面的法律仍然以《法国民法典》和《德国民法典》为代表。

《法国民法典》原则上以合同成立的时间作为货物所有权转移的时间。它规定,当事人就标的物及其价金相互同意时,即使标的物尚未交付,买卖合同即告成立,标的物的所有权即依法由卖方转移到买方。在司法实践中,法国法院还会根据具体情况适用不同的原则:如果标的物是种类物,则必须经过特定化之后所有权才转移到买方,但不需要交付标的物;如果买卖是附条件的,则条件成就后所有权才发生转移;如果买卖双方在合同中规定了所有权转移时间的,则从其约定。

《德国民法典》与《法国民法典》不同,它并不认为买卖合同本身可以有转移货物所有权的效力。依德国法的规定,所有权的转移属于物权法的范畴,它必须符合一定的条件,如果是动产,交付标的物是动产转移所有权的条件。在卖方有义务交付物权凭证的场合,卖方可以通过物权凭证的转移转移货物所有权;如果属于不动产,则物权的转移必须以向有关机关登记为条件。

### (二)英美法系的有关规定

英美法系有关货物所有权转移的规定与大陆法系有所不同。

《英国货物买卖法》把所有权的转移分为两种情况。第一种是对于特定物的买卖,货物所有权的转移依照双方当事人的意旨行事,即由双方当事人在合同中明确规定。如合同中对此无明确的规定,则法院可以依照具体情况确定当事人的意图。对于无保留条件的特定物的买卖合同,如果货物处于可交付状态,则合同订立的时间是货物所有权转移的时间;如果特定物需要修复,则在卖方履行此行为并为买方知晓时,货物的所有权发生转移;如果货物处于可交付状态,但卖方还需要对货物进行检验、称重等,则完成上述行为并为买方知晓时所有权发生转移;如果货物属于"看货或试用后决定"或"准许退还剩货"等类似条件交付,则买方明示接受时所有权发生转移,或买方在接到货物后,在合同规定的时间或合理时间不退货,则推定所有权发生转移。对于有保留条件的特定物的买卖合同,则不管货物是否交付买方、承运人或受托

---

① 沈四宝,等.国际商法[M].北京:对外经济贸易大学出版社,2002:373-374.

② 曹祖平.新编国际商法[M].北京:中国人民大学出版社,2002:295.

人,货物所有权都不发生转移,在所附条件成就时货物的所有权发生转移。第二种是对于非特定物的买卖,将货物特定化(即将处于可交付的货物无条件的划拨到合同项下)是实现货物所有权转移的前提条件。

《美国统一商法典》原则上以卖方完成交货的时间为所有权转移的时间。具体而言又分以下情形:当合同规定在目的地交货时,所有权在目的地交货时发生转移;当合同规定卖方须将货物发送买方,但未规定具体的目的地,则货物的所有权应于货物交付发运的时间地点转移买方;凡卖方不需要运输只需要交付凭证的,凭证交付的时间地点为货物所有权转移的时间和地点;凡合同订立时货物已经特定化,卖方无需交付所有权凭证的,所有权在订立合同的时间和地点发生转移;无论何种理由,当买方以任何形式拒绝接受或保留货物,或买方正当地撤销对货物的接受时,所有权重新转移至卖方。值得注意的是,根据《美国统一商法典》的规定,卖方在履行实际交货义务后,保留货物所有权的凭证如提单,一般只起到担保作用。

**(三)《公约》的规定**

《公约》除原则性的规定卖方有把货物所有权转移于买方并有品质担保和权利担保义务外,对所有权何时、何地以及在何种条件下转移都没有作出具体规定。《公约》第4条明确规定该公约不涉及买卖合同对货物所有权可能产生的影响。

**(四)中国法的规定**

我国《合同法》第133条规定:"标的物的所有权自标的物交付时发生转移,但法律另有规定或当事人另有约定的除外。当事人可以在合同中约定,买方在未支付价款或未履行其他义务时,所有权不发生转移。"我国的《民法通则》也规定,按照合同或其他方式取得财产的,财产所有权从财产交付时起转移,法律另有规定或当事人另有约定的除外。

**(五)国际惯例的规定**

在众多的国际惯例中,只有《华沙-牛津规则》对货物所有权转移的时间作了规定。依照该规则第6条的规定,在CIF合同中,货物所有权转移于买方的时间是卖方将装运单据移交给买方时。虽然《华沙-牛津规则》是针对CIF制定的,但一般认为这项原则也适用于卖方有提供单据义务的合同,包括CFR合同与卖方有义务提供提单的FOB合同[①]。

## 二、货物风险的转移

货物买卖中的风险指因自然灾害或意外事故或由于第三人的原因所产生的货物损失或灭失的风险。货物买卖中的风险应当由卖方还是由买方承担,直接关系到买卖双方的基本权利义务,决定着货物遭受损失时责任的承担。因此,在国际货物买卖中,如何确定风险的转移对交易双方而言至关重要。

**(一)各国国内法有关风险转移的规定**

关于风险何时转移,各国法律对此作了不同的规定,主要有两种情况。

1. 以所有权转移的时间为风险转移的时间

许多国家都采用了把货物的所有权的转移和风险转移联系起来以划分风险的做法。具体而言,在货物所有权转移买方之前,货物的风险由卖方承担;在货物的所有权转移到买方之后,不论货物是否交付,风险由买方承担。英国和法国等国的买卖法都采用了这种划分风险的

---

① 曹祖平.新编国际商法[M].北京:中国人民大学出版社,2002:298.

原则。

《英国货物买卖法》规定,除双方当事人另有约定外,在货物所有权发生转移前,货物的风险由卖方承担;货物所有权一经转移给买方,则不论货物是否已经交付,其风险由买方承担。但是,如果由于买卖双方中一方的过失导致交货迟延,则货物的风险由有过失的一方承担。另外,如果货物需要经海上运输,如果卖方不负责保险,卖方须将有关情况及时通知买方,以便买方办理投保手续,否则,卖方须承担货物在海运途中的风险。

### 2. 以交货时间为风险转移的时间

有些国家采用了所有权和风险相分离的做法,认为货物风险转移不应与所有权转移相联系,而是以货物交付为风险转移的时间点。美国、德国、奥地利等国采用了这种划分风险的方法,其中《美国统一商法典》最具代表性。

《美国统一商法典》规定:①买卖双方的当事人可以通过协议来规定风险的界限,也可以通过国际贸易术语来确定彼此的风险。②如果买卖双方的当事人没有通过协议来规定风险的界限,在没有违约的情况下,如果买卖合同授权或要求卖方将货物交由承运人运送,但并没有规定卖方须将货物运往特定的目的地,则风险自货物交付承运人时起开始由卖方转移至买方;如果买卖合同授权或要求卖方将货物交由承运人运送,并规定卖方须将货物运往特定的目的地,则货物的风险须于卖方在目的地向买方提交货物时转移于买方,关于运输途中的风险,仍然由卖方承担;如果货物已经存放在受托人处无须移动即可移交,当买方收到代表货物所有权的单据时,货物风险由卖方转移给买方。③如果卖方违约,致使买方拒收货物,则在卖方对有缺陷货物做出补救,或买方接受前,货物的风险仍然有卖方承担。

### (二)《公约》的规定

鉴于风险转移关系到买卖双方的重大权益,因此《公约》在第四章"风险转移"专章规定风险转移问题。

### 1. 风险转移产生的法律后果

《公约》第66条规定,货物在风险转移到买方承担后遗失或损坏,买方支付价款的义务并不因此解除,除非这种遗失或损坏是由于卖方的行为或不行为所造成。根据《公约》的此项规定,货物风险转移前,货物灭失的风险由卖方承担;货物风险转移后,货物灭失的风险由买方承担。

### 2. 涉及货物运输时风险转移

《公约》第67条规定:"如果销售合同涉及货物的运输,但卖方没有义务在某一特定地点交付货物,自货物按照销售合同交付给第一承运人以转交给买方时起,风险就转移到买方承担。如果卖方有义务在某一特定地点把货物交付给承运人,在货物于该地点交付给承运人以前,风险不转移到买方承担。卖方授权保留控制货物处置权的单据,并不影响风险的转移。但是,在货物上加标记,或以装运单据,或向买方发出通知或其他方式清楚地注明有关合同以前,风险不转移到买方承担。"此规定有以下含义,合同涉及运输的:①卖方没有义务在某个指定地点交货的,货交第一承运人时风险发生转移;②卖方有义务在某个指定地点交货的,在该地点货交承运人时风险转移;③风险的转移以划拨合同项下为前提,在货物特定化之前,风险不转移买方;④卖方保留控制货物处置权的单据并不影响风险的转移。

### 3. 运输在途的货物销售风险的转移

《公约》第68条规定:"对于在运输途中销售的货物,从订立合同时起,风险就转移到买方承担。但是,如果情况表明有此需要,从货物交付给签发载有运输合同单据的承运人时起,风险就由买方承担。尽管如此,如果卖方在订立合同时已知道或理应知道货物已经遗失或损坏,而他又不将这一事实告知买方,则这种遗失或损坏应由卖方负责。"此规定有以下含义,对于在运输途中出售的货物:①原则上,风险于合同订立时转移;②如果卖方通过向买方转移运输单据作为交货的依据,则从货交承运人时起风险发生转移;③如果卖方在订立合同时已经知道或理应知道货物已经损坏或遗失,而对买方隐瞒事实,则上述风险转移的原则不予适用。

4. 不涉及运输货物风险的转移

《公约》第 69 条对于不涉及运输货物风险的转移,规定有以下情况:①如果不属于以上 2,3 两种情况,风险从买方接受货物时起转移。如果买方不在适当时间内接收货物,则从货物交给他处置但他不收取货物从而违反合同时起,风险转移到买方承担。②如果买方有义务在卖方营业地以外的某一地点接收货物,当交货时间已到而买方知道货物已在该地点交给他处置时,风险开始转移。③如果货物尚未特定化,即使交货时间已到,风险亦不转移于买方,而由卖方承担。

5. 卖方根本违反合同时对风险转移的影响

根据《公约》第 70 条规定,如果卖方已根本违反合同,上述第 67 条、第 68 条和第 69 条的规定,不损害买方因此种违反合同而可以采取的各种补救办法。此项规定表明,如果因为卖方根本违反合同,使货物发生灭失或损害,即使货物的风险已经根据《公约》第 67 条、第 68 条和第 69 条的规定转移于买方,但买方仍然有权要求解除合同,要求卖方交付替代物或请求损害赔偿。

**(三)中国法有关风险转移的规定**

1. 风险转移的时间

我国《合同法》第 133 条规定:"标的物的所有权自标的物交付时起转移,但法律另有规定或者当事人另有约定的除外。"从此规定可以看出,我国合同法中规定的货物风险的转移是与所有权相联系的。

我国《合同法》在其他条款中还规定,标的物毁损、灭失的风险,在标的物交付之前由出卖人承担,交付之后由买受人承担,但法律另有规定或者当事人另有约定的除外。

因买受人的原因致使标的物不能按照约定的期限交付的,买受人应当自违反约定之日起承担标的物毁损、灭失的风险。

出卖人按照约定未交付有关标的物的单证和资料的,不影响标的物毁损、灭失风险的转移。出卖人按照约定或者依照本法第 141 条第 2 款第二项的规定将标的物置于交付地点,买受人违反约定没有收取的,标的物毁损、灭失的风险自违反约定之日起由买受人承担。

出卖人按照约定或者依照规定将标的物置于交付地点,买受人违反约定没有收取的,标的物毁损、灭失的风险自违反约定之日起由买受人承担。

2. 需要运输的货物风险的转移

根据《合同法》规定,标的物需要运输的,出卖人应当将标的物交付给第一承运人以运交给买受人,也就是说,在出卖人交付给第一承运人时风险发生转移。

3. 不需要运输的货物风险的转移

标的物不需要运输,出卖人和买受人订立合同时知道标的物在某一地点的,出卖人应当在该地点交付标的物,交付时风险发生转移;不知道标的物在某一地点的,应当在出卖人订立合同时的营业地交付标的物,该营业地为风险转移的地点。

　　4. 出售在途标的物风险的转移

　　出卖人出卖交由承运人运输的在途标的物,除当事人另有约定的以外,毁损、灭失的风险自合同成立时起由买受人承担。

　　5. 质量不合格风险的转移

　　根据《合同法》规定,因标的物质量不符合要求,致使不能实现合同目的的,买受人可以拒绝接受标的物或者解除合同。买受人拒绝接受标的物或者解除合同的,标的物毁损、灭失的风险由出卖人承担。

　　值得注意的是,我国《合同法》风险转移的规定,并不排除当事人之间的约定,当事人之间如果约定了风险转移的时间和地点的,从其约定。

　　**(四)国际惯例的规定**

　　在众多的国际惯例中,关于风险转移的规定最为详尽的当属《2000 年国际贸易解释通则》,它把 13 个国际贸易划分为 4 组。EXW 是在产地交由买方处置货物后风险由卖方转移至买方;FCA 是卖方在装运口岸将货物交给承运人处置时风险发生转移;FAS 是卖方在装运港货物交船边后风险发生转移;FOB,CFR 和 CIF 是在装运港货物越过装运港船舷后风险发生转移;CPT 和 CIP 是卖方在装运口岸将货物交给承运人处置时风险发生转移;DAF 是在目的口岸货交买方处置时风险发生转移;DES 是买方在目的港船上收货后风险发生转移;DEQ 是买方在目的港口码头上收货后风险发生转移;DDU 和 DDP 是在进口国内买方指定地点收货后风险由卖方转移到买方。如果双方当事人选择了上述贸易术语,则风险按照《2000 年国际贸易解释通则》的规定转移,而不按照《公约》的规定来确定风险转移的时间和地点。

<h2 style="text-align:center">本 章 小 结</h2>

　　国际货物买卖法律制度以国际公约和国际惯例为主要内容,本章重点以《公约》为主要内容来介绍国际货物买卖法律制度。要求掌握国际货物买卖合同的订立、合同的主要条款、买卖双方的权利义务、货物风险转移的法律界线。当买卖双方某一方违反合同,另一方可以获得的法律救济途径。在国际货物买卖当中,当卖方交付货物时,对于知识产权保护的法律要求,对于违反合同所采取的损害赔偿如何得到实现。

<h2 style="text-align:center">关 键 术 语</h2>

　　要约与承诺　　货物风险转移　　救济方法　　不可抗力

<h3 style="text-align:center">思考与练习</h3>

　　1. 什么是要约和承诺?

　　2. 在国际货物买卖中,卖方违反合同,买方可以采取的救济方法?

　　3. 损害赔偿法律制度的条件及其限制?

# 第六章　国际技术转让法律制度

## 本章要点

1. 国际技术许可合同的分类
2. 国际技术转让中的主要条款
3. 关于控制国际技术转让中限制性做法的规定
4. 我国对国际技术转让的法律规定

　　国际技术转让活动,应按照什么样的规则进行? 这涉及调整国际技术转让的法律问题,目前对什么是国际技术转让法并无统一定义,但从国际技术转让实践来看,国际技术转让法律制度包括有关技术转让的双边或多边公约(国际条约),国际技术转让的国际惯例,和各国国内关于国际技术转让的专门立法及相关法律规定。所以从目前这种状况来看,国际技术贸易法应当是指为调整国际间技术转让活动,而规范当事人之间进行技术有偿转让的各种法律、法规、制度的总称。随着国际间技术转让统一活动的开展,终将会产生较为统一的国际技术转让法律体系。

## 第一节　国际技术转让概述

### 一、国际技术转让的概念

#### (一)技术

　　在经济发展中,技术是各国经济发展的基础,无论是在工业生产中,还是在工业生产的管理方面,技术都起着重要的作用。技术除包括产品的设计、制造、使用和维修外,还包括组织和管理生产的经验和方法。因此,技术也就是生产实践中和科学发展过程中的智能和技术。

　　世界知识产权组织编写的《技术贸易手册》中所讲的技术是指"制造一种产品的系统知识所采用的一种工艺或提供的一项服务,不论这种知识是否反映在一项发明,一项外型设计,一项实用新型或者一种植物新品种中,或者反映在技术情报或技能中,或者反映在专家为设计、安装、开办或维修一个工厂中或为管理一个工商企业和其活动而提供的服务或协助等方面"。

　　随着人类认识自然、改造自然的能力加强,技术的含义也会不断变化、拓展。

#### (二)技术转让

　　所谓技术转让是指为制造某种产品或应用某种生产方法或提供某种劳务所需的系统知识的转让。

　　技术转让所转让的标的——技术,从法律角度划分,可分为公开技术、专利技术和专有技术。公开技术不受法律保护，一般是指可以公开自由传播的科学技术理论和实际知识；专利技术是经法定程序申请、批准，获得法律保护的半公开技术；专有技术是一种不公开的技术，且不受法律的保护，一般为生产经营活动中的技术诀窍。

公开技术的转让，通常是采取由一方向另一方提供技术协助或劳务的方式实现。

专利技术的转让方式是许可贸易。按照《中华人民共和国专利法》的规定，专利权人享有以下几项特权：

(1)有权自行实施其专利；

(2)有权制止他人实施其专利；

(3)有权允许他人实施其专利。

任何人想实施某专利权人的专利，应得到该专利权人的允许，以许可为要件实施专利，这称为专利许可。

专利许可是一种权利的移转，技术只会以公开的专利文件传递，许可人并无义务向被许可人亲自传授技术。在实践中，许可贸易事实上已延伸到第三类知识的转让，而第三类知识的传递必须依靠许可人向被许可人透露其保密的知识内容，并且亲自向其传授。因此在技术转让中大量存在着这种专利与专有技术的混合许可。

对专有技术的转让，国际上通称此类技术为 Know-how，有的国家则称 Trade-secret，我国常译为"专有技术"或"技术诀窍""技术秘密"等。

Know-how 同 Trade-secret 内容大致相同，但 Trade-secret 的范围较广些，包括客户名单、销售渠道及宣传方式等。

专有技术一般有以下三个特征：

(1)能在生产、经营中实际应用；

(2)应用者能在市场竞争中取得某些优势；

(3)具有保密性。

其中第三项特征是关键，因为只有在保密状态下才能使第二项特征成为可能。因为占有专有技术的自然人或法人正是以其有效的保密措施为自己建立了对该专有技术的占有权。

## 二、国际技术转让

国际技术转让是指技术许可方将技术越出国境转让给技术被许可方的一种活动。然而对于什么是国际技术转让，目前世界各国还存在不同的理解。多数国家认为跨越国境的技术转让才属于国际技术转让。但是代表发展中国家的 77 国集团除了承认跨越国境的技术转让外，还提出以下两种情况也属于国际技术转让：第一，当事人双方不定居于或不设立于同一国家时彼此所进行的技术转让；第二，当事人双方虽定居于或设立于同一国家，但其中至少一方为外国实体的分公司、子公司、附属公司或在其他方式下所转让的技术，或当它作为转让外国拥有的技术的中间人时，彼此之间所进行的技术转让。这是发展中国家处于技术受让方的地位，为维护其利益而持的观点。西方发达国家则不承认外国公司设在技术引进国国内的分支附属公司与技术引进国的法人或自然人之间的技术转让是国际技术转让，这种分歧到目前还未达成一致。但无论如何，跨越国境的技术转让活动被认为是国际技术转让已被普遍承认，且转让各方的国籍在所不问，这同 1980 年《公约》的规定是一致的。但在实际技术转让过程中，要认定其是否为国际技术转让，则需视各国的国内法和所参加的国际公约而定。

　　在国际技术转让的主体方面,按照国际上多数国家的法律规定,从事国际技术转让的主体,可以是法人,也可以是自然人。我国的法律规定也是这样的,但在实际转让活动中,多数为法人,自然人由于受活动范围、支付能力等因素影响,几乎难以充当主体。在某些情况下,国家和政府也可以作国际技术转让的主体。

　　至于国际技术转让的内容则相当广泛,目前转让内容较多的是工业产权的使用许可和专有技术的使用许可、提供设计、安装、进行项目分析、技术培训以及技术合作等形式。随着国际技术转让活动的发展,其内容也会不断扩大。

### 三、国际技术转让的立法现状

　　国际技术转让是国际经济活动的重要组成部分,也是促进国家经济发展的重要手段之一,因此,许多国家十分重视并积极参与国际技术转让活动。特别是发达国家与发展中国家之间的技术贸易,在国际技术转让中占有很大比重。随着发展中国家经济的发展,客观上也要求其参与国际技术转让活动。许多发展中国家的实践证明,在平等互利的基础上发展国际技术转让,有利于促进本国的技术进步和经济繁荣。但是发展中国家由于技术的相对落后,在国际技术转让中往往处于不利地位,为改变上述情况,许多国家相继通过立法,加强对技术转让的国家管制。如墨西哥政府1972年12月28日颁布《技术转让法》,使得技术转让的长期自由化状态宣告结束,1974年制定的《关于贯彻技术转让法的实施细则》,使技术贸易处于国家管制之下。巴西政府于1958年颁布第436号法令,宣布国家通过银行对外付款管理技术贸易,1975年又颁布了《技术转让合同注册规范法》,从经济、技术、法律三方面实行全面管理。菲律宾政府在1973—1978年委托中央银行成立了技术转让局,制定了技术转让管理条例,要求对技术转让合同实行审批制度。我国政府于1985年确立了技术引进合同的审批制度,于1986年确立了技术出口合同的审批制度,使技术转让的国家管理制度更加完善。

　　西方发达国家的情况与发展中国家的情况不同,其主要是通过投资法、工业产权法、外汇管制法和反垄断法等来调整技术转让关系,而不直接制定调整技术转让关系的专门法律。例如,日本的外国投资法规定一切从外国引进的技术的协议都必须经过大藏省和通产省的审查批准方为有效。美国的《出口管理法》规定了技术出口需要申领许可证,并根据技术出口的不同国家,规定了不同的管理措施。

　　除了各国制定的技术转让法外,在国际上还有一些与技术转让有关的国际公约和国际性的法律文件。最初的关于国际技术转让方面的国际立法,是关于工业产权的几项国际公约,它们是《保护工业产权巴黎公约》、《专利合作条约》、《欧洲跨国公约》、《非洲知识产权组织班吉协定》、《马德里协定》和《商标注册协定》。近几年来,国际间的技术转让有了迅速的发展,为了适应这一要求,使国际技术转让统一化,根据发展中国家的要求,联合国第六次特别会议通过一项决议,决定起草一项有关国际技术转让的行动规则,后由联合国专家组综合各方面的意见制定了《国际技术转让行动守则草案》。但由于技术转让问题涉及各国的利益不同,尤其是发展中国家与发达国家之间的分歧较大,致使该《草案》至今尚未通过,但它为今后制定统一的技术转让国际公约奠定了基础。

　　我国有关技术转让的立法和行政管理工作近年来不断加强,已经公布了《技术进出口管理条例》、《专利法》、《商标法》等。在技术出口方面也制定了一系列的政策。在行政管理方面,技术转让由对外经济贸易部归口管理,经贸部负责组织、协调和监督实施国家的技术贸易政策和计划,并受国家委托草拟有关技术贸易的法律和法令,还有权代表政府审批技术转让合同和监督合同的执行。我国对技术转让的管理包括合同管理、税收管理、外汇管理和计划管理,建立了一套技术进出口审批程序。从目前看来,我国技术出口立法还不尽完善,特别是随着我国对外开放的不断发展,更需要建立完善的管理体系和制定健全的法律规范,以便使我国在平等互利、公平合理的基础上,搞好技术的进出口贸易。

# 第二节　国际技术转让与知识产权保护

## 一、专利

### (一)专利的概念与特征

专利一词源于拉丁文,在西方国家,被认为最早的一件专利是英王亨利三世1236年授予波尔多得一个市民以制作各色布的15年垄断经营权,实际上这并非现代意义的专利,而是封建特权的一种形式。据考证,第一个建立专利制度的国家是威尼斯,它于1474年颁布了第一部具有现代特征的专利法,于1476年批准了第一件有记载的专利。著名科学家伽利略发明的扬水灌溉机,也是在当时的威尼斯取得了20年的专利权。这与威尼斯地处东西方贸易中心、拥有发达的工业是分不开的,但是由于那时封建意识的局限,对科学的禁锢,用法律来保护专利是非常局部和有限的。

通认的具有现代法律特征的专利法是1624年英国制定的《垄断法》,这部法规对后来各国的专利立法产生了重要的影响。随后,美国、法国、西班牙和日本等国也相继制定了专利法。中国历史上第一部正式专利法是1944年国民政府颁布的《专利法》。新中国成立后,1950年政务院颁布了《保障发明权与专利权暂行条例》。1980年中国专利局成立后对专利制度进行广泛研究,参照其他国家先进的专利立法,筹备起草专利法,终于于1984年正式颁布了《中华人民共和国专利法》,并在1992年对专利法进行了第二次修改。

专利是指国家专利机关根据发明人的申请,依法批准授予发明人在一定期限内,对其发明成果所享有的专利权,又称为垄断权或独占权。

专利制度是一种管理制度,建立专利制度的目的是通过授予发明创造的专利权,换取发明创造人向社会公开其发明创造内容,从而鼓励其发明创造,推动对发明创造的利用,促进科学进步。专利法是指确认发明人(或其权利继受人)对其发明创造享有专有权,规定专利权人的权利和义务的法律规范的总称。

专利具有以下几个特征:

第一,垄断性或称专有性或排他性。即专利权方在法定期限内,对其发明享有和排除他人独占使用的权利。对于某项发明,其专利只能授予一次。专利被授予后,任何单位或个人未经专利权人的许可,都不得实施其专利,即不得为生产经营目的制造、使用或销售其专利产品,或者使用其专利方法。专有权是专利人最基本的权利。

第二,时间性。专利权由政府授予,各国对专利的期限都有一定规定。这是因为作为专利技术,应当在一定期限内享有独占权,但是如果永远享有独占权,势必影响专利技术对社会的积极因素,从而阻碍了社会的进步。因此专利应有一定的独占期限。如果专利权的法定期届满或因其他原因而失效,专利权随即终止,此项发明创造即成为社会财富,任何人均可无偿使用。

第三,地域性。专利权具有严格的地域限制,它只能在一国的法律管辖范围内有效,越出国境该专利权无效。虽然,专利的国际保护趋势在加强,但目前仍适用属地原则。

**(二)各国的专利保护制度**

**1. 美国的专利制度**

美国的第一部专利法是在 1790 年颁布的。现行的专利法是 1952 年由联邦议会通过颁布,几经修改,最后一次是 1980 年 12 月修改的。

美国授予专利权的发明创造有三种,一是发明专利,制法、机器、制品、物质的组合或其任何新颖而适用的改进。二是外观设计,指制造品新颖的、独创的和装饰性的外观设计。三是植物专利,指任何人发明、发现以及利用无性繁殖培植出的任何独特而新颖的植物品种,包括培植出来的变形芽、变种、杂交种及新发现的种子苗(但不包括由块茎繁殖的植物或在非栽培状态下发现的植物)。

具备新颖性、非显而易见性和实用性授予发明专利的要件。就内容相同的两项发明申请专利,专利权授予最先发明的人,即采用先发明原则。专利的审批按"完全审查"或"及时审查制"进行,申请案自动通过审查程序,确定是否符合专利条件。在专利局审查批准之前,不公布申请案,专利公布以后,公众如有异议可以通过法院诉讼裁决。1980 年修改的专利法增加了"再审查程序",即专利颁布后,任何人均可以书面形式向专利局提交对该专利进行再审查的请求,请求人需缴纳费用并附具理由。而且规定对侵犯专利权的行为,只能提起民事诉讼,不受刑法制裁。对专利权人实施其发明的义务,并没有强制规定,所以也无强制许可的要求。

虽然美国专利法规定,对微生物、原子核裂变物质、计算机程序等,不能获得专利保护,但近几年,有几项微生物和计算机程序已获得发明专利。对于专利的保护期限,规定发明专利与植物专利为 17 年,外观设计专利为 3 年半、7 年或 14 年,由申请人申请时选定,期限均从专利批准之日起计算。

**2. 日本的专利制度**

日本最早的专利法是 1885 年颁布的《专卖专利条例》。1899 年日本参加了巴黎公约后,又对该条例进行修改,增加了允许外国人在日本申请专利权,对于专利权的判决,可以不符合法律规定为由,向高等法院提出上诉。后于 1921 年又进行修改,将先发明原则改为先申请原则,采取申请公告和异议制度,规定驳回专利申请之前,应将驳回理由通知申请人。其后又于1959 年、1970 年、1975 年和 1978 年对专利法进行了多次修改。

按照现行的专利法,规定其保护的对象是发明专利,而对外观设计和实用新型另有专门法令保护。获得发明专利的条件是应具备新颖性、创造性和实用性。专利的审查采取早期公开延迟审查制度,审查后公告期为两个月,其间可由异议人提出异议,异议期结束,发明专利申请即获得专利权。

日本专利法所授予专利权的技术领域较为广泛,涉及食品、饮料、药品及化学物质等发明。专利权的有效期限从申请公告之日起 15 年,但自申请日起不得超过 20 年。

**3. 英国专利制度**

自 1624 年,英国颁布了世界上第一部内容较为完善的专利法——《垄断法》后,经过不断修改,现行的是 1977 年的专利法。

1977 年的专利法中规定,专利法保护的内容是发明专利,对外观设计则另有专门法律保护,规定授予发明专利的条件是"发明是新颖的,具有创造性,以及可用于工业的"。对专利申请的审查采取早期公开与延迟审查制。在一项发明公布后,而尚未被批准专利前的任何时间,任何人均可向专利局提出书面意见。专利批准后,任何人均可对专利权的合法性提出异议,如异议成立,可发出撤销该专利的命令。

英国专利法采取了强制许可制度,即申请专利权人可以在其专利获得批准后的任何时间向专利局请求登记,同意后签发当然许可证。任何愿意实施发明的人,在登记后,均有权利按协议条件取得许可证,自专利权人请求登记日起,可少缴纳一半专利维持费。

英国专利法规定的专利权有效期为 20 年,自申请日起计算。

## 二、商标

### (一)商标的概念、特征与种类

商标是商品生产者或经营者为了使自己销售的商品,在市场上同其他商品生产者或经营者的商品相区别而使用的一种标记,俗称牌子,通常用文字、图形或文字与图形的组合构成。

商标是商品经济的产物。在自然经济的状况下,人们的生产目的主要是为了自己消费,没有使用商标的需要。随着商品交换的发展,不同生产者制造同类的商品,各自在产品上标注上自己的姓名或标记,以便推销自己的商品,也便于商品售出后退换或修理时,能辨认产品的制造者。在现代商品经济社会中,商品交换对商标的依赖性越来越大,商标在促进生产、繁荣市场、开展国际贸易、维护生产者和消费者的利益等方面的作用也越来越引起各方面的重视。在技术转让中,商标作为独立的或与技术有关的转让也应受到重视。

商标的种类有:

(1)制造商标,是指表示商品制造者的商标,由生产制造该项产品的所有者将其制作的商标标识粘附在该项产品或包装上,用以表明自己是该项产品的生产者或制造者的标记。如日立电器公司的"日立"牌商标,蓝天服装厂的"蓝天"牌商标。

(2)商业商标,是指销售者销售商品而使用的商标。由经营推销该项商品的商业企业,把它制作的商标标识粘附在商品上或包装上的商标,用以表示其所出售的商品都是该商业企业经过挑选并保证质量的商品。如东风百货公司的"东风"牌,我国外贸公司自己包装出口的"龙"牌茶叶等。

(3)服务商标,是指服务性行业所使用的商标。服务企业采用自己的商标,有利于与同行业企业竞争。目前,许多国家对服务商标不办理注册手续,而《巴黎公约》把服务标记与商标并列,作为工业产权加以保护。我国 1982 年的《商标法》中也规定了不能注册服务商标,但在1993 年 2 月修改的《商标法》中已规定服务商标可予以注册。

### (二)商标权的法律特征

商标权是商标所有人对其注册商标所享有的权利。这是由国家商标管理机关依法授予商标所有人受到国家强制力保护的权利。商标权包括商标所有权及与其相联系的商标专用权、商标续展权、商标转让权、商标许可权、法律诉讼权等。其中,商标专用权,即注册商标的专有使用权,是商标权最主要法律特征的表现,也是商标权很重要的一项内容。没有商标专用权,商标权也就失去了存在的意义。我国及其他许多国家的法律规定,在商标权被确认后,商标权所有人即同时取得商标专用权。

商标权属于知识产权的范围。知识产权包括版权和工业产权,商标权和专利权则构成工业产权的主要内容。各种知识产权都具有专有性、时间性和地域性三个特征。商标权也是如此。

### 1. 专有性，又称独占性

商标所有人对其注册商标享有专有使用的权利，任何第三者非经商标权所有人同意，不得加以使用。而未经注册的商标所用人，则不享有此种权利。具体表现如下：

(1)商标所有人的使用权。使用权要求在注册商标所核定的商品范围内使用该商标。商标注册人使用其注册商标，应当符合法律的规定，未经批准，不得自行变更商标图样或把商标用在质量不符合要求的商品上，或把商标使用在非核定使用的别类商品上。

(2)商标所有人的禁止权。禁止权是指注册商标所有人有权排除第三者未经允许使用其商标的权利。这种权利排除了第三者将商标所有人的注册商标使用于同一种商品或类似商品上。因此，我国《商标法》规定第三者未经商标权所有人的同意，在同一种商品或类似商品上使用同注册商标相同或近似的商标是一种侵犯商标权的行为。但是，第三者如果不是在相同或类似商品上使用同注册商标相同或近似的商标，则不影响商标权的专有性，那么注册商标所有人也无权请求加以排除，而且该第三人还可以将该商标申请注册，从而取得商标权。

### 2. 时间性，即商标权的有效期限

在有效期限之内商标权受到法律保护；超过有效期限，商标权不再受到法律保护。

我国规定商标权有效期限为 10 年，有的国家规定为 15 年或 20 年，同时又规定了有效期届满后可以申请续展，而且不受次数限制。每次续展的时间，许多国家规定为与原规定的有效期相同。

### 3. 地域性

商标权具有严格的地域性，即通常所说的"属地原则"，就是说商标注册人所享有的商标权只能在授予该项权利的国家领域内受到保护，在其他国家则不发生法律效力。如果需要得到其他国家的法律保护，必须按照该国法律规定，在该国申请注册。

#### (三)各国的商标保护制度

### 1. 美国的商标法律制度

1870 年美国颁布了第一部联邦商标法。现行的商标法是 1946 年颁布的《兰哈姆法》，并于 1982 年进行了修订。在美国的商标法律制度中，规定了下列内容不能办理注册商标：

(1)具有不道德、欺骗或丑恶的内容，或对个人组织、信仰或国家进行诽谤或虚构，使它们的信誉丧失的内容。

(2)含有合众国或某一州、市或某一外国的旗帜、国徽或其他徽章、仿制品。

(3)使用在世的人的姓名、肖像或签字式样，而未经本人书面同意的；或当美国某一已故总统的夫人健在时，使用已故总统的姓名、遗像或签字式样，而未经已故总统夫人书面同意的。

(4)近似他人已注册的商标或他人在合众国已使用而未放弃的商标或商号名称，又能引起混淆、讹误或欺骗者。

(5)对申请人产品和产品地理方面的描述或单纯属于绰号的文词，采取虚伪、欺骗的行为。

除此之外，任何用文字、符号或标志，或者这种事物的组合作为商标，均可以申请注册商标。

美国的商标注册采用首先注册原则，需由专利局在商标公告上公告一次，如无异议者，可直接批准为注册商标，其保护期限为 20 年，可无限续展，每次续展 20 年。

对于侵犯商标权的认定，规定有下列情况者为侵权行为：①复制、伪造、仿冒、抄袭已注册

的商标、可能引起混淆、讹误和欺骗的行为；②在其商品或商业经营上，如销售、经销、批发或广告上，复制、伪造、抄袭或仿冒一项已注册的商标，可能引起混淆、讹误和欺骗的行为。

对侵权行为的处理，要求侵权人对受损害的人赔偿利润和损失，并承担全部诉讼费用和禁止销售商品。

对于注册商标的申请人，只要在美国有固定住所的外国人和本国人，无论是本人，公司、商号或社会团体，均可申请，一视同仁。对于其他外国人，按对等原则处理。在美国没有住所的外国申请人，应委托代理人代为办理。

2. 英国的商标法律制度

英国现行《商标法》是 1938 年颁布的，其商标的注册条件为：

(1)该标志已经或将要作为商标使用于一定商品上；

(2)商标具备显著特征，能够以其使用来表明在交易过程中，商标所有人与商品之间具有一定的联系。

对于不能申请注册商标的情况，规定为：

(1)注有"红十字"、"日内瓦十字"或其他红十字及类似字样；

(2)注有"专利"、"版权"、"呈准专利"、"注册图案"等其他类似字样；

(3)澳新军团符号以与英国王室或帝国的国徽、信章、国旗、饰章、帝国旗帜相同或相似的文字、字母、图形；

(4)社会上公认为一般商品通用名称或说明文字；

(5)地方、社团或个人的奖章、信章、勋章、旗帜的名称和图形等，除非经团体或个人的同意；

(6)违反道德和法令，足以使人发生误会的文字和图案。

英国的注册商标制度中有 A,B 两部。在 A 部注册的商标必须是以特殊方式表示的公司名称、人名或商号，或是创新的词或字及其他具有识别性的标记。在 B 部注册的商标一般是识别性较差的商标，有些字或词虽然在注册审查时被判为无识别性，但鉴于它在使用中可能产生识别性，也可以先在 B 部注册。A,B 两部的注册商标区别在于其注册商标的可识别性，在 A 部通不过的商标，可在 B 部先注册，如果经过 7 年，被认为是可识别的，则可上升为 A 部。A 部商标经过 7 年即成为无可争辩的绝对有效，他人不得以其缺乏显著性或过去没有使用等理由要求予以撤销。即如果有人对 A 部商标有侵权行为，无需认定其侵权是否引起公众混淆，而 B 部注册商标需认定其侵权行为是否引起公众混淆。

英国的注册商标保护期限为 7 年，续展期为 14 年，任何人或企业均可按照规定以书面形式向商标注册局提出申请。在英国有固定住所的外国人与本国人享有同等待遇，商标注册人在英国无住所的，可委托代理人代理注册。一个商标涉及两个及两个以上的利害关系人，可用共有人的名义进行注册，除保证商标外，对于本人不使用的商标不得申请注册。

3. 日本的商标法律制度

现行日本《商标法》是 1959 年颁布的，最后一次修订于 1978 年。日本商标法采取注册在先原则，两个以上相同或相似的商标由不同所有人申请注册时，先申请者获准注册。并规定下列情况者，不允许申请注册商标：

(1)与一切非营利社会团体使用的名称、标示相同或相似的标志；

(2)与别人的失效不满一年的失效商标相同或类似的商标；

（3）易引起商品品质误认危险的商标；

（4）与"农产科苗法"所注册的名称相同或类似商品的商标；

（5）容易使该商品与别人业务有关商品引起混淆的商标；

（6）地名不能作为注册商标，但偏僻、少见或有特殊含义的地名除外；

（7）《巴黎公约》最低要求的不允许注册的商标。

日本商标法规定，凡有下列行为的构成侵权行为：

①在指定商品上使用与注册商标类似的商标，在与指定商品类似的商品上使用注册商标或类似商标；

②为了使别人在指定商品或类似商品上使用注册商标或类似商标，进行转让、交付或为转让、交付而持有表示注册商标或类似商品之物品；

③为了转让或交付，而持有在指定商品或类似的商品或其商品的包装上附有注册商标或类似商标之物品；

④为了要在指定商品或类似商品上使用注册商标或类似商标，而持有表示注册商品或类似商标之物品；

⑤为了在指定商品上或类似商品上自己使用或使用他人使用注册商标或类似商标，而制造或输入表示注册商标或类似商标之物品；

⑥只是为了制造表示注册商标或类似商标的商品，而以制造、转让、交付或输入所需的物品为目的。

日本是《商标国际注册马德里协定》的成员国，还参加了《尼斯协定》、《制裁商品来源的虚假或欺骗性标志马德里协定》。

## 三、专有技术

### （一）专有技术的概念与特征

#### 1. 专有技术的概念

专有技术一词来源于英文中的"Know-how"，在国内译法很多，如专门知识、专门技术、技术秘密、技术诀窍等。按照联合国工业发展组织发表的资料，对专有技术下的定义为："为生产某种产品或采用某种流程，以及为此目的而建立某一企业所需要的知识、经验、技巧的总和。"按照1961年在国际商会理事会上通过的关于保护专有技术决议中的标准条款第1条规定，专有技术被定义为："所谓专有技术是指单独或结合在一起，为有利于完成工业目的的某种技术，或者是为实际应用这种技术所必需的秘密技术知识和经验，或者是其总称。"

专有技术是技术转让中的一项重要内容，它可以作为一个独立的许可项目参与技术贸易，也可以与专利许可相结合，一同进行转让。一些资料表明，在国际许可贸易中，附带专有技术的专利许可合同约占60％，而纯粹的专有技术许可合同仅占30％左右，占比例最小的为单纯的专利许可合同，仅为5％左右。

#### 2. 专有技术的特点

专有技术有以下几个特点：

（1）实用性。专有技术是理论在实践中的应用，它必须是在商业上可以使用的新技术，因此，它会产生一定的经济效益。如果理论成果没有这种实用性，它就不是专有技术。

（2）秘密性。一般认为，凡是公众容易得知的技术内容，都不具有专有技术的价值。与专利相比,专有技术不需专利那样的新颖性,但它必须内容保密,其合同签订时必须制定有利于保守秘密的各种条款。

(3)转让性和传授性。专有技术应是可转让的,也就是将同一技术传授给其他一般的专业人员时,也可以产生同样的结果。一般认为,专有技术区别于个别人的特长,与人的天赋无关。

(4)历史性。专有技术是多年实践的经验总结,是人类智力活动的产物,而不是偶然出现的,具有历史性。

**(二)专有技术的保护**

众所周知,一个人要获得制造一种产品的专有技术需要花费一定的时间、精力和费用。因此,他掌握的专有技术也可以是他的宝贵财富。如何对这一财富进行保护,到目前为止,世界各国都没有制定保护专有技术的专门法律。但专有技术受到侵害时,原告应根据具体情况,以正当理由提起诉讼。例如,在美国被侵害人可以根据下列理由提起诉讼:①以合同为依据起诉,即在双方订有合同的情况下,如一方违反合同规定使用或泄露某种专有技术时,对方可以违约为理由对其提起诉讼;②以侵权行为为依据起诉,即以侵害者用不正当手段侵害其专有技术为由,对侵害者起诉;③以所有权为依据起诉,即视专有技术为一种所有权,而所有权是具有排他性的,因此,如果第三者未经所有权人同意而使用或泄露其秘密时,所有人就可以以其所有权受到侵犯为理由对侵害者提起诉讼。

从目前各国立法情况看,对专有技术的保护,通常有以下几种方法:

1. 通过合同法予以保护

在雇佣合同或技术转让合同中,对专有技术可约定保密条款,使受让方承担专有技术的保密义务。如果签约一方违反合同,将专有技术泄露,则另一方可以违反合同约定为理由起诉,要求法院下令制止违约行为或判决违约方赔偿损失,这是一种有效的保护专有技术的措施。但在实际中,往往是违约的一方将专有技术泄露给第三者,由第三者实施或第三者再泄露给其他人。那么这种情况下,以违反合同为起诉理由的方法只能制裁签约的违约者,并不能起诉第三者或其他人。

2. 通过保护商业秘密的法律给予保护

这里的商业秘密并不是指经商的秘密,而是指可以付诸工商业使用并在商业流通中获得利益的秘密。英、美等国家将专有技术划归于商业秘密中,按照有关法律,凡是以不正当手段获取他人商业秘密的行为,均认为是侵权行为,侵权者必须承担损害赔偿责任。

3. 通过侵权行为法给予保护

一旦认定侵犯专有技术即构成侵权行为,受损害的一方即可要求侵权者赔偿其损失。《德国民法典》第823条规定:凡因故意或过失、不法行为侵害他人的生命、身体、健康、自由、所有权及其他权利,对于他人承担由此所产生的损害赔偿义务。《日本民法典》第709条规定:因故意或过失侵害他人权益者,应承担由此所产生的损害赔偿责任。因此,在以侵权为由起诉时,原告只需证明他有某种权利,而这种权利受到被告的侵害,因此要求赔偿损失,而不需证明原告与被告是否具有某种合同关系。

4. 通过反不正当竞争法予以保护

世界上许多国家为维护经济秩序,防止不正当竞争带来不利后果,都制定了防止不正当竞争的法律。德国1909年《防止不正当竞争法》最为详尽,其中就有对商业秘密和专有技术保护的规定。例如该法第18条规定:凡以竞争或图谋自己私利为目的,无正当理由而利用商业交易中所获悉的模型、技术文件、特别图纸、式样、配方、制造方法,或将其泄露者,处以 2 年以下有期徒刑或并科以罚金。并且还规定,对于引诱他人窃取上述商业秘密或专有技术者,亦处以 2 年以下有期徒刑或罚金。从以上规定可以看出,德国《防止不正当竞争法》对工商秘密和专有技术的保护是相当有力的,对侵害工商业秘密和专有技术的制裁是十分严厉的。

### 5. 通过刑法给予保护

各国对专有技术和商业秘密的保护,一般是以民事保护为主,但为了切实加强对商业秘密和专有技术的保护,有些国家在刑事立法中对侵害专有技术和商业秘密的行为处以相当重的惩罚,作为另一种保护手段。例如,《美国联邦刑法典》规定,在州际贸易中凡盗窃、强占或以欺诈手段获取货物、物品和商品、有价证券、现金等,且价值在 5 000 美元以上者,即归为刑事犯罪。按照美国法院的解释,商业秘密亦包括在货物、物品和商品的范畴内。日本在先行立法中没有直接以保护商业秘密和专有技术为目的的刑事制裁办法,但由于近年来要求保护技术秘密的呼声日益高涨,日本也在其修改刑法草案中增列了泄露企业专有技术的处罚条款,明确规定凡企业的职员或其从业人员,无正当理由泄露该企业的生产方法或其他有关技术的秘密于第三人者,处 3 年以下有期徒刑或 50 万日元以下罚金。

### 6. 救济方法

当专有技术或商业秘密受到侵害时,其所有人在民事上可以有两种救济方法:一是请求损害赔偿,即要求侵害者赔偿专有技术所有人由于其技术被非法使用或泄露所遭受的损失,或要求侵害者退回因不法使用他人的专有技术所获得的不当得利;二是要求法院发出禁令,禁止侵害者继续使用该项专有技术。禁令是英美衡平法上的一种救济方法,它的作用是由法院判令被告不得做某种行为。按照英美等国的法律,禁令可以在侵权行为发生后作出,以制止侵害行为继续发展,也可以在侵权行为发生之前作出,以防止侵害行为的发生。但是按照日本的法律,当专有技术受到侵害时,主要的救济方法是损害赔偿。因为日本的现行法律没有规定以禁令作为对付不法取得专有技术的第三者的救济方法,所以日本法院不能发出禁令制止第三者的侵权行为。

由此可见,虽然各国目前并没有专门保护专有技术的立法,但这并不等于对专有技术没有什么保护措施。实际上,一些国家对不法泄露、不法使用或窃取他人专有技术的行为,其法律制裁是相当严厉的。

# 第三节　国际技术许可合同

## 一、国际技术许可合同的特点

国际技术许可合同是两个或两个以上不同国家的当事人,为使得某项或某几项工业产权或专有技术在当事人之间转移,而在一定时间、一定地域内进行交易活动的一项契约。因此,国际许可合同有以下几个特点:

### (一)国际技术许可合同的时间性

国际技术许可合同的标的是技术。在各国工业产权法中,都对专利及商标加以时间上的限定,通常有效期限在 10～20 年之间。因此,在订立许可合同时,时间问题就成为双方重点考虑的问题。技术转让方想把时间订得长一些,而技术受让方想订得短一点,因为技术转让中支付的价格往往同合同中技术生产出来的产品数量有关,合同时间越长,合同的总价就越高。

### (二)国际技术许可合同的地域性

由于在国际技术许可合同中,所转让的技术常常是受到法律保护的技术,其中明显的特征就是具有地域性。地域性要求技术出让方在技术受到保护的地域内转让于受让方,而且只有当转让技术使用权的地域同获取利益的地域一致时,受让方的利益才能得到法律保护。因为对于受让方来讲,在他获取该技术的地域内,可以较高的技术力量,使用该技术生产的产品,占有优势地位。因此,地域性是国际许可合同的另一个特点。

## 二、国际技术许可合同的内容

### (一)绪言(前言)

绪言部分包括许可合同的名称、合同号、制定或缔结或签字的地点和日期,生效日期,对双方或与磋商有关的或拥有权利的人员和他们的资格或地位的确认。

合同的名称要具体表现合同的类型,能反映出合同的性质、特征,使人一目了然。为了便于立卷、归档和查询,绪言中还要标明合同号。签约时间是决定合同生效、交付资料、开单付款的起算依据,因此,应在合同的这一部分中,将签字的时间准确地表现出来。签字地点是决定适用哪一国法律的重要条件,例如,很多国家的仲裁院的仲裁规则中都明确规定,该院受理的仲裁案件,应首先适用该院所在国的有关法律规定。如果该国的法律无法解决此案或没有专门立法时,就要选择合同签字地国的法律来解决此争议。因此,合同签字地点往往是判断合同适用哪一国法律的重要条件。

供方、受方是整个合同的权力义务和一切法律责任的承担者,合同中的全部条款,都是围绕着这两者来订立的。因此完整确切地写明双方的名称,才能表示出当事人究竟是谁,是自然人还是法人,以及作为法律实体的性质是属于哪一类,如是股份公司、有限公司还是合伙,以便在公司破产时确定如何偿还债务。同时还应标明双方当事人的法定地址,这样便于查找。

鉴于条款也是合同绪言部分不可缺少的内容。鉴于条款的作用在于:说明交易双方定约的意图、目的、愿望以及转让技术的合作性质和是否具有实际生产经验等等。如"鉴于许可方拥有某些制造技术和生产某项产品的实际经验","鉴于许可方是某专利的专利权所有人",或"鉴于许可方向被许可方转让某项技术,能得到本国有关当局的批准"等等。鉴于条款在合同中的作用较为重大,因为在国际专利许可贸易中,有的许可方明知自己的某项专利得不到国家的批准出口,却故意与受让方成交,从而造成受让方的经济损失。有了鉴于条款,就可避免这类问题的发生。

### (二)定义

定义条款是指对许可合同中关键性词语、术语进行解释的部分。由于当事人双方国籍不同,语言不同,法律规定不同,各方对同一词汇的使用、解释也不会完全一样,即使在同一国家中,当事人双方对同一词汇的解释也不尽相同。为了避免在执行合同中产生分歧,防止任何一方钻空子,就必须在合同中列出专门条款,对合同中的关键性、重要性词汇定义,表示双方对该词语的共同确认。需要下定义的关键词语通常是在合同中屡次使用的词语,具有代表性的是:"基本技术"、"专利"、"技术"、"情报"、"技术服务与协助"、"产品"、"部件"、"工艺"、"质量标准"、"改进"、"发展",此外还有:"净销售价"、"年度和会计年度"、"子公司"、"合伙人"、"提成率"、"投产日期"等。对定义取得一致意见这一过程本身,就能帮助缔约双方澄清他们的思想,因而,可以防止将来可能发生的争议。

应当指出的是,合同中的关键词语或术语的定义,与国际惯例和各国有关法律对这类关键词语或术语的定义,有本质的区别。前者仅适用于所订立合同涉及的内容和项目,不具有普遍适用性,后者是具有普遍适用性的一般法律解释。

**(三)许可合同的范围**

许可合同的范围条款包括对制造本产品或使用某种工艺或达到其他特定目的所需要的技术确定,以时限或特定文件或特定的专业知识说明技术,工业产权的法律所授予的适用于使用、公开和传输诀窍的权利和法律,发明、外形设计及商标等的使用或活动的领域,制造、使用或销售地区的规定,独占性与非独占性,具有竞争性技术的引进和应用。具体包括:

**1. 基本技术的确定和说明**

主要规定技术转让的具体要求和技术要求。对许可方所提供的技术,应确定为是在某一定时期或某一段时间内所拥有的技术,如果双方把有关技术确定为是在一特定时间点上的现有技术,他们就可以在许可合同中列出反映这种技术的文件明细单且加以说明。在关于专利许可中,这一明细单可以作为许可合同的附件,它举出这一专利是在哪一国登记的或授予的,申请是在哪一天提出的,是哪一国提出的,以及发明的名称和申请的情况等。具体来讲,一般应说明:技术的名称,生产的规模,产品的种类、规格、型号和质量,主要技术经济指标,原材料的消耗定额,许可方提供的设计图纸和数据,生产工艺资料的说明,技术的使用范围;还有当受让方需要许可方提供技术服务时,应写明技术服务的项目和内容。

由于技术是不断发展变化的,在合同执行期间,转让的技术也在不断地发展。那么对于技术的发展所产生的新技术如何处理,也应在合同范围条款中加以规定。在实践中,一般有以下几方面的处理办法:①技术改进或发展的所有权归发明创造者。在合同中规定,如果所转让的技术有了新的改进和发展,由技术改进方享有所有权。②对等互惠的办法。所谓对等互惠是指在合同期间,技术许可合同各方都有权获取各方所改进或发展的技术所有权,应无偿地提供给对方。对各方所享有的对等互惠权利,应考察实施许可种类是否对等,有偿是否对等,是否双方性义务,技术内容和实施地区是否对等等。但是事实上,由于许可方在技术上处于优势地位,受让方需要依靠他继续提供技术情报或资料,在这种情况下,许可方一般要求受让方对其所提供的技术改进或发展支付一定的报酬。③单方面回授。在许可合同中,规定受让方有义务单方面将他所获得的技术改进或发展无偿地提供给许可方,而许可方则没有义务把他所取得的技术改进或发展提供给受让方。这种方式的规定,在国际上已普遍被认为是一种限制性商业行为,为法律所不允许。

**2. 使用或活动的领域**

使用或活动的领域条款规定了专利可以使用于何种目的,它确定受让方应用的范围。同时技术许可方也可以依靠这个规定的范围向其他的受让方提供专利技术,如一种特定的工艺是既可以用于制造切玻璃用的工业钻石,又可以用于制造镶在饰物上的宝石。因此,应明确规定其使用领域是一个还是多个,以免对许可报酬问题产生影响。

**3. 制造和销售地区的确定**

在技术许可合同中,对于所转让技术在某一地区制造和销售也是至关重要的。这种地区的确定取决于多种因素,如许可方在有关地区对别人准备发给多少专利许可证,该地区的市场前景如何,会不会因为许可证发放的过多,而造成市场的饱和。这类因素不仅对确定制造或销售地区有影响,而且对确定在这一地区内这一技术使用或活动领域,以及确定这种行为在这一地区内是否构成独占权等产生影响。如果地区一经确定,在许可合同中就称为"商妥地区"。这种地区按照许可合同可分为"独占地区"和"非独占地区"。独占地区说明受方可拥有较为优越的市场环境,但许可报酬较高。非独占地区说明受让方所处制造和销售地区已有其他同类技术的竞争者,但许可报酬较低。在专利许可合同中,许可方往往对受让方的销售地区加以限制,这种限制有些国家法律明确规定,其作法是限制性商业作法,为法律所不允许。但是如果限制销售的地区已取得该项技术的专利权,就不应加以限制。

　　4. 竞争性技术的引进和使用

　　一般供方会要求在许可证协议中订入一项使受方不得引进和使用竞争性技术的条款。这是因为供方所收取的技术报酬通常是按照产品的净销售价值的一定百分比的提成费来支付的,而且供方只能就其所提供的技术所取得的经济效益收取提成费,如果受方在生产过程中所使用的技术,并不都是供方提供的,而是使用了其他竞争性的技术,这样供方所得的报酬就会相应减少。因此,供方总是力图限制受证方使用竞争性技术。但是,必须注意,不要把防止泄漏技术情报的条款当做阻止引进或使用竞争性技术的条款。例如,在 A 与 B 鉴定的专利许可合同中,B 可能同意不向别人泄漏某些技术情报。如果 B 与 A 的潜在竞争者 C 缔结了合作协议,即不向别人泄漏技术情报的条款,从 C 的观点看来,就是防止 C 引进或利用竞争性技术的条款。但是,这样的不泄漏技术情报的条款,其用意在于防止向竞争者泄漏诀窍,应该被认为在限制性商业行为的法律和关于技术转让的法律所允许的。

### (四)关于专利和商标的规定

有关专利的规定应注意以下事项:

　　1. 应指定专利的范围

　　单独称"专利"时,应指明该专利包含的特定范围,比如是仅指专利权还是包括其他实用新型权、新式样权以及商标权。

　　2. 专利的特定

　　专利的特定是指:①该专利的注册国家;②该专利的注册号;③该专利的注册日期;④该专利的名称等。这些都应在合同中订明。

　　3. 专利的分实施

　　所谓分实施许可权是指实施权人将专利实施权再许可他人实施的权利。

　　专利的分实施许可称为 Grant of sub-License,此时的"他人"称为分实施权人(Sub-licensee)。

　　因实施权人的权利不能逾越许可的范围,所以只有实施权合同承认分实施许可的场合,实施权人才有向他人许可分实施的权利。在此场合,原来的实施权称为"有分实施许可权的实施权",但在分实施许可的时候,如分实施权人的范围限定于实施权人的附属公司的场合,通常不用"有分实施许可权的实施权"的字样,而以"实施权人得向其附属公司许可分实施权"的字样约定。

　　分实施权的许可契约成立于实施权人与分实施权人之间,并由分实施权人向实施权人支付费用。因此,如果分实施权人向实施权人支付的费用多于实施权人向实施权许可人所支付的,则其差额即为分实施权许可利益,而成为实施权人的收入。

　　4. 支付费用的标准

　　通常支付报酬的决定方法有:一是使用该专利时才支付报酬;二是即使未使用该专利,只要制造或销售特定产品即支付报酬。在订立专利转让协议时应将该专利使用于哪一种产品加以具体的说明方可避免争议。

5. 专利的标注

专利的标注,即是否在使用专利技术制造的产品上标注专利名称,如中华人民共和国专利第××号等字样,除可由双方当事人约定外,应遵守专利注册国家专利法的规定。专利的标注,不仅有助于防止他人侵害专利,而且也可赢得消费者对该专利制品的信任。通常规定应加注专利标示。

6. 不争议条款

不争议条款是指双方当事约定被许可人对合同中专利的效力不可与许可人起争执的条款。这种条款通常被认为是非法的,限制了竞争,况且专利制度本身就要求可对专利提起争议。从我国技术引进实践来看,应要求许可人保证专利的有效性,被许可人有权对专利提出异议。

在技术转让合同中,有关商标使用应注意其是否已经正式注册。如尚未注册,则至少应就合同产品申请注册,以免合同生效后,使用商标时,被第三者控告侵犯其权利。

在技术转让中商标的许可有下列形式:一是附条件的许可,即对商标的使用附带有条件,如对产品的品质管理,标示方式等附加若干条件。二是结合商标的许可,即将许可人的商标与被许可人的商标加以结合使用。在这种情况下,许可人的产品和被许可人的产品截然区分开。三是强制使用,即商标使用许可人为了宣传政策、进行市场渗透有时要求强制使用技术许可方的商标。这种情况在合同届满时,则不允许被许可方再使用,因此,原来的市场也就失去。

此外,对使用的商标,双方还应对字体、形状、大小、色彩、标示的所在地等加以规定。

**(五)合同价格条款和支付条款**

许可合同中,价格条款是合同中的关键条款。合同的价格条款包括计价方法,合同金额、货币使用等内容。合同的计价方法通常有下列几种:

1. 一次总付价格

这种计价方法是一种固定价格,也就是技术合同双方经过协商以后将转让的各项费用一次算清,一次支付或分期支付。这种价格对供方有利,但其总价要比其他计价方法低,因为它与技术转让后生产的产品数量或销售额没有直接关系。一次总算的价格就是合同价格。

2. 提成价格

这种价格是指以引进的技术生产的单位产品或产品的净销售额为基价,在合同中规定一定的百分比作为技术转让的费用。它与合同产品的生产数量或产品的总值销售额有直接关系。这种价格使供方的利益同受方的利益联系起来。提成价格计算方式很多,一般有按产品的单位或数量计算、按销售价格计算、按利润计算、最低提成及最高提成费等方法。

3. 入门费加提成的价格

这种价格是指在许可合同中规定,受方在签订合同后的一定时间内,预付一笔入门费,以后再按年限支付一定期限的提成费。

目前国际上较多采用第三种计价方法。

对于使用的货币,一般有三种选择:受方国家货币、供方国家货币和第三国货币,但无论采用哪一种货币,都应明确规定。如果要采用两种以上货币,就要规定这几种货币之间兑换率的计算方法。

国际技术转让中,支付条款一般包括支付方式、支付时间和支付地点等内容。

国际技术转让中的支付方式同国际贸易中通常使用的付款方式相同,有直接付款、银行托收和信用证等付款方式。

对于支付时间,合同通常将支付时间与技术供方履行义务的效果相结合。在按照许可合同价格中固定金额的部分,一般采用分期付款形式,支付时间为:①按技术资料交付后付款,有时按照技术资料分阶段交付,付款也按阶段支付;②按项目进度付款,这是把项目分成若干阶段,每个阶段的完成,便支付一定比例的费用;③分期付款,就是将合同的履行期限分成若干阶段,每一阶段支付一定比例的费用,如合同生效后××天,支付合同金额的×%,收到第×批资料后,支付合同金额的×%。

### (六)技术资料的交付

技术资料的交付是技术贸易合同的一项重要内容,许可方出让技术,就要以其技术资料来表述、说明和体现;受让方也要靠对技术资料的理解、消化、运用来获得技术。由此可见,技术资料是供方与受方之间的桥梁。有关技术资料的交付条款应包括交付时间、地点,交付的方法,风险转移,所有权转移,供方的责任以及对包装的要求,等。

#### 1. 技术资料的内容

对交付的技术资料的内容,一定要在合同中订明,不能含糊,要对许可方提供技术资料有一定的约束力。在合同附件中,应将交付的技术资料的内容、交付时间、包装形式等列表说明。对于技术资料中的文字说明,受让方一定要根据自己的翻译情况选定一个适合的文种,我国一般选择英文。

#### 2. 交付的方式和风险转移

技术资料的交付应按照受让方工程的计划和进度,以及受让方本身消化和吸收能力来确定。由于技术资料体积小,重量轻、价值高,怕潮湿。因此,一般采取空运的方法或由供方派人到受方当面交接的方法。

采取空运方式交付资料,就应考虑风险转移问题。在我国技术贸易合同中,有人采用 CIF 这种国际贸易术语交付,这对受方是不利的,有一定的风险。因为,根据国际贸易惯例,采用 CIF 的交付方式,风险是从交货时开始转移,资料一经托运,许可方取得了空运单后,即完成了交付义务,空运中的风险由保险公司承担,一旦技术资料在空运途中发生丢失或损坏,受方只能得到赔款,无法得到技术资料的赔偿,而供方对此并不负责。一般的做法是,由供方将技术资料运到受方指定机场交付,在合同中,写明资料送抵机场后,由供方承运人以运输单据和清单与受方交接后,风险才由供方转移给受方。若发现技术资料短缺或损坏时,受方应通知供方在一定期限内补齐短缺、丢失或损坏的部分,费用由供方担负。

#### 3. 技术资料的包装

交付的技术资料应要求有适合于长途运输、多次搬运、防雨、防潮的坚固包装。每包资料的封面应以英文标明合同号、收货人、目的机场、码头、重量、件号。在包装件内应附技术资料的详细清单两份,标明资料的序号、代号、名称和件数等。每批技术资料发运后,按双方约定时间,供方将合同号、空运单号、空运日期、件数、重量、班机号和预计抵达目的机场的日期用电报或电传方式通知受方。同时,供方应将空运提单和技术文件清单一式两份,以航空挂号的方式寄给受方。

### 4. 交付日期与份数

由于技术资料交付涉及风险转移问题，因此，技术资料的实际交付日期应以目的机场的印截日期为准，而不能以空运单上的日期为准。因此，如果以空运单上的日期为准，并不能表明受方是否可以收到资料，若空运途中发生意外，受方就无法收到资料。

技术资料是技术的重要内容，对受方来说关系重大。虽然供方按约定日期和方式寄出资料，但如果空运途中发生意外，即使供方及时补寄，也会因时间拖延给受方带来损失，为避免发生类似情况，一般将技术资料一式两份，分开寄送，万一丢失一份，另一份可以及时补用。

### （七）技术服务与协助

技术服务与协助在许可合同中也是不可忽视的重要条款。技术服务与协助条款包括训练技术人员，工程设计，销售和商业管理，计划、研究与发展，技术服务与协助的目的、范围和内容的说明，技术服务与协助费用由谁负担及提供的服务与协助的条件等。具体来说应有以下几方面内容：

### 1. 训练技术人员

技术受让方如果仅仅是从许可方获得一些技术资料，对于受让方来说，还是不够的，只有技术资料，受让方不一定能制造出所需的合格产品。因为许可方提供的技术资料不可能面面俱到，特别是许可方的技术人员和操作人员头脑里的一些诀窍，大部分无法用文字书面表达出来，而要通过实际的操作来传授。培训技术人员可以说是技术许可方对技术受让方人员的诀窍公开，以此向技术受让方转让技术的具体作法。技术许可方提供的训练服务包括：①安排长期训练计划；②为技术受让的工程师、技术人员和其他技术人员举办训练中心；③对水平较高的人员，如管理、财务、销售和经理人员做出训练安排。还应具体考虑训练的形式和质量；受训人员的种类、资格和数量；训练的时间、期限、地点、人数等。

对受让方技术人员的培训通常有两种方式：一是技术许可方的指导人员去技术受让方所在地培训人员。二是技术受让方人员到技术许可方所在地受训。但无论哪种方式，都应规定办理必要的入境签证和劳动许可申请，采取有关遵守当地法律的保证措施，取得旅行、意外事故和医疗的保险，提供住宿、膳食、交通、娱乐、通讯等便利。

### 2. 设计和工程服务

技术服务和协助也包括对设备或整个工厂的安装或装配的咨询性设计和工程服务。这是由于受让方在得到所转让的技术后，对技术的实施有困难，要求许可方提供设计和工程服务，包括工厂设计、为设备和土木工程准备招标资料，对报价的评价，设备的安装或装配，对安装的监督，对工厂的投产和考核试车以及对设备中特殊项目或整个工厂的最初操作进行的协助。

### 3. 管理服务

较为复杂的技术转让，会对受让方的管理和组织技能有所要求，为了使受让方管理人员能适应技术转让后管理上的要求，可以通过提供管理服务来达到管理和组织所转让技术的技能，包括检查和估价现行的生产或销售规划或方案，计划和监督产品的生产和销售，制定必要的金融，财务政策等。

### （八）有关设备、备件、部件或原材料的供应

技术许可合同一般就技术这一主题进行交易，但是受让方在为了使用技术制造产品或进行工艺加工时，往往需要取得有关的设备、备件、部件或原材料。因此，许可合同中也往往涉及有形货物的供应问题。

通常情况下,许可方坚持要把许可合同项下的技术同提供有关的设备、备件、部件或原材料结合起来,要求受让方在接受技术的同时,购买许可方的上述各项货物。对于这一问题,由于目前各国有不同的看法,应从经济和法律角度来分析,如果受让方得不到许可方提供的设备、备件、部件或原材料,其所接受的技术就无法得到实施或者实施技术后,不使用供方的设备、部件或原材料就达不到质量要求,一般受让方应允许许可方这样做。如果出让方以技术转让的手段来达到出口设备、部件或原材料的目的,或要求受让方购买与技术无关的设备、备件、部件或原材料,那么这种要求,在国际上会受到许多国家法律的禁止。因为,以附有条件转让技术,被认为是不公平的,是限制性的做法,从而受到抵制。即使接受许可方提供的有形货物,也应以不高于国际上同类货物价格的水平成交。我国《技术引进合同管理条例施行细则》第10条也是这样规定的"受方需要供方提供引进技术所需的原材料、零部件或者设备的,其价格不得高于国际市场上同类产品的价格"。这一规定是符合国际惯例的。

在实践中,受让方一般会争取这样的条款,即在受让方提出要求的情况下,许可方有义务保证按照国际市场不高于同类产品价格向受让方提供有关的设备、备件、部件或原材料。这样规定,使受让方有极大的主动权,一方面,受让方不必向许可方独家购买上述货物;另一方面,许可方有义务在受让方提出要求时,承担供应有形货物的责任。

### (九)考核、验收、投产

考核、验收、投产的条款是为了保证受让方能够真正掌握技术的一个重要条款,在合同中要明确规定各个阶段的工作完成时间,当事人双方各自的责任,未达到合同额定标准的处理办法,具体要制定质量标准和技术验收标准。

在制定考核、验收、投产的条款时,要规定考核验收的内容,包括对合同产品的型号、规格、数量及各项技术指标和经济指标;规定考核的地点和时间,一般规定在受让方所在地验收;考核时间是指机械设备在生产产品的条件下连续工作、或生产一批产品的连续时间,按产品的生产周期长短而定;考核验收的标准和条件,标准按照双方在合同所规定的质量和数量参数和指标,在测试标准时应规定在何种条件下进行,如气候、温度、湿度、能源等;对所用技术生产产品的原材料或设备的测试;对验收条款,应规定按合同约定的技术标准进行验收,明确只有双方共同确认的合同产品考核合格后,才能验收。当验收不合格时,双方应按照责任分担和再次试制的原则采取必要的措施。考核验收合格后,应按规定投产的,应规定投产验收的方式和移交生产的办法。

### (十)担保与保证条款

在履行许可合同时,由于种种原因,许可方或受让方都有可能不能按时履约或不履行义务,因此,在合同中应明确约定一方违约后的责任负担。担保是指许可方给予受让方以技术上的担保,担保按合同规定提供技术。而保证是指许可方向受让方保证,使其得到合同规定的经济效益和合同规定的权利。

在许可合同中,许可方的担保与保证有对技术资料的担保、对技术成果的担保、对技术服务和人员培训的保证,以及权利担保。

(1)对技术资料的担保,许可方保证按合同规定的时间交付资料,保证提供的资料的完整性、可靠性、正确性及清晰度,保证提供的资料是许可方实际使用的最新技术资料。如果签有互惠条款,还保证向受让方及时提供任何改进和发展的技术资料。

(2)对技术成果的担保。许可方需保证提供的技术经受让方正确使用能达到双方规定的技术指标和经济效益,达到合同规定的产品性能指标。对于技术成果的担保,通常单独作为一个合同附件,详细列明保证的各项技术指标,以及考核程序、方法和手段等。

(3)对技术服务和人员培训的保证。许可方应保证按照合同规定派出合格的、有能力的、身体健康的人员到受让方处提供技术服务,保证其技术人员在技术服务过程中能认真地传授技术、耐心地解答受让方提出的问题,提供合同规定的培训资料。

(4)权利保证。许可方应保证所转让的技术的有效性和合法性,并保证所提供的工业产权不受任何第三方的控告。如有第三方控告,应由谁负责应诉和支付费用。在国际实践中,多数由许可方负责应诉和支付费用。

**(十一)索赔条款**

为了保证合同的履行,合同双方有必要在订立合同时规定如一方不履行合同,受损害方应得到补偿的内容。

在许可合同中,许可方违约的情况有如下几方面:①不按时提供许可合同规定的技术情报,或拒不传授技术或拒绝提供技术服务与协作等,对此受让方有权终止许可合同,并要求退还已付的款项,或要求许可方支付一定的违约金。②未能达到技术保证的效果。一般规定,如果许可方所提供的技术未能达到技术保证的预期效果,受让方可根据不同的情况采取不同的救济方法,如修改合同条款,或支付约定的违约金或终止合同。

受让方违约的情况有以下几方面:①拒绝付款,如果受让方拒付技术使用费的款项,许可方在经过一定日期之后,才能采取相应措施,如停止履行交付技术资料的义务,或提出终止合同的要求,要求退还已交付的技术资料,并向受让方索取一定的补偿。②延迟付款,如果受让方未能在规定的期限内付款,许可方可以取得一定的补偿,这种补偿的金额应是应当支付款项的利息。③违反保密义务,如果受让方向第三者泄露了技术秘密,而无正当理由时,许可方有权要求受让方赔偿损失。

**(十二)保密条款**

在许可合同中,保密一般是针对专有技术而言的。在专利许可合同中,也常常涉及专有技术问题,因此保密条款尤其是对许可方来讲更为重要,秘密一旦泄露或者被公开,对许可方的损失是无法补偿的。当然,在技术转让过程中,保密也是相互的,许可方对受方提供的合同工厂的场地情况、水文地质材料、生产能力、产品种类等也要承担保密义务。

在保密条款中,通常要对保密对象、保密范围、保密期限和保密责任加以规定。保密对象一般是指双方约定的技术以及与技术有关的改进和发展资料等。保密范围是指对何人保密,保密的范围的大小。通常是指许可合同双方以外的人。保密期限是指双方约定的对技术保密的时间,通常指合同期限,有时也可短于或长于合同的有效期。但是对于长于合同问题的保密期限,有的国家规定此种约定是不公平的,有碍于技术的发展。保密责任一般是要求受让方在保密期限内,不得泄露其技术秘密,如果使秘密泄露,许可方可要求赔偿损失、收回技术、终止合同等。

**(十三)不可抗力**

在执行合同中,有时会遇到不可抗力的事件,致使合同无法履行。在这种情况下,按照国际惯例,凡出现了不可抗力的事件,受阻碍的一方,可免除违约责任。但是什么是不可抗力,这需要当事人双方事先约定。按照国际上通行的规定,认为不可抗力是指"当事人对不履行义务,不负责,如果他能证明此种不履行义务是由于某种非他所能控制的障碍,而且对于这种障碍没有理由预见或未能在订立合同时考虑到或不能避免或不能克服的后果"。(《公约》第79条(1)款中规定)这一定义在技术贸易中也同样适用。因此,只要在订立合同时,凡是无法控制的、不可预见的,不可避免或不能克服的事件,当事人就可引用不可抗力条款来免除责任。

通常在签订不可抗力条件时,要明确以下内容:①不可抗力事件的范围,如雷电、暴风、地震、雪崩、水灾、战争、内乱、封锁等。②发生不可抗力事件后的通知方法和时间,如规定应在某段时间内(比如30天)将情况通知对方,否则如不及时通知对方,致使对方遭受更大损失时,仍不能完全免除责任。③不可抗力事件的证明文件,受到不可抗力事件障碍的一方除要及时通知对方外,必要时还要向对方提供证明文件,出具证明文件的机构通常有:当地商会、对方国家驻在当事人所在领事或其他机构的有效证明等。④不可抗力事件发生后的责任承担,如规定在何情况下可以解除许可合同,在何种情况下可中止或延迟执行许可合同等。

应当指出的是,在订立不可抗力条款时,我国将罢工这一西方国家通常采用的不可抗力事件不作为条款中的一项。因为罢工在某些国家是很频繁的事,如果笼统地将罢工算做不可抗力事件,会给对方带来可乘之机。因此,我国的通常作法是不列罢工具体名称,可规定为"经双方同意的其他不可抗力事件",来说明此类事件的发生。

**(十四)税费条款**

税费条款是技术转让合同中一项重要的条款,征税是国家的权力,每个国际技术许可协议的当事人都有义务依法纳税。由于目前世界上许多国家的税收制度不统一,如何确定双方的税费还无统一法律依据,一般由国内立法来调整。税费条款应规定,对供方课征的与执行合同有关的一切税费由供方支付,受让方支付应由自己交纳的税费。对于境外的税费,由供方支付。如果是国内技术转让的合同,则由国内有关法律来调整。

**(十五)争议的解决条款**

技术转让合同,由于技术的复杂性,在执行合同过程中,当事双方发生争议是不可避免的,在合同条款中,就应规定发生争议后的解决办法。通常解决争议的办法有协商、调解、仲裁、诉讼。一般的非实质性的纠纷可以通过协商或调解来解决,通常由双方指定一名独立的专家提出处理意见,他主要是处理有关技术方面的问题。在订立争议条款时,应对专家的类别、指定方式、专家处理事务的能力以及专家费用的分担等作具体规定。仲裁比较正式,一般用来处理较大的纠纷。合同双方应在合同中规定发生纠纷用仲裁方法解决,如果合同未明确规定,但纠纷发生后双方同意将纠纷提交仲裁解决,才适用仲裁方式解决纠纷。国际上采用仲裁方式解决纠纷的较多。现就合同中的仲裁条款作一介绍。

仲裁条款一般包括仲裁地点、仲裁机构、仲裁程序和仲裁费用等。

1. 仲裁地点

在条款中明确仲裁地点,是一个相当重要的内容。仲裁地点与仲裁时所适用的仲裁规则与法律有密切的关系,选择一个利于自己一方的仲裁地点,是当事人双方都力争的目的,规定在哪国仲裁,往往就要适用该国的有关仲裁规则或程序法。如果不了解仲裁地的仲裁程序和仲裁依据的法律,盲目选择地点就会丧失其主动权,利益是否能够得到安全保障,也难以确定。正是由于这个缘故,交易双方都非常重视仲裁地点的确定,都力争在自己比较了解、比较信任的地方,尤其是在本国进行仲裁。目前,我国在对外贸易中,根据不同贸易对象和不同情况,采取三种办法:①力争在我国进行仲裁,我方对自己本国的仲裁程序和法律比较熟悉,在仲裁过程中,我方能够有理有节,依法办事,对自己的违约行为,合理地承担责任。对于对方的违约行为,依法防止对方推诿、纠缠,使自己的损失得到应有的补偿。②规定在被告国仲裁,这种办法也可变通为在原告方所在国仲裁。③在双方同意的第三国进行仲裁。规定在第三国仲裁时,应注意争取选择与我比较友好的国家,同时,应对该国的仲裁规则和程序法有所了解。

2. 仲裁机构的选择

技术转让双方在仲裁条款中,对仲裁机构的确定,关系到解决合同纠纷的程序和法律。目前国际上通行的用于解决国际贸易纠纷的商业仲裁机构有两种形式:一是常设仲裁机构;一是临时仲裁机构。常设仲裁机构是国家或一些国际性的或区域性的,专门从事处理商业纠纷,进行有关仲裁的行政管理和组织工作的机构。如我国的中国国际贸易促进委员会内设立的对外贸易仲裁委员会,英国的伦敦仲裁院,美国的仲裁协会,瑞典的斯德哥尔摩商会仲裁院,日本的国际商业仲裁协会,以及国际商会仲裁院等,还有专业性的仲裁机构。如伦敦谷物商业协会,伦敦油籽协会等。临时仲裁机构是直接由双方当事人指定仲裁员自行组织临时的仲裁庭负责进行仲裁,案件处理完毕后,立即自动解散。

在国际上多数合同都是选择常设仲裁机构,如果同意采取临时仲裁庭解决争议时,双方当事人需要在仲裁条款中就双方指定仲裁员的办法、人数、组成仲裁庭的成员、是否需要首席仲裁等问题作出明确规定。

3. 仲裁程序

仲裁程序是当事人提交仲裁以及仲裁员进行仲裁时所应遵守的一套手续和准则。即对仲裁的申请、仲裁员的指定、仲裁案件的审理、仲裁裁决的效力和仲裁费用的支付等做出规定。双方当事人在订立仲裁条款时,一般都要明确规定采用哪个仲裁机构的仲裁规则,一般情况下,仲裁协议规定在哪个仲裁机构仲裁,就适用该机构的仲裁程序。但有些国家也允许当事人自由选择他们认为合适的仲裁程序。如采用我国的仲裁机构仲裁,根据《中国国际经济贸易仲裁委员会仲裁规则》的规定,仲裁程序必须按此规定办理。而瑞典的斯德哥尔摩商会仲裁院规定,当事人既可选择适用瑞典的仲裁程序,也可适用《联合国国际贸易法委员会仲裁规则》。

4. 仲裁费用和裁决效力

双方可以就所支付的仲裁费用由谁来承担,做出规定,一般规定由败诉方负担,但也有规定各负担一半,或规定按仲裁裁决处理。对于仲裁的裁决效力,关系到当事人就仲裁庭做出的裁决对双方的约束力问题。绝大多数国家都规定不允许对仲裁裁决提起上诉、要求变更裁决内容。即使上诉,法院也只审查程序,不审查实体,只审查仲裁裁决的法律手续,而不审查裁决本身。因此,为避免复杂的上诉,双方一般应规定,裁决是终局的,对双方当事人都有约束力。

如果合同没有规定仲裁条款,而事后又不能商议解决,任何一方都可以向有管辖权的法院提起诉讼,要求法院通过司法审判程序解决他们之间的纠纷。

**(十六)合同的生效、终止和其他条款**

技术转让合同与货物买卖合同相比,其国家管制较严。根据世界大多数国家的法律规定,技术贸易合同须国家主管部门审查批准才能生效,当事人只有将签订的合同提交国家主管部门进行审查并批准后,合同才能真正成为一项法律上的有效文件。

合同的生效、终止和其他条款作为合同的结束语放在最后的章节中规定,一般包括下面几项:

(1)签字日期和生效日期。签字日期是合同双方当事人在合同上签字,表示双方取得一致同意的证明日期;生效日期是以国家有关部门批准的日期为生效日期。

（2）合同的有效期和延展。合同有效期是当事人双方承担各项有关权利、义务的时间界限。有两种规定办法：一是明确规定合同的期限，通常为5年以上，一般不超过7年；二是不明确规定合同的期限，而以双方当事人权利和义务结束后合同则自动失效。一般来说合同的有效期限不能长于技术转让中专利的有效期限。合同的延展是在许可合同期限届满时，如果双方当事人同意可以适当延长，合同期的延长即为延展。有的国家规定，对于合同期的延展，必须经过政府主管部门的批准，方为有效。

（3）合同的变更和终止。在执行合同时，可能发生一些客观情况，使双方认为需要对合同作部分修改，或有时合同无法履行下去，需提前终止。因此，在合同中应规定变更的条件以及变更后原合同的效力，并经过双方协商同意后签署书面文件，作为合同的组成部分，才能有效。合同的终止，有两种情况，一是自然终止，即合同执行完毕，期满不再延续；二是提前终止（即人为终止），由于某些原因合同执行不下去，在合同履行期未届满要求提前终止合同。对于提前终止，应规定提前终止的决定如何达成，提前终止后双方权利和义务的规定，以防止一方滥用权利损害另一方的利益。

（4）合同的语言文字。国际技术转让合同与其他国际贸易合同一样，合同的当事人所用的语言往往不同，因此在订立契约时必须先决定使用哪种文字。有些国家法律明文规定合同必须使用本国文字，有的则允许使用其他国家文字。合同双方当事人应在合同规定，有几种文字，其效力如何。我国在技术贸易合同中，常采用的方法有：①以我国文字为正本，其他文字为译本。②以英文为正本，有时也采用二种文字均为正本，但这种做法易产生纠纷，因为两种文字有可能对同一问题的表达有分歧，因此应避免使用这种规定方法。

# 第四节　　国际技术转让管制制度

## 一、国际技术转让中的限制性做法

### （一）限制性做法含义

限制性做法来源于国际贸易中的商业行为，被公认为是不公平的做法，随着技术转让的兴起和发展，这种限制性商业行为也渗透到技术贸易中。在技术转让合同中，一方（主要是技术供方）利用自己在谈判中的优越地位，以保护专利、商标等独占权为借口，不合理地向其潜在的竞争对手（主要技术受方）提出的一种单向权利限制。

在1980年12月5日，联合国第35届大会通过的《关于控制限制性贸易做法的多边协议的公平原则和规则》中对限制性贸易做法，定义为："凡是通过滥用或者谋取滥用市场力量的支配地位，限制进入市场或以其他方式不适当地限制竞争，对国际贸易，特别是对发展中国家的国际贸易及其经济发展造成或可能造成不利影响，或者是通过企业之间的正式或非正式的书面的或非书面的协议以及其他安排造成了同样影响的一切行动或行为。"这一定义是针对一般性贸易的限制性做法而言，但就技术贸易来说，这一定义也揭示了技术贸易中限制性做法的实质。同样也可视为对技术转让中限制性做法含义的理解。

### （二）限制性作法的特征

国际技术转让中，限制性作法来源于技术转让合同的条款中，一般都是由经济技术较发达的国家在签订合同时，规定了种种不合理的限制，通过表面上平等的条款，对市场进行垄断，限制受方的竞争。一般有下面几点特征：

1. 限制性做法应是法律所规定禁止的

目前,国际上并无统一规定何者为限制性作法。就各国的规定来看,其范围也不一致,由于技术转让客体为专利、商标等,按照各国专利法、商标法规定,专利、商标具有独占性,那么独占并非为限制性做法,同时又由于各国的经济发展不平衡,发展中国家往往因急于获得先进技术,可能允许某些限制竞争、垄断市场的现象存在,对于这些做法,技术受让国也不认为是限制性做法。因此,不是许可合同中所有不合理的限制都属于限制性做法,只有该国法律明文规定为限制性做法的行为,才是被禁止的。例如,我国法律规定合同中不得含有限制技术受方利用引进技术生产的产品出口的条款,但在某些特定的合同中(如供方签订独家代理或独占许可合同)此项限制就不应视为限制性做法。所以,是否为限制性做法应以法律是否明文规定而论。

2. 限制性做法多由许可方对被许可方单方面限制而构成

这是由于技术许可方掌握着先进技术,以此作为控制技术受方的手段,表现在许可方对被许可方的种种要求,而技术受方由于在技术上有求于许可方,而不得不同意技术许可方的要求。

3. 限制性做法往往以工业产权的合法垄断来体现

工业产权具有独占性、地域性和时间性,在技术转让中,技术许可方就是利用了这一合法的理由,肆意扩大其合理的一面,使得限制竞争、垄断市场的非法行为合法化,从而导致限制技术受方的许多做法发生。

4. 限制性做法的结果是使限制方获得高额垄断利润

由于制造限制性条款的供方,以保护专利权、商标权的合法独占权为借口,限制技术受方的竞争,控制市场,使大量利润流入供方手中,而技术受方由于处于不利地位,或受到销售市场的限制,或支付了不平等的使用费,只能得到较低的利润,供方通过单方面限制受方,从而获得最大的高额垄断利润。

## 二、国际技术转让管制制度的内容

目前,国际技术转让管制制度主要包括联合国对限制性商业做法的管制和各国国内立法对限制性商业做法的管制。

**(一)联合国《国际技术转让行动守则草案》(以下简称《行动守则草案》)对限制性商业做法的规定**

在《行动守则草案》中所列举的限制性商业做法与《关于控制限制性贸易做法的多边协议的公平原则和规则》的定义是一致的。按照《行动守则草案》的原则,将限制性做法列举如下:

(1)限制受方获得类似技术或竞争性技术;

(2)要求技术受方对其改进的技术,无偿地、非互惠地提供给供方;

(3)限制受方研究和发展引进的技术;

(4)要求技术受方不得对供方提供的技术的专利有效性提出异议;

(5)对受方利用引进技术所生产产品的出口加以限制;

(6)要求受方购买他所不愿购买的额外搭配技术或货物;

(7)要求受方必须使用供方指定的人员;

(8)限制技术受方进行广告宣传;

(9)要求受方承担额外义务或支付额外费用,如对使用已失效或有效期已满的工业产权,支付费用和承担义务；

(10)在转让合同中不规定合同期限；

(11)指定受方必须使用何种商标或特定标志；

(12)限定受方用所得技术生产的产品或提供服务的价格；

(13)要求技术受方必须把包销权或独占代理权授予供方或他指定的第三人；

(14)在技术许可合同期满或终止后，限制技术受方继续使用该项技术；

(15)限制共享专利或互授专利许可协定及其安排。

国际技术转让中的限制性商业做法其实质是以保护专利、商标等独占权为借口，利用所占的优势地位，向其潜在的对手提出不合理的单方面权利限制，以获得高额利润。《行动守则草案》中所提及的限制性商业做法，在很大程度上保护了代表受方的广大发展中国家的利益。但是在复杂的国际贸易中，更隐蔽、花样更多的限制性做法还会出现。因此，发展中国家一方面要谋求国际保护；另一方面，要加快国内立法，对此加以限制，这是广大发展中国家在引进技术中的迫切任务。

**(二)各国有关技术贸易限制性条款的规定**

在各国技术进出口管制中，主要是通过制定反垄断法、国际技术转让法及其有关的判例等国内立法，对技术贸易中的限制性条款进行管理。

**1. 美国的规定**

美国属于工业发达国家，它通过制定反垄断法及其有关的判例，对技术贸易中的限制性条款进行管理。美国制定的反垄断法规则，主要是指 1890 年《谢尔曼法》、1914 年《克莱顿法案》和 1914 年《联邦贸易委员会法》，主要规定专利权人不得将其权利越出法律和有关专利法所授予的权利范围，否则属于滥用专利的行为，将会受到指控。根据这些法律及有关判例，凡违反下面几项者即为违反垄断法的限制性条款。

(1)在合同中规定限制受方产品价格的条款，限制受方在某一地区销售产品的价格，视为限制性商业做法。但如果法院认为，供方许可的是独家许可，为了保障供方在那个地域内的利润，限定价格也是允许的。

(2)供方将转让技术限制在某一区域内使用，视为限制性商业做法。但是，如果是专利权的转让时，在专利权使用区域的限制是合理的。

(3)搭售与转让技术无关的商品，被视为限制性做法。因为这样会大大降低竞争的可能性，形成垄断。

(4)专利权人要求受方支付已过期的专利费用。

(5)要求受让人不得对专利权的有效性提出异议。

(6)限制受方对购得技术的研究和发展。

**2. 欧共体的竞争法**

欧共体六国于 1957 年签署《罗马条款》，其中第 85 条和 86 条对竞争规则作了规定。此外，还有 1962 年制定的《关于专利许可协议的公告》，规定了专利垄断的豁免。

《罗马条约》第 85 条是对一般性贸易中限制性商业做法的规定，对妨碍、限制共同体内的公平竞争或对这种竞争有不良影响的合同，都视为违反竞争的，体现在以下几方面：

(1)出口限制。如果只允许受方将其许可产品出口给没有将许可证出售给第三方的国家，即存在竞争限制。

（2）专利有效期已过,但许可合同继续有效,而且许可证协议中包含继续限制竞争的条款,则存在不允许竞争的限制。

（3）对于按照已失效的专利或许可证专利无关制造的产品,要求受方支付许可报酬的义务,也是一种不允许竞争的限制。

（4）分割市场或原材料,使双方承担约束相互竞争的义务。

3. 安第斯条约集团国家的规定

安第斯条约集团国家有玻利维亚、哥伦比亚、厄瓜多尔、秘鲁和委内瑞拉,1969 年 5 月当还有智利参加时,拉丁美洲六国成立了安第斯条约组织,颁布了《管理外国资本、商标、专利权、许可和使用费的共同章程第 24 号决议》。该决议第 20 条规定:协议中如包含有下列条款,成员国可以不批准引进外国技术或专利许可证的协议。

（1）技术引进国或引进企业有义务在实施该项技术时,必须从一个指定的来源采购资本货物、中间产品、原料或其他技术或永远聘用转让该项技术的企业所确定的人员。但是在特殊情况下,若价格符合国际水平,可以接受采购资本货物、中间产品或原材料的类似条款。

（2）赋予技术转让方确定该技术所生产的产品出售价格的权利。

（3）限制产量和结构。

（4）有赋予技术供方先购权的条款。

（5）禁止使用竞争性技术。

（6）受让方对技术的改革或发明无偿给予供方的条款。

（7）虽未使用专利但仍负有向专利所有者支付费用的义务。

（8）具有类似作用的条款。

除了由技术引进国的主管当局明确规定的一些例外情况外,不允许含有以任何形式禁止或限制根据相应技术制造的产品出售的条款。

## 本 章 小 结

本章国际技术转让法律制度通过对国际上有关国际技术转让立法的介绍,使学生注重掌握国际技术转让的许可合同的主要条款,在进行国际转让过程中,如何避免限制性做法,如何通过知识产权的保护制度来保障技术转让者的利益。结合我国的法律规定,学会如何签订国际技术转让合同,在合同中如何确定各类条款,遵守国际惯例,确保国际技术转让活动顺利进行。

## 关 键 术 语

技术　许可合同　限制性做法　合同价格

### 思考与练习

1. 国际技术转让的主要方式有哪些?

2. 简述国际技术转让中的计价问题。

3. 发达国家与发展中国家对国际技术转让的法律规定有何不同?

# 第七章  国际结算法律制度

## 本章要点

1. 票据的特点及主要当事人
2. 汇票行为及本票、支票的基本知识
3. 托收的种类及托收项下当事人的权利和义务
4. 《跟单信用证统一惯例》(UCP 600)的有关知识

## 第一节  票据概述

### 一、票据的概念

票据一词有广义和狭义之分。广义的票据,泛指商业活动中的一切有价证券和各种凭证,包括汇票、本票、支票、股票、债券和提单等;狭义的票据,是指由出票人签发的,由自己或委托他人于一定时间无条件支付一定金额给受款人或持票人的有价证券,狭义的票据即票据法上的票据。根据我国票据法的规定,票据包括汇票、本票和支票。

### 二、票据的特点

#### (一)票据的流通性

票据的流通性是指票据权利可以通过背书或者无背书交付方式而进行转让,它是票据的基本特性。票据的流通性具有以下两方面的特点:第一,票据凭交付或经背书后交付给受让人,即可合法地完成转让手续,而无需通知票据上的债务人,这与民法上的债权转让必须通知债务人不同;第二,票据中的流通强调保护善意并支付对价的持票人的利益。只要受让人善意获得票据,并支付了对价,即使票据转让人的票据权利有瑕疵,该善意受让人对票据的权利也不受其前手权利缺陷的影响。

#### (二)票据的无因性

票据的无因性是指票据是一种无需过问即产生票据上权利义务原因的证券,即票据一旦做成后,只要其内容和形式完全符合票据法的要求,票据关系本身就不再受基础关系效力的影响。也就是说,对于票据的受让人来说,他无需调查出票和票据转让的原因,只要票据记载合格,符合法定要件,他就取得了票据文义载明的权利。票据的无因性保证了票据的流通性。

#### (三)票据的要式性

票据的要式性是指票据必须根据法律的规定作成才能发生票据效力,否则不受法律保护。票据的要式性不仅要求票据在形式上符合规定,而且其必要项目的记载也要符合规定。此外,它还要求票据的签发、转让、提示、承兑、付款、追索和保证等行为都应该符合规定。

### (四)票据的设权性

票据的设权性是指票据权利的发生,必须以票据的设立为前提。票据是一种与一定的财产权利或价值结合在一起,并以一定货币金额表示其价值的文本。票据的权利与票据不可分开。票据的权利随票据的制作而发生,随票据的转让而转移,不占有票据,就不能对票据债务人行使票据权利。

### (五)票据的文义性

票据的文义性是指票据上的权利义务必须以票据上的文字记载为准。有关票据债权人或票据债务人,均应当对票据上所记载的文义负责,不得以任何方式或理由变更票据上文字记载的意义。

### (六)票据的提示性

票据的提示性是指票据上的持票人要想行使其票据上的权利,必须向票据的债务人提示付款或提示承兑,才能行使票据上的权利。如果持票人不提示票据,付款人就没有履行付款的义务。同时,如果持票人不在约定或法定期限内提示票据,一旦超过期限,付款人的责任即被解除。

### (七)票据的返还性

票据的返还性是指持票人在得到支付的票款时,应将签收的票据交还付款人。也就是说,票据的债务人按票据的记载支付票款后,应当收回票据,以免票据被恶意使用。

## 三、票据的种类

票据的种类因各国票据法规定的不同而不同。

德国、法国、瑞士和日本等国的票据法认为,票据只包含汇票和本票,而将支票单独规定在支票法中。美国和英国的票据法则规定,票据包括汇票、本票和支票。20 世纪 30 年代,国际联盟采用"分离式"的立法模式,制定了《统一汇票及本票公约》和《统一支票公约》,但没有制定统一的票据法。但是,现在国际上一般都认为票据应包括汇票、本票和支票[①]。

我国在 1995 年 10 月颁布的《中华人民共和国票据法》第 2 条明确规定:"本法所称票据,是指汇票、本票和支票。"这表明根据我国的法律规定,票据既包含汇票和本票,也包括支票。

## 四、票据的当事人

票据当事人,即依票据法享有票据权利,承担票据义务的人。票据当事人可分为基本当事人和非基本当事人。基本当事人是指票据一经出票就存在的当事人,汇票和支票的基本当事人各有三个,即出票人、付款人、收款人;非基本当事人是指在票据出票后,通过其他票据行为而加入票据关系之中成为票据当事人的人。非基本当事人包括承兑人、背书人、被背书人和持票人等。

### (一)基本当事人

1. 出票人(drawer)

出票人是指签发票据的人。一般来讲,出票人是票据的主债务人。

---

① 冯大同.国际商法[M].北京:对外经济贸易大学出版社,1991:405.

2. 付款人（drawee）

付款人是出票人委托其付款的人也称受票人。付款人是否接受出票人的委托，需要视付款人和出票人的资金关系而定。在本票中，因为本票是由出票人自己承诺付款，因此，在本票关系中只有两个基本当事人，即出票人和收款人，不再有付款人；但是，在汇票和支票中，可以有付款人，如果付款人承兑了汇票或者保付了支票，他就承担了必须按期付款的责任。

3. 收款人（payee）

收款人又被称为受款人，是指出票人交付票据指定收取票款的人。一般来讲，收款人是票据的主债权人。

**（二）非基本当事人**

1. 承兑人（acceptor）

承兑人是指同意接受出票人的命令并在票据正面承兑，表示在票据到期日无条件支付票据金额之人。承兑人一旦承兑汇票，便取代出票人成为票据的主债务人，而出票人则成为了次债务人。

2. 背书人（endorser）

在票据的背面签名或签章将票据转让给他人的人叫背书人。背书人对继他之后成为汇票当事人的各方承担责任，若受票人拒绝付款，背书人应当承担付款责任。

3. 被背书人（endorsee）

经背书人背书行为而取得票据的人叫被背书人。被背书人一旦接受了票据就应当承担付款责任。

4. 持票人（holder）

持票人或称执票人，是指持有票据的收款人或被背书人或来人。持票人有权向受票人或其他关系人要求履行票据所规定的义务。

## 五、票据的作用

**（一）结算支付作用**

在国际贸易中，由于双方当事人往往分处异国，且交易金额较大，而每笔交易又都输送大量现金进行结算，其困难可想而知，如果以票据的转移代替实际的现金的流动，则可以大大减少国际结算的麻烦或风险。因此，在非现金结算占据着统治地位的现代国际贸易中，票据成为信用支付的最基本的工具。结算支付作用功能也是票据的首要功能[①]。

**（二）流通作用**

背书转让制度的出现，使票据具有了流通功能。按照背书制度，背书人对票据的付款负有担保义务，因此，背书的次数越多，对票据负责的人数也越多，该票据的可靠性也就越高。在当代西方社会，票据的流通日益频繁和广泛，仅次于货币的流通。

**（三）融资作用**

票据的融资功能是票据的最新功能。票据的融资功能主要是通过票据贴现来实现的。所谓票据贴现，是指对未到期票据的买卖行为，也就是说持有未到期票据的人通过卖出票据来得到现款。票据的贴现使得社会资金供求灵活，得以满足市场经济发展对资金的需求。随着票

---

① 程祖伟，韩玉军.国际结算与融资[M].2版.北京：中国人民大学出版社，2004：19.

据贴现制度的出现,票据的融资作用日益突出①。

### (四)信用作用

票据的信用功能是票据的核心功能。票据当事人可以凭借某人的信誉,把未来可以取得的金钱作为现在的金钱来用。票据的信用功能被认为是"克服了金钱支付上的时间间隔"、"把未来的金钱变成了现在的金钱"②。

# 第二节　汇票

## 一、汇票的定义和分类

### (一)汇票的定义

关于汇票(bill or exchange,draft)的定义,各国的法律规定并不完全统一。《中华人民共和国票据法》第 19 条规定,汇票是出票人签发的,委托付款人在见票时或者在指定日期无条件支付确定的金额给收款人或者持票人的票据。英国的《票据法》第 3 条也对汇票的概念作了规定,即汇票是一个人向另一个人签发的,要求即期或定期或在可以确定的将来的时间,对某人或其指定人或持票人支付一定金额的无条件书面支付命令。

从以上定义可知,汇票是出票人委托付款人支付给收款人的无条件支付命令。它有以下特点:

(1)汇票是一种委托他人付款的证券;

(2)汇票是一种无条件的书面支付命令;

(3)汇票的金额必须确定;

(4)汇票是见票或到期付款的票据。

### (二)汇票的种类

从不同角度可以将汇票分成以下几种。

1. 银行汇票(bank's bill)和商业汇票(commercial bill)

按出票人不同,可以将汇票分成银行汇票和商业汇票。

银行汇票是由银行开出的汇票,出票人和付款人都是银行;商业汇票是由工商企业或个人开出的汇票,出票人是企业或个人,付款人可以是企业、个人或银行。托收和信用证方式下都使用商业汇票,只有汇付方式下有时使用银行汇票。

2. 光票汇票(clean bill)和跟单汇票(documentary bill)

按汇票本身是否随附单据,汇票可分为光票汇票和跟单汇票。

光票汇票是指不附带任何商业单据的汇票,银行汇票多为光票汇票;跟单汇票是指附带有包括运输单据在内的商业单据的汇票,跟单汇票多是商业汇票。

3. 即期汇票(sight draft)和远期汇票(time draft)

按付款日期不同,汇票可分为即期汇票和远期汇票。

即期汇票是指在提示或见票时立即付款的汇票;远期汇票是指在固定的或在可以确定的将来某一日期付款的汇票。

---

① 　马齐林.新编国际商法[M].广州:暨南大学出版社,2002:336.

4. 商业承兑汇票(commercial acceptance bill)和银行承兑汇票(banker's acceptance bill)

按承兑人的不同,汇票可分成商业承兑汇票和银行承兑汇票。

商业承兑汇票是经企业或个人承兑的远期汇票;银行承兑汇票是经银行承兑的远期汇票。

商业承兑汇票经企业或个人承兑后,企业或个人成为主债务人,故商业承兑汇票属于商业信用;银行承兑汇票经银行承兑后,银行成为该汇票的主债务人,故银行承兑汇票是一种银行信用。

## 二、汇票行为

### (一)汇票的出票(issue)

《中华人民共和国票据法》第 20 条规定:"出票是指出票人签发票据并将其交付给收款人的票据行为。"对于出票的定义,日内瓦统一法公约未作规定,《英国票据法》第 2 条则解释为:"出票是把形式完整之汇票第一次交付与持票人。"出票包括两个行为:一是出具汇票并签字的行为;另一个是将汇票交给收款人的行为。

由于汇票是要式行为,所以出票时必须将法定内容记载于汇票票面上,汇票才有法律效力。根据关于汇票的基本记载事项,《英国票据法》、《日内瓦汇票与本票统一法公约》与《中华人民共和国票据法》的规定并不完全一致。下面以《日内瓦汇票与本票统一法公约》(以下称《日内瓦公约》)为例来介绍一下汇票应记载的主要事项。

1. 必须注明"汇票"字样

汇票上必须标明汇票字样,即英文中的 bill、exchange 或 draft。其目的在于和其他支付工具相区别。但是,英美法系对此并无要求。我国票据法的规定和日内瓦公约的规定是一致的。

2. 无条件支付命令

因为汇票是出票人指定付款人支付给收款人一定金额的无条件支付命令,因此该支付命令不能附加任何条件。所谓"无条件"是指汇票上关于付款义务的措词应是绝对的,不得附带任何有损该义务的条件、背书、限制和保留。比如,如果规定受款人提交货物的质量符合买卖合同的规定才予以付款即是明显的附带条件[①]。对此世界各国的票据法的规定是相同的;所谓"一定金额",是指汇票金额是确定或可以确定的。我国票据法强调一张汇票应当记载大写金额和小写金额,并且二者必须一致,否则汇票无效。而《日内瓦公约》和《英国票据法》并不强调汇票应当同时记载大写金额和小写金额,并规定汇票金额的记载以大写为准,如果一张汇票有多处大写金额而又不一致时,以最小的金额为准。

3. 付款人的名称

各国票据法都规定必须在汇票上注明付款人的名称或商号。出票人可以指定银行或其他受托人为付款人。若汇票上载明了两个或两个以上的付款人,则任何一个付款人都有支付汇票全部金额的责任,不能就金额的一部分负责,也不能交替负责,只有当其中一个人全部付款后,其余付款人才能免除付款责任。根据《美国统一商法典》的规定,当其中任何一个人拒绝承兑或拒绝付款时,受票人可以直接向出票人要求付款。

4. 受款人

汇票的受款人是指汇票的抬头,是出票人所指定的接受票款的当事人。关于汇票是否应

---

① 王传丽.国际贸易法[M].3 版.北京:法律出版社,2005:126.

当记载受款人,各国的法律规定不尽相同。根据《日内瓦公约》和我国《票据法》的规定,汇票必须记载受款人,不得做来人抬头(空白背书),否则该汇票无效;英美法系则认为,汇票可以记载受款人,也可以不记载受款人,汇票可以仅填写"付给持有人"字样,谁持有汇票,谁就有权要求付款人支付票据上记载的金额。

5. 出票日期和出票地

在法律实践中,出票日期有三个重要作用:①决定票据的有效期;②决定远期汇票的到期日;③决定出票人的行为能力。因此,许多国家的票据法都规定出票日期为汇票的绝对必要记载项目,我国《票据法》和《日内瓦公约》就是这样规定的。但是,有些国家的法律对出票日期采用了比较宽松的规定,如英美各国法认为,如果汇票没有出票日期,该汇票仍然有效,在这种情况下,任何合法的执票人可以将其认为正确的日期补填在汇票上。

关于汇票的出票地点,在法律上同样有着重要的法律意义,它决定着汇票的法律适用问题。汇票所适用的法律在很多方面都采用行为地法,特别是有关汇票的形式与有效性问题,一般都是由出票地国家的法律决定的。根据我国票据法和日内瓦公约的规定,如果汇票上未注明出票地,则出票人的营业所、住所或经常居住地为出票地点。

6. 汇票的到期日

汇票的到期日就是汇票所记载的金额的支付期限。根据《日内瓦公约》的规定,付款日期的记载有四种方式:见票即付;见票后若干天付款;出票后若干天付款;见票后定期付款。根据《日内瓦公约》的规定,汇票应当记载付款时间,未载明付款时间的,可以视为见票即付。在这一点上,英美法有相同的规定。

7. 付款地

关于汇票上是否必须记载付款地点的问题,各国的法律规定不尽相同。英美票据法规定,票据上不一定要载明付款地点,不管付款人在何处,只要执票人能找到他,就可以向他提示汇票要求付款。《日内瓦公约》要求汇票必须载明付款地点,没有载明时,以付款人姓名旁的地点为付款地。

8. 出票人签字

出票人的签字是汇票不可缺少的项目,签字是确定债权债务的依据。汇票必须由出票人签字,并且签字必须是真实的,否则汇票不能成立。

(二)背书

1. 背书的含义、主要分类及要求

背书是指持票人在票据背面或者粘单上记载有关事项,并签章将汇票权利让与他人的一种票据行为。背书是转让票据权利的一种方式,也是票据得以流通的基础。

依不同的标准,背书的方式有许多分类,但主要有记名背书和空白背书:①记名背书。记名背书也称完全背书或特别背书,是指执票人在背书时在票据背面写上被背书人的姓名和商号,并签上自己的名字,然后将票据交给被背书人,汇票的转让即告完成的一种背书。记名背书的被背书人仍然可以通过背书方式将汇票再度转让给他人。②空白背书。空白背书又称无记名背书,是指不记载被背书人姓名或名称的背书。我国票据法不承认空白背书,而大陆法系和英美法系各国均承认空白背书。

关于对背书的要求,我国《票据法》和《日内瓦公约》的规定是基本一致的。根据我国《票据法》规定,背书应记载背书人签章、被背书人名称和背书日期。背书未记载日期的,视为在汇票到期日前背书;汇票上可记载"不得转让"字样。背书人记载"不得转让"字样的汇票,不得转让,其后手若再背书转让的,原背书人对后手的被背书人不承担保证责任;汇票的背书不得附有条件,附有条件的,所附条件不具有汇票上的效力,但背书转让仍然有效;汇票被拒绝承兑、拒绝付款或者超过付款提示期限的,不得背书转让,背书转让的,背书人应当承担汇票责任。此外,我国《票据法》还规定,将汇票金额的一部分转让或将汇票金额分别转让给两人以上的背书无效。

2. 背书的连续性

所谓背书的连续性是指在票据转让中,转让汇票的背书人与受让汇票的被背书人在汇票上的签章依次前后衔接。即自出票时的收款人到最后持票人也是最后的被背书人,除第一次背书,背书人为收款人外,其后背书,均以前一次背书的被背书人为后一背书的背书人,且相互连接而无间断。只要汇票背书是连续的,持票人不需另行提出任何证据,即可行使票据权利。

3. 背书的效力

背书的效力是指票据因背书行为所带来的法律后果。背书主要有三种法律效力:①票据权利转让效力。背书是以背书人转移票据权利为目的的票据行为;被背书人由背书而受让票据后,即取得票据所有权及票据上的一切权利。将票据的权利转让给被背书人,是背书的基本效力。②担保责任的效力。背书人以背书转让汇票后,即承担保证其后手所持汇票承兑和付款的责任。一旦汇票遭到拒付,背书人必须偿付票款。③权利证明的效力。就持票人而言,只要所持票据上的背书为连续的,就应推定其为票据权利人,不需另行举证,即可行使票据权利。

(三)提示

持票人将汇票提交付款人要求承兑或要求付款的行为叫做提示。即期汇票只须提示一次,即提示付款人见票付款,这叫做付款提示。远期付款有两次提示:第一次是提示付款人承兑,这叫承兑提示;第二次是提示付款人到期付款即付款提示。按照法律规定,无论是承兑提示还是付款提示,都必须在法律或票据规定的期限内进行。《日内瓦公约》规定,见票后定期付款的汇票,应自出票日起1年内做承兑提示;见票即付的汇票,应于见票后1年内做付款提示,出票人可以将该期限延长或缩短,背书人可以将该期限缩短,但不能延长。英美法没有规定具体的提示期限,只要求在"合理时间"内提示。

提示应该在汇票的付款地进行,也可以通过银行或票据交换所向付款人提示。

(四)承兑

承兑是指远期汇票的付款人接受出票人的付款委托,承诺在汇票到期日支付汇票金额给持票人,而将此项意思表示以书面文字记载于汇票上的行为[①]。

出票人之所以能够签发汇票并委托付款人付款,是因为付款人与出票人在出票之前双方之间存在资金关系,出票人在付款人处有一定金额的款项,或者付款人对出票人负有债务。为了使付款人做好付款的准备,持票人在汇票到期日前向付款人提示承兑,要由付款人作出意思表示。付款人一旦承兑,该付款人则成为承兑人,从而成为票据的主债务人,就负有无条件付款的义务,如果在汇票到期时其拒付,持票人可以对其起诉,他不能以任何理由拒绝承担票据义务。相反,如果付款人不同意承兑,不在汇票上签章,那么则不产生票据责任,收款人也不能要求付款人承担责任,只能向其前手(出票人)行使追索权。

---

① 沈四宝,等.国际商法[M].北京:对外经济贸易大学出版社,2002:420.

**(五)付款**

付款是汇票的付款人或承兑人于汇票到期日向持票人支付汇票金额,以消灭票据权利义务的行为。根据《日内瓦公约》的规定,付款人在付款时要符合两个条件:一是出于善意,即付款人不知悉持票人对该票据的权利有瑕疵,例如付款人不知道该汇票曾失窃或被设置抵押;二是鉴定汇票背书的连续性,即付款人对票据上的背书的连续性负有审查之责,对于背书不连续的不得付款。一个完整的付款程序由以下三个阶段的行为组成。

**1. 付款提示**

付款提示是持票人向付款人出示票据以请求付款的行为。根据《日内瓦公约》的规定,见票即付的汇票应在出票日后1年内提示付款,出票后定期付款的汇票,持票人应于到期日或其后的两个营业日内做付款提示。若持票人在法定期限内不作付款提示,如日后付款人拒绝付款,持票人则丧失了向出票人和其前手背书人进行追索的权利,但持票人仍有权向付款人请求付款。

**2. 支付票款**

持票人依法定期限提示付款时,付款人原则上应按票据所载的金额全部付款。至于持票人应否接受部分付款,各国规定不一致。英美法系国家一般允许持票人拒绝接受部分付款而就票款的金额向票据上的债务人行使追索权,但也不禁止持票人接受部分付款。日内瓦统一法系的国家一般不允许持票人拒绝部分付款,持票人只能在接受部分付款后就未付的部分向票据上的其他债务人追索。

**3. 交还票据**

付款人就票据的金额如数付款后,票据上的一切债权债务关系即告消灭。付款人在付款时可以要求持票人在票据上签名,记载"收讫"字样,并将票据交还付款人,也可以要求受款人另外出具收据,载明已经收到票据金额[①]。

**(六)拒付**

拒付是指汇票在提示时,付款人拒绝付款或拒绝承兑的行为。当持票人把远期汇票向付款人提示承兑时,如果付款人拒绝承兑,持票人即可向出票人、其前手或任何在汇票上签字承担付款责任的人行使追索权,并不需要等到远期汇票到期再行使追索权。

值得注意的是,拒付不仅是付款人明白地表示拒绝承兑或拒绝付款,也包括付款人逃避、死亡或宣告破产等情形。

**(七)追索**

追索是指持票人在票据到期得不到付款,或提示得不到承兑,或有其他法定原因,并在实施行使或者保全票据上权利的行为后,可向出票人、背书人或在汇票上签字有付款责任的人请求偿还票据金额、利息及其他法定款项的一种票据权利。

持票人行使追索权时须具备以下条件:①汇票遭到拒付;②已在法定期限内向付款人作承兑提示或付款提示;③必须在遭到拒付后的法定期间内做成拒绝证书。拒绝证书是一种由付款地的公证人或其他有权机构做成的证明付款人拒付的书面文件;④必须在遭拒付后的法定期间内将拒付事实通知其前手。

根据我国《票据法》的规定,持票人行使追索权时应当提供被拒绝承兑或被拒绝付款的有

---

①　金晓晨.国际商法[M].北京:首都经济贸易大学出版社,2005:268-269.

关证明。持票人提示承兑或提示付款被拒绝的,承兑人或付款人必须出具拒绝证明,或者出具退票理由书,否则,应当承担由此产生的民事责任,持票人可依法取得其他有关证明。

此外,汇票的出票人或背书人为了避免承担被追索的责任,可在出票时或背书时加注"不受追索"字样。但是凡加注"不受追索"字样的汇票,在市场上难以流通①。

# 第三节 本票与支票

## 一、本票

### (一)本票的定义

根据《英国票据法》的规定,本票是一个人向另一个人签发的,保证于见票时或定期或可以确定的将来时间,对某人或其指定的人或持票人支付一定金额的无条件的书面承诺。

我国《票据法》第73条规定,本票是出票人签发的,承诺自己在见票时无条件支付确定的金额给收款人或者持票人的票据。由此可见,我国《票据法》所调整的本票仅限于即期本票。它还规定,本票的出票人必须具有支付本票金额的可靠资金来源,并保证支付。

简言之,本票是出票人对受款人承诺无条件支付确定金额给受款人或持票人的票据。

### (二)本票的分类

根据不同的划分方法,本票有以下分类。

1. 即期本票和远期本票

根据本票付款期限的不同,国际上本票可分为即期本票和远期本票。

所谓即期本票即见票即付的本票;远期本票包括定日付款本票、出票后定期付款的本票和见票后定期付款的本票。

我国《票据法》上规定的本票只限于即期本票。

2. 银行本票和商业本票

根据签发本票的主体不同,国际上本票可分为银行本票和商业本票。

以银行或其他金融机构为出票人签发的本票为银行本票;以银行或其他金融机构以外的法人或自然人为出票人签发的本票为商业本票。

我国票据法只调整银行本票,而不调整商业本票。

3. 记名本票和无记名本票

根据本票上是否记载受款人的名称,国际上本票可分为记名本票和无记名本票。记载受款人名称的本票叫记名本票;不记载受款人名称的本票叫无记名本票。

我国《票据法》第76条规定,本票必须记载收款人名称,否则,本票无效。所以,我国票据法只调整记名本票。

### (三)本票的当事人

本票的基本当事人有两个,一个是出票人,另一个是受款人。

出票人是签发本票并承担付款责任的人;受款人是接受本票项下款项的人。出票人完成出票行为后就成为本票的付款人,负有到期付款的责任。根据我国《票据法》第78条、第79条和第80条的规定,本票的出票人在持票人提示见票时,必须承担付款的责任;本票自出票日

---

① 黎孝先.国际贸易实务[M].3版.北京:对外经济贸易大学出版社,2000:199.

起,出票人在最长不得超过 2 个月必须付款;本票的持票人未按照规定期限提示见票的,丧失对出票人以外的前手的追索权。

**(四)本票必要记载事项**

根据我国《票据法》,本票必须记载如下事项,缺失其中任何一项无效。

(1)标明"本票"字样;

(2)无条件支付的承诺;

(3)确定的金额;

(4)受款人名称;

(5)出票日期;

(6)出票人签章。

另外,本票上记载付款地、出票地等事项的,应当清楚、明确。本票上未记载付款地的,出票人的营业场所为付款地。本票上未记载出票地的,出票人的营业场所为出票地。

**(五)本票与汇票的区别**

作为票据,汇票在出票、背书、付款、拒绝证书以及追索权方面的规定虽然都适用于本票,但本票和汇票的区别还是很明显的:①本票有出票人和受款人两个基本当事人,出票人本身是付款人,所以本票毋需记载付款人姓名;汇票有出票人、付款人和受款人三个基本当事人,因此,汇票必须载明付款人的姓名。②本票是无条件支付的承诺,即出票人承诺自己付款;而汇票是无条件支付的命令,即要求第三方付款。③远期本票不需要承兑,因为出票人和付款人系同一人;而远期汇票需要承兑,承兑人要对汇票负有到期付款的绝对责任。本票只有一式一份;而汇票可以签发一式多份。

## 二、支票

**(一)支票的定义及种类**

1. 支票的定义

支票是出票人签发的,委托办理支票存款业务的银行或其他金融机构在见票时无条件支付确定的金额给受款人或持票人的票据。《英国票据法》把支票作为汇票的一种,认为支票是以银行为付款人的即期付款汇票。

支票有三个基本当事人,即出票人、付款人和受款人。出票人必须在付款银行设有往来账户,并有不低于票面金额的存款,否则他开出的支票便成了空头支票,开出空头支票的出票人要负法律责任;付款人必须是出票人设有账户的银行;收款人是款项被支付的对象。

2. 支票的种类

(1)按有无受款人来分,支票可分为记名支票和不记名支票。

记名支票是出票人在受款人栏中注明"付给某人"、"付给某人或其指定人"的支票。这种支票转让流通时,须由持票人背书,取款时须由受款人在背面签字;不记名支票又称空白支票,抬头一栏注明"付给来人"。这种支票无须背书即可转让,取款时也无须在背面签字。

(2)按是否可以支取现金来分,支票可分为现金支票和划线支票。

能够支取现金的支票为现金支票;划线支票因在票面上划两条平行横向线条而得名。此种支票的持票人不能提取现金,只能委托银行收款入账。我国的做法则是在支票正面记载"转账"字样。

此外,还有一种支票叫保付支票。此种支票是为了避免出票人开空头支票,受款人或持票人可以要求付款行在支票上加盖"保付"印记,以保证到时一定能得到银行付款的支票。

**(二)支票必要记载事项**

根据我国《票据法》第 85 条规定,支票必须记载如下事项,缺失任何其中一项无效。

(1)表明"支票"的字样;

(2)无条件支付的委托;

(3)确定的金额;

(4)付款人名称;

(5)出票日期;

(6)出票人签章。

支票上的金额可以由出票人授权补记,未补记前的支票,不得使用;支票上未记载收款人名称的,经出票人授权,可以补记;支票上未记载付款地的,付款人的营业场所为付款地;支票上未记载出票地的,出票人的营业场所、住所或者经常居住地为出票地。

**(三)出票人和付款人的责任**

**1. 出票人的主要责任**

根据《日内瓦支票统一法公约》第 12 条规定:"出票人有担负支票支付之责,任何免除担保支付的记载无效。"由此可见,出票人在开出支票时,必须在银行存有足够的资金或与银行订有透支合同,否则,要承担法律责任。我国《票据法》规定,支票的出票人所签发的支票金额不得超过其付款时在付款人处实有的存款金额;支票的出票人不得签发与其预留本名的签名式样或者印鉴不符的支票;出票人必须按照签发的支票金额承担保证向该持票人付款的责任。

**2. 付款人的责任**

按照支票所记载的文义或记号依法见票足额付款是付款人的主要责任,否则应当承担赔偿责任。另外,付款人对于背书应识别背书是否有连续性,但对于签字的真伪不负有鉴定的责任。

**(四)支票的提示期限与时效**

根据《日内瓦公约》的规定,在出票国付款的支票,持票人应依票上所记载的出票日起 8 日内作出付款提示;不在出票国付款的支票,持票人应依票上所记载的出票日起 20 日内或 70 日内作出付款提示[①]。

根据我国《票据法》的规定,支票仅限于见票即付,支票的持票人应当自出票日起 10 日内提示付款;异地使用的支票,其提示付款的期限由中国人民银行另行规定。超过提示付款期限的,付款人可以不予付款。付款人不予付款的,出票人仍应当对持票人承担票据责任。

**(五)支票、汇票、本票的区别**

三者虽均具有票据的一般特性,但也有明显的区别。

**1. 当事人**

汇票和支票均有三个基本当事人,即出票人、付款人和收款人;而本票的基本当事人有两个,即出票人和收款人,出票人和付款人是同一人。

**2. 票据的性质**

支票和汇票属于委托他人付款的票据;而本票则属于自付票据。

---

① 邹建华.国际商法[M].北京:中国金融出版社,1995:218-219.

3. 到期日

支票为见票即付,而汇票和本票除见票即付外,还有不同的到期记载。

4. 承兑

远期汇票需要付款人履行承兑手续;本票由于出票时出票人就负有担保付款的责任,因此无须承兑。但见票后定期付款的本票必须经出票人见票才能确定到期日,因此又有提示见票的必要;支票均为即期,无须承兑。

5. 出票人与付款人的关系

汇票的出票人对付款人没有法律上的约束,付款人是否愿意承兑或付款,是付款人自己的独立行为。但一经承兑,承兑人就应承担到期付款的绝对责任;本票的付款人即出票人自己,一经出票,出票人即应承担付款责任;支票的付款人只有在出票人在付款人处有足以支付支票金额的存款的条件下才负有付款义务。

# 第四节　关于票据的国际公约

## 一、票据统一法运动概述

鉴于各国票据法存在着某些差异和分歧,严重阻碍了票据在国际上的流通和使用,影响了国际贸易的正常开展,为了便于国际支付,国际社会在第一次世界大战后,在国际联盟的主持下就开始了国际票据统一法运动。这一运动阶段性的成果表现为先后于 1930 年和 1931 年在日内瓦会议上通过的四项关于统一票据法的国际公约,即 1930 年《日内瓦汇票与本票统一法公约》、1930 年《关于解决汇票与本票的若干法律冲突的公约》、1931 年《日内瓦支票统一法公约》和 1931 年《关于解决支票的若干法律冲突的公约》。

日内瓦票据公约是协调德国法系和法国法系分歧的产物。其参加的国家主要为大陆法系国家。该公约签订后,德、法、意、日、瑞士等国纷纷根据此公约修改了各自的票据法,德国法系和法国法系的分歧逐渐消失,大陆法系国家的票据法律制度渐趋统一[①]。但是日内瓦统一法体系只解决了法、德两大票据法体系的冲突,英美票据法体系国家因日内瓦公约的规定与其票据的传统和实践相矛盾,拒绝参加。因此,在国际上形成了票据法的两大法系,即日内瓦统一法系和英美法系。

由于两大票据法系的存在造成了票据在国际上流通的不便,为了解决这个问题,促进各国票据法的协调和统一,联合国国际贸易法委员会从 1971 年起决定着手制定适用于国际汇票的统一法公约,于 1973 年制定出《统一国际汇票法》并于 1979 年将其改名为《联合国国际汇票和国际本票公约(草案)》,在 1987 年 8 月维也纳联合国贸易法委员会第二十届会议上正式通过。此草案是日内瓦统一法体系和英美法体系相互协调、折衷的产物,但由于各国在许多问题上的分歧一时难以解决,故至今为止,在该草案上的签字国仍然未达到法定数目,故该公约尚未生效[②]。

由于《日内瓦汇票与本票统一法公约》和《联合国国际汇票和国际本票公约(草案)》比较重要,本文将就这两大公约进行讲解。

---

① 姚梅镇. 国际经济法 [M]. 武汉:武汉大学出版社, 1989:505-506.
② 沈四宝,等.国际商法[M].北京:对外经济贸易大学出版社,2002:435.

## 二、《日内瓦汇票与本票统一法公约》

《日内瓦汇票与本票统一法公约》是关于统一各国汇票和本票的国际公约。该公约于1930年6月7日由国际联盟在日内瓦召集的第一次票据法统一会议上通过,1934年1月1日生效。

《日内瓦汇票与本票统一法公约》共两编,12章,78条。该公约主要内容有:汇票的开立和格式,背书,承兑,担保,到期日,付款,拒绝承兑或拒绝付款的追索权,成套汇票和副本,更改,诉讼时效和一般规定。

以有关汇票为例,《日内瓦公约》和英美法系的票据法之间存在着如下区别。

①公约规定汇票上须注名"汇票"字样;而英美法系的票据法无此要求。②《日内瓦公约》规定汇票上须记载受款人的姓名;而英美法系的票据法无此要求,允许凭汇票支付。③《日内瓦公约》规定汇票须注明出票日期、付款日期和见票即付;而英美法系的票据法认为汇票即使未注明出票日期,但如能确定付款日期,仍为有效的汇票。④《日内瓦公约》规定汇票须注明出票地与付款地;英美法系的票据法认为汇票须注明付款地,不一定注明出票地。⑤《日内瓦公约》规定汇票的承兑期限为汇票自签发之日起的1年内;而英美法系的票据法没有规定具体的承兑期限。⑥《日内瓦公约》规定汇票背书如附条件无效;英美法系规定附条件的背书有效,但付款人在付款时对所附条件是否成立不负调查责任。⑦《日内瓦公约》规定票据被拒付时,持票人未及时通知前手并不丧失追索权;英美法系的票据法则认为票据被拒付时,持票人应及时通知前手,否则丧失追索权[①]。

《日内瓦公约》的签订,虽然没有消除大陆和英美法系的分歧,但是由于许多大陆法系国家的加入,该公约成为了目前在全球影响最大的票据法公约。

## 三、《联合国国际汇票和国际本票公约(草案)》

如前所述,《联合国国际汇票和国际本票公约(草案)》是为了协调两大法系的分歧而制定,虽然此公约尚未生效,但是其内容无疑具有一定的先进性。

《联合国国际汇票和国际本票公约(草案)》共9章,90条。其主要内容包括:第一章,适用范围和票据格式;第二章,解释;第三章,转让;第四章,权利和责任;第五章,提示、不获承兑或不获付款而遭退票和追索;第六章,解除责任;第七章,丧失票据;第八章,期限(时效);第九章,最后条款。现将该公约的适用范围及其在协调两大法系的分歧方面所取得的成果简要介绍如下。

### (一)公约的适用范围

根据《联合国国际汇票和国际本票公约(草案)》的规定,该公约只适用于载有"国际汇票"或"国际本票"标题并在文内有上述字样的国际汇票和国际本票,不适用于支票,并要求在以下五个地点中至少有两个地点位于不同的国家,但不是要求位于两个不同的缔约国:①出票地;②出票人签名旁所示地点;③受票人姓名旁所示地点;④受款人姓名所示地点;⑤付款地。

### (二)公约在协调英美法系与日内瓦体系分歧方面所取得的主要成果

《联合国国际汇票和国际本票公约(草案)》的主要目的是尽可能地弥补日内瓦公约体系和英美法体系的分歧,使公约成为被不同法律体系国家接受的一项统一法。在这方面,公约主要在以下三个问题上取得了统一。

---

① 姚梅镇.国际经济法[M].武汉:武汉大学出版社,1989:506.

### 1. 关于票据的形式要求问题

对票据的形式要求是否严格是英美法系与日内瓦票据法体系的重要分歧。日内瓦公约对票据的形式要求是相当严格的,如规定汇票必须注名"汇票"字样、必须载明出票日期、不得开立无记名汇票、出票人不得在票据上记载免除或限制其对执票人责任的条款、有些汇票不得规定利息条款等。而英美法系则采取非常宽松的态度,没有这些限制。在此问题上,《联合国国际汇票和国际本票公约(草案)》兼采了两个法系的规定,它规定,国际汇票必须载明出票日期,不得开立无记名的国际汇票,但背书人可以通过空白背书的方法使汇票变成无记名汇票。

### 2. 关于执票人的法律保护问题

为了使票据具有流通性,各国票据法都对善意或合法的执票人给予了有力的保护,认为他可以享有优于其前手的权利。但是,各国法律对善意或合法的执票人所要求的条件是不同的。

英美法系把执票人分为三种,即执票人、付了代价的执票人和正当执票人。所谓执票人是指票据的受款人或被背书人,或空白汇票的持有人;所谓付了代价的执票人是指在任何时候曾对票据付了代价的执票人;所谓正当执票人是指在票据完整、正常、没有过期的情况下,不知悉票据曾被拒付,不知悉出让人的权利有任何瑕疵,并且付了对价而取得票据的执票人。这里的"知悉"指实际知悉,如果仅仅是拟知悉或推定知悉并不能动摇正当执票人的地位。在英美法上对正当执票人是给予了充分保护的,他享有优于其前手的权利,不受其前手对票据的任何权利的瑕疵的影响,也不受其他人对票据可能享有的任何平衡权益的影响。

在日内瓦体系的各国的票据法上没有"对价"的概念,也不以是否支付了对价作为合法执票人的条件。日内瓦公约对"合法执票人"的条件作了规定。公约规定,所谓合法执票人是指通过一系列不间断的背书证明其对票据拥有所有权的执票人。还规定合法执票人的"知悉"并不以实际知悉为限,即如果根据实际情况能推定票据的受让人应当知道背书人的权利有瑕疵,则该受让人就不能成为票据的合法执票人,就不能享有法律给予合法执票人的各种权利保障。

《联合国国际汇票和国际本票公约(草案)》将执票人分为一般执票人和受保护的执票人两种。对于符合条件的受保护的执票人,给予较强的保护。除非在特殊情况下,受保护的执票人的权利不受任何第三人对该票据的任何请求的限制。

《联合国国际汇票和国际本票公约(草案)》第 29 条规定受保护的执票人必须具备如下条件:①该票据在他取得时是完整的;②他在成为执票人时对有关票据责任的抗辩不知情;③他对任何人对该票据的有效索偿不知情;④他对该票据曾因不获承兑或不获付款而遭退票的事实不知情;⑤该票据没有超过提示付款的期限;⑥他未以欺诈或偷窃手段取得票据或未参加与票据有关的欺诈或偷窃行为。同时,公约第 30 条也规定,在下列情况下,执票人的权利受其他人的抗辩影响:①关于在票据上伪造签名的抗辩;②关于票据上曾发生重大改动的抗辩;③关于未经授权或越权代理人在票据上签名的抗辩;④关于汇票须提示承兑而未能提示承兑的抗辩;⑤关于未适当提示付款的抗辩;⑥关于在不获承兑或不获付款时应该作成拒绝证书,而未作成拒绝证书的抗辩;⑦关于票据时效(4 年)已过的抗辩;⑧基于该当事人本人与执票人之间在票据项下的交易或由于该执票人有任何欺诈行为而使该当事人在票据上签字而提出的抗辩;⑨基于当事人不具备履行票据责任的行为能力的抗辩。

### 3. 关于伪造背书的法律后果

关于伪造背书会产生什么样的法律后果,日内瓦公约与英美票据法存在着严重的分歧。

按《日内瓦公约》规定,尽管票据曾经发生过遗失、被窃或其中一个背书被伪造等事情,但对于善意地、没有重大过失地、通过一系列没有间断的背书而取得票据的执票人来说,他仍然可以享有票据上的权利。凡是在票据上有真实签名的人,如背书人、承兑人、保证人等,仍须对善意的持票人负责。付款人在付款时,只负责核对一系列背书的连续性,而不负责核对背书人签章的真实性,付款人如果善意地,没有重大过失地对执票人付了款,付款人就可解除票据义务。这样,风险落在了受损失者的身上。但是有一个例外,即如果付款人在票据到期以前付了款,他就必须承担不当付款的风险。至于伪造签章者的责任可依刑法或民法原理处理,不属票据法上的问题。这种规定的目的是为了保护善意被背书人,即善意执票人的利益。

但是,英美法系的票据法虽然承认正当执票人享有优于其前手的权利,即使其前手把属于别人的汇票(指无须背书即可转让的来人式汇票)偷来给他,只要他不知情并支付了对价,他就可以取得票据上的权利,要求汇票上的付款人向他付款或向汇票的前手追偿。但是这项原则有个例外,即伪造的背书或未经授权的背书无效,从而风险由伪造者承担。

《联合国国际汇票和国际本票公约(草案)》对此作了折衷的规定。公约第16条规定,凡是拥有经过背书转让给他人的或前手的背书为空白背书的票据,并且票据上有一系列连续背书的人,即使其中任何一次背书是伪造的或者是未经授权的代理人签字的背书,只要他对此不知情,就认为他是票据的执票人,从而受到法律的保护。同时,该公约第26条规定,如果背书是伪造的,则被伪造其背书的人,或者在伪造发生之前签署了票据的当事人,有权对因受伪造背书所遭受的损失,向伪造人、从伪造人手中取得票据的人或者向伪造人直接支付了票据款项的人或受票人索取赔偿。但是,向伪造人直接支付了票据款项的人或受票人如果在付款时对伪造背书不知情则可不承担上述赔偿责任。第16条规定主要是保护善意受让人,反映了日内瓦公约的原则;公约第26条规定主要倾向于保护真正的所有人,反映了英美法系的要求。按照公约的规定,伪造背书的风险最终由伪造者承担,如果伪造者逃匿不获或破产,则由从伪造者手中取得票据的人承担责任[①]。

# 第五节 国际贸易的支付方式

国际贸易的支付方式主要有汇付、托收和信用证三种。根据信用方式,国际贸易支付方式可以分为两大类,一类是贸易双方虽然通过银行结算,但是银行不提供信用的支付方式,包括汇付、托收;另一类是由银行提供信用的支付方式,主要指信用证。

## 一、汇付

### (一)汇付的定义及特点

汇付(remittance)又称汇款,是付款人委托银行或通过其他途经将款项支付给收款人的一种支付方式。

在汇付方式下,汇出款项的人被称为汇款人,在国际贸易业务中通常为进口人;接受汇款人委托,将款项转至收款人所在地代理行,并指示代理行向收款人解付一定金额的银行叫汇出行;接受汇出行委托,解付一定金额给收款人的银行叫汇入行;收取汇款款项的人被称为收款人,在进出口业务中通常为出口人。

---

① 曹祖平.新编国际商法[M].北京:中国人民大学出版社,2002:403—407.

汇付是买卖双方根据贸易合同,在相互信任的基础上互相提供给对方的信用,故在性质上属于商业信用。其特点是风险极大,因为汇付是买卖双方在相互信任的基础上采用的一种支付方式,因此,买方在先付款后能否得到应得的货物,卖方在先发货后能否得到货款完全取决于对方的信誉。如果有一方有信誉缺失的情况,另一方将遭受严重的经济损失。银行在整个汇付过程中只按照有关指示行事。

### (二)汇付的种类

根据汇款的方式不同,汇付可分为信汇、电汇和票汇三种。

1. 信汇(mail transfer,M/T)

信汇是指汇出行应汇款人的申请,在汇款人交付款项后,以航空邮件的方式将信汇委托书或支付委托书寄给汇入行,通知汇入行支付款项给收款人的一种支付方式。

信汇的特点是:费用较低,但汇款在途中的时间较长,差错率高,现已很少使用这种汇付方式。

2. 电汇(telegraphic transfer,T/T)

电汇是指汇入行应汇款人的申请,用加押电报或电传委托汇入行向收款人解付货款的一种支付方式。

采用此种方式付款减少了邮递环节,产生差错的可能性较小,安全可靠,加速了资金的周转,但银行费用较高。

3. 票汇(demand draft,D/D)

票汇是指汇款人直接向汇出行购买即期汇票,并自行寄给收款人,收款人凭汇票向指定银行收取货款的一种支付方式。

票汇手续简单,费用较低,但容易在邮递过程中出现差错。

## 二、托收

### (一)托收的定义及当事人

1. 定义

托收(collection)是指出口人在货物出口后,开具以进口人为付款人的汇票,委托出口地银行通过其在进口国的业务往来行,向进口人收取货款的一种支付方式。托收一般都是通过银行办理,所以又叫银行托收。

2. 托收方式的当事人

托收方式的当事人主要有四个:委托人、付款人、托收行和代收行

(1)委托人(principal)。委托人又称出票人(drawer),是指开具汇票委托银行向国外进口商收取货款的人。在进出口贸易中,委托人通常为出口人。委托人在委托银行收取货款时,必须给托收行以明确的指示,必须表明其交单为付款交单还是承兑交单,否则银行按照承兑交单处理;委托人在托收指示中还必须对汇票遭到拒付时是否需要作出拒绝证书给予说明,否则,银行无义务作出拒绝证书;此外,委托人还必须就需要时的代理作出说明,否则,银行对需要时代理的任何指令可以不受理。

(2)付款人(payer or drawee)。付款人是指在托收业务中有付款义务的人。在国际贸易中,付款人通常为进口人。付款人一旦拒付,则代收行通知托收行,托收行再通知卖方。

(3)托收行(remiting bank)。托收行是指接受出票人提交的单据,并通过其在买方所在地

的代收行代委托人进行托收的银行。托收行一般为出口地银行。

（4）代收行（collecting bank）。代收行是指在买方国家接受单据并向买方提示单据的银行。代收行一般为进口地的银行。

**（二）跟单托收的种类**

根据《国际商会托收统一规则》（URC522）的规定，托收分为光票托收和跟单托收。

光票托收（clean collecting）是指不附有商业单据的托收，仅凭金融单据委托银行代为收款的托收。

一般而言，光票托收适用于收取佣金、预付货款、小额交易以及结算货款尾数时用。

跟单托收（documentary collection）是指委托人向托收行交付附有商业单据的金融单据或仅向托收行交付商业单据的托收。

在国际贸易中，当事人在采用托收方式时，大多采用跟单托收。在跟单托收情况下，根据委托人向托收行交单条件的不同，跟单托收又可分为付款交单和承兑交单两种。

1. 付款交单（documents against payment，D/P）

付款交单是指代收行的交单是以进口人的付款为条件。即委托人发货取得装运单据后，备妥所需单证，并在托收委托书中指示代收行，只有在进口人付清货款后，才能把商业单据交给进口人。

按付款时间的不同，付款交单又可分为即期付款交单和远期付款交单。

（1）即期付款交单（documents against payment at sight，D/P at sight）。

即期付款交单是指出口人发货后开具即期汇票连同商业单据，通过银行向进口人提示，进口人见票后立即付款，在付清货款后向银行领取商业单据的托收方式。

（2）远期付款交单（documents against payment after sight，D/P after Sight）。

远期付款交单是指出口人发货后开具远期汇票，连同商业单据通过代收行向进口人提示，进口人审核无误后即在汇票上进行承兑，于汇票到期日付清货款后再领取商业单据的托收方式。

2. 承兑交单（documents against acceptance，D/A）

承兑交单是指代收行的交单以进口人在汇票上承兑为条件。即出口商在装运货物后开具以买方为付款人的远期汇票，连同商业单据，通过代收行向进口商提示，进口商承兑汇票后，代收行即将商业单据交给进口商，在汇票到期时，进口商可履行付款义务。

**（三）托收的特点**

1. 托收在性质上属于商业信用

在托收方式下，银行并不承担第一位的付款责任。银行只是按照委托人的指示行事。除非事先约定，银行也没有义务代为保管货物。如货物已到达，银行是按委托人的指示办事，并不承担对收款人必然的付款义务，因此，托收在性质上属于商业信用。如进口商破产或丧失清偿债务的能力，出口人则可能收不回或迟收到货款。在进口人拒不付款赎单时，出口商则面临着关税、存仓、保险、转售以至被低价拍卖或被运回国内的风险。在承兑交单条件下，进口人只要在汇票上办理承兑手续，即可取得商业单据，凭以提取货物，出口人收款的保障就是进口人的信用，一旦进口人到期不付款，出口人便会遭到货款全部落空的损失。所以承兑交单比付款交单的风险更大。

2. 托收比汇款方式安全

在跟单托收中，以 D/P 或 D/A 方式进行结算，使进出口双方的安全性比以汇付方式进行结算有所提高。对出口商而言,他的交单以进口商的付款和承兑为条件,虽然这种方式有一定的风险,但比汇付中的先发货后收款要安全得多。对进口商而言,他只有支付了货款或进行了承兑才可以得到物权单据,这比汇付中的预付货款承担的风险要小。

3．出口商资金负担重

在进口商进行付款之前,货物占用的资金全部由出口商承担,因此在托收方式下,出口商的资金负担比较沉重。但如果出口商能在有些银行进行押汇,则可以在一定程度上缓解资金的压力。

4．银行的手续费要比汇付高

从托收的整个流程来看要比汇付方式复杂,银行在处理单据时要比汇付方式麻烦,因此其手续费要比汇付方式高。

**(四)当事人的义务**

1．委托人的义务

委托人的义务主要有两个方面:一个是委托人履行贸易合同的义务;另一个是委托人履行与托收行之间签订的委托代售合同的义务。

在履行贸易合同中,委托人的责任主要是:①交付符合买卖合同规定的货物。②提供符合合同规定的单据。

在履行委托代收合同时,委托人的主要义务是:①指明如何选择代收行。②明确对银行指示的内容,包括交单方式、银行费用的负担、货款收妥后的处理以及货物被拒收时的处理等。③发生特殊情况时,应当及时向托收行发出指示。

2．托收行的义务

(1)执行托收指示,按常规处理业务的义务。

(2)承担过失责任。

托收行必须谨慎从事,若因其过失给委托人造成损失,应当承担赔偿责任。

(3)托收行对单据是否与合同相符不负责任。

在托收项下,托收行无审查单据是否与合同相符的义务,只是按照托收指示传递单据,如果发生了单据与合同不符,托收行不承担任何责任。

3．代收行的责任

(1)保管好单据。

(2)在付款人拒付时,应立即通知托收行,并保管好单据,谨慎处理货物,明确对银行指示的内容,包括交单方式、银行费用的负担、货款收妥后的处理以及货物被拒收时的处理等。

(3)及时将收款的情况通知托收行。

4．付款人的责任

付款人的基本责任就是按照贸易合同的规定付款[①]。

**(五)有关托收的惯例规则**

国际商会为统一托收业务的做法,减少托收业务各有关当事人可能产生的矛盾和纠纷,曾于1958年草拟了《商业单据托收统一规则》。为了适应国际贸易发展的需要,国际商会在总结实践经验的基础上,1978年对该规则进行了修订,改名为《托收统一规则》(The Uniform

---

① 　王学先.国际商事法[M].大连:大连理工大学出版社,1998;136—138.

Rules for Collection,ICC Publication No.322)。1995 年再次修订,称为《托收统一规则》国际商会第 522 号出版物(简称《URC522》),1996 年 1 月 1 日实施。

《托收统一规则》自公布实施以来,被各国银行所采用,已成为托收业务的国际惯例。

《托收统一规则》共 26 条 7 部分,包括总则及定义、托收的形式和结构,提示方式,义务与责任,付款,利息、手续费及其他费用。其主要内容可归纳为以下几点。

(1)委托人应受国外法律和惯例规定的义务和责任的约束。

(2)银行除要检查所收到的单据是否与委托书所列一致外,对单据无审核义务,即付款人如对单据提出异议拒付,代收行不负责任。但银行必须按托收指示办事,如无法办理,应立即通知发出委托书的一方。

(3)未经代收行事先同意,货物不能直接发给代收行或以代收行为收货人,否则该行无义务提货,仍由委托人自行承担货物的风险和责任。

(4)在委托书上必须指明是"付款交单"还是"承兑交单"。如果未指明,代收行只能在付款后交单。

(5)如被拒付,托收行应在合理的时间内作出进一步处理单据的指示。如代收行发出拒绝通知书后 90 日未接到指示,可将单据退回托收行转告委托人。代收行不承担被付款人直接追索的责任。

(6)与托收有关的银行,如由于任何电文、信件或单据在寄送途中的延误或丢失所引起的后果,或由于电报、电传或电子通讯系统在传送中的延误、残缺或错误,或由于专门术语在翻译或在解释上的错误,不承担义务或责任①。

### 三、信用证

信用证(letter of credit)是指一项不可撤销的安排,无论其名称或描述如何,该项安排构成开证银行对相符交单予以承付的确定承诺。确切地讲,信用证是开证行应申请人的申请,或以自身的名义,向受益人开立的,承诺在一定期限内凭规定的单据支付一定金额的不可撤销的书面承诺。信用证属于银行信用②。

**(一)信用证的当事人**

1. 开证申请人(applicant)

开证申请人又称开证人(opener),是向开证银行提交申请书申请开立信用证的人。开证申请人受买卖双方的基础合同和他与开证行的开证申请合同的约束,他应当按照基础合同合理指示开证行开立信用证,向开证行交付开证保证金,并及时向开证行付款赎单。

2. 受益人(beneficiary)

受益人是指信用证上规定有权使用该证的人。受益人接受了信用证就意味着受益人得到了开证行在一定条件下的付款保证。受益人在接到信用证后,有权对其进行审查,如发现信用证中的某些条款和买卖双方签订的合同不符,有要求申请人改证的权利。受益人应在信用证规定的期限内装运货物,并按照信用证的规定交单,并在单证相符的条件下得到信用证项下的货款。

① 余劲松,吴志攀.国际经济法[M].北京:北京大学出版社,高等教育出版社,2005:346—347.
② ICC跟单信用证统一惯例.修订本.中国民主法制出版社,2007:5.

3．开证行(issuing bank or opening bank)

开证行是应开证申请人的请求开立信用证,保证在一定条件下付款的银行。开证行应根据申请人的要求开立信用证,谨慎地审查单据,并在单证相符的条件下,承担第一位的付款责任。

4．通知行(advising bank)

通知行是受开证行的委托,将信用证转交给受益人的银行。通知行不承担付款责任。通知行有证实信用证表面真实性的义务,如该行不能证实信用证的真伪,它必须如实告知受益人。此外,通知行在通知信用证时,还应当准确反映其收到信用证或修改的条款。

5．议付行(negotiating bank)

议付行是根据开证行在议付信用证中的授权,买进受益人提交的汇票和单据的银行。根据 UCP600 的规定,担任议付行要有三个条件:一是要有开证的指定;二是要在单证相符的条件下买进受益人的单据或汇票;三是必须全额买进受益人的票面金额。议付行议付应当在五个银行工作日内将单据寄往开证行、保兑行或偿付行索偿。

6．保兑行(confirming bank)

保兑行是应开证行的授权或要求,对开证行开立的信用证加具保兑的银行。保兑行自对信用证加具保兑之时起就不可撤销地承担承付或议付的责任,如果开证行授权和要求一银行对信用证加具保兑,而这一银行不准备保兑,它必须毫不延误地通知开证行,并给开证行以通知,否则,它就承担了保兑的责任。保兑行对受益人的承诺,也是独立、第一性的。当信用证规定保兑行为议付行时,受益人可以按照信用证的规定向保兑行交单,只要单证相符,保兑行就应当向受益人议付,并且此种议付是无追索权的。如果信用证没有规定保兑行为议付行,那么,保兑行就和开证行一样承担着第一位的付款责任,一旦开证行破产或倒闭,保兑行就必须承担付款责任。

7．付款行(paying bank)

付款行是信用证上指定的付款银行。付款行一般为开证行,但有时也可能是开证行指定的另一家银行。付款行是开证行的代理行,它的责任是根据受益人的交单,在单证一致的情况下向受益人付款。一旦付款,付款行就不得向受益人追索,但可以向开证行索偿。

8．偿付行(reimbursing bank)

偿付行又称信用证的清算银行(clearing bank),是指在信用证中指定的对议付行或付款行进行偿付的银行。一般情况下,当开证行与议付行或付款行之间无账户往来关系,特别是信用证采用第三国货币结算时,为方便结算,开证行委托另一家有账户关系的银行代其向议付行或付款行偿付,偿付行付款后应向开证行索偿。

**(二)信用证的特点**

信用证支付方式属于银行信用,它有以下特点:

1．信用证是一项独立文件

信用证虽以贸易合同为基础,但它一经开立,就成为了独立于贸易合同之外的另一种契约。贸易合同是买卖双方之间签订的契约,只对买卖双方有约束力。信用证则是开证行与受益人之间的契约,开证行和受益人以及参与信用证业务的其他银行均应受信用证惯例的约束。

2．在信用证业务中开证行是第一位的付款人

信用证支付方式是一种银行信用,由开证行以其信用做出付款保证。开证行提供的是信

用而不是资金,其特点是只要把规定的单据提交给开证行,并且构成相符的交单,开证行则必须承担第一位的付款责任。

3. 信用证业务是单据的买卖

在信用证业务下,银行处理的是单据而不是货物,而且只关注单据在表面上与信用证是否相符。《跟单信用证统一惯例 600》第 5 条明确规定:"银行处理的是单据,而不是单据可能涉及的货物、服务或履约行为。"可见,信用证业务是一种纯粹的凭单据付款的单据业务。

**(三)信用证的种类**

根据信用证的用途、性质、期限、流通方式等特点的不同,可以把信用证作以下分类。

1. 保兑信用证与不保兑信用证

在不可撤销信用证中,根据是否有另一家银行对之加以保兑,可分为保兑信用证和不保兑的信用证。

(1)保兑信用证(confirmed letter of credit)。保兑信用证是指开证行开出由另一家银行对其保兑的信用证。

保兑行对信用证所担负的责任与信用证开证行所担负的责任相当,即负有付款、承兑和议付的责任。未经保兑行的同意,信用证不得修改或撤销。如果开证行对信用证进行修改,保兑行可以将其保兑扩展至修改,也可以对修改部分不进行保兑。如果保兑行对修改不加具保兑,它必须毫不延误地将此告知开证行,并在其给受益人的通知中告知受益人。

(2)不保兑信用证(unconfirmed letter of credit)。不保兑信用证是未经另一家银行加保的信用证。惯例规定,如果信用证上没有表明信用证是否"保兑",则此信用证为不保兑信用证。

2. 即期付款信用证和延期信用证

根据付款时间不同,信用证可分为即期付款信用证和延期付款信用证。这两种信用证在《跟单信用证统一惯例 600》(UCP600)中,统称付款信用证。

(1)即期付款信用证(sight letter of credit)。即期付款信用证是指以即期付款方式为兑用方式的信用证,即开证行或付款行在收到受益人提交符合信用证条款要求的即期汇票或不带汇票的单据后,当即向受益人履行付款义务。即期信用证如果以开证行为付款行,则交单地点和交单日期均为开证行所在地的地点和日期,对于单据在邮递途中的风险则由受益人承担;即期信用证如果以出口地银行为付款行,则交单地点和交单日期均为代付行所在地的地点和日期,对于单据在邮递途中的风险开证行仍将承担责任。

(2)延期付款信用证(deferred payment letter of credit)。延期付款信用证是以不带汇票的远期付款方式为兑用方式的信用证,即被指定的付款行(开证行或代付行)在收到符合信用证条款的不带汇票的单据后,于约定的付款到期日向受益人履行付款义务。在延期付款信用证项下,如有代付行的情况下,开证行在收到代付行寄来的符合信用证条款的单据后,必须于付款到期日履行付款责任。

3. 可转让信用证与不可转让信用证

根据受益人对信用证的权利是否可转让,信用证可分为可转让信用证与不可转让信用证。

(1)可转让信用证(transferable letter of credit)。可转让信用证是指信用证的受益人(第一受益人)可以要求信用证中特别授权的转让银行,将该信用证全部或部分转让给一个或数个受益人(第二受益人)使用的信用证。根据 UCP600 的规定,可转让信用证中必须明确标明"可转让"(transferable)字样,否则,被视为不可转让信用证。可转让信用证只能转让一次,办理转让的银行是信用证指定的转让行。第一受益人必须通过转让行办理信用证转让业务，不能由第一受益人自行转让信用证给第二受益人。转让的金额可以是部分的，也可以是全部的。转让的对象可以是一个或几个。

可转让信用证的转让行是办理信用证转让的指定银行，或当信用证规定可在任一银行兑用时，指证银行特别如此授权并实际办理转让的银行。开证行本身在一定的情况下，也可以担任转让行。

可转让的信用证必须准确转载原信用证的条款，如果有保兑行，保兑行也必须就可转让的信用证转载的条款进行保兑。但是下列条款可以有一定的改变：①信用证金额；②单价；③信用证的有效期限；④交单期限；⑤最迟发运日或发运期间。

在可转让信用证的条件下，第一受益人有权以自己的发票和汇票替换第二受益人的发票和汇票，但其金额不得超过原信用证的金额。经过替换后，第一受益人可在原信用证项下支取自己发票与第二受益人发票间的差价。如果第一受益人提交的发票导致了第二受益人的交单中本不存在的不符点的存在，而且其未能在第一次要求时修正，转让行有权将从第二受益人处收到的单据照交给开证行，并不再对第一受益人承担责任。同时，UCP600还规定第二受益人或代表第二受益人的交单必须交给转让行，以保护第一受益人的利益。

（2）不可转让信用证（non-transferable letter of credit）。不可转让信用证是指受益人无权转让给他人使用的信用证。不可转让信用证只限受益人本人使用。

4. 议付信用证（negotiation letter of credit）

议付信用证是指开证行允许受益人向其指定的银行或其他银行交单议付的信用证。在议付信用证项下，可以附加汇票也可以不附加汇票。担任议付的银行必须是被开证行指定的银行。

按照信用证是否限定议付行，议付信用证可分为限制议付信用证和自由议付信用证两种：限制议付信用证（restricted negotiable L/C）是指开证行限定议付银行的信用证；自由议付信用证（freely/open negotiable L/C）是指开证行允许受益人在任何银行议付的信用证。

另外，值得注意的是，UCP600还对受益人开立汇票的抬头作了规定，其第 6 条 C 款是这样规定的："信用证不得开成凭以申请人为付款人的汇票。"这就强化了在议付信用证下议付行的第一位付款责任。

5. 承兑信用证（acceptance L/C）

承兑信用是由开证行或指定的承兑行对受益人开出的远期汇票进行承兑的信用证。在承兑信用证项下，开证行有承兑以自己为付款人的汇票并到期付款的义务。

6. 备用信用证（standby letter of credit）

备用信用证是指不以清偿商品交易的价款为目的，而以贷款融资，或担保债务偿还为目的所开立的信用证。备用信用证实质上属于银行担保性质[①]。

在备用信用证中，开证行保证在开证申请人未能履行其应履行的义务时，受益人只要按备用信用证的规定向开证行开具汇票，并随附开证申请人未履行义务的声明或证明文件即可得到开证行偿付。

备用信用证具有如下法律性质。

---

① 王传丽.国际贸易法[M].3 版.北京：法律出版社，2005：150.

（1）独立性。备用信用证一经开立，即作为一种自足文件而独立存在。既独立于申请人与受益人之间的基础交易合约，又独立于申请人和开证行之间的开证契约。

（2）单据性。备用信用证亦有单据要求，只不过备用信用证通常只要求受益人提交汇票以及声明申请人违约的证明文件等非货运单据。

（3）强制性。备用信用证一经开立，即对开证行具有强制性的约束力。

此外，信用证还有背对背信用证、对开信用证、循环信用证、预支信用证等分类。

**（四）信用证下各方当事人之间的法律关系**

信用证涉及的当事人很多，其关系也错综复杂。

1. 开证申请人与开证行之间的法律关系

开证申请人与开证银行的法律关系是以开证申请书为基础的委托合同关系。在这种合同关系下，开证行对开证申请人的义务和责任主要有：①根据开证申请人的指示开证；②合理谨慎地审核受益人提交的单据，确定单据和信用证在表面上的相符性；③承担付款、承兑、议付的责任。开证申请人的主要义务有：①交纳开证押金或其他保证，交纳开证费用；②承担银行按照其指示行事的风险；③在接到开证行单到通知后付款赎单的义务。

2. 开证行与受益人之间的法律关系

开证行开立信用证并送达受益人，受益人接受了信用证之后就确立了双方的法律关系，信用证形成了开证行和受益人之间的一项独立的合同，这种合同既独立于开证申请人与开证行之间的开证合同，也独立于受益人和申请人之间的基础买卖合同。在此合同下，只要受益人提交的单据符合信用证条款的要求，开证行就得付款。开证行按照规定付款后，即使申请人破产或由于其他原因拒付，开证行也不能向受益人行使追索权。

3. 通知行和开证行、受益人之间的关系

通知行和开证行之间是一种委代理关系。通知行接受开证行的委托通知受益人并从开证行获取佣金。

通知行与受益人之间不存在合同关系。通知行之所以通知受益人，是因为它与开证行之间的委托代理关系的存在。通知行只是开证行的代理行。

4. 受益人与议付银行、付款行、承兑行之间的法律关系

受益人与议付银行、付款行、承兑行之间并无必然的直接关系。但是，一旦议付银行、付款行、承兑行接受了开证行的指定或委托进行议付、付款或承兑，他们之间就产生了有关国家票据法上的关系。

5. 开证行与议付银行、付款行、承兑行之间的法律关系

开证行与议付银行、付款行、承兑行之间的法律关系，是基于开证行的指定和议付银行、付款行、承兑行的接受指定而形成的合同关系。根据这种合同关系，开证行应接受议付银行、付款行、承兑行寄交的符合信用证规定的单据，并偿付上述银行，上述银行对开证行负有审查单证一致的义务，如果上述银行所据以议付、付款、承兑的单据和信用证不相符，开证行有权拒绝付款。

**（五）《跟单信用证统一惯例 600》**

自 19 世纪 80 年代第一张信用证在英国出现以后，由于各国法律制度的差异，银行、保险、运输等制度和习惯的不同，导致对信用证当事人的权利、义务及一些术语的解释各异，这种状况的出现，导致了贸易争端的发生，严重影响了信用证业务的推广和使用。

为了减少因解释不同引起的贸易争端,调和当事人之间的矛盾,使信用证真正成为可靠的支付方式,国际商会于 1929 年在美国代表的提议下制定了《商业跟单信用证统一规则》(Uniform Regulations for Commercial Documentary Credit),但由于这个"规则"只反映了个别国家银行的观点,只被法国和比利时两个国家的银行采用了。为此,国际商会于 1931 年组织专门小组对其进行修改,并于 1933 年颁布了《商业跟单信用证统一惯例》(Uniform Customs and Practice for Commercial Documentary Credits)。随着国际贸易的发展,《商业跟单信用证统一惯例》不断暴露出一些问题,于是,国际商会又于 1951 年、1962 年、1974 年、1983 年、1993 年和 2003 年对其进行了修改。现行的《跟单信用证统一惯例》就是国际商会于 2003 年开始修改,于 2006 年 11 月颁布并于 2007 年 7 月 1 日开始实施的《跟单信用证统一惯例》,因为此出版物属于国际商会第 600 号出版物,因此,它又被称为《国际商会 600 号出版物》(即 UCP600)。

目前,《跟单信用证统一惯例》已被 170 多个国家和地区的银行接受,成为了适用全球的最重要的惯例之一。

《跟单信用证统一惯例》(UCP600)共 39 条,整个惯例条款基本上按照业务流程呈流水式排列,摒弃了 UCP500 模块式排列,方便了使用者对相关规定的查找。它的第 1—5 条为总则部分,包括 UCP 的适用范围、定义条款、解释规则、信用证的独立性等;第 6—13 条明确了有关信用证的开立、修改、各当事人的关系与责任等问题;第 14—16 条是关于单据的审核标准、单证相符或不符的处理的规定;第 17—28 条属单据条款,包括商业发票、运输单据、保险单据等;第 29—32 条规定了有关款项支取的问题;第 33—37 条属银行的免责条款;第 38 条是关于可转让信用证的规定;第 39 条是关于款项让渡的规定。

UCP600 除在结构上与 UCP500 不同外,与 UCP500 相比它还呈现出如下变化。

1. 增加了重要定义的条款

与 UCP500 不同的是,UCP600 第一次系统地对惯例所涉及的定义进行了界定。这些定义的引入使得惯例的条款统一而简洁,使银行无论在何种信用证下的义务在其项下具有统一性。具体而言,UCP600 在第 2 条定义条款中共给出 14 个定义,包括通知行、申请人、银行日、受益人、相符交单、保兑、保兑行、信用证、开证行、承付、议付、指定银行、交单和交单人。其中,信用证、相符交单、承付和议付四个定义与 UCP500 分散在条款中的定义相比不尽相同并且比较重要,现就这四个定义阐述如下。

(1)信用证。信用证意指一项不可撤销的安排,无论其名称或描述如何,该安排构成开证行对于相符交单予以承付的确定的承诺。此定义表明凡是信用证都应该是不可撤销的,这就肯定了开证银行的第一位付款责任,也动摇了某些"软条款"信用证赖以存在的基础。

(2)相符交单。相符交单是指与信用证条款、本惯例以及国际标准银行实务一致的交单。这一规定要求受益人不仅要充分理解信用证的要求和 UCP600 的规定,而且应当了解国际标准银行实务(ISBP)。

(3)承付。承付是指对即期信用证即期付款;对延期付款信用证发出延期付款承诺并到期付款;对于承兑信用证承兑由受益人出具的汇票并到期付款。它概括了开证行、保兑行和指定银行除议付以外的一切与支付相关的行为。这个定义的引入,有利于 UCP600 条款的统一。

(4)议付。议付是指被指定银行在相符交单的情况下,在其应获得的银行工作日当天或之前向受益人预付或同意预付款项,从而购买汇票或单据的行为。这一定义将议付行对受益人的融资纳入了惯例的保护范围,明确了信用证的融资功能,在一定程度上将会缓解受益人资金紧张的压力,也会激发受益人与申请人使用信用证作为支付手段的热情,有利于信用证业务的开展。

2. 删除了一些表达不确切、内容过时、与贸易实践相脱节的条款,使 UCP600 更接近国际贸易现实

(1)删除了信用证"可撤销"的概念。UCP500 第 6 条规定:"信用证可以是可撤销的或不可撤销的,因此,信用证上应注明是可撤销的或是不可撤销的,如无此项证明,应视为不可撤销的。"此条规定实际上是脱离实践的,一般而言,在实践中使用的信用证都是不可撤销的,如果信用证开出以后,开证银行可以撤销的话,银行的开立信用证行为的本身就失去了实际意义。同时,也给受益人履行合同带来了困难。对此条款的撤销,有利于受益人对基础合同的履行,有利于体现开证行第一位付款责任的原则和信用证业务的存在和发展,也有利于避免国际贸易欺诈现象的发生。

(2)删除了运输行单据条款。UCP500 第 30 条规定:"除非信用证另有授权,否则银行仅接受运输行出具的具有注明下列内容的运输单据:注明作为承运人或多式运输营运人的运输行的名称,并由作为承运人或多式运输营运人的运输行签字或以其他方式证实,或注明承运人或多式运输营运人的名称并由作为承运人或多式运输营运人的具名代理或代表的运输行签字或以其他方式证实。"此规定表明仅仅以运输行身份签发的运输单据银行在结算时是不接受的,但是如果运输行签发的运输单据是以承运人或承运人代理人身份签发的,则是符合要求的。运输单据的签发有两种,一种是承运人签发,一种是货代公司以承运人的代理人身份签发。为了避免对承运人和运输行概念的混淆,反映国际贸易实践,UCP600 删除了运输行单据的概念,规定不论何种运输单据,只要表明是承运人或其代理人以承运人身份签发的都有效。在国际运输实践中,不仅存在着承运人,还存在着无船承运人和各种货代公司等,删除运输行单据条款无疑会促进国际运输的发展。

(3)删除了"风帆动力"条款。UCP500 第 30 条规定:"如信用证要求提交港至港运输提单者,除非信用证另有规定,银行将接受下述单据,不论其称谓如何……未注明承运船只仅以风帆为动力者。"风帆动力船只是早期海运不发达时期的产物,早已退出了历史舞台,现在虽有帆船存在,但基本上都用于竞赛和休闲,不用于海运,如再在 UCP600 中加以规定已没有实际意义,故删除该条款是必要的[①]。

(4)删除了运输单据额外费用的列举条款。UCP500 第 3 条规定:"银行将接受以戳记或其他方式提及运费以外的附加费用,诸如有关装卸或其他类似作业所发生的费用或开支的运输单据,除非信用证条款明确禁止接受此类运输单据,则不能接受。"此条款采取了列举的方式列举了有关的费用,其实在实践中发生的费用远远不止装卸类似的费用,还有燃油附加费、终点搬运费、绕航费等正常费用。由于 UCP500 列举标准的模糊,给单据的制作与审核带来了很大的变数,并由此引发了很多争议和干扰,给国际贸易带来了不便。为了方便国际贸易的开展,UCP600 第 26 条规定:"运输单据上可以以印戳或其他方式提及运费之外的费用。"它没有采用列举的方式列举费用,因为所列举者并不能将额外费用悉数包括在内。列举条款的删除,有利于受益人单据的制作和银行对单据的审核,有利于避免贸易纠纷的发生。

---

①   阎之大. UCP600 前瞻——即将成稿实施的 UCP600 会有哪些变化[J]. 中国外汇,2006(7).

3. 规定了新的国际结算实务操作标准

(1)缩短银行审核单据时间。UCP500 第 13 条规定:"开证行、保兑行(如有),或代其行事的指定银行,应有各自的合理的审单时间——不得超过从其收到单据的翌日起算七个银行工作日,以便决定是接受或拒绝接受单据,并相应地通知寄单方。"至于何为"合理的审单时间"UCP500 没有做详细的解释。为了加快受益人的结汇速度,UCP600 把"七个银行工作日"改为"五个银行工作日",同时为了避免因"合理时间"模糊产生纠纷,国际商会在惯例修改时删除了"合理时间"的规定。UCP600 第 14 条规定:"按照指定行事的指定银行、保兑行(如有)以及开证行,自其收到提示单据的翌日起算,应各自拥有最多不超过五个银行工作日的时间以决定单据是否相符。"

(2)规定受益人对修改的信用证保持沉默不等于接受的原则。关于修改的信用证的接受问题,在 UCP500 第 9 条 C 款中规定:"在受益人向通知修改的银行表示接受该修改内容之前,原信用证(或先前已接受修改的信用证)的条款对受益人仍然有效。受益人应发出接受修改或拒绝接受修改的通知。如受益人未提供上述通知,当他提交给指定银行或开证行的单据与信用证以及尚未表示接受的修改的要求一致时,则该事实即视为受益人已作出接受修改的通知,并从此时起,该信用证已作了修改。"这就确立了"保持沉默即是接受"原则,这种规定不仅对受益人而言是不公平的,而且是与许多国家的法律相违背的。许多国家的法律都规定,一项接受应当以明示的方式做出,当然对于信用证修改的接受也应该如此。因此,针对这种情况,UCP600 第 10 条规定:"修改中除非受益人在某一时间内拒绝否则修改生效的规定将被不予理会。"

(3)开证行承担单据传递过程中的遗失责任。UCP500 第 16 条规定:"银行对由于任何文电、信函或单据在传递中发生延误及/或遗失所造成的后果,或对于任何电讯在传递过程中发生的延误、残缺或其他差错,概不负责。银行对专门性术语的翻译及/或解释上的差错,也不负责,银行保留将信用证条款原文照转而不翻译的权利。"这种规定意在免除开证行的付款责任和通知行的通知信用证具体条款的义务。对受益人而言,尤其不公平。这种规定不仅不符合民法上的代理原则也不符合权利与义务相一致的法理要求。UCP600 在其规定中对此进行了修改,UCP600 第 35 条明确规定:"如果指定银行确定交单相符并将单据发往开证行或保兑行。无论指定的银行是否已经承付或议付,开证行或保兑行必须承付或议付,或偿付指定银行,即使单据在指定银行送往开证行或保兑行的途中,或保兑行送往开证行的途中丢失。"这就规定了即使单据遗失,开证行对遗失单据应承担责任的情况。同时,惯例也对通知行的责任作了具体规定,UCP600 第 9 条明确规定:"通知行通知信用证或修改的行为表示其已确信信用证或修改的表面真实性,而且其通知准确地反映了其收到的信用证或修改的条款。"

(4)增加了开证行对单据处理的选择规定。在 UCP500 下,一旦发现单证不符,开证行对单据的处理有两种方式:第一种拒付;第二种是联系申请人接受不符点。为了适应实践的需要,UCP600 规定,银行在拒付电中对单据的处理的选项有四个,即持单听候交单人处理、持单至申请人放弃不符点、径直退单和依据事先得到的交单人的指示行事。尤其是持单至申请人放弃不符点的规定,有利于受益人和申请人利益的实现,使信用证结算方式更具有灵活性和吸引力。

(5)确立了新的审单标准。信用证交易实质上是一种单据的买卖行为。只要受益人交付的单据符合信用证要求,开证行就必须承担第一位的付款责任。但是,对于何为单证相符,

UCP500 和 UCP600 的规定不尽相同。UCP500 第 13 条关于审核单据的标准是这样规定的"银行必须合理小心地审核信用证上规定的一切单据,以便确定这些单据是否表面与信用证条款相符合。本惯例所体现的国际标准银行实务是确定信用证所规定的单据表面与信用证条款相符的依据。单据之间表面不一致,即视为表面与信用证条款不符;信用证上没有规定的单据,银行不予审核。如果银行收到此类单据,应退还交单人或将其照转,但对此不承担责任;开证行、保兑行(如有),或代其行事的指定银行,应有各自的合理的审单时间——不得超过从其收到单据的翌日起算七个银行工作日,以便决定是接受或拒绝接受单据,并相应地通知寄单方;如信用证含有某些条件而未列明需提交与之相符的单据者,银行将认为未列明此条件,对此不予理会"。由此规定可以看出,银行在审查单据时强调的是单证的"表面相符",但是对于何谓单证"表面相符",UCP500 并没有做细化的规定。而 UCP600 不仅细化了此标准,而且又确立了一个与"表面相符"相并列的"单据必须满足其功能"标准。UCP600 第 14 条对单据的审查标准作了规定,它是这样规定的:"单据中内容的描述不必与信用证、信用证对该项单据的描述以及国际标准银行实务完全一致,但不得与该项单据中的内容、其他规定的单据或信用证相冲突;除商业发票外,其他单据中的货物、服务或行为描述若须规定,可使用统称,但不得与信用证规定的描述相矛盾;如果信用证要求提示运输单据、保险单据和商业发票以外的单据,但未规定该单据由何人出具或单据的内容。如信用证对此未做规定,只要所提交单据的内容看来能满足其功能需要且其他方面与信用证的规定不相矛盾,银行将对提示的单据予以接受;提示信用证中未要求提交的单据,银行将不予置理。如果收到此类单据,可以退还提示人;如果信用证中包含某项条件而未规定需提交与之相符的单据,银行将认为未列明此条件,并对此不予置理……"由此可以看出,UCP600 对单据相符的标准的规定比 UCP500 的规定要详细地多,并且标准也不尽相同。

4. 对可转让信用证某些条款的修改

(1)规定了开证行可以自己转让信用证。根据 UCP500 第 48 条的规定,信用证的转让必须经转让银行明确同意。如果被指定的银行不同意转让,或者没有被指定银行,信用证就不能转让,这就限制了信用证的流通,有违信用证转让的目的。于是 UCP600 便在 38 条 B 款中规定"开证行也可以担任转让行"。

(2)明确了第二受益人的交单必须经过转让行。在可转让信用证的法律关系中,开证行对第一受益人承担第一位的付款责任。第一受益人之所以转让信用证,其真正的目的在于从转让中得到差价利润,如果让第二受益人绕过第一受益人直接交单给开证行,第一受益人就丧失了换单的权利,无法得到交易下的差价,不符合公平交易之原则。因此,UCP600 便在 38 条 K 款中规定:"由第二受益人或代表第二受益人提交的单据必须向转让银行提示。"以保护没有过错的第一受益人的利益。此种规定有利于保护中间商的利益,有利于促进中转贸易和加工贸易的发展。

(3)授权转让行在一定条件下可以直接提交第二受益人的单据给开证行。在保护正当作为第一受益人权利的同时,UCP600 还加强了对无过错的第二受益人的利益的保护。UCP600 第 38 条 I 款规定:"如果第一受益人提交的发票导致了第二受益人提示的单据中本不存在的不符点,而其未能在收到第一次要求时予以修正,则转让银行有权将其从第二受益人处收到的单据向开证行提示,并不再对第一受益人负责。"这就剥夺了不当作为第一受益人赚取差价的权利,保护了无过错第二受益人的利益。此规定对消除第二受益人使用可转让信用证的恐惧感,推动可转让信用证在实践中的运用有着重大作用①。

## 本 章 小 结

　　本章国际结算制度共包括两大部分内容,第一部分是票据制度,本章从第一节到第四节就属于这一部分内容;第二部分是结算方式,本章的第五节对其进行了重点讲述。票据作为市场经济发展到一定阶段的必然产物,已经成为了现代经济生活中主要的支付工具,现代国际结算就属于以票据为基础的非现金结算,而汇票、本票和支票则是非现金的国际结算的重要的支付工具。本章从第一节到第四节主要讲述了汇票、本票和支票的基本性质、功能、票据当事人的权责以及有关的国际票据法公约;本章的第五节主要讲述了建立在商业信用基础上的汇付和托收,以及建立在银行信用基础上的信用证制度。第五节对这三种支付方式的定义、分类、法律特征以及有关的国际惯例进行了详细论述,特别是对于 2007 年 7 月 1 日起实施的《跟单信用证统一惯例 600》进行了论述,值得同学们关注。

## 关 键 术 语

　　票据　汇票　本票　支票　汇付　托收　信用证　惯例　公约

## 思考与练习

　　1. 什么是票据? 其法律特征是什么?

　　2. 什么是汇票? 汇票的使用程序包括哪些?

　　3. 什么本票和支票? 汇票、本票和支票的区别是什么?

　　4.《联合国际汇票和本票公约》和《日内瓦公约》在规定上主要有哪些不同?

　　5. 什么是汇付? 其分类有哪些?

　　6. 惯例是怎样规定托收项下当事人权利和义务的?

　　7. 信用证有哪些分类?《跟单信用证统一惯例 600》和《跟单信用证统一惯例 500》的主要区别是什么?

---

　　① 　国际商会中国委员会,编译. ICC 跟单信用证统一惯例[G]. 北京:中国民主法制出版社,2006:3－82.

# 第八章　国际货物运输与保险法

## 本章要点

1. 海上货物运输合同的订立、履行和解除
2. 提单的功能
3. 提单中承运人的责任制度
4. 国际铁路货物运输合同和国际航空货物运输合同
5. 海上保险合同
6. 承保的风险与损失

国际货物运输是采用一种或多种运输方式,把货物从一国境内的某一地点运至另一国境内的某一地点,这是国际贸易的必然要求,也是实现国际货物买卖的必要手段。在目前的国际货物运输中,涉及的运输方式有海上运输、铁路运输、航空运输、江河运输、邮政运输、公路运输、管道运输以及由上述若干方式组成的国际多式联运等。从事国际货物买卖的当事人应当根据货物的情况和各种运输方式的特点合理选择和正确利用上述各种运输方式。国际货物运输保险作为一种运输风险致损后的补偿制度,其类别与国际货物运输方式密切相关,有海上货物运输保险、陆上货物运输保险、航空货物运输保险以及多式联运保险等。本章主要讲述海上货物运输、铁路货物运输、航空货物运输三种最主要的国际贸易运输方式以及与国际贸易密切相关的国际货物海上运输保险。

## 第一节　海上货物运输

### 一、海上货物运输概述

#### (一)海上货物运输的概念

海上货物运输是指承运人收取运费,使用海上运输的船舶负责将托运人的货物由一国某一港口运往他国另一港口的活动。

海上货物运输是国际贸易运输中使用最广泛的运输方式,运量在国际货运总量中占 2/3 以上。这种运输方式具有运量大、运费低、通过能力大等优势,但存在受气候和自然条件的影响较大、速度慢、风险较大等不足之处,因此,要注意谨慎选择运输船舶、运输类型等事项。

#### (二)海上货物运输的类型

海上货物运输按船舶所具有的营运特点一般可分为班轮运输和租船运输两种类型。

1. 班轮运输

班轮运输又称定期运输,是作为承运人的航运公司按固定的航线、沿线停靠固定的港口、固定的船期、固定的运费率将托运人的货物从特定的装运港运往目的港的运输。班轮运输多用于一般杂货和小批量货物的运输。在班轮运输业务中,承运人在接受货物后要向托运人签发提单,提单是承运人和托运人双方订立的运输合同的证明,故班轮运输又叫提单运输。

2. 租船运输

租船运输又称不定期运输,是指货主租用船主船舶的全部、部分或指定舱位运送货物的运输。与班轮运输比较起来,租船运输没有固定的航线、港口、船期和航行日期,运费或租金也是随着各地区各个时期的市场行情而定。所以,租船运输更灵活,充分体现了契约自由和意思自治原则。租船运输一般适用于大宗货物运输。

租船运输按不同的租赁方式可分为航次租船、定期租船和光船租赁三种。不论哪种租船运输,船、租双方都要签订租船合同,以明确双方的权利和义务。值得注意的是,光船租船的承运人只出租船舶,并不承担运输的义务,所以光船租船只是财产租赁的一种形式,不能视为是一种海上运输合同。

**(三)海上货物运输合同**

1. 海上货物运输合同的概念和特征

海上货物运输主要通过签订和履行海上货物运输合同来实现。所谓海上货物运输合同,是托运人按合同约定支付运费,承运人将指定的货物从一国某一港口运往他国某一港口的合同。与海上货物运输相对应,海上货物运输合同又可分为班轮运输合同和租船运输合同。

从性质及其法律关系来看,海上货物运输合同主要有如下特征:①具有明显的涉外性;②合同的标的是提供劳务,即承运人提供的运输服务;③合同的效力往往及于合同当事人以外的第三人,除承运人和托运人外,可能还牵涉收货人、提单持有人等。

2. 海上货物运输合同的订立

订立海上货物运输合同,托运人应首先向承运人发出货物运输要约,承运人表示承诺,双方当事人达成一致意思表示,海上货物运输合同即告成立。在海运实践中,班轮运输合同的当事人一般很少另行订立书面运输合同,这是由于承运人签发的提单已经载明了较为详细的运输条款,并具体规定了当事人的权利与义务,但值得注意的是提单并不代表运输合同本身,而租船运输合同因为缺少类似提单这样的标准合同条款,合同的当事人需要就各自的权利与义务协商一致,订立单独的运输合同。

海上货物运输合同一般应以书面形式订立,电报、电传、传真也具有书面效力。班轮运输合同也可以采取口头形式,但如果一方要求以书面形式确认合同成立的,双方当事人应该订立书面合同。

3. 海上货物运输合同的履行

海上货物运输合同订立之后,为了保证合同目的的实现,双方应该按照合同的约定适当履行。承运人在承运期间内,应当对货物的灭失或损坏以及货物的迟延交付承担赔偿责任;而托运人也应按合同约定及时向承运人交付货物、支付运费等,否则也要承担相应的赔偿责任。

承运人交付货物的形式有实际交付和象征性交付两种。实际交付是直接将货物交给收货人或其指定的人;象征性交付是在特定情况下,如卸货港无人提取货物或者收货人迟延、拒绝提取货物时,将货物置于一个适当的场所并通知收货人领取而视为完成了交付。这两种交货方式中,当实际交付不可能时才能采用象征性交付,即以实际交付为原则,象征性交付为例外。

收货人接收货物时,有义务对承运人交付的货物进行检查。若货物处于不良状态,则应及时书面通知承运人。收货人和承运人都可以在目的港交接货物前申请检验机构对货物状况进行检验,要求检验的一方应当支付检验费用,但有权向造成货物损失的责任方追偿。承运人若迟延交付货物,收货人必须及时提出迟延交付造成经济损失的书面通知,否则承运人不负赔偿责任。在未向承运人付清运费、共同海损分摊、滞期费和承运人为货物垫付的必要费用以及其他费用时,又没有提供适当担保的,承运人可以在合理的限度内留置其货物。

4. 海上货物运输合同的解除

海上货物运输合同可以根据海上货物运输的法律规范的相关规定加以解除。

对于班轮运输合同,其解除的方式及后果如下:

(1)船舶开航前的解除。①船舶开航前,托运人可以要求解除合同,但应负担装货、卸货和其他与此有关的费用,并应向承运人支付约定的运费。该运费支出的多少与全体托运人的态度有关,若全体托运人一致同意解除合同则一般只支付部分运费,如日本规定支付 2/3,德国规定支付 1/2;若部分托运人同意解除合同,则应支付全部运费。②船舶开航前,因不可抗力或其他不可归责于承运人和托运人的原因致使合同不能履行的,双方均可以解除合同,并互相不负赔偿责任。

(2)船舶开航后的解除。①船舶开航后托运人要求解除合同的,应支付全部运费及其他费用,包括货物的装卸费、附加费及可能的共同海损分摊费等。②船舶开航后,因不可抗力或其他不能归责于承运人和托运人的原因致使船舶不能在合同约定的目的港卸货的,除合同另有约定外,船长有权将货物在目的港邻近的安全港口或地点卸载,视为已履行合同。

对于租船运输合同,若出租人不能在约定的时间、约定的港口提供约定条件的船舶,承租人可以解除合同;在出租人如约提供船舶后,如承租人未能如约支付租金或按约定用途使用船舶或非法转租的,出租人可以解除合同,在此情况下,违约方应赔偿对方因此所受的损失。

## 二、提单运输

### (一)提单概述

1. 提单的含义、内容及使用

提单(bill of lading,B/L)作为一种主要的运输单据,是指承运人在接受所交托运的货物后签发给托运人,用以证明双方已订立运输合同,并保证在目的港按照提单所载明的条件交付货物的一种书面凭证。

提单由各大船运公司自己制定,有固定的格式和内容。提单的正面一般记载下列事项:①船名和船舶国籍;②承运人、托运人和收货人的名称;③装运港和在装货港接收货物的日期;④卸货港;⑤货物的品名、标志、包件的数量与种类、重量或体积;⑥运费及支付方式;⑦提单签发的日期、地点和份数;⑧承运人或其代理人的签名。上述前五项由托运人填写,后三项由承运人填写。填写必须清楚、准确,否则由填写人自行负责。提单的背面通常有以下内容:管辖权及法律适用;承运人的责任范围、责任期间、免责事项及赔偿限额;装货、卸货和交货的方式及费用分担;货物灭失或损坏的通知及时限;危险货物及其处理方法;转运、换船、联运与转船;留置权的行使;双方责任碰撞条款;共同海损及其分摊条款等。这些条款主要是规定托运人和承运人的权利和义务,具备了一般合同的主要内容。

提单必须经签署才产生效力。提单由有权签发提单的承运人本人、载货船船长或经承运人授权的代理人采用传统的手签或采用印章、打孔、盖章，以及符合或不违反提单签发地所在国法律的任何其他机械或电子的方法签署。提单签发日期应是提单上所列货物实际装船完毕的日期，实践中大多以船舶开航之日（sailing date）作为提单签发日期。有些提单如记名提单流通有限制，但有些提单如不记名提单、指示提单都可转让。收货人提货时必须以提单为凭，而承运人交付货物时则必须收回提单并在提单上做作废的批注。这是公认的国际惯例，也是国际公约和各国法律的规定。

2. 提单的功能

在国际海运实践中，提单的功能主要体现在以下三点：

（1）提单是托运人和承运人之间订有国际海上货物运输合同的证明。提单是由承运人的代理人或船长单方面签发给托运人的，只起到海上货物运输合同的证明作用，不是运输合同本身。如果提单内容与运输合同条款不一致，承运人和托运人之间的权利义务应以合同内容为准。但在实际业务中，提单运输除了提单外，很少有双方事先达成的协议存在，提单上的条款就是运输合同的内容，因此，提单既是证明存在运输合同的证据，同时本身实际也起到了运输合同的作用。

（2）提单是承运人向托运人签发的货物收据。托运人将货物交给承运人后，承运人应该向托运人出具货物收据，即提单，以证明承运人已按提单所列内容收到了一定数量、品质和条件的货物并开始对该货物负有保管和运输的义务。但是提单的这种收据功能对托运人和提单的受让人在法律上的表现是不同的。对托运人而言，提单仅是一种初步证据，承运人可以因收到的货物与提单上记载的不符等原因对该证据提出反驳。对提单的受让人而言，提单则是最终的证据，承运人必须按提单上记载的条件向受让人交货，不得否认提单上有关货物资料的记载内容的正确性。如果提单上的不正确记载是由于托运人申报不实所造成的，承运人可要求托运人赔偿，但承运人不得以此对抗提单的受让人，作为拒绝向提单受让人赔偿损失的抗辩理由。

（3）提单是货物所有权的凭证。提单是货物的象征，是一种物权凭证。因为谁持有提单，谁就可以对该提单项下的货物主张权利，不仅可以向承运人或其代理人提货，还可以通过将提单出售、抵押等形式来对该提单项下的货物行使处置权。承运人或其代理人在目的港交货时，只凭提单交货，而不管提单持有人是谁或谁是真正的货物所有人。

3. 提单的种类

按照不同的标准，提单可以分为以下不同的类型：

（1）按货物是否已装船划分为已装船提单和备运提单。已装船提单（shipped/on bill of lading）是指货物装船后由承运人签发给托运人的提单。这种提单的标志是注有船名和装船日期。在国际货物买卖合同中，一般都约定卖方须向买方提供已装船提单，银行结汇，也要求提交已装船提单。

备运提单（received for shipment bill of lading）是指承运人已收到货物在等待装船期间向托运人签发的提单，又叫收货待运提单。因为何时装船何时启运都不确定，所以这种提单上没有船名和装船日期。在国际货物买卖中，买方一般因其所含的风险性而不愿接受这种提单，但在集装箱运输或多式联运中，承运人常签发此种提单。

（2）按提单上有无不良批注划分为清洁提单和不清洁提单。清洁提单（clean bill of lading)是指承运人签发的未加任何有关货物表面状况不良批注的提单。这表明货物在交运时表面状况完好,承运人是在没有发现任何货损或包装不良的条件下装运货物的。若在卸货时发现货物受损或表面有其他瑕疵,应由承运人负责。在国际货物买卖合同中,卖方一般应该按合同规定向买方提交清洁提单,银行付款也都规定须交清洁提单。

不清洁提单(unclean/foul bill of lading)是指承运人签发的加有对货物表面状况不良批注的提单,如提单注有"污损"、"包装不固"、"货物漏损"等批语。这表明货物在交运时有某种缺陷存在,而且承运人已发现并加以批注。在目的港交货时,如果发现的货物受损属于批注的事项,承运人可以免责。在国际货物买卖合同中,买方及其议付银行一般都不愿接受此种提单。

(3)按提单上收货人的抬头划分为记名提单、不记名提单和指示提单。记名提单(straight bill of lading)是指在提单抬头上记明特定收货人的提单。这种提单只能由特定的收货人提货,不能转让,因而承运人在交货时,有义务查明收货人的身份。在国际货物买卖中,一般仅在贵重物品、个人物品、展览品等特定物品的运输时采用此种提单。

不记名提单(open/bearer bill of lading)是指在提单抬头上没有指明任何收货人,收货人栏内仅注有"交与持有人(to bearer)"字样的提单。不记名提单交付即可转让,任何提单持有人都可凭该提单从承运人处提货。在国际贸易中,不记名提单虽然使用方便,但极易引起纠纷,故该提单采用不多。

指示提单(order bill of lading)是指在提单收货人的抬头上写明"凭某人指示(to the order of)"或"凭指示(to order)"字样的提单。"凭某人指示"是记名指示提单,可以写明是由发货人指示、收货人指示还是银行指示。"凭指示"是不记名指示提单,一般默示按托运人的指示交付货物。指示提单可以背书转让,在国际贸易中普遍使用。

(4)按运输方式划分为直达提单、转运提单和联运提单。直达提单(direct bill of lading)是规定货物由指定船舶从装运港直接运至目的港的提单。如提单中载明不得在中途港转船等。这种提单有利于节省运输时间,节约费用,而且可以减少中途转运的运输风险。

转运提单(through bill of lading)是规定货物在中途某港口换船的提单。由于缺乏直达航线等原因,提单中载明在某某港口换船。这种提单规定的运输方式不仅涉及托运人和承运人,还涉及转运承运人(签发转运提单的承运人),接运承运人(接运货物的承运人,又称实际承运人)。但有时转运承运人和接运承运人为同一承运人。

联运提单(combined bill of lading)是规定联合采用两种以上不同运输方式进行运输的提单。这种提单由多式联运经营人签发并组织多式联运,负责全程运输并收取全程运费。

**(二)有关提单的国际公约**

为统一协调各国有关国际海上运输的法律规定,国际上先后缔结了三个有关提单运输的公约,即《海牙规则》、《维斯比规则》和《汉堡规则》。

1.《海牙规则》(Hague Rules)

《海牙规则》的全称是《关于统一提单若干法律规定的国际公约》。该公约是1924年8月在比利时的布鲁塞尔召开的26国外交会议上通过的,是以国际法协会1921年9月在荷兰海牙制定的提单规则为基础经多次修改而成,故又叫《海牙规则》。该规则自1931年6月2日起生效,目前有87个缔约方。

《海牙规则》规定了托运人和承运人的责任与义务、承运人的免责范围及赔偿限额、诉讼时效等内容,其中承运人的责任是该规则规定的核心。其最主要的成就是限制了承运人单方面规定免责条款的自由,而明确了他的最低责任,并且规定承运人同托运人可以协商另订条款,但只可加重而不可减少或免除承运人的这些最低责任。这些规定对货主有一定的好处,并且该规则第一次统一了国际海上货物运输法律及提单条款,对促进提单规范化起到了积极作用。但《海牙规则》仍然明显地偏袒船主的利益,仅承运人的免责事项就有 17 项之多,有些条款对货主显失公平。

2.《维斯比规则》(Visby Rules)

《维斯比规则》全称为《关于修订统一提单若干法律规定的国际公约议定书》。随着国际海运事业的发展,国际社会要求对《海牙规则》修改的呼声越来越高,又鉴于集装箱运输的新发展,国际海事委员会于 1968 年在布鲁塞尔召开了外交会议,最终签署了该议定书。由于该议定书的准备工作是在瑞典的维斯比完成的,故又称《维斯比规则》。该规则于 1977 年 6 月 23 日起生效,目前有 20 多个缔约方。

《维斯比规则》只对《海牙规则》作了部分修改,如提高了承运人对货物损害赔偿的最高限额,明确了集装箱运输货物的赔偿计算单位等,而对承运人责任制度等实质性内容,仍然保留了《海牙规则》的做法。

3.《汉堡规则》(Hamburg Rules)

《汉堡规则》全称为《联合国海上货物运输公约》。鉴于许多发展中国家对《海牙规则》和《维斯比规则》的不满,联合国贸易法律委员会于 1976 年 5 月草拟了《联合国海上货物运输公约》,在 1978 年在汉堡召开的联合国海上货物运输公约外交会议审议通过。由于公约在汉堡制定,故又称《汉堡规则》。该规则于 1992 年 11 月生效,目前有 26 个国家批准加入。

《汉堡规则》对《海牙规则》进行了较全面的修改,如废除了偏袒承运人利益的免责条款,扩大了承运人的责任等。尽管该规则较公平的规定了托运人和承运人之间的责任和义务,但由于国际海运大国或发达国家均未加入,在规则的适用上尚缺乏国际普遍性。

上述三个有关提单的国际公约我国目前尚未加入或批准,但我国《海商法》采用了《海牙规则》中有关承运人和托运人权利义务的规定,同时也吸收了《汉堡规则》中一些进步的做法。

**(三)提单中承运人的责任制度**

1. 承运人的基本义务

根据《海牙规则》、《维斯比规则》、《汉堡规则》和有关国家的国内法,承运人有以下几项基本义务。

(1)提供适航的船舶。根据《海牙规则》第 3 条第 1 款规定,承运人提供适航船舶的义务主要包括:提供适于航行的船舶;配备适当的合格船员、装备和供给;使货舱、冷藏舱和其他载货处所适于并能安全接受、载运和保管货物。但是,承运人的上述义务限于开航前和开航时并限于做到"谨慎处理"的程度。这是承运人的一项绝对义务,承运人不得采取其他方式排除。

(2)妥善地、谨慎地管理货物。根据《海牙规则》第 3 条第 2 款规定,妥善地、谨慎地管理货物的义务包括承运人在装载、搬移、积载、运送、保管、照料和卸载七个环节中无过失地处置货物。并且承运人的管货义务存在于从装货至卸货的整个期间,而不限于船舶在装货港的停留期间。这也是承运人不得排除的绝对义务。

(3)及时开航并不得无故绕航。承运人应当及时开航,并按约定的、习惯的或者地理上的航线行驶,将货物运至目的港。除了出于海上救助或其他合理原因不得不绕航外,承运人不得做不合理绕航,否则,要对因不合理绕航所造成的一切损失负责。

(4)签发提单并据以交付货物。承运人将货物接收或装船后应按运输合同向托运人签发提单,并在指定的目的港向提单指定的收货人或向提单持有人交付货物。

(5)对承运责任期间内货物发生的灭失或毁损或交付迟延负赔偿责任,但依规定可以免除责任的除外。

2. 承运人的责任期间

承运人的责任期间是指承运人在什么期间内对其所承运的货物的损害承担责任。《海牙规则》对承运人的责任期间规定是从货物装上船时起至货物从船上卸完为止,此期间货物发生的损失由承运人负担,但依规则可免除责任的除外。此规定实践中称之为"钩至钩"原则。《汉堡规则》扩大了承运人的责任期间,采取"接到交"的原则,即自装运港接收货物时起至卸货港交付货物时止,货物处于承运人掌管之下的一段时间为承运人的责任期间。

我国《海商法》规定的承运人的责任期间分非集装箱装运和集装箱装运采取不同的原则。根据《海商法》第 46 条规定:"承运人对集装箱装运的货物的责任期间,是指从装运港接收货物时起至卸货港交付货物时止,货物处于承运人掌管之下的全部期间。承运人对非集装箱装运的货物的责任期间,是指从货物装上船时起至卸下船时止,货物处于承运人掌管之下的全部期间。"可见,我国《海商法》对非集装箱装运的货物即一般货物,承运人的责任期间采用了《海牙规则》的"钩至钩"原则;对集装箱装运的货物,承运人的责任期间采用了《汉堡规则》的"接到交"原则。

3. 承运人的免责事由

在承运人的责任期间内,哪些情况下造成的货物损失承运人不承担责任?有关承运人的免责事由,《海牙规则》规定相当广泛,共列举了 17 项,包括不可抗力或承运人无法控制的事项;托运人、货物所有人或他们的代理人的行为;货物的自然特性或固有缺陷;货物的包装不良或标志欠缺、不清;由船长、船员或承运人的其他雇佣人的行为造成的火灾,但由于承运人本人的实际过失或参与的除外;在海上救助或者企图救助人命或者财产;经谨慎处理仍未发现的船舶潜在缺陷;非由于承运人或其雇员、代理人的过失造成的其他原因等。《海牙规则》还规定:"由于船长、船员、引航员或者承运人的其他受雇人在驾驶船舶或者管理船舶中的行为疏忽或过失引起的货物灭失或损坏,承运人可以免除赔偿责任。"由此可见,《海牙规则》对承运人的免责实行的是不完全过失责任制,即在某些情况下承运人即使有过失也可免除责任,而在另外一些情况下,承运人只有无过失才可免责。这种有过失也可免责的规定对承运人很有利,但对托运人和收货人有失公平。

《汉堡规则》删除了关于承运人的免责事项,并规定:"除非承运人证明他本人、其他雇佣人或代理人为避免事故的发生及其后果已采取一切所能合理要求的措施,否则承运人应对因货物灭失或损坏或延迟交货所造成的损失负赔偿责任。"可见,《汉堡规则》实行的是完全过失责任制度。

我国《海商法》在承运人免责事项方面的规定与《海牙规则》的有关规定大体相同,也采用了不完全过失责任制。

4. 承运人的责任限制

承运人的责任限制是指对承运人不能免责的原因造成货物的灭失或损坏承担赔偿责任的最高限额的问题。三个公约对赔偿限额的规定不一样。《海牙规则》规定,每件或每单位货物的灭失或损坏在任何情况下不得超过 100 英镑,但托运人于装运前已经就该项货物的性质和价值提出声明,并已在提单上注明的不在此限。《维斯比规则》将赔偿限额提高到每件或每单位 10 000 金法郎,或按灭失或受损货物的毛重计每公斤为 30 金法郎,以两者中较高者为准。《汉堡规则》规定为每件或每单位 835 个特别提款权或毛重每公斤 2.5 个特别提款权,以其较高者为准。《汉堡规则》还规定了承运人延迟交货的赔偿责任,赔偿限额相当于该延迟交付货物应付运费的 2.5 倍,但不得超过合同中规定的应付运费的总额。

我国《海商法》第 56 条规定,承运人对货物的灭失或损坏的赔偿限额,按货物件数或其他货运单位计算,每件或每个其他货运单位为 666.67 计算单位,或者按毛重计,每公斤为 2 计算单位,以两者中较高的为准;延迟交付货物的为延迟交付货物运费的 2 倍;运输合同或提单中规定的限额超过上述限额的,以该合同或提单的规定为准。

**(四)索赔和诉讼**

收货人提货时若发现货物有瑕疵,有权向承运人提出索赔,并有权在一定的期间内向有管辖权的法院提起诉讼。关于索赔和诉讼,《海牙规则》、《维斯此规则》和《汉堡规则》规定不尽相同。

《海牙规则》关于索赔规定,在提货时如果货物发生灭失或损坏,应立即向承运人提出索赔的书面通知,如果货物的灭失或毁损不明显,也应在 3 天之内提出索赔的书面通知。收货人未按上述时限提交索赔通知的,即构成承运人所交货物符合提单规定的初步证据。不过,即使没有按期将货物情况通知承运人,收货人并不因此而丧失索赔权,只是收货人需要另行出示充分的证据材料推翻上述初步证据。关于诉讼时效,《海牙规则》第 3 条第 6 款规定:"除非从货物交付之日或应交付之日起 1 年内提出诉讼,否则承运人在任何情况下都应被免除对于灭失或损害所负的一切责任。"《维斯此规则》第 6 条规定:"托运人和承运人可以协议延长《海牙规则》的上述时效时间;向第三人追偿的,可以在 1 年时效期间内或者时效期间届满后拥有 3 个月的宽限期。"

《汉堡规则》将收货人就货损向承运人发出索赔通知的期限从《海牙规则》的 3 天延长到 15 天,延迟交货的索赔通知时限为自收货后 60 日内;将《海牙规则》和《维斯比规则》中的诉讼时效加以修订,规定为 2 年。此外,《汉堡规则》还就诉讼管辖地加以确定,规定了原告可以从被告的主营业所或惯常居所、合同订立地、装货港、卸货港、运输合同中指定的任何其他地点中选择起诉地点。

我国《海商法》关于货损的通知时限规定,非集装箱货物不明显货损通知时限为从交货次日起的 7 日内,集装箱货物则为 15 日。关于诉讼时效,我国《海商法》第 257 条规定:"请求赔偿的时效期间为 1 年,自承运人交付或应当交付货物之日起计算;在时效期间内或者时效期间届满后,被认定为负有责任的人向第三人提起追偿请求的,时效期间为 90 日,自追偿请求人解决原赔偿请求之日起或者收到受理其本人提起诉讼的法院的起诉状副本之日起计算;有关航次租船合同的请求权,时效期间为 2 年,自知道或应当知道权利被侵害之日起计算。"此外,我国《海商法》也未对诉讼管辖地作明确规定,在司法实践中,此类纠纷按民事诉讼法的有关规定处理。

**(五)关于倒签提单和预借提单的法律效力**

1. 关于倒签提单

倒签提单(anti-dated bill of lading)是指提单中注明的签发日期早于货物实际装船的日期

的提单。在国际货物买卖中尤其是信用证业务中一般规定货物装船日期,当因某种原因造成货物实际装船日期晚于规定装船日期时,托运人为了能使提单顺利给汇或避免承担违约责任,就可能要求承运人签发此种提单。由此可见,倒签提单是托运人和承运人合谋的欺诈行为。因此,有关提单的国际公约及包括我国在内的很多的国家海商法都将倒签提单行为视为非法行为,承运人和托运人应对此种非法行为连带地向善意的提单受让人负违约或侵权赔偿责任。海运实践中,为获得此种提单,托运人常向承运人出具保函,承诺一旦承运人遭到提单受让人追索,托运人给予承运人赔偿,但各国都不承认这种保函的效力。

2. 关于预借提单

预借提单(advanced bill of lading)是指在货物尚未全部装船或货物虽已由承运人接管,但尚未装船的情况下签发的表明货物已装船的提单。预借提单通常是在信用证规定的装船日期和交单给汇日期行将届满时,应托运人的要求签发的。在这种提单中,托运人和承运人故意向买方隐瞒了货物迟交或未交的真相,提单上也伪造了"货物已装船"的信息,此种提单的签发构成承运人与托运人合谋对善意的收货人进行欺诈。与倒签提单相比,预借提单是一种更严重的违法行为,承运人和托运人不仅应对此种非法行为连带地向善意的提单受让人负违约或侵权赔偿责任,而且可能被有些国家视为犯罪。为获得此种提单出具的保函,各国都认为是无效的。

## 三、租船运输合同

租船运输合同是船舶出租人与承租人之间签订的,承租人以一定条件租用出租人全部或部分船舶进行海上货物运输的合同。租船合同主要受各有关国家的国内法调整,各国法律一般都允许租船合同当事人可以自由协商合同内容,而不受有关提单运输的法律或国际公约的管辖。在海运业务中,租船合同按不同的租船方式可划分为航次租船合同、定期租船合同和光船租船合同三种。

### (一)航次租船合同

航次租船合同(voyage charter)又称定程租船合同,是指出租人将船舶的全部或部分舱租给承租人,并由出租人负责按照约定的一个航次或几个航次运输承租人的货物,而由承租人支付约定运费的运输合同。在此合同中,船舶的出租人实际上就是货物的承运人,而承租人则是货物的托运人。

航次租船合同的主要特点有:①出租人保留船舶的所有权和占有权,承租人则享有船舶或舱位的使用权;②出租人负责船舶的经营管理权,雇用船长和船员并负担船舶的营运费,而承租人仅负责运费、装卸费和滞期费等;③规定了装卸货物的时间和期限,承租人若在规定的期限内未完成装卸作业,需向出租人支付滞期费;承租人若提前完成装卸任务,出租人应向承租人支付一定金额的速遣费;④运输的标的一般为大宗货物。

航次租船合同一般采用统一的标准格式。目前,在航次实践中国际上大多采用波罗的海航运公会制定的并于1994年修订的《统一杂货租船合同》(Uniform General Charter),即"金康"(GENCON)格式合同。航次租船合同的主要条款包括:船舶状况;货物名称、数量、包装;装货港和卸货港;装卸期限以及滞期费和速遣费;运费;出租人的责任;责任终止条款和留置权等。

### (二)定期租船合同

定期租船合同(time charter)又称期租船合同,是指船舶出租人向承租人提供约定的由出租人配备船员的船舶,由承租人在约定期间内按照约定的用途使用船舶进行运输,并向出租人支付约定租金的合同。与航次租船合同不同,定期租船合同的出租人一般不是货物的承运人,而承租人则常常为承运人。

定期租船合同具有以下特点:①出租人保留船舶的所有权和占有权,负责船上的人事安排、航行管理,支付船长和船员的工资和给养,负责船舶的维护和维修;②承租方享有船舶的使用权和经营权,有权调度船舶并营运,并负责支付由营运直接产生的如燃料、港口、货物的装卸等营运费用;③承租人只能在约定期间内按照约定的用途和航行区域使用船舶,即使在约定的期限船舶没使用,也需要支付约定的运费。

定期租船合同国际上大多采用波罗的海航运公会制定的《统一定期租船合同》,即"鲍尔泰姆"(BALTIME)标准合同格式,也可采用中国租船公司制定的《定期租船范本》来约定。定期租船合同的主要条款包括:船舶状况条款,航行区域条款,租船期限条款,船舶的交、还时间和地点条款,租金支付条款,赔偿责任与免责条款,等。

**(三)光船租船合同**

光船租船合同(demise charter)也称空船租船合同,是船舶出租人将未配备船员的"空船"租给承租人,由承租人在一定的期限内占有、使用、营运而向出租人支付租金的合同。

光船租船合同就其性质而言,属于财产租赁合同。其特点主要有:①船舶出租人在租期内只保留船舶的所有权和按时收取租金的权利,船舶的占有权、使用权和经营权均转移给了承租人;②船舶出租人的责任仅限于按合同提供适航船舶和有关船舶的文件,不对运输业务中产生的责任负责,这与一般运输合同承运人的责任有很大差别。

光船租船合同通常也采用格式合同,国际上影响最大的是 1974 年波罗的海航运公会制定的《标准光船租赁合同》,即 BARECON 标准合同。但目前在国际海运实践中,这种租船市场还很少见。

# 第二节　铁路货物运输与航空货物运输

## 一、国际铁路货物运输

国际铁路货物运输是指使用统一的国际铁路联运单据,由铁路部门通过铁路将货物从一国运至另一国的货物运输。此种运输方式因为其运量大、连续性强、不易受气候条件的影响等优势成为现代化的运输方式之一。为了加速货物流转,简化货运手续,降低货运成本,各国主要通过双边或多边铁路联运协定来规定铁路联运的各项规章制度。

**(一)有关国际铁路货物运输的公约**

1.《国际货约》

《国际货约》(CIM)1961 年在伯尔尼订立,1975 年 1 月 1 日正式生效,其全称为《关于铁路货物运输的国际公约》。该公约的成员国主要是一些欧洲国家,如法国、德国、比利时、意大利、瑞典、瑞士、西班牙及东欧各国,此外还有西亚的伊朗、伊拉克、叙利亚,西北非的阿尔及利亚、摩洛哥、突尼斯等 20 多个国家。我国不是《国际货约》的成员国。

2.《国际货协》

《国际货协》(CMIC)1951 年在波兰的华沙订立,全称为《国际铁路货物联合运输协定》。该协定的成员国主要有原苏联、东欧国家以及蒙古、朝鲜、越南等 10 多个国家。我国是《国际货协》的成员国,于1953年加入该协定。

以上是关于国际铁路货物运输的两个主要的公约。由于我国是《国际货协》的成员国,按照该协定的规定,缔约国铁路方面之间直通货物的联运,对铁路、发货人和收货人都有约束力。因此,我国经由铁路运输的进出口货物,均按协定的有关规定办理。《国际货协》不仅是我国办理铁路货物国际联运业务的依据,也是解决国际铁路货物联运中有关纠纷的法律依据。

以下以《国际货协》为依据,介绍国际铁路货物运输合同的主要内容。

**(二)国际铁路货物运输合同**

**1.铁路运单与合同的订立**

(1)铁路运单。铁路运单即铁路运输的单证,根据《国际货协》的规定,铁路运单就是国际铁路货物联运的运送合同。由此,铁路运单是发货人、收货人与铁路之间订立运输合同的证明,也是铁路方面收取货物、承运货物的凭证,是铁路在终点站向收货人交付货物和核收运杂费的依据。铁路运单随同货物从始发站至终点站全程附送,最后交给收货人。与海运提单相比较,铁路运单有两个本质的区别:①不能转让;②不是货物所有权的凭证。

(2)合同的订立。《国际货协》规定,发货人在托运货物时,应对每批货物按规定的格式填写运单和运单副本并签字,然后由铁路方面在铁路记载事项上填写。当发货人提取运单中所列的全部货物,按照发送国国内规定付清所负担的费用后,铁路部门即在运单上加盖戳记,此时即认为运输合同成立。发货站为合同的成立地,戳记日期为合同的成立日期。

运输合同订立后,运单副本应该退还给发货人。运单副本虽不具有运单正本相等的效力,但可作为卖方通过银行向买方结算的单据,也可作为向铁路索赔的依据。

**2.发货人和收货人的基本权利和义务**

根据《国际货协》的规定,发货人和收货人主要有以下几种基本权利和义务:

(1)对运单中所填写的各项内容的正确性负责。发货人应对他在运单中所记载和声明事项的正确性负责,否则一切后果由发货人负责。

(2)提供货物,并提供与货物有关的单证资料。发货人应当提交要发运的货物,而且货物必须具有符合要求的包装和标记,包括每件货物的记号和号码、发送路和始发站、到达路和到达站、发货人和收货人、零担货物件数。发货人还必须将货物在运送途中为履行海关和其他规定所需的文件添附在运单上,否则始发站可以拒绝承运货物。由于添附文件不正确、不齐全而产生的后果,应由发货人对铁路负责。

(3)支付运费。支付运费是托运人的主要义务。发货人和收货人应按协定规定的运费计算办法和支付方式缴付运送费用,包括货物运费、押运人乘车费、杂费和运送的其他费用等。

有关运费的支付方式,按照《国际货协》的规定,发送国铁路的运送费用,按发送国的国内运价计算,在始发站由发货人支付;到达国铁路的运送费用,按到达国铁路的国内运价计算,在终点站由收货人支付;无需经由第三国过境运输的费用,且该两个国家的铁路有直通运价规程时,按运输合同订立当天有效的直通运价规程计算;过境铁路的运送费用,按《国际货协》统一过境运价规程的规定计算,在始发站或终点站由发货人或收货人支付。

(4)变更合同。有权变更运送合同是托运人的一项重要权利,但变更合同只能在协定规定的条件和范围内进行。根据《国际货协》的规定,发货人和收货人都有权对运输合同做必要的更改,但却只能各自变更一次运输合同。而且在变更运输合同时,不允许将一批货物分开办理。

（5）受领货物。根据《国际货协》规定，货物运抵到达站，在收货人付清运单所载的一切应付的运送费用后，铁路必须将货物连同运单一起交给收货人；收货人则应付清运费后受领货物。收货人只有当货物因毁损或腐坏而使其质量发生变化，以致部分或全部货物不能按原用途使用时，才可以拒绝领取货物，并按规定向铁路方面索赔。

3. 铁路承运人的责任制度

（1）铁路承运人的基本权利与义务。铁路承运人的基本权利是向托运人收取运费，并引用《国际货协》所规定的免责事项和责任限额来限制或减免自己的赔偿责任。

铁路承运人的基本义务是负责运送货物，并承担责任期限内货物的灭失或毁损的赔偿责任。《国际货协》规定，按照运单承运货物的铁路应对货物负连带的责任，即承运货物的铁路，应负责完成货物的全程运送；每一继续运送的铁路，自接收附有运单的货物时起，即参加这项运输合同，并承担由此而产生的义务。

铁路承运人的责任期限从承运货物时起至到站交付货物时为止。如果是向非《国际货协》参加国转运，则按照另一国际铁路货物运输公约，到办完手续时为止。此外，铁路还应对由于铁路过失而使发货人在运单上记载并添附的文件的遗失后果负责，并对由于铁路过失未能执行有关要求变更运输合同的申请的后果负责。

（2）铁路承运人的免责。按照《国际货协》的规定，如果承运的货物由于下列原因而遭受损失时，铁路可以免责：①由于铁路不能预防和不能消除的情况；②由于发货人或收货人的过失或由于其要求，而不能归咎于铁路者；③由于货物特殊自然属性，以至引起自燃、损坏、生锈、内部腐烂或类似的后果；④由于发货人或收货人的装车或卸车的原因所造成；⑤由于发送规章许可，使用敞车类货车运送货物；⑥由于发货人或收货人的货物押运人未采取保证货物完整的必要措施；⑦由于容器或包装的缺点，在承运时无法从其外部发现；⑧由于发货人用不正确、不确切或不完全的名称托运违禁品；⑨由于发货人未按本协议规定办理特殊条件货物承运时；⑩由于货物在规定标准内的途中损耗等。

此外还规定，如果在运输途中发生自然灾害，或者按有关国家政府的指示，发生行车中断或限制的情况，致使货物未按规定期限到达的，铁路也可免责。

（3）铁路承运人的赔偿限额。铁路对货物赔偿损失的金额，在任何情况下，均不得超过货物全部灭失时的数额。当货物全部或部分灭失时，铁路的赔偿额应按外国售货者在账单上所开列的价格计算；若发货人对货物的价格有声明时，铁路应按声明价格予以赔偿。

如果货物遭受损坏，铁路应赔付相当于货物价格减损金额的款项，不赔偿其他损失。如果货物逾期运到，铁路应以所收运费为基础，按照逾期的比例向收货人支付规定比例的罚款。

4. 索赔与诉讼

按照《国际货协》的规定，发货人和收货人有权根据运输合同提出赔偿请求。赔偿请求应附有相应根据并注明款额，以书面方式由发货人向发送站或由收货人向到达站提出。

对赔偿请求的提出，《国际货协》分不同情况，做了以下规定：①当货物全部灭失时，可由发货人提出，同时须提出运单副本，或由收货人提出，同时须提出运单副本或运单；②当货物部分灭失、毁损或腐烂时，由发货人或收货人提出，同时须提出运单和铁路在到站时交给收货人的商务记录；③当货物逾期运到时，由收货人提出，同时还须提出运单；④当多收运送费用时，由发货人接其已交付的款额提出，同时须提交运单副本或发送铁路国内规章规定的其他文件；或由收货人按其所交付的运费提出，同时须提交运单。

铁路自当事人提出赔偿请求之日起，必须在 180 天内审查这项请求，并答复赔偿请求人，否则赔偿请求人有权向法院起诉。

根据《国际货协》的规定，有权提出赔偿请求的人只有在提出索赔后，才可以向铁路提起诉讼。诉讼只可向受理赔偿请求的铁路所属国家的适当法院提出。有关当事人依据运输合同向铁路提出索赔和诉讼，以及铁路对发货人或收货人关于支付运送费用、罚款和赔偿损失的要求和诉讼，应在 9 个月内提出。但货物逾期运到的赔偿请求和诉讼，应在 2 个月内提出。

## 二、航空货物运输

国际航空货物运输是指航空运输公司或其代理人将托运人的货物从一国的航空站运至另一国的航空站的运输。这种运输方式以其运速快、货物受损率低、安全便利、不受地面条件限制等特点和优势发展成为现代国际贸易主要的运输方式之一。许多贵重物品、鲜活商品采取航空运输方式。国际航空货物运输主要受有关国际航空运输的国际公约调整。

### (一)有关国际航空货物运输的国际公约

1.《华沙公约》

《华沙公约》(Warsaw Convention)的全称为《统一国际航空运输某些规则的公约》，是欧洲 23 个国家于 1929 年 10 月在华沙签订，故简称《华沙公约》。该公约于 1933 年 2 月 13 日生效，至今已有 130 多个国家加入，是调整国际航空货物运输关系最主要的国际公约。我国于 1958 年 10 月正式成为其成员国。

《华沙公约》就国际航空运输的定义、运输凭证、承运人的责任制度以及责任诉讼的若干程序问题作了规定，主要适用于运输合同中规定的启运地和目的地都属于公约成员国的航空运输，也适用于启运地和目的地都在一个成员国境内，但飞机停留地在其他国家的航空运输。

2.《海牙议定书》

《海牙议定书》(Hague Protocol)全称为《修改 1929 年统一国际航空运输某些规则公约的议定书》，是 1955 年 9 月《华沙公约》成员国为修改《华沙公约》在海牙签订，故简称《海牙议定书》。该议定书于 1963 年 8 月 1 日生效，目前有 90 多个成员国。我国于 1975 年加入该议定书。

《海牙议定书》主要在航行过失免责、责任限制以及索赔期限等问题上对《华沙公约》作了较大的修改。从适用范围上则比《华沙公约》更为广泛，无论是连续运输或是非连续运输，无论有无转运，只要启运地和目的地在两个成员国的领域内，或者在一个成员国领域内而在另一个成员国的或非成员国的领域内有一定的经停地点的任何航线的运输都适用。

3.《瓜达拉哈拉公约》

《瓜达拉哈拉公约》全称为《统一非缔约承运人所办国际航空运输某些规则以补充华沙公约的公约》，于 1961 年在墨西哥的瓜达拉哈拉签订，故简称《瓜达拉哈拉公约》。该公约于 1964 年 5 月 1 日生效。我国尚未加入该公约。该公约在承运人的概念上对《华沙公约》作出了补充规定，目的将《华沙公约》中有关承运人的各项规定，扩及非合同承运人，即根据与托运人订立航空运输合同的承运人的授权具体履行运输事宜的实际承运人。

上述三个公约法律上相互独立，内容上又相互联系。其中《华沙公约》是最基本的，其他两个公约都是对《华沙公约》的修订或补充。

以下主要以《华沙公约》为依据，介绍国际航空货物运输合同中的主要内容。

### (二)航空货物运输合同

国际航空货物运输合同是指航空运输公司或其代理人与托运人签订的关于由航空公司将托运人的货物从一国的航空站运至另一国的航空站而由托运人支付约定费用的运输合同。合同的一方是承运人,即从事航空运输业务的航运公司,另一方是托运人即货主。合同的主要内容是当事人双方达成所确定的各自的权利和义务。

1. 航空运单与合同的订立

(1)航空运单。航空运单(airway bill)是由承运人出具的用以证明承运人与托运人已订立了国际航空运输合同的运输单证。根据《华沙公约》的规定,"在没有相反的证明时,航空货运单是订立契约、接收货物和承运条件的证明"。所以,航空运单就是承托运双方订立的运输合同,其内容对双方均具有约束力。

航空运单与海运提单比较起来有如下区别:①航空运单不是货物所有权的凭证,持有航空运单也并不能说明可以对货物要求所有权。②航空运单不可转让。因为空运的速度很快,往往托运人在将有关托运单据交付给收货人之前,货物就已经到达目的地。因此,实际业务中,航空运单都印有"不可转让"的字样。③航空运单不是提货凭证。当货物运抵目的地时,收货人只凭承运人的到货通知及有关证明提取货物,并在随货而到的航空托运单上签收即可,并不需要凭借航空托运单据向承运人提取货物。

(2)合同的订立。按照《华沙公约》的规定,托运人应填写航空托运单,内容包含填写地点和日期;起讫地和目的地;约定的经停地点;托运人的名称和地址;第一承运人的名称和地址;收货人的名称和地址;货物的性质;包装的件数、包装的方式、特殊标志或号数;货物的重量、数量、体积或尺寸;声明运输受本公约所规定的责任制度的约束等条款。《海牙议定书》将空运单的内容简化为下列三项:第一,注明启运地和目的地;第二,如果和目的地位于同一缔约国,但在另一国家有一个或数个约定地点时,至少注明一个此种经停地点;第三,向托运人声明受公约的约束。航空运单在双方共同签署后产生效力。

航空托运单正本一式三份,连同货物一起交给承运人。一式三份的航空托运单,第一份注明"交承运人",由托运人签字;第二份注明"交收货人",由托运人和承运人签字,并附在货物上;第三份由承运人在接受货物后签字,交给托运人。这三份正本除签字人不同外,其他内容相同,构成一份完整的合同。若承运人允许托运人不填写运单就将货物装机运输,运输合同仍然有效,但承运人会因此丧失援引《华沙公约》中关于免除或限制承运人责任规定的权利。

2. 托运人和收货人的基本权利和义务

(1)托运人的基本权利有:①在启运地或目的地机场将货物取回;②在中途站要求停止运输;③在交货前更改航空货运单上指定的收货人,或要求将货物运回启运地机场。

(2)托运人行使上述权利给承运人造成损失时,要承担赔偿责任。托运人的基本义务有:①填写航空运单并对其所填写的各项内容的正确性负责。因托运人填写的内容不正确或不完全而使承运人或其他任何人遭受损害,托运人都须负全部责任。②提供货物以及与货物有关的单证资料。如因这种资料或证件的不足或不合规定,所造成的一切损失,都应由托运人对承运人负责。③支付运费及其他规定的各项费用。④承担承运人因执行其指示所造成的损失。

收货人的基本权利是:有权要求承运人移交航空货运单并将货物交付给他;货到目的地后,发现货物有任何损害,有权向承运人索赔。收货人的基本义务是:货到目的地后,如是运费到付货物,收货人交付规定的费用,履行提货和其他义务等。

### 3. 承运人的责任制度

(1)承运人的基本权利和义务。承运人的基本权利是收取约定的费用并可引用《华沙公约》所规定的免责事项来限制或减轻自己的赔偿责任。承运人的基本义务是负责运送货物,并对在其保管期间内空运单项下货物的毁灭、遗失、损坏或延误交付而造成的损失负责。

承运人的责任期间为货物在其保管之下的所有时间。不论是在航空站内、航空器上或在航空站外降落的任何地点,它不包括在航空站以外的任何陆运、海运和河运,但如果这种运输是在履行合同中为了装货、交货或转运而发生,则除非有相反证据,任何损失均视为空运期间发生事故的结果。

(2)承运人的免责。根据《华沙公约》的规定,承运人在下列情况下可以免除或减轻责任:①如果承运人能证明自己或其代理人为避免损失的发生,已经采取一切必要的措施,或不可能采取这种措施时;②如果承运人能证明损失的发生是由于驾驶上、航空器的操作上或领航上的过失所引起的时可免责,但这一免责规定被《海牙议定书》删除;③如果承运人能证明损失完全是由自然原因引起也可免责,除非这种损失能够确定是由于承运人的疏忽或有意过失引起的;④由于遵守法律、法规、法令或超出承运人的管辖以外的原因,从而造成任何直接或间接的损失,承运人可以免责;⑤如果承运人能证明损失是由于受损人的过失所造成的,可视情况免除或减轻承运人的责任。

(3)承运人的赔偿限额。根据《华沙公约》的规定,承运人对货物的灭失、损坏或迟延交付承担的最高赔偿金额为每公斤 250 金法郎。如果托运人在交货时对货物的价值做了特别声明,并缴付了必要的附加费,则承运人赔偿的金额以声明的价值为限。但是,如果损失的发生是由于承运人或其代理人的有意不良行为引起的过失,承运人就无权引用公约关于免除或限制承运人责任的规定。

### 4. 索赔和诉讼

按照《华沙公约》规定,当货物发生损坏时,发货人或收货人应于发现后立即或应在收到货后 7 天内向承运人提异议,如果是迟延交货,最迟应在收货后 14 天内提出异议。《海牙议定书》对上述异议的期限分别延长了 7 天,即货物发生损坏的异议期限为收到货物后 14 天,货物延迟交付的异议期限为收到货物后 21 天内提出。异议必须以书面形式提出。

提出异议是提起诉讼的前提。货主如果在规定时间内就货物的损坏或迟延交付没有提出异议,就不能向承运人起诉。《华沙公约》规定,索赔的诉讼时效为 2 年,从航空器到达、应该到达目的地或停止运输时之日起计算。在有几个连续承运人执行运输的情况下,托运人有权向第一承运人起诉,收货人有权向最后一个承运人起诉。托运人和收货人均有权向造成货物损害或延误运输的承运人起诉。各承运人对托运人和收货人的损失负连带责任。

原告起诉时可以根据自己的意愿选择以下缔约国之一的法院:①承运人的住所地;②承运人的总管理处所在地;③签订合同的机构所在地;④目的地。双方当事人也可以协议就货物运输订立仲裁条款,但仲裁地点必须在上述规定的法院管辖地区之内。

# 第三节　海上保险合同

在国际货物运输过程中,可能会遇到各种自然灾害和意外事故的风险,为了在货物遭受损失时能得到一定的补偿,货主通常都要向保险公司投保货物运输保险。这种保险是以国际运输中的多种货物作为保险标的,直接由国际货物运输过程中所引发的一种财产保险关系。国际货物运输保险因运输的方式不同,可划分为海上保险、航空保险、铁路保险、多式联运保险等。其中,海上保险是历史最悠久、涉及数量最大、影响最深远的一项保险。

## 一、海上保险

海上保险(maritime insurance)是指保险人对约定的海上发生的灾害事故,特别是航海事故造成的保险标的的损失以及因此引起的责任和费用,由保险人负责赔偿的一种责任制度。海上保险是财产保险的一种,其性质是补偿海上风险对被保险人造成的损失。

由于海上航运事业的发展,尤其是集装箱和多式联运的出现以及海上设施及各种责任的增加,海上保险已从传统上仅保障船舶、货物和运费在海上发生灾害事故的风险扩展到海上作业、海上资源开发以及与之相关的财产、利益和责任的保险,发生保险事故的范围也不仅仅局限于海洋,而是扩展到与海相通的内河、陆地和空中。

海上保险的发展历史悠久,但至今尚无有关海上保险的国际公约。实践中保险人与被保险人的权利义务由各国国内法和当事人签订的保险合同加以规定。

## 二、海上保险合同

1. 海上保险合同的概念与特征

(1)海上保险合同的概念。海上保险合同是指保险人按照约定,对被保险人遭受保险事故造成保险标的的损失和产生的责任负责赔偿,而由被保险人支付保险费的合同。这里所说的保险事故是指保险人与被保险人约定的任何海上事故,包括与海上航行有关的发生于内河或者陆上的事故。海上保险合同的当事人,一方是保险人(insurer),另一方是被保险人(insured)。被保险人可以是自然人或者法人,保险人则是专门从事保险业的保险公司,如劳埃德保险社(Lloyds Association)、美国船舶保险辛迪加(American Hull Insurance Syndicate)。

(2)海上保险合同的特征。海上保险合同具有以下主要特征:

第一,它是一种典型的补偿合同。当保险标的因承保范围内的海上风险而遭受损失时,由保险人负责赔偿约定的保险金额,以补偿被保险人的财物损失。但保险人只负经济赔偿责任,而不负使保险标的物恢复原状或归还原物的责任。另外,如果被保险人的损失大于保险金额,保险人的补偿以保险金额为限,如果被保险人的损失小于保险金额,则保险人的补偿以被保险人的损失额为限。

第二,它是一种格式合同。海上保险合同一般是由保险人事先印制好的,被保险人只能被动接受保险合同及其条款。由于海上保险的复杂性,被保险人往往不可能像保险人那样对保险合同及其条款的所有内容和含义有清晰的概念,特别是如果条款中存在可能引起争议的内容时,保险人应首先对这种争议负责。比如我国《保险法》第30条规定:"对于保险合同条款,保险人与投保人、被保险人或受益人有争议时,人民法院或者仲裁机关应当作有利于被保险人和受益人的解释。"

2. 海上保险合同的形式、内容和订立

(1)合同的形式。海上保险合同的形式和其他运输保险合同一样,主要通过保险单据的形式体现。保险单据主要是指由保险人书面签发的保险单,有时候也包括由保险人或其代理人签发的其他书面的保险凭证。保险单据的主要作用有:①是保险合同的证明;②是保险人对被保险人承保的证据;③是被保险人索取赔偿的主要依据;④是保险人理赔的主要依据。

实践中,海上保险合同的保险单大都参照 1906 年英国"劳合社船货保险单"(简称 S.G 保单)的标准格式拟定,因而国际上保险条款基本一致。但由于该保险单将船、货一起作为保险标的进行承保,与现代航运业的现状完全背离,1983 年伦敦保险市场开始强制使用英国伦敦保险协会制定的海上货物运输保险单(简称 ICC 保单)和船舶定期险保险单(简称 ITC 保单),ICC 保单与 ITC 保单一起取代了早先的 SG 保单。我国的中国人民保险公司采用了英国保单的基本原则,并结合我国保险工作实践制定了自己的保险条款,称为"中国保险条款"(简称 CIC 保单)。

(2)合同的内容。海上保险合同的内容一般包括保险人名称、被保险人名称、保险标的、保险价值、保险金额、保险责任和除外责任、保险期间、保险费、保险金赔偿和责任处理、合同订立的时间等。投保人和保险人可以在上述内容的基础上,就具体保险标的和保险风险的有关事项作出约定。

(3)合同的订立。保险单由保险人签发,签发保险单的一般程序是:首先由投保人填制投保单,填写规定的内容,然后依此向保险人投保,保险人审核同意后,凭投保单出立保险单。保险合同一经订立,保险人与被保险人便按保险单的条款,以及适用于保险单的法律规定,享有权利和承担义务。

按照英美的保险业务惯例,保险人与被保险人并不直接接触,多数海上保险合同的订立是经由保险经纪人之手。

我国海上保险合同的订立实际操作中主要采取两种做法:①如果由收货人直接投保的,应填制投保单一式两份,列明货物名称、保险金额、运输路线、运输工具、投保险别等,其中一份由保险公司签章后交还给被保险人作为承保的凭证,另一份则留存保险公司凭以出具保险单;②如果是由外贸公司投保的出口货物运输和保险,由于业务量大,为了节省手续,一般不填制投保单,而是利用有关出口单据的副本,来代替投保单的填制。

3. 海上保险合同的保险标的

海上保险标的物即海上保险的客体,指可能遭受海上风险的财产。它可分为两类:一类是有形标的,如船舶和货物;另一类是无形标的,如预期取得的收入(如运费、租金、佣金等)和对第三人的责任。

按照我国《海商法》的规定,海上保险标的具体包括:船舶;货物;船舶营运收入(包括运费、租金、旅客票款);货物预期利润;船员工资和其他报酬;对第三人的责任;由于发生保险事故可能受到损失的其他财产和产生的责任、费用。

4. 保险费

被保险人及其代理人的责任是支付保险费(the premium),而保险人的责任是签发保险单,这是双方当事人的基本责任。各国法律一般都规定,保险人在取得保险费之前,没有签发保险单的义务。

许多西方国家的做法是,保险人只能通过经纪人取得保险费,而无权直接向被保险人提出支付保险费的请求,保险人更不得因未支付保险费而向被保险人起诉。另外,如果被保险人未向经纪人支付保险费,经纪人可以留置保险单,也即经纪人就保险费对保险单享有留置权,他可以留置他所占有的属于被保险人的任何保险单。

按照中国财产保险合同条例,投保方应直接向保险人支付保险费,如不按期交付保险费,保险人可以终止保险合同。

### 三、我国的《海洋货物运输保险条款》

中国人民保险公司《海洋货物运输保险条款》简称《CIC 条款》，将保险险别分为基本险和附加险两大类。

1. CIC 的基本险别

根据我国现行的《海洋货物运输保险条款》的规定，在基本险别中包括平安险（free from particular average，FPA）、水渍险（with particular average，WPA）和一切险（all risks，AR）三种。

（1）平安险。当前平安险的责任范围包括：①在运输过程中，由于自然灾害和运输工具发生意外事故，造成被保险货物的实际全损或推定全损；②由于运输工具遭遇搁浅、触礁、沉没、互撞、与流冰或其他物体碰撞以及失火、爆炸等意外事故造成被保险货物的全部或部分损失；③只要运输工具曾发生搁浅、触礁、沉没、焚毁等意外事故，不论这意外事故发生之前或者以后曾在海上遭遇恶劣气候、雷电、海啸等自然灾害所造成的被保险货物的部分损失；④在装卸转船过程中，被保险货物一件或数件落海所造成的全部损失或部分损失；⑤被保险人对遭受承保责任内危险的货物采取抢救措施，防止或减少货损支付的合理费用，但以不超过该批被救货物的保险金额为限；⑥运输工具遭遇自然灾害或者意外事故，需要在中途的港口或在避难港口停靠，因而引起的卸货、装货、存仓以及运送货物所产生的特别费用；⑦发生共同海损所引起的牺牲、分摊费和救助费用；⑧运输契约订有"船舶互撞条约"，按该条款规定应有货方偿还船方的损失。

（2）水渍险。水渍险的责任范围，除包括上列"平安险"的各项责任外，还负责被保险货物由于恶劣气候、雷电、海啸、地震、洪水等自然灾害所造成的部分损失。

（3）一切险。一切险的责任范围除包括"平安险"和"水渍险"的所有责任外，还包括货物在运输过程中，因一切外来原因所造成的被保险货物的全损或部分损失。

上述三种基本险别，被保险人可以从中选择一种投保。

根据中国人民保险公司《海洋运输货物保险条款》规定，"平安险"、"水渍险"和"一切险"承保责任的起讫，均采用国际保险业中惯用的"仓至仓条款"（warehouse to warehouse clauses，简称 W/W Clauses）规定的办法处理。仓至仓条款规定保险公司所承担的保险责任，是从被保险货物运离保险单所载明的起运港（地）发货人仓库开始，一直到货物到达保险单所载明的目的港（地）收货人的仓库时为止。当货物一进入收货人仓库，保险责任即行终止。但是，当货物从目的港卸离海轮时起算满 60 天，不论保险货物有没有进入收货人的仓库，保险责任均告终止。

2. CIC 的附加险别

海洋运输货物保险的附加险种类繁多，归纳起来，可分为一般附加险和特别附加险两类。

（1）一般附加险。一般附加险包括：偷窃提货不着险，淡水雨淋险，短量险，混杂、玷污险，渗漏险，碰损、破碎险，串味险，受热、受潮险，钩损险，包装破裂险，锈损险。

上述 11 种附加险不能独立投保，它只能在投平安险或水渍险的基础上加保。但若投保"一切险"时，因上述险别均包括在内，故无需加保。

（2）特别附加险。特别附加险是指承保由于军事、政治、国家政策法令以及行政措施等特殊外来原因所引起的风险与损失的险别。中国人民保险公司承保的特别附加险,除包括战争险(war risk)和罢工险(strikes risk)以外,还有交货不到险、进口关税险、舱面险、拒收险、黄曲霉素险等。

### 四、伦敦保险学会的《协会货物条款》

在国际保险市场上,各国保险机构都制定有自己的保险条款,但最普遍采用的是英国伦敦保险协会所制定的《协会货物条款》。条款于 1912 年制定,后经多次修改。1982 年 1 月 1 日修订公布的新条款共有 6 种险别,即货物 A 条款、货物 B 条款、货物 C 条款、战争险、罢工险、恶意损坏险。

上述 6 种险别中,只有恶意损坏险属于附加险,不能单独投保且被包括在 A 条款的承保范围内。因此,除 A、B、C 三个条款的险别可以单独投保外,必要时,战争险和罢工险在征得保险公司同意后,也可以作为独立的险别进行投保。A、B、C 三个条款分别与一切险、水渍险和平安险相对应,其基本内容相似,但某些内容有所增加或修改。

A、B、C 条款的主要特点有:

(1)结构清晰、内容完整。每一险别条款都包括八项内容:承保范围、除外责任、保险期限、赔偿、保险利益、减少损失、防止延迟、法律惯例。各项险别除承保范围和除外责任两项外,其余各项大致相同。

(2)取消了免赔限额。新条款取消了免赔限额,也即扩大了保险人的承保责任范围,对被保险人有利。

(3)增加了陆上风险。延长了运输条款的责任时间,将海上运输的时间范围延伸到陆上,并增加了陆上危险的责任,如陆上运输工具的碰撞、出轨、倾覆等,明显扩大了承保责任。

(4)默示保证改为明示条款。A、B、C 条款将"不适航、不适货"等旧条款的默示保证作为一种明示条款列入了法律惯例条款。

# 第四节　承保的风险与损失

## 一、承保的风险

在海上货物运输保险中,保险人(保险公司)对哪些风险予以承保,根据各国现行的保险单所承保的风险的类别和内容,大致可以归结为海上风险和外来风险两大类。

### (一)海上风险

海上风险(perils of sea)又叫海难,是指船舶及货物在海洋运输过程中发生的自然灾害和意外事故。

1. 自然灾害

自然灾害(natural calamities)是指由不以人的意志为转移的自然力量所引起的灾害,如暴风雨、雷电、海啸、地震、火山爆发、洪水等。

2. 意外事故

意外事故(fortuitous accidents)是指由偶然的或非意料中的意外原因所造成的事故,包括船舶搁浅、触礁、沉没、碰撞、失火、爆炸、海盗劫掠等。

### (二)外来风险

外来风险(extraneous accidents)是指除自然灾害和意外事故以外的其他外来原因所造成风险,它不包括由货物自然属性或内在缺陷所造成的必然损失。外来风险一般可分为一般外来风险和特殊外来风险两类。

1. 一般外来风险

一般外来风险是指由被保险货物在运输途中由于一般外来原因所导致的风险,主要包括偷窃、玷污、破碎、受热受潮、渗漏、串味、碰损、短量、短少和提货不着、淡水雨淋、钩损、生锈等。

2. 特殊外来风险

特殊外来风险是指由于军事、政治、国家政策法令、行政措施等特殊外来原因造成的损失。例如:战争、罢工、船只被扣导致交货不到以及货物被有关当局拒绝进口或没收而导致的损失等。

## 二、承保的损失与费用

### (一)承保的损失

海上货物运输保险承保的是海上损失。所谓海上损失(maritime loss),又称为海损(average),是指被保险货物在海运中,由于发生海上风险所造成的损失。按货物损失的程度,海损可分为全部损失与部分损失;按货物损失的性质,海损又可分为共同海损和单独海损。共同海损和单独海损均属于部分损失。

1. 全部损失

全部损失(total loss)简称全损,是指保险标的物完全灭失或损害。全部损失又可分为实际全损和推定全损。

(1)实际全损(actual total loss)。实际全损是指保险标的物完全灭失。具体有以下几种表现形式:①保险标的物全部灭失,例如船货沉没、货物被全部焚毁等;②保险标的物受到毁损而无法复原,例如茶叶被樟脑污染,水泥受海水浸泡而硬结等全部失去原来的用途;③被保险人因船货被劫、被扣,永远丧失了对保险标的物的所有权;④船舶失踪后经过一段合理时间而仍无消息时,认为是完全灭失。

(2)推定全损(constructive total loss)。推定全损是指被保险货物的实际全损已不可避免,或对受损标的物的修复费用加上继续运送到原定目的地的费用将超过到达目的地后该标的物的价值。

在保险标的发生全损的情况下,保险人应负赔偿责任。但若是推定全损时,被保险人则可选择全部损失或部分损失向保险人索赔。如作全损索赔,被保险人须及时向保险人发出把受损货物委付给保险人的通知,使保险人在赔付全部货物损失时,同时接受受损货物并及时处理。若不及时发出委付通知,则只能被作为部分损失受理。

2. 部分损失

部分损失(partial loss)是指被保险货物只有部分毁损或灭失,还没有达到全损的程度。部分损失按其性质又可以分为共同海损和单独海损两种。

(1)共同海损(general average,GA)。共同海损是指载货船舶在海运途中遇到危难,船方为了维护船舶和所有货物的共同安全或使船程得以继续完成,有意地并且合理地做出的某些特殊牺牲或支出的特殊费用。如船舶搁浅,为减轻船舶负荷以脱险,将船上一部分货物抛入海中即为特殊牺牲,为使船舶脱险,雇用拖船拖曳所花费的拖驳费用即为特殊费用。

共同海损的成立,应符合以下要件:第一,必须确有危及船舶和货物的共同安全的危险存在,且危险是危急的和真实的。第二,所作的牺牲或支出的费用必须是有意和合理的。第三,所作的牺牲或支出的费用必须具有特殊的性质。第四,做出的牺牲或支出的费用必须是为挽救处在共同危险中的船舶和货物,并取得救助的实际效果。

共同海损的牺牲和费用均为使船舶、货物和付运费方免于遭受损失而支出,因而,不论损失与费用的大小,都应由船方、货主和付运费方按最后获救价值按比例共同分摊,这种分摊称为共同海损的分摊。为了确定各方承担分摊的数额,就要计算共同海损的牺牲和费用的金额,估算获救财产的价值,此项工作称为共同海损理算。目前国际上大都采用《约克·安特卫普规则》进行共同海损的理算工作,该规则经不断的实践和完善已成为被国际普遍接受的国际惯例。当事人一经选择适用该规则并明确记载于合同中,或在提单、保险单等单据中注明,它就成为一个合同条款而在当事人之间产生法律效力。

(2)单独海损(particular average,PA)。单独海损是指保险标的物由于承保范围内的风险所引起的、不属于共同海损的部分损失。单独海损一般只涉及航海中船舶或者货物单独一方的利益,与他方的利益无关,所以只能由受损的一方单独承担损失。

共同海损和单独海损均属部分损失,二者的主要区别在于:共同海损是人为有意识造成的,而单独海损是意外发生的;共同海损要由受益方按照受益大小的比例分摊,而单独海损只有受损方承担损失。

### (二)承保的费用

在保险标的物遭遇保险责任范围内的事故时不仅使货物本身受到损失,还会产生一些费用方面的损失,而保险人和被保险人一般在保险单中都会有特别约定的"诉讼与营救条款",这是保险人在保险单中所承担责任以外,另外增加承担的责任。保险人承保的费用主要有以下几项:

#### 1. 施救费用

当被保险人在船舶发生承保范围内的危险时,采取一切防止或减少保险标的损失的有效措施而产生的费用即为施救费用。施救费用由保险人负责。

#### 2. 救助费用

救助费用是指保险标的遭遇保险责任范围内的灾害事故时,为摆脱困境,而由保险人和被保险人以外的第三方采取救助措施,为此支付给第三方的费用。救助费用一般由保险人负责赔偿。国际上对救助费用一般都采用"无效果、无报酬"的原则。

#### 3. 其他合理费用

如船舱搁浅后检验舱底的费用,在遭遇保险责任范围内的灾害事故使船舶无法继续航行而卸货存仓或装船续运或由其他船舶代运产生的费用,由于碰撞事故或第三方过失使保险船舶受损而向第三方索赔、起诉或仲裁所引起的诉讼、仲裁费用等。

## 本 章 小 结

国际货物运输是实现国际货物买卖的必要手段。目前的国际货物运输方式主要有海上货物运输、铁路货物运输、航空货物运输和国际多式联运。其中海上货物运输是国际贸易运输中使用最广泛的运输方式。

海上货物运输按船舶所具有的营运特点可分为班轮运输和租船运输两种类型。班轮运输又叫提单运输,提单作为一种主要的运输单据,其主要功能体现在:是托运人和承运人之间订有国际海上货物运输合同的证明;是承运人向托运人签发的货物收据;是货物所有权的凭证。为统一协调各国有关国际海上运输的法律规定,国际上先后缔结了三个有关提单运输的公约,即 1924 年的《海牙规则》、1968 年的《维斯比规则》和 1978 年的《汉堡规则》。我国目前尚未加入或批准上述三个有关提单的国际公约。租船运输按不同的租赁方式可分为航次租船、定期租船和光船租船三种。其中光船租船只是财产租赁的一种形式。

海上货物运输主要通过签订和履行海上货物运输合同来实现。这种运输合同具有明显的涉外性,其主要标的是提供劳务。合同的效力往往及于合同当事人以外的第三人。与海上货物运输相对应,海上货物运输合同可分为班轮运输合同和租船运输合同,租船运输合同又可划分为航次租船合同、定期租船合同和光船租船合同三种。

国际铁路货物运输和国际航空货物运输也是现代常用的运输方式,主要通过订立国际铁路货物运输合同和国际航空货物运输合同进行。有关国际铁路货物运输的公约有 1961 年的《国际货约》和 1951 年的《国际货协》,我国已于 1953 年加入《国际货协》。有关国际航空货物运输的国际公约有 1929 年的《华沙公约》、1955 年的《海牙议定书》和 1961 年的《瓜达拉哈拉公约》,我国是《华沙公约》和《海牙议定书》的成员国。

国际海上保险发展的历史悠久,但至今尚无有关海上保险的国际公约。实践中保险人与被保险人的权利义务由各国国内法和当事人签订的海上保险合同加以规定。国际上最普遍采用的保险条款是英国伦敦保险协会所制定的《协会货物条款》,在我国主要有中国人民保险公司的《海洋货物运输保险条款》。

国际海上保险中保险人承保的风险主要有海上风险和外来风险两大类,承保的损失是由于发生海上风险所造成的损失,可分为全部损失与部分损失,承保的费用主要有施救费用、救助费用以及其他合理费用。

## 关 键 术 语

海上货物运输　班轮运输　租船运输　海上货物运输合同　提单运输　提单　承运人托运人　收货人　《海牙规则》　《维斯比规则》　《汉堡规则》　承运人的责任制度　倒签提单预借提单　租船运输合同　航次租船合同　定期租船合同　光船租船合同　国际铁路货物运输　《国际货约》　《国际货协》　国际铁路货物运输合同　铁路运单　国际航空货物运输《华沙公约》　《海牙议定书》　《瓜达拉哈拉公约》　航空货物运输合同　航空运单　海上保险海上保险合同　保险标的　保险费　《海洋货物运输保险条款》　基本险别　附加险别《协会货物条款》　承保的风险　承保的损失　承保的费用

## 思考与练习

1. 简述海上货物运输合同的订立和履行。
2. 提单的主要功能有哪几项?
3. 简述提单中承运人的责任制度。
4. 什么是倒签提单? 什么是预借提单? 倒签提单和预借提单法律效力如何?
5. 海上保险合同的主要特征有哪些?
6. 简述海上货物运输保险中,保险人承保的风险与损失。

# 第九章 国际产品责任法

## 本章要点

1. 产品责任的基本概念、产品责任的性质和法律适用
2. 美国的产品责任法及欧共体产品责任指令的主要内容
3. 产品责任的法律适用公约的主要规定

## 第一节 国际产品责任法的现状与发展

### 一、国际产品责任法概述

产品责任法(product liability law)是调整产品的生产者、销售者因产品瑕疵致使消费者或其他使用者人身或财产损害时所负责任的法律规范的总称。对产品责任的法律规制有着深远的历史渊源。早在罗马法时期就有因产品瑕疵、缺陷造成受害人损失进行处理的基本原则即"买主当心",但由于当时的侵权法不发达,所以产品责任主要是依赖买卖法,强调除非由于欺诈或明示担保,否则出卖人对物件瑕疵或缺陷造成的损害不承担任何责任①。但这和现代意义上的产品责任法相去甚远,现代意义上的产品责任法作为一种保护消费者的法律,是随着现代工业的发展而形成、发展的,除各国国内立法外,还形成了一些有关的国际公约,从而开始形成了一个国际产品责任法的法律部门。

在现代产品责任法的发展过程中,产品责任经历了一个从合同责任到侵权责任并向严格产品责任迈进的过程。

### 二、产品责任法在英美法系的发展及现状

19 世纪的英美法系由于受契约自由和契约严格主义的影响,首先确立的是产品责任合同关系求偿理论。1842 年英国"温特博特姆诉赖特案"是英国关于产品责任最古老、最著名的案例。原告温特博特姆(Winter Bottom)是一名受雇的马车夫,雇主与赖特(Wright)订有一份由赖特提供一辆安全的马车供雇主用于运送邮件的约定。被告按照约定将马车交给雇主,后者让原告驾驶马车运送邮件。但是,原告在驾驶时,马车的一个轮子突然塌陷,造成原告受伤。为此,原告向赖特提起损害赔偿之诉,而被告则以原告不是合同的当事人为由拒绝赔偿。法院认为,动产的债务不发生侵权行为的损害赔偿请求权。而合同责任则仅仅存在于合同的当事人之间,对于非合同的当事人,商品的制造者无注意义务。据此法院判原告败诉,由此确立了

---

① 史学瀛.国际商法[M].天津;南开大学出版社,2002;182.

"无契约无责任"原则。即生产者、销售者对其生产或销售的产品承担责任的原因是买卖合同中的约定,销售者与消费者之间无合同关系,则对其生产、销售的产品一律不负责任。

随着资本主义经济迅速的发展,现代社会高度的工业化和商品化使得现代消费者问题日益突出,尤其是缺陷产品致损问题表现最为明显。原有的合同责任显然已不适应随着工业化和商品化而产生的产品大规模的生产和销售。1916 年美国麦克弗森诉别克汽车公司案中突破了合同关系的束缚,确立了疏忽责任求偿理论,扩大了索赔主体的范围①。别克汽车公司(Buick Motor Co.)将汽车交经销商经销,经销商将其中的一辆汽车卖给了原告麦克弗森。原告在驾驶该车时,汽车的轮胎发生了爆炸,致使原告受伤。为此,原告起诉被告别克汽车公司。被告称原告受伤是由于汽车轮胎爆炸造成的,而汽车的轮胎并非是被告制造的,而是由另一家公司提供的,因而被告不应当承担顺还赔偿责任,而法官卡多左(J. Cardozo)根据证据显示,如果被告在制造该汽车时检查车轮就能够发现瑕疵,而该瑕疵轮胎足以危害使用者的生命健康,那么其属危险商品。被告可以预见买方不经检验会使用该产品,而由于被告疏于检查,因此被告应对该商品承担注意的义务。如果未尽到合理的注意义务,那么无论买方与制造商是否有合同关系,均要承担赔偿责任。该案确立了以下原则:①产品依其本质足以危害人体生命健康即为危险产品,制造者应对其可预见性后果做出警告;②制造者若可预知购买人以外的第三人会不经检验就予以使用时,则不论与当事人间有无合同关系,制造者都对该产品负有注意义务;③制造者违反此项注意义务对第三人造成损害的,应承担赔偿责任。但是根据本案,生产者、销售者对其生产或销售的产品承担责任的原因在于所谓的"疏忽",而关于"疏忽"的举证责任却在原告,由于产品制造的高度技术化和产品功能的复杂化,原告往往受专业技能、鉴赏能力的限制,对产品的制造或销售过程多不明了,要举出足以证明产品有缺陷或被告未尽合理注意义务的证据,对一般消费者来说,这种举证的要求不仅过分苛刻,而且负担沉重。

由于疏忽责任中原告的举证举步维艰难以实现,不能切实保护消费者的利益,故而在司法实践中,为减轻原告举证责任,法院又逐步将疏忽责任发展为严格责任。1936 年的"格林曼诉尤巴案"是这一发展的明证。该案中,原告之妻买了一件锯、钻多功能电动工具作为圣诞礼物送给原告,原告按说明书使用该产品时,因工具零件从机器中飞溅到原告的前额,致成重伤。原告以制造商和销售商违反担保责任为由起诉索赔。审理该案的特雷诺法官在判决中指出:为使生产者承担严格责任,原告一方不必证明明示担保的存在。当一个生产者将其产品投放市场时,明知该产品未经检验而使用,如果能证明产品具有致人伤害的缺陷,那么该生产者在侵权方面负有严格的责任。缺少合同关系的制造商对消费者的绝对责任基于公共政策,符合平衡观念和公平原则。这一判决的重要意义在于法院的调查重点从生产者的行为转移到产品的性能,从对疏忽行为的认定转到公共政策的介入。

这种严格责任形式在英美的成文法中得到肯定,美国的《侵权法重述》,英国的《消费者保护法》等纷纷确认并细化了该原则。

现在的英美国家除大量由判例形成的产品责任原则,还制定了大量的成文法如美国的《侵权法重述》、《统一产品责任示范法》、《统一消费者买卖实务法案》、《消费者产品安全法案》、《联邦食品、药品和化妆品法案》、《公平标签与包装法案》,而在英国最具代表性的是 1987 年的《消费者保护法》。在这些法律中无一例外地体现了严格责任原则和对消费者利益保护的偏向。

---

① 赵相林,曹俊.国际产品责任法[M].北京:中国政法大学出版社,2000:46.

### 三、产品责任法在大陆法系的发展及现状

在早期的大陆法系沿袭罗马法传统,强调买主当心,在救济方面的赔偿请求权受到严格的限制①。即使在进入工业化社会以后,欧洲国家的产品责任法的发展仍然一路落后,在 1980 年以前,欧洲各国都没有专门的产品责任法。对于消费者的保护,欧洲多数国家的主要做法是,一方面通过单行法规为许多产品规定最低限度的安全标准,另一方面通过援用民法典中有关侵权或合同的一般原则来审理产品责任案件。尽管各国采用不同的原则,但总体上来说,在产品责任上未超越过失责任原则。随着生产的日益现代化和产品责任纠纷的增多,原来的求偿理论越来越不能适应新形势下保护消费者利益的需求。另外,由于各国无明确的产品责任立法,这导致了各国法院在审理产品责任案件中适用不同的原则,不利于欧洲各国经济贸易的交流。受美国严格责任立法的影响,欧洲开始了统一产品责任立法,并将严格责任原则引入产品责任中。1976 年欧洲委员会通过了《关于造成人身伤害与死亡的产品责任的欧洲公约》(又称《斯特拉斯堡公约》),1985 年欧共体通过了《欧共体产品责任指令》,在这两大统一法的影响下欧共体成员国均按《指令》制定国内的产品责任法,实行严格责任的产品责任归责原则,这一影响甚至波及了非欧共体国家,严格责任制 20 世纪 80 年代在欧洲迅速蔓延并牢固地确立起来。

总而言之,严格责任原则已在世界上主要国家确立,并在国际公约中得到普遍体现,这奠定了现代国际产品责任法的基础。

# 第二节　美国的产品责任法

美国是产品责任法最发达、最完备的国家,其产品责任法的主要内容如下。

### 一、产品责任的归责原则

如前文所述,美国产品责任法的规则原则经历了过失责任理论、担保责任理论和严格责任理论的一个发展过程,与之相适应作为诉讼根据的理由即:疏忽、违反担保和严格责任。

#### (一)疏忽责任

疏忽是指产品的生产者或销售者有疏忽之处,致使产品有缺陷,由于这种缺陷使消费者的人身或财产遭到损害,对此,产品生产者或销售者应承担责任。疏忽责任在理论上属于侵权责任,其法理基础是合理注意学说,它是经由 1916 年美国麦克弗森诉别克汽车公司案确立的责任基础,根据该案美国《侵权行为法重述》第 395 条规定产品制造中因没有做到合理的注意而造成产品缺陷的制造者,应对由此而导致的使用者的损害承担疏忽责任。对这种合理注意义务的把握标准,由法院依个案中行为人的年龄、职业、知识、经验等因素进行综合考量。在确定上述注意义务标准时制造商的责任应针对产品本身,而非行为人之行为。在该归责原则下原告要胜诉须首先证明由于制造商的行为低于注意义务标准而导致其产品存在缺陷并给使用者造成损失。原告需援引以下任何一个理由以证明被告的疏忽:①"事实推定过失原则"即所发生事件的本身足以证明被告存在疏忽的行为;②"违法视为过失原则"即产品的生产和销售不符合州或联邦法律有关产品的质量、检验、广告或其他方面的规定;③制造者或销售者未对产

---

① 史学瀛.国际商法[M].天津:南开大学出版社,2002:182.

品的危险性提出必要的警告；④产品设计上存在缺陷。因此消费者如果主张被告的疏忽责任势必面临繁重的举证压力，而在现代化大生产条件下，原告往往难于证明被告的疏忽行为。

### （二）违反担保责任

如果卖方违反了对货物的明示或默示担保义务，使原告因产品的缺陷而遭受损害，原告可对被告起诉，要求赔偿损失。所谓明示担保，是指生产者或销售者对产品性能、质量、规格，所有权等所作的任何声明或陈述，1932 年的柏克斯特诉福特汽车公司一案扩大了合同责任中担保责任的范围，确立了担保责任的归责原则。本案中原告通过汽车零售商购买了被告制造的汽车。使用中挡风玻璃被一块飞来的石子击中，玻璃碎片伤及原告的眼睛，原告遂诉请法院由制造商赔偿损失。法院认为制造商与原告虽不存在直接合同关系，但假如原告相信该车具有某种广告上所声明之功能并购买和使用，而因该产品缺陷造成原告损害，原告主张制造商负侵权责任时，制造商的默示担保则具有"侵权行为的本质"，原告可据此主张制造商违反了担保责任。以卖方违反担保为理由要求赔偿时，受害人必须证明以下事实存在：

（1）被告作出过明示的担保；

（2）受害人相信该担保而购买了产品；

（3）损害是由于产品不符合的明示担保所造成。

所谓默示担保则是指卖方应当担保产品具有其通常的价值和效用，具有平均、中等的品质不含隐蔽瑕疵。根据其内容不同。默示担保又可分为两种：一是商销性的默示担保，即出售的产品应符合其之所以制造和销售的一般目的。美国《统一商法典》第二编第 314 条第 2 款规定："除非不予适用或加以修改，如果出售人是出售该种商品的商人，则出售该商品的合同中应默示保证该商品适合销售。"二是适合特定用途的默示担保。《统一商法典》第二编第 315 条规定："如果卖方在订立合同时有理由知道买方对货物所要求的特定用途，而且买方依赖卖方的技能和判断能力来挑选其提供的合适的货物，则卖方就承担了货物必须适合这种特定用途的默示担保。"担保责任在一定程度上解决了消费者的证明负担。但这不能从根本上解决充分保护广大消费者的权利和利益的问题。因原告必须证明存在明示担保或者默示担保而且证明卖方违反担保，另外卖方还可以事先排除或限制担保，或者以原告未警惕、未及时告知产品存在缺陷作为抗辩。

### （三）严格责任

严格责任是受害人只要能够证明产品有缺陷，产品的制造商或销售商就应承担赔偿的责任。以违反严格责任原则为理由提起诉讼时，原告必须证明：①产品存在缺陷，只有证明产品存在缺陷，才能适用严格责任原则；②产品出厂时缺陷已经存在，根据缺陷的存在时间确定产品责任是至关重要的；③损害是由产品缺陷所造成的，即损害与缺陷产品之间有因果关系，不必证明缺陷是损害的唯一原因，而只证明缺陷是损害发生的实质原因。

相对于合同关系原则而言，严格责任原则适用于一切产品的购买者和使用者，并赋予了他们合法的诉讼权。即使产品的受害者与制造商或销售商没有合同关系，也可以提起赔偿之诉；相对于疏忽责任原则而言，严格责任原则不要求原告证明被告的过错，这大大减轻了受害人的举证责任；相对于担保责任而言，严格责任原则不要求产品的制造商或销售商对产品做出明示或默示的担保。受害人以担保责任起诉，必须以制造商或销售商对产品有担保的保证。严格责任原则不以担保的存在为构成要件，可以不受担保的限制，有利于受害人索赔。

1965 年美国《侵权行为法重述》第 402 条 A 节就对严格责任加以规定：

　　（1）凡销售任何有缺陷的产品对使用者或消费者或其财产带来不合理的危险的人，对于由此而造成的最终使用者或消费者的身体伤害或其财产的损害负有责任，如果销售者从事经营出售此种产品，而且预期转到使用者或消费者手中时，对其销售时的条件没有重大改变。

　　（2）尽管有下述情况，仍适用前款原则：销售者在准备出售其产品时已经尽一切可能予以注意，而且使用者或消费者没有从销售者购买产品或者与销售者没有任何契约关系。

　　综上所述，我们可以看出随着经济的发展，美国产品责任的归责原则，大致包括了疏忽责任、担保责任和严格责任三个阶段，尤其严格责任原则已成为美国的主要归责原则，并愈来愈明显地影响和左右着其他国家产品责任法的发展趋势。

## 二、被告的抗辩事由或免责条款

　　在产品责任诉讼中，被告可基于某些免责条款而提出抗辩，要求减轻或免除其责任。被告的抗辩主要有：

### （一）担保的排除或限制

　　如果原告以被告"违反担保"为理由对其提起产品责任诉讼，而被告如果已经在合同中排除了各种明示或默示担保，他就可以以担保已被排除作为抗辩，但这种抗辩不能用来对抗以"疏忽"为理由的起诉，因为这是一种侵权之诉。

### （二）与有疏忽与相对疏忽

　　与有疏忽是指受害者在使用被告提供的有缺陷的产品时也有疏忽之处，由于双方面的疏忽而使原告受到伤害。按普通法早期原则，与有疏忽在侵权之诉中是一种充足的抗辩事由，一旦确定原告有"与有疏忽"，他就不能向被告要求任何损害赔偿。而近年来，这一原则逐渐为相对疏忽原则所代替，相对疏忽即指尽管原告方面也有一定疏忽，但是法院只能按具体情况相对减少其索赔金额，并非完全丧失请求赔偿权。

### （三）自担风险

　　自担风险是指原告已经知道产品有缺陷或带有危险性而甘愿将自己置于此种危险或风险的境地从而使自己受到损害。按美国法，被告几乎可以用"自担风险"抗辩任何理由的产品责任诉讼。

### （四）非正常使用产品或误用、滥用产品

　　如果原告因非正常使用或误用、滥用产品而受到损害，被告可以以此为理由提出抗辩，但法院往往对此加以限制，即要求被告证明原告的误用或滥用已超出了被告可能合理预见的范围。

### （五）产品带有不可避免的不安全因素

　　某些产品如药物即使正常使用，也难以完全保证安全，而且该产品对社会公众利大于弊，则制造或销售此种产品者可以要求免除责任。

## 三、产品责任法的法律构成

　　根据严格责任原则，构成产品责任要满足三个条件即产品存在缺陷，产品造成消费者的损害，损害和缺陷之间有因果关系。

　　所谓产品，美国《统一产品责任示范法》指出："产品是具有真正价值的、为进入市场而生产的，能够作为组装整件或者作为部件、零售交付的物品，但人体组织、器官、血液组成成分除

外。"该定义用概括的方式，界定了产品的内涵。出于保护产品使用者的基本公共政策的考虑，法官们的态度倾向于采用更广泛、更灵活的产品定义。例如，在兰赛姆诉威斯康星电力公司案中，法院确认电属于产品。1978年哈雷斯诉西北天然气公司案，将天然品纳入产品范围。同年，科罗拉多州法院在一案中裁定，血液应视为产品。关于计算机软件是否属于产品，学者认为，普通软件批量销售，广泛运用于工业生产、服务领域和日常生活，与消费者利益息息相关，生产者处于控制危险较有利的地位，故有必要将普通软件列为产品。可见，美国产品责任法确定的产品范围相当广泛。

所谓缺陷，美国法院判决认为，具有不合理危险性或过分不安全的产品，就是缺陷的产品；在美国《统一产品责任示范法》将缺陷分为：制造缺陷、设计缺陷、警示缺陷和说明缺陷。对缺陷的判别采"消费者期待"标准和"风险和利益平衡"标准。实践中，经常将两标准结合起来运用。

所谓损害，在美国的产品责任诉讼中，原告可以提出的损害赔偿的请求范围相当广泛，主要包括：①人身伤害的损害赔偿，包括身体残疾、精神上的痛楚和苦恼，收入的减少和挣钱能力的减弱，合理的医疗费用等；②财产损失的赔偿，通常包括替换或修复受损财产所支出的合理费用；③商业上的损害赔偿，通常指有缺陷的产品的价值与完好、合格产品的价值之间的差价；④惩罚性的损害赔偿，金额大小由法院酌情决定。

至于产品责任中的因果关系是严格产品责任法律构成的要件之一，只有存在因果关系，生产经营者才要承担侵权损害赔偿责任。它体现了公平性与合理性，使生产者（加害人）充分意识到应对自己的行为所产生的后果负责而非代人受过。产品责任中的因果关系也有特殊性，其特殊性在于它是产品缺陷与损害后果之间的相互关系，而不是某种具体行为与损害后果之间的关系。

# 第三节　欧洲各国的产品责任法

在欧洲虽然产品责任法起步较晚，但是以严格责任制为基础的立法基本原则已经确立，欧洲的产品责任法立法大体有三种模式：一是扩大解释、适用原合同法、侵权法中的有关规则，如法国、荷兰等；二是在相关的立法中，对产品责任做出若干规定，如英国、加拿大等国颁布的《消费者保护法》；三是制定专门的产品责任法，如原联邦德国、意大利、丹麦、挪威等国。此外，在欧洲各国的产品责任立法过程中受有关条约的影响颇为深远，对各国产生普遍影响的有1976年和1985年制定的《关于人身伤害和死亡的产品责任欧洲公约》和《欧共体产品责任指令》。本节主要介绍1985年《欧共体产品责任指令》（以下简称《指令》）的主要内容。

在20世纪70年代之前，欧洲各国几乎没有任何关于产品责任的专门立法，为了防止各成员国之间的不正当竞争，使风险在生产者和消费者之间进行公平负担，保护消费者的利益，创造一个因产品缺陷遭受损害的消费者平等保护的法律体制，欧洲共同体于1976年提出《指令》草案。然而，由于利益团体的大力游说和各种政治利益的较量，草案经数次修改，直到1985年才得以最终通过。该指令第1款直接规定：该指令从维护消费者利益宗旨出发，明确规定生产者承担严格责任，不仅免除了受害者证明加害人过失的举证义务，而且不允许加害人以自己已尽的义务进行抗辩。指令要求欧洲共同体国家普遍在国内立法中和指令保持一致，指令公布后包括欧共体成员国如法国、德国以及其他非欧共体成员的欧洲国家都纷纷确立了本国的严格产品责任制度。截至 2003 年 2 月,欧盟 15 国均完成了相应的国内立法程序。从 2004 年 5 月 1 日起,欧盟成员国数量已达到了 25 个,而欧盟东扩的进程仍在继续。这些新加入的国家也在对国内法作相应的调整,以与《指令》保持一致。

《指令》中的产品是指初级农产品和狩猎物以外的所有动产,即使已被组合在另一动产或不动产之内。初级农产品是指种植业、畜牧业、渔业产品,不包括经过加工的这类产品。产品也包括电。与美国相比,其所界定的产品范围略微狭窄。

产品缺陷在《指令》中被界定为若产品未给人们和财产提供一个人有权期待的安全,则该产品就被视为有缺陷。人们通常将这种判断产品缺陷的方法称之为客观标准。

生产者是指成品的制造者、原材料的制造者、零部件的制造者以及将其名称、商标或其他识别特征标示于产品之上,表明其是该产品的生产者的任何人。在不影响生产者产品责任的前提下,进口产品的进口者视为生产者并承担相应责任。而在无法确认生产者的情况下,产品的供应者视为生产者并承担相应责任。依据欧共体产品责任指令规定,两个或两个以上对同一损害负责的人承担连带责任。

损害是指:①死亡或人身伤害;②对缺陷产品本身以外的任何财产的损害或灭失,并且该财产是价值不低于 500 欧洲货币单位的用于个人使用或消费的财产;③指令承认有关成员国国内法中的有关精神损害赔偿的法律的合法性。

另外根据《指令》,生产者或销售者可以对产品责任提出抗辩。依据《指令》的规定,在产品的责任诉讼中,被告可以提出以下抗辩:①生产者未将产品投入流通;②引起损害的缺陷在产品投入流通时并不存在;③产品并非由生产者出于商业或经济目的而制造或销售;④生产者为使产品符合政府机构发布的强制性法规而导致产品存在缺陷;⑤生产者将产品投入流通时的科技水平尚不能发现缺陷的存在。而作为零部件的制造者,能够证明缺陷是由于装有该零部件的产品的设计或制造的指示所造成的,即不承担产品责任。

# 第四节　关于产品责任的法律适用公约

随着全球经济交往的加快与科学技术的高度发展,跨越国界的产品责任案件日益增多,国际产品责任的法律适用成了一个热点问题。国际产品责任案件中适用何国法律,直接牵涉到能否有效地维护当事人的合法权益,尤其是对受害人的合理保护。实践中,就涉外产品责任的法律冲突原则作出专门规定的国内立法并不多见,许多国家均适用涉外侵权之债的一般冲突规则对其加以调整。但是,由于侵权行为的复杂性,随着侵权行为的种类日益增多,处理侵权行为的法律适用问题越来越需要日益精确的国际私法规则,冲突法也正是随着这些问题的不断分化而向前发展的。现在各国有趋势针对特殊侵权行为的法律适用相应做出特别的规定。

## 一、主要国家有关产品责任的法律适用

### (一)美国

在美国 1971 年的《冲突法重述》中,在侵权责任领域引入了最密切联系原则,该原则主张在侵权行为的法律适用上应抛弃适用固定机械的行为地法或法院地法的做法,而适用与该侵权行为有最密切联系的国家(州)的法律,规定:当事人对侵权行为中的权利义务,应由同该事件及当事人有最密切联系州的法律决定;在确定问题应适用何种法律时,应考虑:①损害发生

地法；②导致损害发生的行为地法；③双方当事人的住所、居所、国籍、法人所在地及营业地所在地法；④双方当事人关系最集中的地方的法律。在实践中，美国法院倾向于以损害发生地作为最密切联系因素。然而损害发生地有时很难确定或依损害发生地并不利于保护消费者利益，因此从许多判例来看法院往往更倾向于适用对原告最有利的法律，以达到促成赔偿的目的。因此，美国法院对最密切联系原则的适用是灵活的，多数场合从保护消费者和使用者的利益出发考虑，将产品制造地、产品购买地、产品使用地和原告住所地等有联系的因素作为选择准据法的因素，以尽量使原告能够得到赔偿为原则，适用对原告最有利的国家（州）的法律。

### （二）英国

英国目前适用于产品责任案件的法律适用规则是一般侵权法律适用原则，没有专门适用于产品责任的法律适用原则。在英国就侵权行为的准据法问题基本采纳了莫里斯的侵权行为自体法，即侵权所应适用的法律是侵权行为本应适用的法律，该本应适用的法律有两个准据法模式：一是准据法为侵权行为地法，但在侵权行为及当事人与侵权行为地没有重要联系而与其他国家有实质性联系时，适用与侵权行为及当事人有最密切联系和最真实联系的国家的法律；二是准据法为侵权行为发生时与侵权行为及当事人最密切联系地法，但推定除非有明显的相反情况，与侵权行为及当事人有最密切联系的为侵权行为地。

### （三）瑞士

在《瑞士联邦国际私法》，把侵权行为区分为一般的和特殊的，而分别规定其法律适用，其主要特点是把当事人意思自治原则首先引入侵权行为法律适用领域。当事人可以在侵权行为出现后的任何时候，协议选择适用法院地法。显然这种选择是一种有限选择。主要是为了扩大法院地法的适用。在产品责任方面，该法第 135 条第 1 款给予受害人以选择应适用的法律之权利。受害人可在加害人的营业所所在地国家的法律，或加害人无营业所时，其惯常居所地国家的法律（a 项）和产品取得地国家的法律（b 项）之间进行选择，但适用产品取得地国家的法律须以加害人没有证明产品未经其同意而在该国上市为条件。该条第 2 款又规定，基于产品瑕疵或有瑕疵的产品而提出的请求应受外国法支配时，不得在瑞士判给受害人除依瑞士法律因此种损害他可能得到的损害赔偿金以外的其他损害赔偿金，这说明即使当事人依第 1 款选择适用了外国法，受害人所能得到的损害赔偿金也不应有别于依瑞士法律他可能会得到的损害赔偿金。

显然各国在产品责任侵权的法律适用方面差异较大。

## 二、关于产品责任的法律适用公约

鉴于各国产品责任的实体法及冲突法均存在较大分歧，为协调各国产品责任冲突法的冲突，平衡各方利益，海牙国际私法会议 1973 年 10 月通过了一项《关于产品责任的法律适用公约》（以下简称《适用公约》），并于 1978 年 10 月 1 日起生效，该公约是迄今为止唯一一部国际性产品责任法律适用方面的专门公约。该公约分为以下几部分：

### （一）《适用公约》的适用范围

1.《适用公约》第 1 条规定

本公约确定制造商和其他由第 3 条规定的人因产品造成损害，包括因对产品的错误说明或对其质量、特性或使用方法未提供适当说明而造成损害责任所适用法律。凡产品的所有权或使用权已由被控负有责任的人转移到遭受损害的人，本公约不适用于他们之间的责任。由此可见,公约仅指由侵权行为所生的损害赔偿责任。公约不适用于合同关系的责任。

2.《适用公约》对产品责任的构成界定

(1)"产品"一词应包括天然产品和工业产品,而不论是未加工还是加工过的,是动产还是不动产。

(2)"损害"一词是指对人身的伤害或对财产的损害以及经济损失。但是,除非与其他损害联系在一起,产品本身的损害以及间接损失不应包括在内。

(3)产品责任主体包括:产品和部件的制造者、天然产品的生产者、产品的供应者、修理人和仓储保管人等产品制造或商业流通环节上的其他人员,以及这些人的代理人或雇佣人。

**(二)产品责任法律适用规则**

《适用公约》对国际产品责任争议的准据法选择方面,分别依具体情况确定了三项法律适用规则:其第 4 条规定,当损害发生地国家同时又是直接遭受损害者的惯常居住地国家,或被请求承担责任人的主营业地国家,或直接受害者取得产品所在地国家,则应适用损害发生地国家的法律;第 5 条规定,当直接受害人惯常居所地国家同时又是被请求承担责任人的主营业地国家或直接受害者取得产品所在地国家,则仍应适用直接受害人的惯常居所地国家的法律;第 6 条规定,如果由于案件的情节过于分散,没有符合上述规定的联结因素,赔偿权利人可以要求适用损害事实发生地的国内法,也可以适用赔偿义务人主要营业所所在地的国内法。此外,公约还规定如果赔偿责任人能证明他不能合理地预见这种产品或他的同类产品会通过商业渠道在损害事实发生地及直接受害人惯常居所地得到供应的话,这两地的法律都不能适用,能适用的是赔偿义务人主要营业所所在地法。

显然,《适用公约》是在考虑到既需着重保护消费者的利益,又需兼顾诉讼当事人在双方权利义务平等的基础上制定的法律适用,这些法律适用必须按照相关顺序,不得任意逾越。

另外,《适用公约》第 9 条、第 10 条强调法律适用时必须考虑有关国家的公共政策和公共秩序,即法律适用是考虑产品销售市场所在国家通行的有关行为规则和安全规则;根据公约规定适用的法律只有在其适用会明显地与公共秩序相抵触时方可拒绝适用;根据公约规定适用的法律,即使是非缔约国的法律,也予以适用。

**(三)《适用公约》的生效、加入和约束力等**

总体而言,《适用公约》中吸收了各国最先进的立法原则的法律选择方法,兼顾到了发达国家和发展中国家的利益以及保护消费者和生产者之间的利益平衡,又保护被告不受不可预见或不公正的法律的影响[①]。由于《适用公约》抛弃了单一的法律适用原则,代之以多连接点的重叠和组合,并设计了一些限制条件,这种连接点的组合可以使法官针对不同的案件作出合理的选择,以寻找最合适的法律适用。《适用公约》还规定,不论适用何国法作为准据法,都应考虑产品销售市场所在国家通行的有关行为规则和安全规则,并允许所在地法院有一定的自由裁量权,即对所适用的有关国家的规则进行选择。这些特点使公约缔约国能比较恰当地处理日益复杂的国际产品责任案件。

## 本 章 小 结

严格责任原则在世界范围内普遍建立,但是各国在产品责任适用法律方面差异仍然很大,

---

① 刘晓红,许旭.国际产品责任侵权的法律适用[J].华东政法学院学报,2005(3).

解决产品责任方面的法律冲突的国际法规尚不成熟完善,在法律适用方面如何实现突破是个亟待解决的问题。

## 关 键 术 语

产品责任　疏忽　违反担保　产品缺陷　严格责任

## 思考与练习

1. 简述美国的产品责任法发展历程。
2. 试比较欧洲产品责任法和美国的产品责任法的异同。
3. 简述《关于产品责任的法律适用公约》所确定的法律适用原则。

# 第十章 国际商事活动的管制制度

## 本章要点

1. 世界贸易组织的宗旨、职能与法律地位
2. 世界贸易组织的基本原则
3. 世界贸易组织的主要协议
4. 国际商事活动中的进、出口关税制度和非关税壁垒等措施
5. 我国的进出口关税制度，对外贸易法律制度，外汇管理制度，出入境检验检疫制度，反倾销、反补贴法律制度和外贸保障措施

## 第一节 国际商事活动的管制制度概述

### 一、国际商事活动管制的概念和特征

盛行于 16 和 18 世纪中叶的重商主义者曾提出，为了达到使国家富强的目的，最好的手段是保持国际贸易顺差，为此就应在国际贸易中采取保护主义政策。随着工业革命的蓬勃发展，英国率先采取了自由贸易政策，至 19 世纪中叶，当时主要资本主义国家基本实现了自由贸易。

一战后，贸易保护主义加剧，各国政府主要是用关税措施限制他国商品的输入。二战后，除关税外，又出现了许多新的措施，如许可证制度、配额制度等。这些措施为发展中国家保护和发展民族经济起到了重要作用，但也不同程度助长了发达国家对世界市场的瓜分和掠夺，于是主张自由贸易的呼声愈来愈高。应当承认，自由贸易对各国的好处不可能整齐划一，对某些国家在一定时期带来的好处可能很小，甚至有可能导致经济的一度滑坡，但是，国际贸易的实践已经充分证明："选择将贸易作为经济增长柱石的那些国家已经获得巨大发展，而且同那些在保护主义藩篱下、依赖于国内市场的国家相比，它们也已经更为富有。"[①]

国际贸易管制，是指国家为了特定的经济或政治目的，通过国内立法或缔结国际条约，限制外国或非成员国产品进口或本国产品出口的法律制度。从国际商事活动的历史来看，有国家之间的产品交换，就有国家对进出口贸易的管制。

目前实行的国际贸易管制措施，具有以下几方面特点：

(1)国际贸易管制就其实质而言体现了国家和国际经济组织对进出口贸易的直接干预，通常表现为国家或国际经济组织与进出口商之间的纵向管理关系。

(2)国际贸易管制是国家或国际经济组织为了政治或经济目的而采取的一种保护性措施。

---

① ［爱尔兰］彼得·萨瑟兰，等.WTO 的未来［M］.刘敬东，等，译.北京：中国财经出版社，2005：4.

一般来说,一国对外国产品实施进口限制多出于保护本国生产商的利益、改善本国的国际收支状况等经济目的,而对本国产品实施出口管制则多出于外交政策和国家安全等方面的目的。对于国际经济组织来讲,实行国际贸易管制是为了实现其设立宗旨和保护成员国利益。

（3）国际贸易管制的法律依据通常是各国的国内立法和国际条约。这些法律规范属强制性规范,国际贸易的当事人必须予以遵守,不得在合同中加以排除。

## 二、世界贸易组织与国际贸易管制

### （一）世界贸易组织的建立

1948年1月1日起开始实施的《关税与贸易总协定》（GATT）所确立的国际贸易原则和制度,对于各缔约方国内贸易法律和政策产生了深远影响,为协调有关缔约方之间的贸易争端发挥了重要作用。但GATT取得的成绩与"提高生活水平,保障充分就业,保证实际收入和有效需求的巨大增长"的宗旨相比还有不少差距,缔约方违背GATT基本原则的情形时有发生,一些区域性国际经济组织的发展也对GATT的某些原则造成不利影响。同时,GATT本身是一个"临时适用协定",而非严格意义上的国际贸易组织,因此有必要在总协定基础上创建一个正式的国际贸易组织来协调、监督和执行新一轮多边贸易谈判结果[①]。

针对以上GATT存在的问题和不足,在GATT历史上参加者最多、议题最广泛、时间最长、意义最为深远的一次谈判——乌拉圭回合,达成了《建立世界贸易组织的马拉喀什协定》（以下简称《建立WTO协定》）。根据该协定,一个新的国际经济组织——世界贸易组织（WTO）——于1995年1月1日正式宣告成立。

WTO规定各成员应通过达成的互惠互利的安排,大幅度削减关税和贸易壁垒,消除歧视性待遇,对发展中国家给予优惠和差别待遇;扩大市场准入程度,提高贸易政策和法规的透明度,实施审议制度和争端解决机制,从而协调各成员的贸易政策,共同管理全球贸易。

WTO是GATT的继续和发展,GATT的一整套贸易法律制度,包括已生效的文件、关税减让议定书、加入议定书和缔约方全体的决定等,均被纳入WTO的范围。但是,WTO与GATT也有很多不同之处,例如:GATT没有自己法定的组织基础,而WTO是一个永久性的国际经济组织,拥有自己的组织机构;GATT是一种临时性的承诺,而WTO的承诺则是完整的、永久性的;GATT规则只适用于货物贸易,而WTO多边贸易体制不仅使货物贸易领域的法律规则具体化,而且还把管辖面扩大到服务贸易和知识产权等广泛领域,其触觉已延伸到传统上完全属于国内法范围的商事活动的方方面面[②]。

### （二）世界贸易组织的宗旨、职能与法律地位

1. 世界贸易组织的宗旨

根据《建立WTO协定》及其附件的有关规定,世界贸易组织的宗旨是:提高人类生活水平,保证充分就业以及实际收入和有效需求的持续增长;扩大产品生产与货物贸易,并增进服务贸易;促进世界资源的充分利用和可持续发展,确保发展中国家尤其是最不发达国家贸易份额的增长和经济发展;根据互惠互利安排,切实降低关税及其他贸易壁垒,并在国际贸易关系中消除歧视性待遇,建立一个完整的、更具活力和永久性的多边贸易体制;在全球范围内,实现

①　刘光溪.多边贸易体制运行的新机制——世贸组织[J].国际贸易问题,1995(4).
②　赵维田.世贸组织（WTO）的法律制度[M].长春:吉林人民出版社,2000:34.

物流、人流、资金流(投资)、技术流(知识产权)的自由流动。

2. 世界贸易组织的职能

根据《建立 WTO 协定》第 3 条的规定,WTO 的职能主要有三项:组织谈判并管理谈判达成的各项协议、解决贸易争端和审议贸易政策。可以看出,WTO 并不保证贸易的成功,实际上它只是提供了广泛参与的机会以及一个公平、透明的竞技场[①]。

(1)组织谈判和管理协议。组织成员方就贸易问题进行谈判,为成员方谈判提供机会和场所,是 WTO 从关贸总协定继承来的一项职能。WTO 组织谈判的职能主要体现在两个方面:一是为成员方在执行《建立 WTO 协定》各附件所列协议遇到问题时,提供谈判场所,以解决有关的多边贸易关系问题;二是为各成员方继续进行新议题的谈判提供场所。如贸易与环境保护问题、贸易与劳工标准问题、政府采购问题和具体服务贸易部门自由化问题等。

WTO 管理协议的职能是指对多边贸易谈判达成的多边贸易协议、多边贸易协议的实施予以管理。它对协议的管理职能不仅涉及目前已达成的协议,而且也负责管理今后在 WTO 框架下达成的新协议及其实施。

(2)解决贸易争端。WTO 负责对《关于争端解决的规则及程序的谅解》进行管理,采取有效的措施解决成员方之间的贸易争端,保证其所管辖的各协议的顺利实施。

(3)审议贸易政策。WTO 的贸易政策审议机制创立于乌拉圭回合,是在 1979 年东京回合达成的《关于通知、协商、争端解决和监督谅解书》的基础上形成的。《贸易政策审议机制》共 7 条,作为《建立 WTO 协定》的附件三。根据这一机制,所有 WTO 成员的贸易政策和做法均应接受 WTO 定期审议。排在世界前四位的贸易实体每 2 年审议一次,其后的 16 个实体每 4 年审议一次,其他成员每 6 年审议一次。2006 年 4 月 19 日至 21 日,世界贸易组织对中国进行了自中国入世以来的首次贸易政策审议,这次审议是中国加入 WTO 四年多来第一次接受 WTO 贸易政策审议。由于中国已是世界第三大贸易国,因此今后将每 2 年审议一次[②]。

3. 世界贸易组织的法律地位

根据《建立 WTO 协定》第 4 条的规定,WTO 设立部长会议、总理事会、专门委员会、秘书处和临时机构等部门。WTO 具有完全、独立的法律人格,并且每一个成员方均应赋予 WTO 为履行职能所必要的法律能力,包括必要的特权和豁免。WTO 与国际货币基金组织、世界银行,共同构成维护世界经济运行的三大支柱。

**(三)中国与世界贸易组织**

中国是关税与贸易总协定的原始缔约方,因历史原因与 GATT 中断了联系。1986 年,中国提出恢复关贸总协定原始缔约方地位的申请。2001 年 12 月 11 日,经过 15 年的谈判,中国正式加入世界贸易组织,这是关贸总协定和世界贸易组织历史上谈判时间最长的一次。WTO 曾经指出:"中国的入世给目前的现行改革增加了推动力;中国的入世承诺已经成为其改革的一支催化剂,从而为其经济在今后可预见的未来里持续强劲增长铺平了道路。"[③]香港和澳门地区在 1995 年 1 月 1 日世界贸易组织正式成立时加入该组织,两地分别回归祖国后,其在世界贸易组织中的名称更换为中国香港和中国澳门。2002 年 1 月 1 日台湾地区以中国台北(Chinese Taipei)的名义正式加入世界贸易组织。世界贸易组织定义中国台北为台澎金马单独关税区

①　[爱尔兰]彼得·萨瑟兰,等.WTO 的未来[M].刘敬东,等,译.北京:中国财经出版社,2005:11.

②　2006 年 4 月 18 日中国驻 WTO 大使孙振宇答新华社记者问.

③　刘敬东.贸易政策审议——WTO 秘书处关于中华人民共和国的报告[R].北京:中国财政经济出版社,2006:10.

(Separate Customs Territory of Taiwan，Penghu，Kinmen and Matsu.）。

# 第二节　世界贸易组织的基本规则

## 一、世界贸易组织的基本原则

世界贸易组织的基本原则是在继承关税与贸易总协定基本原则的基础上，进行补充和修改而来的。这些基本原则贯穿于世界贸易组织的各个协定中，构成了多边贸易法律体制的基础。

### （一）最惠国待遇原则

1. 最惠国待遇原则的含义

最惠国待遇在贸易条约中的第一次出现，是在 17 世纪欧洲各国之间订立的双边贸易协定中[①]。它是指签订双边或多边贸易协议的一方在贸易、关税、航运、公民法律地位等方面，给予任何第三方的减让、特权、优惠或豁免时，也同样给予缔约另一方或其他缔约方。

2. 最惠国待遇原则的特点

（1）自动性。当一成员给予一方的优惠超过其他成员享有的优惠时，其他成员则能够立即、自动地享有这种优惠。

（2）同一性。当一成员给予其他成员某种优惠时，任何其他成员所获取的优惠必须相同。

（3）相互性。WTO 最惠国待遇是相互获取的优惠待遇，成员既是给惠方，又是受惠方。

（4）普遍性。最惠国待遇原则适用于货物贸易、服务贸易和与货物有关的知识产权领域。

### （二）国民待遇原则

1. 国民待遇原则的含义

国民待遇是指在贸易条约或协议中，缔约方之间相互保证给予对方的自然人（公民）、法人（企业）和商船在本国境内享有与本国自然人、法人和商船同等的待遇。

实行国民待遇能够防止进口国政府对外国产品、服务或服务提供者以及知识产权所有者或持有者采取歧视措施，并能避免外国产品、服务或知识产权获得不合理的特权。它与最惠国待遇原则共同构成非歧视原则。

2. 国民待遇原则的特点

（1）国民待遇原则只涉及其他成员方的产品、服务以及知识产权所有者或持有者在进口国境内所享有的待遇。

（2）国民待遇原则要求进口国给出口国所提供的待遇不低于其给予本国当事人的待遇。

### （三）透明度原则

1. 透明度原则含义

透明度原则是指 WTO 成员必须公布其正式实施的有关进出口贸易政策、法律、规章，以及成员国政府之间签订的影响国际贸易政策的协定。透明度原则涉及国际贸易的所有领域，目的在于防止缔约方之间进行不公平的贸易。

2. 公布的具体内容

透明度原则要求公布的具体内容包括：①产品的海关分类和海关估价等海关事务；②对产

---

①　赵维田.最惠国与多边贸易体制［M］.北京：中国社会科学出版社，1996：1.

品征收的关税税率、国内税税率和其他费用;③对产品进出口所设立的禁止或限制等措施,以及有关国际贸易、补贴与反补贴、许可证、保障措施等法律、规章;④对进出口支付转账所设立的禁止或限制等措施;⑤影响进出口产品的销售、分销、运输、保险、仓储、检验、展览、加工、与本国产品混合使用或其他用途的要求;⑥有关服务贸易的法律、法规、政策和措施;⑦有关知识产权的法律、法规、司法判决和行政决定;⑧与 WTO 成员签署的其他影响国际贸易政策的协议等。

### 3. 透明度原则适用的例外

1994 年《关税与贸易总协定》第 10 条第 1 款规定,各成员可以不公开那些会妨碍法规贯彻实施、违反公共利益,或者损害其公私企业正常商业利益的秘密资料。《TRIPS》以及其他协议中也有类似规定。

### 4. 关于公布的时间

WTO 协定要求,成员应迅速公布和公开有关贸易的法律、法规、政策、措施、司法判决和行政决定,最迟应在生效之时公布或公开,使 WTO 其他成员和贸易商及时得以知晓。在公布之前不得提前采取措施。

### 5. 贸易措施通知

为强化透明度原则,WTO 协定对成员需要通知的事项和程序都作了规定,以保证其他成员能够及时获得有关成员在贸易措施方面的信息。

### 6. 贸易政策审查机制

为提高成员贸易政策的透明度,WTO 协定要求,所有成员的贸易政策都要定期接受审查。

此外,乌拉圭回合中还确立了经济贸易政策年度报告制度。该制度要求,成员除了公布其经济贸易政策外,还必须向秘书处登记中心提交其年度经济贸易政策报告,同时也可以向该中心索取其他成员所提交的经济贸易政策报告。

### (四)自由贸易原则

#### 1. 自由贸易原则的含义

自由贸易原则是指通过多边贸易谈判,实质性削减关税和减少其他贸易壁垒,扩大成员之间的货物和服务贸易。贸易自由化有利于经济的增长,美国学者就指出:"最近的一项研究证实,贸易所带来的好处并不限于发达世界……发展中国家的贸易越开放,其生活标准与发达世界的生活标准接近的速度就越快。"[①]

#### 2. 自由贸易原则具体要求

(1)削减关税。1994 年《GATT》要求各成员保护国内产业的手段仅限于关税,而不允许利用非关税措施,这是由于关税具有透明性、可预测性和经济性特点。

(2)减少非关税贸易壁垒。随着关税逐步下调,而非关税贸易壁垒隐蔽性强,所以越来越成为国际贸易发展的障碍。

(3)国际服务贸易的市场准入。各国为了保护本国服务业,对服务业的对外开放采取了诸多限制措施,包括:限制服务提供者数量,限制服务交易或资产总值,限制服务业务总数或服务产出总量,限制特定服务部门或服务提供者的雇用人数,要求通过特定类型的法律实体提供服

---

① [美]约翰·麦金尼斯,马克·莫维塞西思.世界贸易宪法[M].张保生,等,译.北京:中国人民大学出版社,2004:18.

务,限制外国资本投资总额或参与比例,以及国民待遇限制等。这些限制影响服务业的公平竞争、服务质量的提高和服务领域资源的有效配置,不仅对国际服务贸易本身,而且对国际货物贸易乃至世界经济发展都造成了不利影响。

### (五)公平竞争原则

#### 1. 公平竞争原则含义

公平竞争原则,也称公平贸易原则,是指成员应避免采取扭曲市场竞争的措施,纠正不公平贸易行为,在货物贸易、服务贸易和与贸易有关的知识产权领域,创造和维护公开、公平、公正的市场环境的原则。

#### 2. 公平竞争原则的主要内容

该原则的主要内容包括:①公平竞争原则适用于货物贸易领域、服务贸易领域和与贸易有关的知识产权领域。②公平竞争原则既规范成员政府行为,也规范成员自然人、企业行为。③公平竞争原则要求成员维护产品、服务在本国市场的公平竞争,不论其来自何成员。

## 二、非关税壁垒协议

### (一)《农业协议》(Agreement on Agriculture)

乌拉圭回合在货物贸易中的重要成果之一就是将长期游离于 GATT 多边贸易体制之外,并以非关税壁垒作为主要保护手段的农产品贸易和纺织品贸易纳入 GATT 多边贸易谈判中,并根据 GATT 原则加以约束,使之成为 WTO 多边贸易体制的一部分。

《农业协议》主要适用于《商品分类和协调编码制度》第 1—24 章的农产品(鱼和鱼产品除外),由 13 个部分 21 条 5 个附录组成。其主要内容包括:将农产品贸易中的非关税壁垒关税化,逐步削减约束性关税,逐步减少国内价格支持,逐步减少出口补贴。

#### 1. 非关税壁垒的关税化

协议要求,各成员不得维持、借助或采取已被要求转化为普通关税的任何措施,如进口数量限制、最低进口价格、特殊进口许可证、自动出口限额,以及除普通关税外的边境措施。

#### 2. 逐步削减约束关税和最低市场准入

各成员承诺以一定百分比对约束关税进行削减。发达与经济转型成员方平均减税 36%,6 年内完成;发展中成员平均减税 24%,10 年内完成;最不发达成员可不履行削减承诺,但需承担约束义务。同时,进口方应通过关税配额承担现行市场准入的承诺,对过去很少或没有进口的农产品,成员以关税配额做出最低市场准入承诺。以 1986—1988 年消费总量为基数,承诺国内消费量的 3%,发达成员到 2000 年底,发展中成员在 2004 年底前,达到 5%,配额内产品进口关税不得高于约束关税的 32%。

#### 3. 逐步减少国内价格支持

协议从三方面措施来规范各成员对农产品的国内价格支持。

(1)绿箱措施。绿箱措施是指由政府提供的、其费用不转嫁给消费者,且对生产不具有价格支持作用的政府服务计划。该措施对农产品贸易和生产不会产生影响或有微小扭曲影响,成员无须承担约束和削减义务,主要是一般农业性服务支出。

(2)黄箱措施。黄箱措施是指政府对农产品的直接价格干预和补贴,包括种子、肥料、灌溉等农业投入的补贴,对农产品营销、贷款的补贴等。这些措施对农产品贸易产生扭曲,成员须承担约束和削减义务。协议要求,自 1995 年开始,以 1986—1988 年为基准,发达成员 6 年内削减 20％；发展中成员 10 年内削减 13％。

(3)蓝箱措施。蓝箱措施是指按固定面积和产量给予的补贴，按基期生产水平的 85％或以下给予的补贴，按固定牲畜头数给予的补贴。这些措施与农产品限产计划有关，成员不须承担削减义务。

### 4．逐步减少出口补贴

关于出口补贴，成员方承诺不提供与本协议及其减让表中规定的承诺不相符的出口补贴，并在 6 年内将实行补贴的农产品出口的金额和数量分别削减其基期水平(1986—1988 年)的 36％和 21％，发展中成员则分别削减 24％和 4％。

### (二)《纺织品与服装协议》(Agreement on Textiles and Clothing)

1993 年 12 月乌拉圭回合谈判方达成了《纺织品与服装协议》，以取代 GATT 于 1974 年通过的《多种纤维协议》，为最终取消配额限制做了过渡性安排。

《纺织品与服装协议》由 9 个条款和 1 个附件组成。附件列明了逐步取消配额限制的产品范围，包括《商品名称及编码协调制度》第 50—63 章全部产品和第 30—49 章、第 64—96 章的部分产品，囊括了《多种纤维协议》所涉及全部产品。要求在《建立 WTO 协定》生效前依据《多种纤维协议》实施的所有数量限制，所采取的任何单边措施均应接受协议管辖并受本协议下纺织品监督机构的审查。到 2005 年 1 月 1 日过渡期满时，任何成员不得再对纺织品和服装进口实行限制，除非依据保障措施协议说明其数量限制的合理性。

### (三)《技术性贸易壁垒协议》(Agreement on Technical Barriers to Trade,TBT)

该协议分为正文和附则两大部分。正文包括：总则、技术法规和标准，符合技术法规和标准，情报和援助，机构、磋商和争端解决、最后条款等六个方面的规定，共 15 条。三个附件分别是该协议术语及其定义、技术专家组、关于标准的制定、采用和实施的规范。主要内容如下：

### 1．宗旨

TBT 协议规定，为了能认识到国际标准和合格评定程序能为提高生产效率和推动国际贸易做出重大贡献，为此，鼓励制定此类标准和合格评定程序。但是希望这些技术法规和标准，包括包装、标志、标签等不会给国际贸易制造不必要的障碍。认识到不应妨碍任何国家采取必要手段和措施，保护其基本安全利益，保护其出口产品质量，保护人类、动物或植物的生命或健康，保护环境或防止欺骗行为，但不能用这些措施作为对情况相同的国家进行歧视或变相限制国际贸易的手段。认识到国际标准化有利于发达国家向发展中国家转让技术及帮助其制定技术法规、标准、合格评定程序。

### 2．基本要求

TBT 协议基本要求，大致可归纳为：①无论技术法规、标准，还是合格评定程序的制定，都应以国际标准化机构制定的相应国际标准、规则或建议为基础。它们的制定、采纳和实施均不应给国际贸易造成不必要的障碍。②在涉及国家安全、防止欺诈行为、保护人类健康和安全、保护动植物生命和健康以及保护环境等情况下，允许各成员实施与上述国际标准、规则或建议不尽一致的技术法规、标准和合格评定程序，但必须提前一个适当的时期，按一般情况及紧急情况下的两种通报程序，予以事先通报。③实现各国认证制度相互认可的前提，应以国际标准化机构颁布的有关规则或建议作为其制定合格评定程序的基础。

### 3．技术法规、标准、合格评定程序的界定

TBT 协议对三类概念进行了规范：

(1)技术法规,是规定产品特性或与其有关的工艺和生产方法。当它们用于产品工艺进程或生产方法时,也可包括术语、符号、包装、标志或标签要求。

(2)标准,是指由公认的机构核准、供共同和反复使用的非强制性实施的文件。

(3)合格评定程序,是指任何用于直接或间接确定满足技术法规或标准有关要求的程序,包括抽样程序、测试和检验评估、验证和合格保证、注册、认可和核准以及它们的组合。

4. 适用范围

(1)TBT 协议适用于各成员中央及地方政府机构颁布的技术标准和证书制度,以及非政府机构技术法规、国际和区域组织标准和认证制度。

(2)TBT 协议适用于所有产品(工业品与农产品)的技术法规、标准与合格评定程序。但不包括服务业以及供政府机构生产和消费的需要而由政府机构制订的采购价格。

(3)TBT 协议不适用《卫生和动植物检疫措施协议》中所定义的卫生和植物检疫措施。

**(四)反倾销协议(Agreement on Anti-dumping)**

1. 倾销的含义

根据《GATT》第 6 条的规定,倾销是指一国的产品以低于其正常价值的价格被输入到另一国商业领域的行为。倾销的法律特征:

(1)倾销属于一种低价销售。这种低价销售,通常是指低于同类产品在出口国国内市场的价格。

(2)倾销的目的往往是对外销售过剩产品,保持出口国市场上的价格稳定,或者是为了开拓国际新市场。

(3)倾销是一种不正当竞争行为。倾销行为在对某一成员境内已建立的某项产业造成实质性的损害、威胁或产生实质性的阻碍时,这种倾销行为才具有不正当竞争性,应受到谴责和制裁。

(4)倾销往往会对出口国、进口国和第三国的经济造成不良影响。

2. 反倾销法(anti-dumping law)的立法概况

自 20 世纪初以来,国际货物贸易中的倾销对经济造成的冲击和损害日益引起各国的关注,一些国家和地区纷纷通过国际和国内立法抵制倾销,维护国内产业的利益以及市场公平竞争秩序。世界上最早制定反倾销法的是加拿大和美国。其主要动机是出于对外国产品大量拥入本国市场的一种恐惧心理,而在理论上却打着"不公平贸易"的旗号。现代国际经济学理论已基本证明,所谓"不公平"是很难站得住的。但这种已实行了近一个世纪的法律传统,恐怕很难在短期内改变,所以反倾销实际上是一个合法的保障手段,或者说是保护本国企业最宽松的法律手段[①]。乌拉圭回合将倾销与反倾销作为重要议题之一,于 1994 年达成了《WTO 反倾销协议》,该协议对所有成员均有约束力。其主要作用在于规范各成员方的反倾销立法和实践,保证各国在行使这种合法的贸易保护手段过程中不至于妨碍国际贸易的正常发展[②]。

3. 反倾销协定的内容

(1)反倾销调查机关。在 WTO 中,反倾销的执行机构是反倾销措施委员会,该委员会由各成员代表组成。其行使的反倾销职权十分有限。

① 赵维田.利用 WTO 条款保护我国企业的思考[N].经济日报,2001-10-22.
② 陈安.国际经济法专论[M].北京:高等教育出版社,2002:267.

(2)倾销的构成要件。

一是有倾销事实存在。依 1994 年《GATT》第 6 条的规定,只有在证明进口产品的出口价格低于产品的正常价值的情形下,才能构成倾销。

二是有损害后果发生。确定倾销存在,是采取反倾销措施的前提条件,而倾销对进口国国内产业造成损害的后果,则是实施反倾销措施的另一必要条件。

三是倾销与损害之间有因果关系。

(3)反倾销程序规则。

一是反倾销调查申请。反倾销调查程序的发起首先必须由有法定资格的申请人提出申请。WTO《反倾销协议》规定,要求明确表示支持或反对一项申请的国内生产厂商的总产值占国内同类产品总产值的 50％以上时,其申请才被视为代表国内产业。但是,如果明示支持反倾销申请的进口国厂商的总产值占国内产业同类产品总值的比例未达到 25％时,反倾销调查申请则不能成立。

二是反倾销调查。反倾销调查机构在规定的时间内,对申请及相关材料中的证据进行审查并做出受理与否的决定,并通知有关当事人。

三是裁决。裁决分为初步裁决和最终裁决。当初审结果表明有倾销存在并对进口国国内产业造成损害时,反倾销调查机构可以做出构成倾销的初裁,并对被指控产品采取法定反倾销措施:一是实施临时反倾销措施,即征收临时反倾销税和收取现金保证金两种方式;二是达成价格承诺。在初裁之后,反倾销调查机构经全面调查,若最终确认倾销事实、损害后果及二者因果关系,则在一定期限内做出最终裁决并征收反倾销税,直到能抵销倾销所造成的损害为止。反倾销税的征收额度不应超过倾销幅度,征收期限为 5 年。

四是行政复审程序。行政复审,也称行政复议,是指反倾销调查程序的申请人或被申请人因对反倾销调查机构所做出的决定或裁决持有异议,而请求其再次对有关决定或裁决进行重新审议的制度。

五是司法审查程序。WTO《反倾销协议》首次对司法审查作了规定。其第 13 条规定,对最终裁决和复审决定的行政行为,可特别要求司法、仲裁或行政裁判所或者通过诉讼程序,迅速进行审查,该裁判所或诉讼程序完全独立于负责作出该裁决或复审决定的当局。

**(五)反补贴协议(Agreement on Anti-subsidies)**

1. 补贴的含义

补贴(subsidies),是指政府或公共机构做出的财政支持,包括任何形式的收入支持或价格支持,以及由此给予的利益。在国际贸易中,各国通常运用不同的补贴形式。通过补贴可以降低出口产品成本,增强出口产品的国际市场竞争能力。因而,补贴经常被作为刺激出口或限制进口的一种手段。

WTO《补贴与反补贴措施协议》及各国反补贴法都是针对出口补贴而言的。

2. 反补贴

反补贴是指一国政府或国际社会为了保护本国经济健康发展,维护公平竞争秩序,或者为了国际贸易的自由发展,针对补贴行为采取的限制性措施。反补贴的措施主要表现为对补贴的进口产品征收反补贴税。乌拉圭回合在东京回合的基础上,达成了《补贴与反补贴措施协议》,共由 11 个部分、32 条和 7 个附件组成,是 GATT 历史上条文最多、内容最详细、适用范围最广泛的一个反补贴法典[①]。

### 3. 反补贴协定的内容

（1）补贴措施的分类。WTO《补贴与反补贴措施协定》首先确立了特殊性补贴，然后把名目繁多的补贴措施分为三大类：禁止使用的补贴、可申诉的补贴和不可申诉的补贴，并对每类补贴进行界定，规定了相应的救济措施。

一是特殊性补贴（specific subsidies）。特殊性补贴是指政府有选择地向某些企业或产业提供补贴，而这种补贴是其他企业或产业所不能获得的。存在特殊性补贴是 WTO 成员采取反补贴措施的重要前提之一[②]。其成员只有在发现其他成员实施特殊性补贴时，才能依据《反补贴协议》或国内法采取反补贴措施。

二是禁止使用的补贴（prohibited subsidies）。禁止使用补贴是指 WTO 禁止各成员政府使用的补贴。《反补贴协议》第 3 条将禁止使用补贴分为两类：一类是出口补贴，它是直接针对出口的；另一类是国内含量补贴，它是间接针对进口的，即补贴只与使用国产产品相联系，而对进口产品不给补贴。

三是可申诉的补贴（actionable subsidies）。可申诉补贴是指，在一定范围内允许实施的补贴，但如果使用此类补贴的成员在实施过程中对其他成员的经济利益造成不利影响，则受损的成员便可以向使用此类补贴措施的成员提出反对意见和提起申诉。

（2）反补贴程序。经过调查、磋商后，仍未能达成协议，则采取反补贴措施。反补贴措施分为以下三类。

一是临时措施。采取临时措施的条件是：已开始调查且有关利害关系方已取得提交资料和陈述的充分机会；已就补贴的存在和境内产业的损害作出初步的肯定的裁决；进口方当局采取的临时措施是为防止损害的继续发生所必需。

二是承诺。若出口方政府或企业为避免征收反补贴税，可在进口方当局做出初步裁决后，自愿承诺取消或限制有关的补贴或采取其他有关减少补贴的措施。进口方当局自行决定是否接受此承诺。一旦承诺被接受，补贴和损害的调查即告中止。

三是征收反补贴税。当接受补贴的产品导致进口国国内产业损害时，由进口国政府对受补贴的进口产品征收除正常关税以外的一种特别关税——反补贴税。反补贴税征收的额度以产品接受补贴的额度为限。

### （六）《原产地规则协议》（Agreement on Rules of Origin）

#### 1. 原产地规则的含义

原产地规则（rules of origin），系指国家立法或国际协议为确定货物原产地而做出的特别规定。原产地规则起源于国际贸易领域对国别贸易统计的需要，然而伴随着国际贸易中关税壁垒与非关税壁垒的产生与发展，原产地规则的应用范围也随之扩展，涉及关税计征、最惠国待遇、贸易统计、国别配额、反倾销、政府采购甚至濒危动植物的保护等诸多范畴。许多国家都制订了繁琐、苛刻的原产地规则，从而使原产地规则带有浓厚的贸易保护主义色彩。

#### 2.《原产地规则协议》

乌拉圭回合达成的《原产地规则协议》适用于有关实施非优惠性商业政策的原产地规则，

①　曾令良.世界贸易组织法[M].武汉:武汉大学出版社,1996:301.
②　张玉卿.补贴与反补贴的国际规范[J].国际贸易,1994(6):53.

包括最惠国待遇、反倾销和反补贴税、保障措施、政府采购等。世界贸易组织在其货物贸易理事会(The Council for Trade in Goods)中专门设立了原产地规则委员会,旨在加强原产地规则的国际协调。

3. 原产地证书

原产地证书是国际贸易中用来证明货物产地来源的证明文书,是货物的"国籍",往往被进口国用来实行差别关税待遇和进行国别贸易政策管理。

原产地证书主要有以下几种。

(1)一般原产地证书:出口国根据原产地规则签发的证明货物原产地的证明文书。

(2)普惠制原产地证书:受惠国根据给惠国方案中的原产地规则签发的证明货物原产地为受惠国、可享受关税优惠待遇的证明文件。

(3)纺织品配额原产地证书:对纺织品设置数量限制的国家为进行配额管理而要求出口国出具的产地证书。

(4)区域性经济组织成员国之间的产地证书:区域范围内的国家为享受互惠减免关税而出具的产地证明书。

(5)手工制品原产地证书:证明货物的加工和制造是全人工而非机械生产的一种加工证书。

(6)濒危动植物原产地证书:证明加工成货物的动物或植物来自饲养而非野生濒危动植物(或在数量限制以内)的证明书。

**(七)《装运前检验协议》(Agreement on Preshipment Inspection)**

1. 装运前检验的含义

装运前检验,是指进口国政府机构或其授权的机构对有关进口货物的数量、质量、价格、汇率、关税分类等根据一定程序在该货物的出口国领土内进行的检查活动。装运前检验作为一种非关税措施,可能妨碍国际贸易的发展。因此,为了规范装运前检验活动,经过 5 年的谈判,乌拉圭回合通过了《装运前检验协议》。该协议旨在确定装运前检验的概念和范围、进出口国的权利和义务以及应遵守的程序,其根本目的在于促使装运前检验在 WTO 协定下进行,而不因此妨碍国际贸易的自由发展。

2. 《装运前检验协议》主要内容

(1)装运前检验国(进口方)的主要义务。检验国的义务是该协议核心,集中规定在该协定的第 2 条,共分 22 款,主要涉及非歧视义务、透明度义务、保护商业秘密义务、避免利益冲突义务、避免检验延误义务、价格核实义务等内容。

(2)出口方义务。①非歧视义务。出口方应保证其涉及装运前检验活动的法律和规章应以非歧视的方式予以适用。②透明度义务。协议第 3(2)条规定,出口方应及时公布所有与装运前检验行为有关的法律和规章,以便其他政府和商人熟知。③技术协助义务。协议第 3(3)条规定,应检验方请求,出口方应向其提供技术协助。

**(八)《卫生与植物检疫措施协议》(Agreement on Sanitary and Phytosanitary Measures)**

《卫生与动植物检疫措施协议》是乌拉圭回合谈判中各方成员达成的新协议。随着国际社会对人类、动物、植物生命健康的关注,有必要在 WTO 体制下,建立一套多边规则来协调、约束各成员方在检疫、标准和保护水平上的差异,以防止对国际贸易产生消极影响。该协议共有 14 条和 3 个附件。主要内容如下。

1．适用范围

该协议所规定的动植物卫生检疫措施,是指所有可能直接或间接影响国际贸易的动植物卫生检疫措施。包括:

(1)保护成员境内的动物或植物的生命或健康免受虫害、病害、带病有机体或致病有机体的传入、定居或传播所产生的风险。

(2)保护成员境内的人类或动物的生命或健康免受食品、饮料或饲料中的添加剂、污染物、毒素或致病有机体所产生的风险。

(3)保护成员境内的人类的生命或健康免受动物、植物或动植物产品携带的病害或虫害的传入、生长或传播所产生的风险。

2．基本权利和义务

(1)各成员有权采取为保护人类、动物或植物的生命或健康所必需的动植物卫生检疫措施,但这类措施不应违背协议的有关规定。

(2)各成员应确保动植物卫生检疫措施以科学原理为依据。

(3)各成员应确保其动植物卫生检疫措施不构成歧视,不应对国际贸易构成变相的限制。

**(九)《进口许可证程序协议》(Agreement on Import Licensing Procedures)**

许可证是实施数量限制的一种手段。进口许可是用于执行进口许可证制度的行政程序,它要求进口商要向有关行政机构提交一份申请或其他单证(非海关所需单证)作为输入到进口国关境内的先决条件。东京回合谈判中,达成了《进口许可证程序协定》,该协定只有 8 条。

1．许可证制度适用目的

(1)提供收集进口货物统计数据的方法;

(2)在存在进口配额的条件下,分配或控制具体产品的进口或出口的总量;

(3)根据原产地区别对待各种进口商品。

2．成员义务

(1)进口许可证程序应与《GATT》的有关条款一致;

(2)该程序在应用中应是中性的,并且以公正平等的方式予以实施;

(3)该程序中的所有规则、条令,以及任何变动应清楚地予以及时公布,并提供给总协定秘书处;

(4)申请格式及申请程序应尽量简化。

3．区分自动与非自动的进口许可证程序

在自动进口许可证程序下,无条件地给予进口许可证,并且要在 10 个工作日内办理完毕;后者不超过 30 日。

**(十)《海关估价协议》(Agreement on Implementation)**

1．海关估价的含义

海关估价(customs valuation),是指一国海关根据法定的价格标准和程序,为征收关税对进出口货物的价格进行审定的行为。经审定后确定的价格称为完税价格。

海关估价为保证进口商之间的公平竞争起着重要的作用,但也会成为一种潜在的贸易保护方式。其可通过一定的产品估价方式使关税税率增加许多倍,结果使该国所承诺的关税减让义务成为一纸空文。因此,为确保各国的海关估价制度不对国际贸易造成障碍,建立公平、统一、中性的国际海关估价制度,东京回合中各成员方达成了《关于实施关税及贸易总协定第七条协议》,乌拉圭回合的《关于实施 1994 关税及贸易总协定第七条协议》(简称《海关估价协议》)与其基本一致。

2.《海关估价协议》的内容

《海关估价协议》共分 4 部分 24 条,以及 3 个附件。主要内容有:

(1)估价方法。该协议规定了六种海关商品估价方法。包括:①交易价格,是指商品出口至进口国时实际支付或应支付的价格。②相同产品交易价格,指海关估价依据当时对相同产品在相同或大致相同的时间出口到同一进口国的交易价格予以确定。③类似产品交易价格,指依据同一出口国在相同或大致相同的时间内出口到同一进口国的类似产品的交易价格予以确定。④进口后转卖价格,亦称倒扣法,即对该产品或相同或相似产品在进口国销售给无关联购买者时的单位价值做出一定程度的扣除。扣除的费用包括:佣金、利润、运输费、保险费、进口关税及其他国内税等。⑤估算价格,又称为结构价格,即以生产成本及某些额外费用,如利润和一般费用的总和,作为进口产品价格。⑥顺序类推法,如果用上述任何方法都不能确定海关估价,应通过采用与本协议的原则或《1994 年 GATT》第 7 条相符的合理方法并以进口国现有资料为依据确定一个最为接近的价格。

海关在使用这些方法时,应严格遵守下列顺序:前三种方法是必须按顺序适用的,只有当按照前一种方法无法有效地做出估价时,方可使用后一种方法。但也有一个例外,当按前三种方法仍不能确定货物价格,应进口商要求,可以颠倒第四种和第五种方法的顺序。

(2)下列价格不得作为海关估价依据。包括:①进口国生产的商品在本国的销售价格;②可供海关从两种可选择的估价中选用较高的估价制度;③出口国国内市场的商品价格;④除已确定的进口商品的估算价格,或在采用顺序类推法已确定的与上述相符的相同或相似产品的估算价格以外的其他生产成本;⑤出口到除进口国以外其他国家的商品价格;⑥最低海关估价或武断的虚假的估价。

此外,该协议赋予了进口商以一定的权利:①如最后确定价值有所延误,进口商有权从海关提取其货物;②进口商有权获得对其货物如何确定海关估价的书面解释;③进口商有权对估价确定提出申诉。

3. 特殊及差别待遇

特殊及差别待遇即指发展中成员在该协议生效之日起不超过 5 年的期限内,可推迟适用本协议。

4. 附件

《海关估价协议》有三个重要附件。附件一是解释性文件,对各种估价方法的实施程序做了说明和解释;附件二是关于按照协议第 18 条规定设立海关估价技术委员会,该委员会是由海关合作理事会(CCC)主持设立,由 CCC 秘书长或其指定的秘书处官员执行委员会会议的秘书工作;附件三对发展中国家在过渡期或执行本协议时可能发生的问题做了规定。

# 第三节 国际经济活动中的其他管制制度

国际贸易管制措施分为对进口贸易的管制和对出口贸易的管制。对进口贸易的法律管制,包括进口关税和非关税壁垒等措施;对出口贸易的法律管制,包括出口关税、奖励出口措施等。

**（一）进口管制措施**

1. 关税制度

（1）关税的含义。关税（tariff customs duties）是指一国海关对所有进出关境的货物课征的一种税收。包括进口关税与出口关税。进口关税具有保护性、财政性功能。关税的保护性功能表现为通过高关税税率，从而提高进口产品的价格，削弱进口产品在进口国国内市场的竞争能力。关税的财政性是指通过征收进口关税以增加国家财政收入。随着各国经济的不断发展以及经济全球化要求，关税的双重作用已相对降低。

（2）关税的分类。主要分为以下三类。

①普通关税，是指一国政府对与本国没有签署友好协定的国家和地区按普遍税率征收的关税。

②优惠关税，是指一国政府对从其他国家或地区进口的全部产品或部分产品，给予特别优惠的低关税待遇。优惠关税是对受惠国产品以低于普通关税税率的标准征收关税。优惠关税一般有特定优惠关税、普遍优惠关税和最惠国待遇关税三种。

③差别关税，是指对同一种进口产品，由于出口国家或生产商不同，或进口情况不同，而使用不同的税率征收关税。差别关税主要有进口附加税和报复性关税。进口附加税是进口国出于特殊目的，在一定时期内对进口产品征收的一种临时性或针对性的关税。如临时附加税、反倾销税、反补贴税等。

根据 GATT 规定的关税保护原则，GATT 允许各成员管制本国贸易的途径主要通过进出口关税来进行，但同时还要求通过关税谈判、关税减让来约束各成员的关税税率。

（3）关税征收方法。主要有以下四种征收方法。

①从量征税。从量征税是海关以进口产品重量、数量、容量、体积、长度、面积等计算单位作为征税标准进行征税。

②从价征税。从价征税是以进口产品的价格为标准征收关税。从价征税的关键是确定完税价格，即海关计算进口产品关税的计税价格。目前，大多数国家采用从价征税方法。

③混合关税。混合关税是对同一进口产品同时征收从价税和从量税，并以其中一种税为主进行征税。

④选择关税。选择关税是对同一进口产品既规定从价税又规定从量税，海关从中选择税额最高的一种征税方法计征关税。

（4）关税税则。关税税则也称海关税则，是一国通过立法程序制定并实施的按进口产品类别排列的税率目录表，是海关征收关税的重要依据。

关税税则通常包括税则号列、产品名称和税率三部分内容。税则号列简称税号，是海关对应税产品按其自然属性、成分、规格、加工程度或用途等分类，并将其按顺序予以排列的号码。

关税税率是指海关税则规定的对课征对象征税时计算税额的比例。大多数国家采取多式税则，即一个税目有两种以上税率的税则。国际上，海关合作理事会于 1983 年制定的《商品分类和协调编码制度》，已于 1988 年 1 月 1 日正式生效。目前，包括我国在内的绝大多数国家采用了该分类目录。

2. 进口配额制度

进口配额制度，是指一国政府在一定时期内，对某些进口产品的进口数量或金额规定一个最高限额的制度。该限额内的产品可以进口，超过限额的，不准进口或征收较高的关税或罚款。

进口配额主要分以下几种。

(1)绝对配额。绝对配额是指一国政府在一定时期内,对某些产品的进口数量或金额规定一个最高数额,达到这个最高数额之后,产品便不准进口。

(2)关税配额。关税配额是指对进口产品的绝对数额不加限制,而在一定时期内,在规定的关税配额以内的进口产品,给予减税或免税待遇,对超过配额的进口产品则征收较高的关税,或征收进口附加税或罚款。

### 3. 进口许可证制度

进口许可证制度,是指政府规定某些进口产品必须领取许可证,并凭许可证进口产品的制度。这种制度旨在从数量上限制进口产品。必须申领进出口许可证的产品目录通常由各国事先公布,是否颁发许可证,不取决于进口商,而取决于该产品的性质、性能以及出口国家和地区。

实践中,进口许可证依其与进口配额的关系分为两种:一种为定额进口许可证;另一种为无定额进口许可证。

进口许可证通常载明的内容有:许可证类别,进口产品名称,产品数量或重量、价值,出口国别或地区或最终用户,许可证有效期等。

### 4. 外汇管制制度

外汇管制制度是一国政府对本国境内的自然人和法人的外汇买卖、汇率、外汇市场及其他外汇业务(外汇收付、借贷、担保、转移等)进行管理的法律制度。

为了加强对进口产品的控制,一些国家和地区对进口外汇的管制经常与进口许可证制度、配额制度结合起来,进口商只有取得了进口许可证和配额,才能购买所需外汇。因此,外汇管制制度亦成为非关税壁垒之一。

### 5. 进口产品检验制度

进口产品检验制度是国家进出口产品检验机构,依照法律、法规或贸易合同,对进口产品的品质、规格、数量、包装等进行分析与测定,并出具检验证书的制度。大多数国家只对部分进口产品实施强制性检验,并规定具体的检验标准,对检验不合格或违法者不予结关放行或不准销售。

一些国家对进口产品常常规定一些苛刻的、超过本国国内市场真正需要的技术、卫生和商检标准,从而使进口产品检验制度成为普遍使用的非关税壁垒的手段之一。

GATT东京回合达成了《技术性贸易壁垒协议》,乌拉圭回合在此基础上作了修改,形成了WTO《技术性贸易壁垒协议》,并第一次达成了《动植物卫生检疫措施协议》,对推动各成员在国际贸易中采用统一国际标准、检疫标准,减少贸易障碍起了积极作用。

### 6. 政府采购政策

政府采购政策指政府通过制定法令,规定政府优先购买本国产品的制度。由于政府采购政策给予本国生产商、供应商以优先权,从而导致了对外国产品的歧视或限制。

为了消除对外国产品或服务的歧视或限制,将政府采购纳入国际管制范畴,东京回合达成的《政府采购协议》,将非歧视、透明度、公平竞争等原则引入了政府采购。WTO的《政府采购协议》旨在通过消除针对外国产品、服务和供应商的歧视,增强透明度,将国际竞争引入传统上属于国内公共财政管理的政府采购领域,使政府采购政策不会构成妨碍贸易自由化的非关税壁垒。WTO《政府采购协定》目前共有 38 个成员,目前中国还不是该协定成员国,但因为中国在加入 WTO 时就作出了将加入《政府采购协定》的承诺,因此加入《政府采购协定》是中国履行 WTO 义务的标志之一[①]。

7. 进口押金制(advanced deposite)

进口押金制,也称进口存款制度。该制度要求进口商进口产品时,应预先按进口金额的一定比例和规定的期限,在进口国指定银行存放一笔现金,没有利息。这样做的结果,增加了进口商的资金负担,从而起到了限制进口的作用。

8. 低限价制度(minimum price system)

最低限价,即一国政府规定某种产品的最低价格,如进口产品低于规定价格,则征收附加税或禁止进口。这样就降低了进口产品在进口国市场上的价格优势,达到限制进口的目的。

**(二)出口管制措施**

1. 出口限制措施

世界各国对国际贸易的管制措施,从总体上讲是鼓励出口、限制进口,但不排除在特殊情况下,为本国国家安全、外交政策以及国内经济发展的需要,采取一些限制甚至禁止出口的措施。这些措施包括:

(1)出口许可证制度。出口许可证制度,是国家对本国国内生产需要的原材料、国内供应不足的产品,规定出口商必须向政府有关部门申领许可证方准出口的制度。

出口许可证一般分为普通许可证和特别许可证。前者为出口商无需取得由政府主管部门核发的许可证文件,而是依照有关法规允许无证出口的制度。其主要适用于出口产品为普通产品且所含技术为一般技术。而特别出口许可证则要求出口商必须向政府主管部门提出申请,经核准后颁发出口许可证制度。其主要适用于尖端技术和战略物资出口。

(2)出口配额制度。出口配额制度,是由政府规定某些产品的最大出口额,当出口达到规定的限额之后,则完全禁止出口的制度。

出口配额制可分为主动配额和被动配额。主动配额是出口国政府根据国际市场容量或其他情况对出口产品设定的限额。被动配额又称"自动"出口配额,是出口国政府应进口国的要求或迫于压力,"自动"限制本国商品向对方的出口数额。

2. 出口奖励措施

各国的国内贸易法规,大都规定出口管制制度,并不直接规定出口奖励措施。但各国的贸易政策一般都有出口奖励措施的规定。包括:

(1)出口信贷(export credit)。出口信贷是出口方银行对本国出口贸易提供的一种信贷便利。出口信贷包括卖方信贷和买方信贷两种方式。

卖方信贷(supplier's credit)是由出口方银行向本国的出口商(卖方)提供的信贷。这种信贷合同由出口商与出口方银行签订。该信贷方式主要用于成套设备、大型运输工具等的出口,原因在于这些产品出口所需资金较多,进口商(买方)大都采用延期付款方式付款,出口商要在交货后一段时间内才能陆续收回全部货款。为了不影响出口商资金周转,其需要取得出口信贷,待收回货款后,再偿还于本地银行。卖方信贷有利于促进和扩大本国产品的出口。

买方信贷(buyer's credit)是由出口方银行直接向进口商(买方)提供的信贷。条件是该

---

①　上海 WTO 事务咨询中心 2007 年 4 月 18 日报道.http://www.sccwto.net.

项贷款必须用于购买债权国的产品。这就是所谓有约束性的贷款(tied loan)。采用这种办法也可以起到带动本国产品出口的作用。

(2)出口补贴(export subsidies)。出口贴补是指一国政府或同业公会为了降低出口产品价格,加强其在国际市场的竞争力,专门就出口产品给予出口商现金补贴,或财政上的优惠待遇的鼓励性办法。其目的是加强本国产品在国际市场上的竞争力,扩大出口。

# 第四节　我国对外经济活动的管理制度

## 一、进出口关税制度

### (一)关税的法律规定及关税征收

**1. 关税的法律规定**

我国在海关关税管理方面的法规主要有以下三类。

(1)《海关法》中有关关税的规定。《海关法》是我国关税制度的重要法律依据。

(2)《进出口关税条例》和《海关进出口关税税则》。《进出口关税条例》依据《海关法》而制定,是《海关法》关税规定的具体化。《海关进出口关税税则》是《关税条例》的组成部分,由国务院设立的关税税则委员会制定或修改。

(3)国务院或海关总署、财政部等制定的其他有关法规。

**2. 关税的征收**

中国海关是我国进出关境的监督管理机关。海关依照《海关法》和相关法律及行政法规,监管进出境的运输工具、货物、行李物品、邮递物品和其他物品,征收关税和其他税、费,稽查走私,等。

(1)进口货物自进境起到办理结清海关手续止,接受海关监管。准许进口的货物,由海关依法征收关税。

(2)出口货物自向海关申报起到出境止,接受海关监管。准许出口的货物,由海关依法征收关税。

(3)过境、转运和通运货物自进境起到出境止,接受海关监管。

### (二)关税的种类及计征方法

**1. 关税种类**

我国海关关税有两种:进口关税和出口关税。进口关税设普通税率和优惠税率,对原产于与中国订有关税互惠协议的国家或者地区的进口货物,执行优惠税率征税。对于与中国未订立关税互惠协议的国家或者地区的进口货物,按照普通税率征税。经国务院关税税则委员会的特别批准,适用普通税率进口的货物,可以按照优惠税率征税。

**2. 关税的计征方法**

根据征税方法的不同,关税可以分为从价税、从量税和二者结合的混合税。我国主要采用从价税标准征收关税。进口货物以海关审定的成交价格为基础的到岸价格为完税价格,进口货物的到岸价格经海关审查未能确定的,海关依次以下列价格为基础确定完税价格:

(1)该项进口货物同一出口国或地区购进的相同或类似货物的成交价格;

(2)该项进口货物的相同或类似货物在国际市场的成交价格;

(3)该项进口货物的相同或类似货物在国内市场上的批发价格,减去进口关税、进口环节其他税收以及进口后的运输、储存、营业费用及利润后的价格;

(4)海关用其他合理方法估定价格。

出口货物的完税价格以海关审定的货物售予境外的离岸价格,扣除出口关税后,作为完税价格。离岸价格不能确定时由海关估定完税价格。

### (三)关税的缴纳与减免

进口货物的收货人、出口货物的发货人,是关税的纳税义务人,即国际货物买卖关系中的收货人缴纳进口关税,发货人缴纳出口关税。

我国关税的减免权属于中央,任何地方政府不能擅自减免纳税人的关税。关税减免分法定减免、特定减免和临时减免。

### (四)关税的退、补及追征

货物的收发货人或其代理人,符合法定条件的,可以自缴纳税款之日起 1 年内,向海关申请退税,逾期不予受理。进出口货物完税后,如果海关发现少征或漏征,应自缴纳税款或者货物放行之日起 1 年内进行补征。因收发货人或其代理人违反规定而造成少征或漏征的,海关在 3 年内可以追征。

## 二、关于货物、技术、服务的外贸管理制度

### (一)对外贸易法的沿革

调整此方面问题的主要是对外贸易法规。1994 年 5 月 12 日第八届全国人民代表大会常务委员会第七次会议通过了《中华人民共和国对外贸易法》,2004 年 4 月 6 日第十届全国人民代表大会常务委员会第八次会议通过了修订后的《中华人民共和国对外贸易法》。修订后的对外贸易法主要从以下三方面对原对外贸易法进行了重大修改:一是对原外贸法与我国入世承诺和世贸组织规则不相符的内容进行了修改;二是根据我国入世承诺和世贸组织规则,对我国享受世贸组织成员权利的实施机制和程序作了规定;三是根据对外贸易法颁布实施 10 年以来出现的新情况和促进对外贸易健康发展的要求,作了修改。修订后的外贸法共 11 章 70 条。

### (二)对外贸易法的主要内容

#### 1. 放开对外贸易经营权

一是将从事对外贸易的经营人扩大到自然人;二是将外贸经营权的获得由原来的审批制改为登记制。西方国家对外贸易法历来重视对外贸易经营主体问题,把它作为外贸制度的基础。美国外贸法专家认为,是否允许个人或所有企业从事外贸,这是一国对外贸易法的基石,犹如一国宪法是否保护人权一样重要。因为对外贸易主体问题直接关系到对外贸易的自由度(即自由化)问题。它涉及对外贸易的几乎所有制度,比如工商管理、海关、外汇及税收等一系列法律,也就是说,对外贸易经营权是整个外贸制度开放的晴雨表。西方各国的外贸法对此都作出了相当宽松的规定,美国、欧盟及日本等西方国家都规定了其自然人、法人及合伙企业都能自由获得对外自由贸易权[①]。

#### 2. 货物、技术的进出口管理

(1)我国对货物和技术进出口实行统一管理制度。

(2)对货物和技术的进出口实行目录管理,分为禁止进出口、限制进出口和自由进出口。

(3)对实行自由进出口的货物,也实行目录管理,对部分自由进出口的货物实行进出口自

---

① 沈四宝,马其家.对外贸易法若干问题研究[J].山西大学学报:哲学社会科学版,2004(3).

动许可;对实行限制进出口的货物,实行配额管理或许可证管理,对限制进出口的技术,实行许可制管理。属于禁止进出口的货物,一律不得进出口。

3. 服务贸易管理

我国在国际服务贸易方面根据所缔结或者参加的国际条约及协定中的承诺,给予其他缔约方市场准入和国民待遇。

4. 对外贸易中的知识产权保护

(1)该法的有关规定主要涉及贸易环节,与我国的专利法、商标法、著作权法并无矛盾。

(2)规定了对进口货物侵犯我国知识产权的处理。

(3)规定了知识产权权利人在对外贸易中滥用专有权或优势地位的情形,规定了禁止性的商业做法。

(4)规定了对别国知识产权调查和反报的规则。

5. 关于对外贸易的竞争规则

(1)在对外贸易经营活动中,不得违反有关反垄断的法律、法规,实施垄断行为。

(2)规定了进出口环节的不正当竞争行为的种类及其处理。

(3)设立了进出口商的黑名单公告制度。

6. 对外贸易调查

该部分内容包括调查机构的设立和权限、调查的方式的实施等。

7. 对外贸易救济

新修订的对外贸易法增加了关于第三国倾销、保障措施下对国内产业的调整援助措施、国际服务贸易的救济措施、贸易转移、对违反贸易协定的救济、进出口监控及反规避等手段的规定。

## 三、反倾销法律制度

### (一)反倾销法律制度的沿革

我国于 1997 年颁布了《中华人民共和国反倾销和反补贴条例》,加入世贸组织后不久我国即对该条例进行了修订,并于 2001 年 11 月颁布了修订后的反倾销条例。为适应修订后的《中华人民共和国对外贸易法》,国务院 2004 年 4 月 15 日颁布了新的《中华人民共和国反倾销条例》,于同年 6 月 1 日起正式实施。该条例建立在外贸法的基础上,符合世贸组织有关规则,为维护公平竞争的贸易环境和国内产业合法权益提供有力的法律保障。新条例的内容主要有以下几方面的变化:

一是统一了反倾销调查机关。反倾销调查由过去原外经贸部和经贸委负责统一为由商务部负责,体现了国家行政机构职能的变化。

二是增加"征收反倾销税应当符合公共利益"的规定。一旦终裁决定确定倾销成立,并由此对国内产业造成损害的,可以征收反倾销税,但征收反倾销税应当符合公共利益。

三是增加有利于追溯征税的措施。对实施临时反倾销措施之日前 90 天内进口的产品追溯征收反倾销税时,可以对有关进口产品采取进口登记等必要措施,以便追溯征收反倾销税。修订后的条款使追溯征税更具有可操作性,对初裁前的突击进口更具威慑力。

### (二)我国反倾销法律制度的主要内容

1. 倾销的构成要件

倾销是指在正常贸易过程中的进口产品以低于其正常价值的出口价格进入中国市场。倾销的构成要件包括以下几点。

（1）进口产品的出口价格低于其正常价值。正常价值按照下列方法确定：

①以出口国市场上的可比价格为正常价值；

②出口国市场上没有可比价格的，以该相同或者类似产品出口到第三国的可比价格为正常价格；

③以产品的生产成本加合理费用、利润为正常价值。如果无第一种可比价格，则选择使用第二或第三种方法确定价格。

出口价格按照下列方法确定：

①进口产品有实际支付价款或者应当支付价款的价格的，以该价格为出口价格；

②进口产品没有实际支付价款或者应当支付价款的价格，或者其价格不能确定的，以该进口产品首次转售给独立购买人的价格或者以商务部和海关总署根据合理基础所推定的价格为出口价格。

（2）倾销对国内已经建立的相关产业造成实质损害或者产生实质损害的威胁，或者对国内建立相关产业造成实质阻碍。

（3）倾销与损害之间存在因果关系。

2. 反倾销调查

（1）反倾销调查机构。对倾销和损害的调查和确定均由商务部负责。其中，涉及农产品反倾销的国内产业损坏调查由商务部会同农业部进行，商务部还负责与反倾销有关的对外磋商、通知和争端解决事宜。

（2）反倾销调查的发起。反倾销调查有两种发起方式，即申请发起和主动发起。

申请发起是指国内产业或者代表国内产业的自然人、法人或者有关组织向商务部提出反倾销调查的书面申请。支持申请的国内产业在产品的数量上要同时满足两个条件：其一，在表示支持申请或者反对申请的国内产业中，支持者的产量占支持者和反对者总产量的50％以上；其二，支持申请的国内生产者的产量达到国内同类产品总产量的25％以上。满足此两个条件，可以启动反倾销调查。商务部应在收到申请人提交的申请书及有关证据之日起60天内，决定立案调查或者不立案调查。在决定立案调查前，应当通知有关出口国政府。

主动发起是指在特殊情况下，商务部没有收到反倾销调查的书面申请，但有充分的证据认为存在倾销和损害以及二者之间有因果关系的，可以自行决定立案调查。

（3）反倾销调查立案。反倾销调查的决定由商务部予以公告，并通知申请人、已知的出口经营者和进口经营者、出口国政府以及其他有利害关系的组织和个人。

（4）调查方式。调查机关可以采用问卷、抽样、听证会、现场核查等方式向利害关系方了解情况，进行调查。

（5）初步裁定。经过初步调查之后，商务部根据调查结果，分别就倾销、损害做出初裁决定，并就二者之间的因果关系是否成立做出初裁决定，并予以公告。

（6）终局裁定。初裁决定确定倾销、损害以及二者之间的因果关系成立的，商务部应对倾销幅度、损害及损害程度继续进行调查，并根据调查结果分别做出终裁决定，并予以公告。

（7）反倾销调查期限。反倾销调查应当自立案调查决定公告之日起12个月内结束。特殊情况下可以延长，但延长不得超过6个月，即调查时间最长不能超过18个月。

3. 反倾销措施

反倾销主管部门根据调查的情况可以采取三种反倾销措施,每一种措施的采用必须符合规定的条件。

(1)临时反倾销措施。临时反倾销措施包括:向进口商征收临时反倾销税;要求进口商提供现金保证金、保函或者其他形式担保。自反倾销立案调查决定公告之日起 60 天内,不得采取临时反倾销措施。临时反倾销措施实施的期限是自临时反倾销措施决定公告之日起不超过 4 个月,在特殊情况下,可以延长 9 个月。

(2)出口商作出价格承诺。价格承诺是指出口经营者向商务部做出改变价格或者停止以倾销价格出口的价格承诺。但是,调查机关对倾销以及由倾销造成的损害做出肯定的初裁前,不得寻求或者接受价格承诺。是否接受价格承诺,由商务部决定。出口经营商不做出价格承诺或者不接受价格承诺建议的,反倾销调查继续进行。

(3)向进口商征收反倾销税。

①终裁决定确定倾销成立并由此对国内产业造成损害的,可以征收反倾销税。

②关于反倾销税的适用对象。反倾销税适用于终裁决定公告之日后进口的产品,反倾销税的纳税人为倾销进口产品的进口经营者。

③关于反倾销税的数额。反倾销税税额不超过终裁决定确定的倾销幅度。

④关于反倾销税的追溯征收。在以下特殊情况下,可以对立案调查后,征收临时反倾销税之日前 90 天进口的产品,追溯征收反倾销税:倾销进口产品有倾销历史或者该产品的进口经营者知道或应当知道倾销将对国内产业造成损害;倾销产品在短期内大量进口,并可能会严重破坏即将实施的反倾销措施的补救效果[①]。

⑤关于退税。倾销进口产品的进口经营者有证据证明已经缴纳的反倾销税税额超过倾销幅度的,可以向商务部提出退税申请,商务部经审查核实并提出建议,国务院关税税则委员会根据该建议做出退税决定,由海关执行。

4. 期限

反倾销税的征收期限和价格承诺的履行期限不超过 5 年。但是,经复审确定终止征收反倾销税有可能导致倾销和损害继续或者再度发生的,反倾销税的征收期限可以适当延长。

5. 复审

反倾销税和价格承诺生效后,商务部可以在有正当理由的情况下,决定对继续征收反倾销税和继续履行价格承诺的必要性进行复审,也可以在经过一段合理时间,应利害关系方的请求并对利害关系方提供的相应证据进行审查后,决定对两种措施的必要性进行复审。复审期限自决定复审开始之日起不超过 12 个月。在复审期间,反倾销措施继续实施。

6. 司法审查

对做出的终裁决定、是否征收反倾销税的决定、追溯征收、退税、对出口经营者征税的决定、对做出的复审决定不服的,可以依法申请行政复议,也可以依法向人民法院提起诉讼。

## 四、反补贴法律制度

我国第一部有关反补贴的法规是国务院于 1997 年 3 月 25 日公布的《中华人民共和国反

---

①  甘功仁.论我国加入 WTO 后反倾销法制的完善[J].中央财经大学学报,2001(5).

倾销和反补贴条例》,本条例已被废止。现行的第二部法规是国务院于 2001 年 11 月 26 日公布的《中华人民共和国反补贴条例》,本条例的内容适应了我国加入 WTO 的需要,并由国务院于 2004 年 3 月 31 日修订,自 2004 年 6 月 1 日起施行。其主要内容如下。

1. 补贴具有专项性

下列补贴为专项补贴:

(1)由出口国政府明确确定的某些企业、产业获得的补贴;

(2)由出口国法律、法规明确规定的某些企业或产业获得的补贴;

(3)指定人的企业、产业获得的补贴;

(4)以出口实绩为条件获得的补贴;

(5)以使用本国产品取代进口为条件获得的补贴。

2. 反补贴的原因

反补贴的原因是对已经建立的国内产业造成实质损害或者产生实质损害威胁,或者对建立国内产业造成实质阻碍。这里的"国内产业"、"同类产品"、"损害"的认定与反倾销制度一样。

3. 反补贴调查期限

反补贴调查应当自立案调查决定公告之日起 12 个月内结束。特殊情况下可以延长,但最多的延长期不得超过 6 个月。

4. 反补贴措施

反补贴措施有三个:即临时措施、承诺和反补贴税。

5. 反补贴税的征收期限和承诺的履行期限

反补贴税的征收期限和承诺的履行期限不超过 5 年。但是,经复审确定终止征收反补贴税有可能导致补贴和损害的继续或者再度发生的,反补贴税的征收期限可以适当延长。反补贴税生效后,商务部可以在有正当理由的情况下,决定对继续征收反补贴税的必要性进行复审,也可以在经过一段合理时间,应利害关系方的请求并对利害关系方提供的相应证据进行审查后,决定对继续征收反补贴税的必要性进行复审。

6. 司法审查

当事人对做出的终裁决定、是否征收反补贴税的决定、追溯征收的决定以及复审决定不服的,可以依法申请行政复议,也可以依法向法院提起诉讼。

## 五、外汇管理制度

### (一)外汇管理法规的沿革

外汇管理是指一国政府授权国家货币金融机构或其他国家机关,对外汇收支、买卖、借贷、转移以及国际间的结算、外汇汇率和外汇市场等实行的管制制度。1980 年 12 月 18 日国务院发布了《中华人民共和国外汇管理暂行条例》,1996 年 1 月 29 日国务院公布了修改后的《中华人民共和国外汇管理条例》,本条例自 1996 年 4 月 1 日起施行。

### (二)外汇管理制度

我国对经常项目外汇和资本项目外汇实行不同的管理制度。对经常项目的外汇实现售汇制,资本项目下的外汇实行严格管理制。

1. 经常项目外汇

经常项目外汇是指国际收支中经常发生的交易项目,包括贸易、劳务收支、单方面转移等涉及的外汇。其规定主要包括：

(1)结汇与售汇管理。境内机构外汇收入，除国家另有规定外应当及时调回境内，并按照规定的时间全部卖给外汇指定银行。外商投资企业可以直接在银行办理结汇和售汇。

(2)付汇管理。境内机构规定范围内的贸易及非贸易经营性对外支付用汇，持与支付方式相应的有效商业单据和所列有效凭证从其外汇账户中支付或者到外汇指定银行兑付。

2. 资本项目的严格管理制

资本项目是指国际收支中因资本输出和输入而产生的资产与负债的增减项目，包括直接投资、各类贷款、债券投资等。中国对资本外汇收支管理的基本原则是，在取消经常项目汇兑限制的同时，完善资本项目外汇管理，逐步创造条件，有序地推进人民币在资本项目下的可兑换。目前实行的是资本项目的严格管理制。

# 六、出入境检验检疫制度

出入境检验检疫制度是指专门的出入境检验检疫机构和其他指定的机构，依照法律、法规或对外贸易合同的规定，对进出口商品进行检验，对进出境动植物以及国境卫生进行检疫，并出具检验检疫证书的制度。

进出口商品依照下列标准进行检验：

(1)法律、法规规定有强制性标准或者其他必须执行的标准的，按照法律、法规规定的检验标准检验；

(2)法律、法规未规定有强制性标准或者其他必须执行的标准的，依照贸易合同约定的检验标准检验；凭样品成交的，应按照样品检验；

(3)法律、法规规定的标准低于合同约定的检验标准的，按照合同约定的检验标准检验；

(4)法律、法规没有规定检验标准，合同也未约定检验标准或者约定的标准不明确的，按照生产国标准、相关的国际标准或者国家检验机构指定的标准检验。

# 七、保障措施

## (一)我国外贸保障措施的沿革

我国第一部《保障措施条例》于 2001 年 11 月 26 日由国务院公布，2002 年 1 月 1 日起施行，2004 年 3 月 31 日国务院公布了修订后的《中华人民共和国保障措施条例》。保障措施制度与反倾销和反补贴基本一致，但是反倾销和反补贴针对的是经营人不正当的经营行为，而保障措施针对的并不是经营人的不当竞争行为，其考量的标准是进口产品的增加对国内产业造成的损害或威胁。

依照《保障措施条例》的规定，进口产品数量增加，并对同类产品或者直接竞争产品的国内产业造成严重损害或者严重损害威胁的，有关主管部门可以进行调查，并采取保障措施。

## (二)保障措施的内容

1. 采取保障措施的条件

(1)进口产品数量增加。进口产品数量增加是指进口产品数量与国内生产相比绝对增加或者相对增加。在确定进口产品数量增加对国内产业造成损害时，不得将进口增加以外的因素对国内产业造成的损害归因于进口增加。

(2)对生产同类产品或者直接竞争产品的国内产业造成严重损害或者严重损害威胁。

（3）依据该条例中的对待原则，任何国家（地区）对中国的出口产品采取歧视性保障措施的，中国可以根据实际情况对该国家采取相应措施。

2．保障措施调查

保障措施调查提起的方式有两种：一是申请人提起调查；二是主管部门主动发起调查，商务部在没有收到采取保障措施的书面申请而又有充分证据证明国内产业因进口产品数量增加而受到损害的，也可以决定立案调查。保障措施的主管机构是商务部，与反倾销和反补贴不同的是，商务部应将立案调查的决定及时通知 WTO 保障措施委员会。

3．实施保障措施

（1）临时保障措施。临时保障措施以提高关税的形式采取。临时保障措施的实施期限，自临时保障措施决定公告之日起，不超过 20 天。

（2）保障措施。终裁决定确定进口产品数量增加，并由此对国内产业造成损害的，可以采取保障措施。保障措施可以采取提高关税和数量限制两种方式。商务部应当将采取保障措施的决定及有关情况及时通知世界贸易组织保障措施委员会。

（3）保障措施的对象。保障措施应当针对正在进口的产品实施，并且不能区分产品的来源国，即将保障措施不歧视地适用于任何一个国家或地区的该类产品，不能有国别的区分。采取保障措施要有一定的限度，即应当限制在防止、补救严重损害并且便利调整国内产业所必需的范围之内。

（4）保障措施的期限。保障措施的实施期限不得超过 4 年，必要时可以延长，但有两个限制：其一，延长后的措施不能比延长前的措施更严厉；其二，一项保障措施的实施期限及其延长期限加起来不得超过 8 年。在保障措施实施期间，商务部可以对保障措施对国内产业和影响、国内产业的调整情况等进行复审。对同一进口产品可以再次采取保障措施，但与前次采取保障措施的时间间隔应当不短于前次保障措施的实施期限，并且至少为 2 年。

## 本 章 小 结

国际商事管制主要体现在国际贸易领域，是指国家为了特定的经济或政治目的，通过国内立法或缔结国际条约，限制外国或非成员国产品进口或本国产品出口的法律制度。从国际商事活动的历史来看，有国家之间的产品交换，就有国家对进出口贸易的管制。

国际贸易管制体现了国家和国际经济组织对进出口贸易的直接干预，是国家或国际经济组织为了政治或经济目的而采取的一种保护性措施，国际贸易管制的法律依据通常是各国的国内立法和国际条约。

随着工业革命的蓬勃发展，英国率先采取了自由贸易政策，至 19 世纪中叶，当时主要资本主义国家基本实现了自由贸易。一战后，贸易保护主义加剧，各国政府主要是用关税措施限制他国商品的输入。二战后，除关税外，又出现了许多新的措施，如许可证制度、配额制度等。这些措施为发展中国家保护和发展民族经济起到了重要作用，但也不同程度助长了发达国家对世界市场的瓜分和掠夺，于是主张自由贸易的呼声愈来愈高。

世界贸易组织的宗旨是：提高人类生活水平，保证充分就业以及实际收入和有效需求的持续增长；扩大产品生产与货物贸易，并增进服务贸易；促进世界资源的充分利用和可持续发展，确保发展中国家尤其是最不发达国家贸易份额的增长和经济发展；根据互惠互利安排，切实降低关税及其他贸易壁垒，并在国际贸易关系中消除歧视性待遇，建立一个完整的、更具活力和永久性的多边贸易体制;在全球范围内,实现物流、人流、资金流、技术流的自由流动。

世界贸易组织多边贸易管理体制的基本原则包括最惠国待遇原则、国民待遇原则、透明度原则、自由贸易原则和公平竞争原则。这些基本原则贯穿于世界贸易组织的各个协定中,构成了多边贸易法律体制的基础,其具体内容体现在各种协议中。

国际贸易管制措施分为对进口贸易的管制和对出口贸易的管制。对进口贸易的法律管制,包括进口关税、配额、外汇管理、许可证、产品检验、政府采购等非关税壁垒措施;对出口贸易的法律管制,包括出口关税、奖励出口措施等。

我国的对外经济活动管理制度,是在遵循世界贸易组织基本原则和有关协定的基础上,结合中国对外经济活动的具体情况制定的。其主要内容包括进出口关税制度;对外贸易法律制度;外汇管理制度;出入境检验检疫制度;反倾销、反补贴法律制度和外贸保障措施;等。

## 关 键 术 语

国际商事活动　　世界贸易组织　　非关税壁垒　　倾销　　关税

## 思考与练习

1. 分析评价世界贸易组织的基本原则。
2. 简述与 WTO 有关的非关税壁垒协议的种类及其作用。
3. 简述国际贸易管制制度中的关税制度。
4. 评析国际贸易中非关税贸易壁垒的种类和特点。
5. 简述我国对外贸易法的主要内容。

# 第十一章 国际商事仲裁法

## 本章要点

1. 国际商事仲裁的概念与特征
2. 国际商事仲裁协议的法律规则
3. 国际商事仲裁员资格要求和仲裁庭的组成
4. 国际商事仲裁程序的法律规则

## 第一节 国际商事仲裁法概述

### 一、国际商事仲裁的概念和特征

#### (一)国际商事仲裁的概念

国际商事仲裁(International commercial arbitration),是指国际商事交易中的当事人通过协议的方式自愿将他们之间商事方面的争议交给他们选定的仲裁庭或仲裁机构审理,并作出对争议各方皆有约束力的裁决的活动。

#### (二)国际商事仲裁的特征

国际商事仲裁是解决国际商事争议的有效途径,用仲裁方式解决国际商事争议具有更易于被当事人接受的特点。

1. 自主性

与诉讼相比,国际商事仲裁具有较大的自主性,这是国际商事仲裁的一个典型的特点。具体表现在两个方面:一是仲裁以当事人自愿达成的协议为基础,即只有在当事人于商事争议发生之前或之后达成了仲裁协议,有关的仲裁机构才有权对该争议进行审理和裁决,否则,任何当事人都无权强迫另一当事人接受商事仲裁,任何仲裁机构也无权管辖该争议。二是当事人对仲裁程序享有充分的选择权,即存在国际商事纠纷的当事人可按自己的意愿选择仲裁地点、仲裁机构、仲裁员和仲裁规则等。

诉讼则无上述特点,法院管辖权的依据并不是当事人的自愿协议,而是法律的强制规定。此外,在国际商事诉讼中,任何当事人都无权按自己的意愿越过级别管辖原则选择审判机构,也无权指定审判员、审判地点和审判程序等。

2. 灵活性

一方面,由于仲裁员具有裁决权,因此国际商事仲裁可以避免协商或调解中经常出现的久商不决或久调不决的弊病;另一方面,由于国际商事仲裁中的仲裁员大多不仅谙熟法律,而且还精通与案件相关的专业知识,因此他们所作出的裁判有时可能要比诉讼判决更合情理而易为当事各方所接受。国际商事仲裁一般都不公开审理。仲裁员在具体案件的处理过程中可以运用各种手段快速、简单、灵活地处理问题。而国际商事诉讼大多公开审理，并且依法定程序按部就班地进行。

### 3. 强制性

与协商、调解等其他非诉讼解决纠纷的手段相比，国际商事仲裁具有一定的强制性。无论是协商还是调解，其过程和结果皆以各方当事人一致同意为基础。在协商或调解过程中，当事人中的任何一方不愿继续协商或调解的，协商或调解过程只好终止；即使协商或调解取得了各方一致同意的争议解决方案，事后任何一方反悔了，其他当事人也不能根据该解决方案直接请求法院强制执行。换句话说，通过协商或调解达成的争议解决方案即便在事实上和法律上皆属公正，任何国家的法律也未赋予它们可强制执行的效力。

与协商或调解不同的是，仲裁程序一经开始，当事人中的任何一方皆无权单方面终止仲裁程序，即便有某当事方不参加或拒绝参加仲裁程序，仲裁庭（或独任仲裁员）仍有权作出缺席审理和裁决。除少数仲裁程序或裁决存在违反法律的强制性规定或严重不当等情形外，世界上绝大多数国家在绝大多数场合皆承认或直接强制执行国际商事仲裁裁决。

### 4. 终局性

世界上大多数国家都承认国际商事仲裁的一裁终裁制，而国际商事诉讼在很多国家至少是两审终审。因此，国际商事仲裁不仅省时，而且在很多场合下也省钱。除非一方当事人不执行生效的仲裁裁决，另一方当事人可向法院提出申请，要求法院强制执行。

正是由于国际商事仲裁有上述各项特征，因此它已成为国际商事纠纷中最常用的解决手段。

## 二、调整国际商事仲裁的法律规则

国际商事仲裁作为一项高度自治的争议解决机制，受仲裁程序法和实体法的支配。当事人选择或仲裁庭确定的仲裁规则、特定国家的仲裁程序法和有关仲裁的国际公约，构成了一个完整的国际商事仲裁法律结构。国内仲裁法在这一结构中居于中心地位，有关仲裁的多边国际条约则构成了现代国际商事仲裁的基础。

### (一) 调整国际商事仲裁的国际公约

由国际商会发起，在国际联盟主持下，于1923年9月24日在日内瓦签署的《关于仲裁条款议定书》，可以说是第一个真正的国际仲裁公约。为了保证外国裁决的承认和执行，在国际联盟的主持下于1927年在日内瓦通过了《关于执行外国仲裁裁决的公约》。虽然这两个协议并没有很好地协调制裁协议与外国仲裁裁决的承认与执行，但它标志着国际商事仲裁开始走向统一化。

为了克服上述两个公约的缺陷，1958年6月，在联合国经社理事会的主持下，来自45个国家和有关机构的代表讨论并通过了《关于承认和执行外国仲裁裁决的公约》，该公约又称《纽约公约》，它是国际商事仲裁领域最重要的一个多边国际公约。目前，包括中国在内的140多个国家和地区参加了此公约，并且在成员方之间，该公约已取代了1927年的《关于执行外国仲裁裁决的公约》。与1927年的《关于执行外国仲裁裁决的公约》相比，《纽约公约》的适用范围更广，包括在一国领土内作成而在另一国领土内请求承认和执行的关于自然人和法人之间争执的仲裁裁决，以及在一国作成并在该国承认和执行，而该国又不认为是其国内裁决的仲裁裁决。可见,该公约的适用范围,不以缔约方领土为限,也未将可执行的仲裁裁决限定为商事仲裁裁决或依缔约方国内法可交付仲裁的争议的仲裁裁决。不过,该公约允许缔约方于加入公约时声明保留,将公约的适用范围为以互惠为条件或者限于依其本国法为商事关系的裁决。在其他方面,《纽约公约》也比以前的有关公约有所进步,主要是放宽了仲裁裁决承认和执行的限制条件,并简化了执行裁决的程序。实践证明,《纽约公约》对国际商事仲裁的生存和发展作出了重大贡献。1965 年 3 月在华盛顿签署的《关于解决各国与他国的国民投资争端的公约》,又称《华盛顿公约》也是一个比较有影响的多边仲裁国际公约,以此公约为基础,建立了"解决投资争议的国际中心"仲裁体制。

尽管世界上已出现了某些区域性或全球性的仲裁公约,但它们只涉及国际商事仲裁的某些方面的问题,主要涉及承认仲裁条款的效力、对仲裁裁决的承认和执行方面的问题,而且其中的一些公约的参加国(或地区)也为数不多,因此,国际商事仲裁法的全球统一化任务依然非常艰巨。有鉴于此,联合国国际贸易法委员会于 1985 年通过了《联合国国际商事仲裁示范法》(The UNCITRAL Model Law on International Commercial Arbitration,以下称《示范法》)最终草案。目前,澳大利亚、加拿大和我国香港等十多个国家和地区已基本上采纳了《示范法》。我国 1994 年 8 月 31 日通过的《仲裁法》也深受《示范法》的影响。此外,1966 年《规定统一仲裁法的欧洲公约》、1975 年《美洲国家间关于国际商事仲裁的公约》和《美洲国家间关于外国判决和仲裁裁决域外效力的公约》等,也是国际商事仲裁领域较为重要的区域性公约。

**(二)部分国家的国内仲裁立法**

由于仲裁是国际商事纠纷解决的最常用手段,且国际商事仲裁本身也是一项可创汇的重要服务,因此世界上很多国家特别是那些国际商贸大国非常重视国际商事仲裁立法,并注重顺应时势地加以修改,以期为本国成为国际商事仲裁中心提供良好的法律环境。下面介绍在这方面有代表性的几个国家的仲裁法。

1. 法国仲裁法

法国仲裁法被收编在《民事诉讼法典》中,很多其他大陆法系国家也效法这种立法体例。法国仲裁法对国际商事仲裁表现出极大的宽容性,意思自治原则、友谊仲裁等做法皆受到充分承认。仲裁人不仅可就事实与法律问题作出决定,而且即使仲裁人有明显的错误,法院也不能推翻仲裁裁决。法国法对国际商事仲裁的唯一禁止性规定便是裁决的作出及其执行不得违反法国的公共秩序。例如,仲裁裁决不能要求被诉人清偿赌债,仲裁裁决不得仅根据一方当事人提出并为对方当事人所不知的证据文件作出等。正是由于法国法的上述诸多规定,使得法国长期保持着国际商事仲裁主要中心之一的地位。此外,法国仲裁法对德国、意大利、日本等大陆法系国家都有过重大影响。

2. 英国仲裁法

英国现行的仲裁法为《1950 年仲裁法》和《1996 年仲裁法》。《1950 年仲裁法》的特点是仲裁受法院的严格监督,具体表现在三个方面:①法院有权撤免行为不当或未能以应有速度进行仲裁和作出裁决的仲裁员;②法院有权以法律或事实上的理由审查或撤销仲裁裁决,并认为当事人以协议排除法院监督和干预的条款无效;③对仲裁中出现的"法律问题",仲裁员须列成"特别案件"(special case),提请法院解释和决定,除少数例外,仲裁人一般不能决定法律问题。

由于《1950 年仲裁法》赋予了英国法院太多的干预权,国际商事纠纷的当事人大多不愿选择英国为仲裁地。为扭转这种局面,英国制定了《1979 年仲裁法》。该法与《1950 年仲裁法》有很多不同之处,其主要是削弱了法院对仲裁的监督和干预,并且承认仲裁员有权决定法律问题以及当事人在一定条件下以协议排除向法院提出上诉复审之权。1996 年,英国又颁布了《1996 年仲裁法》,该法明确规定,在国际仲裁中,当事人可在任何时间以协议排除法院的司法复审。该仲裁法于 1997 年 1 月 1 日起生效。

3. 美国仲裁法

美国联邦现行的仲裁法是于 1925 年制定并于后来多次修订的《联邦仲裁法》。它约束州际以及国际商事仲裁。美国《联邦仲裁法》也深受英国普通法的影响。但由于州际及国际贸易的需要,美国很早就采用了一些与英国不同的规则,如承认仲裁条款的不可撤销性原则。美国现行的《联邦仲裁法》和有关判例已放弃了英国法中的很多法则,允许仲裁的事项日益扩大,法院对仲裁干预越来越少。概括地说,美国也在朝着成为世界特别是美洲商事仲裁中心的方向努力。

4. 我国的仲裁法

我国的仲裁法主要由我国缔结或参加的相关国际条约或公约、《民事诉讼法》、《仲裁法》和《合同法》等有关法律规定所构成。总的来说,我国关于国际商事仲裁方面的法律规定与世界上很多国际商事仲裁大国的通行规定是一致的,因此,我国也成为世界上重要的国际商事仲裁中心之一。

**(三)仲裁程序规则**

当事人在达成的仲裁协议中所约定的通过仲裁方式解决争议应当适用的仲裁规则,在解决争议方面发挥着重要的作用。

在国际商事仲裁实践上,一般常设仲裁机构均有自己的仲裁规则。当事人在将争议提交他们仲裁时,如无相反的约定,就意味着适用该机构的仲裁规则。

为了解决临时仲裁机构无专门仲裁规则的问题,联合国国际贸易法委员会组织专家于 1976 年制定了一套仲裁规则。该规则在实践中被广泛地应用于临时仲裁,同时,世界上多数常设仲裁机构的仲裁规则也是参照该项规则制定的。

# 三、世界上主要的国际商事仲裁机构

**(一)国际商会仲裁院**

国际商会仲裁院简称 ICC 国际仲裁院,该院成立于 1923 年,隶属于国际商会,总部设在巴黎。国际商会是国际民间机构,其仲裁有很大的独立性。仲裁院的目的在于通过仲裁的方式,解决国际商事争议,促进国际经济、贸易的合作与发展。仲裁院从成立至今,曾经对其国际商事仲裁规则作了多次修改,该院现在适用的是 1998 年 1 月 1 日生效的《国际商会仲裁规则》。该规则对仲裁申请、仲裁庭的组成、仲裁程序的进行、法律的适用、裁决的作出等事项作出了明确具体的规定。国际商会仲裁院是当今世界上处理国际商事仲裁案件最多的仲裁机构之一,从成立至今已审理了 7000 多个国际商事仲裁案例。

**(二)解决投资争议国际争议中心**

该中心是依据 1996 年 10 月 14 日生效的《解决国家与他国国民之间投资争端公约》成立的。该中心是世界银行下属的独立性机构,总部设在美国华盛顿,其中心任务是根据当事人之间的仲裁协议,通过调解或仲裁的方式,解决成员国国家与他国国民之间因国际投资而产生的争议。向该中心申请仲裁的当事人必须具备两个条件:第一,所在国必须是公约的成员国;第二,当事人之间必须有仲裁协议。中心受理的案件仅限于合资合同、合作合同、合作开发自然资源合同以及建筑工程承包合同。解决投资争议国际中心自成立以来共受理了 30 多件仲裁案件,其中形成终局裁决的只有 10 来件,虽然它受理的案件数量有限,但其作出的裁决有着重要的影响。

### (三)瑞典斯德哥尔摩商会仲裁院

该院成立于 1917 年,总部设在瑞典的首都斯德哥尔摩,隶属于斯德哥尔摩商会,但其职能是独立的。斯德哥尔摩商会仲裁院现行的仲裁规则是 1999 年 4 月 1 日起生效的,斯德哥尔摩商会仲裁院除了适用该仲裁规则以外,还可以根据《联合国国际贸易法委员会仲裁规则》以及其他任何规则来审理案件。该院仲裁的公正性在国际上享有盛誉,现已成为东西方国家间国际贸易仲裁的中心。我国对外经济贸易中的一些争议就是在该院仲裁解决的。

### (四)英国伦敦国际仲裁院

该院成立于 1892 年,原名为伦敦仲裁会,是国际上最早的常设仲裁机构之一,它是目前英国最主要的国际商事仲裁机构,可以审理提交给它的任何性质的国际争议,尤其擅长国际海事案件的审理。伦敦国际仲裁院目前适用的是 1998 年 1 月 1 日起生效的《伦敦国际仲裁院规则》,该规则赋予当事人较大的灵活性,除可以按照伦敦仲裁院的仲裁规则进行仲裁外,当事人还可以选择适用《联合国国际贸易法委员会仲裁规则》。该院在选择仲裁员的标准方面,十分强调仲裁员的专业知识,因此仲裁质量较高,在国际社会享有很高的声望。

### (五)美国仲裁协会

该协会成立于 1926 年,总部设在纽约,在全美 24 个主要城市设有分支机构,它是由美国仲裁社团、美国仲裁基金会以及其他一些工商团体组织组成的,是一个民间机构。它既受理美国国内的商事争议,也受理国际商事争议。美国仲裁协会现行的仲裁规则是 1997 年 4 月 1 日生效的国际仲裁规则。该协会对仲裁规则的选用及仲裁员的指定上表现出了极大的灵活性,同时,该机构还能提供完备的行政和服务措施,并较少受司法干预,近年来受理的国际仲裁案件数量持续上升,成为世界上最大的处理有关争议的民间仲裁机构之一。

### (六)中国国际经济贸易仲裁委员会

中国国际经济贸易仲裁委员会是中国国际商会下属的民间性常设仲裁机构,其总部设在北京,并在上海和深圳设有分会,其现行仲裁规则于 1998 年 5 月 10 日颁布实施。经过几十年的发展和实践,中国国际经济贸易仲裁委员会已成为世界上最重要的常设仲裁机构之一。

## 第二节　国际商事仲裁协议

### 一、国际商事仲裁协议的概念与形式

国际商事仲裁协议是指发生国际商事争议的双方当事人自愿把他们之间的争议交付仲裁机构解决的共同意思表示。根据不同标准,仲裁协议可被分成不同的形式。

#### (一)根据是否有书面形式,仲裁协议可被分成口头仲裁协议和书面仲裁协议

凡有书面文件作凭据的仲裁协议为书面形式,包括我国在内的世界上大多数国家都要求仲裁协议必须用书面形式,仅有日本、瑞士等少数国家没有明文禁止当事人采取口头的仲裁协议形式,但这些国家在实践中都倾向鼓励当事人采取书面形式。美国等虽未限定当事人采取书面仲裁协议形式,但法律却明文规定,根据口头仲裁协议做成的仲裁裁决是不能要求法院强

制执行的。

**（二）根据是否包含在原国际商事合同中划分，仲裁协议可体现为仲裁条款和单独仲裁协议两种形式**

为便于纠纷的快速有效解决，多数周详完整的国际商事合同都包含了一项将未来可能发生的争议提交仲裁的条款，该条款即称为仲裁条款（arbitration clause），它在绝大多数国家都被承认为一种有效的书面仲裁协议形式。

单独的仲裁协议（submission），是指当事人于有关国际商事争议发生之前或之后，专门就该争议的仲裁问题达成一个单独的协议。应予指出的是，仲裁条款与单独仲裁协议的效力是相同的，只是仲裁条款一般仅针对其所在合同中发生的特定争议，而单独仲裁协议涉及的问题则可能包含当事人间已存在的多个合同关系或非合同关系中的一切争执。因此，单独仲裁协议涉及问题往往要比仲裁条款广得多。

## 二、仲裁协议的内容

在不违反法律强制性规定的前提下，各国允许当事人自由地确定他们之间仲裁协议的内容。国际上常见的仲裁协议的主要内容包括仲裁事项、仲裁地点、仲裁机构、仲裁程序规则及仲裁裁决的效力等。

### （一）仲裁事项

仲裁事项即可提起仲裁的争议范围。各国常在其仲裁法中作出概括性的规定，凡允许当事人和解的争议或和当事人拥有自由处分权的争议都可交付仲裁。据此推定，当事人提交仲裁的争议应具有私法关系性质，因为只有私法关系上的权利和义务才是可以自由处分的。民事、商事争议大多属于私法性质的争议，因此，它们大多能被提交仲裁。但是，很多国家规定下列民事、商事纠纷不得提交仲裁：当事人权利能力和行为能力的民事地位关系纠纷；配偶关系、收养关系和监护关系等亲属关系有效性纠纷；工业产权和版权有效性纠纷；涉及公共利益的破产案件、证券交易案件和反垄断案件；仲裁过程中涉及的财产保全程序和裁决后的执行程序等。

各国的仲裁法发展是不平衡的，因此，关于可交付仲裁事项范围的规定，各国存在不一致的地方。如在很多国家，反垄断案件仍然是不可仲裁的，但是在美国这样一个过去不太重视仲裁的国家却在1985年三菱汽车公司诉克瑞斯勒公司一案中承认，反垄断案件在一定条件下也可提交仲裁。美国立法和司法部门还通过一系列的法律解释和司法裁定，承认包括证券交易在内的其他一些曾经为不可仲裁的经贸争议具有可仲裁性。总之，美国等国已通过立法和司法等手段在扩大仲裁事项的范围方面取得了某些领先的成就。

除了依据有关法律外，当事人还应根据自身利益和具体案情来确定仲裁事项，因为有些事项交付仲裁对当事人而言，可能要比投诸诉讼更为不利。例如，将产品责任的赔偿数额交给仲裁人仲裁时，缺陷产品的受害者就可能面临比诉讼更不利的后果，因为受产品缺陷轻微损害的受害人依裁决可能就得不到法定的最低赔偿。

### （二）仲裁地

仲裁地点是仲裁协议中最重要的内容之一。在国际商事仲裁中，仲裁地点与当事人利益密切相关，因为程序问题须依程序实行地法已是普遍宣布的冲突规则，这就意味着在何地仲裁就得遵守该地的仲裁法。各国的仲裁法尚未统一，当事人在对有关国家的仲裁法不太了解的情况下即选择在该国仲裁,在仲裁进行过程中,该当事人就可能陷于很被动的地位。如果当事人事先未选定准据法,仲裁员或仲裁庭往往也是根据仲裁地的冲突规则来确定解决争议的准据法,而各国的冲突规则及其具体运用也不尽相同。因此,选择一个对其立法和司法不甚了解的地方作为仲裁地,当事人就可能使自己的权利和义务处于很不确定的状态。

正是基于对上述因素的考虑,国际商事交易的当事人一般都力争在本国进行仲裁,因为当事人总是对本国的立法与实践有较多或容易获得较多的了解。本国法在不影响对外交往的情况下总是较多地考虑本国人的利益。但是,各方都要求在本国仲裁,协议就无法达成,为避免这种情况的发生,当事人可选择被申请人或第三国所在地仲裁。从国际商事仲裁协议订立的实践看,以第三国所在地作为仲裁地占很大一部分比例,尤其在涉及货物品质不良、延迟交货或不交货、不开信用证等商事纠纷中更为常见。当事人作出这种选择时往往还包含了为便于财产保全程序和仲裁裁决的执行等可操作性因素的考虑。

在选择仲裁地点时,当事人一定要事先了解有关地区的仲裁法,考虑有关仲裁费用和花费,以及往返签证的容易与否等因素。

**(三)仲裁机构和仲裁程序规则**

同一地点可能有几个不同的仲裁机构,仅选择仲裁地点是不够的,因此,在仲裁协议中应予以明确。仲裁机构有常设和临时两种。临时仲裁机构可随时随地成立,由双方当事人直接指定仲裁员,案件处理完毕即告解散。实践证明,常设仲裁机构更具有优势,它可以帮助双方当事人解决仲裁中的行政及组织工作。如为双方传递证据、材料,安排开庭、审理,负责收取保证金和费用等,为当事人提供便利,使仲裁能顺利进行。

仲裁程序规则是当事人提交仲裁和仲裁员进行仲裁时必须履行的手续和准则。各常设的国际商事仲裁机构一般都订有仲裁程序规则,并大多规定,若选择该机构仲裁,则必须适用其仲裁程序规则。但是,也有些仲裁机构允许当事人选择其他组织制定的仲裁规则,如瑞典斯德哥尔摩商会仲裁院仲裁规则规定,当事人选择该院的程序规则或《联合国国际贸易法委员会仲裁规则》都是被允许的。美国仲裁协会同样允许当事人选择《联合国国际贸易法委员会仲裁规则》或《美洲国家商事仲裁委员会仲裁规则》。1998年的《中国国际经济贸易仲裁会仲裁规则》也一改以前的传统,允许将争议提交中国国际经济贸易仲裁会的当事人,在与强行法不抵触的情况下,可以以约定的方式选择其他仲裁程序规则。

**(四)仲裁员的确定**

在为临时仲裁的情况下,当事人未订明仲裁员或指定仲裁员方式或甚至没有规定仲裁员人数的,则事后在指定仲裁员阶段很可能会拖延或纠缠不清,该仲裁协议最终可能会因无法执行而失效。常设机构的仲裁规则大多规定该机构有权管理当事人指定仲裁员和确定仲裁员人数,但这种替代工作总要经一定手续和时日,且指定的仲裁员也不一定令当事人满意。因此当事人应在协议中指定仲裁员或规定指定仲裁员的方式,特别是要规定仲裁员的人数,便于仲裁庭的组成和仲裁工作的尽快开展。

**(五)仲裁裁决的效力**

仲裁裁决的效力是指仲裁裁决对当事人有无终局约束力的问题,换句话说,就是当事人能否对仲裁裁决提出上诉。

目前,世界上大多数国家规定,除非存在明显地或实质性地违反法律的强制性规定外,仲裁裁决具有终局性约束力。因此,在这些国家的当事人只能在其仲裁协议中明示接受该规定或默示地不作出与这些规定相冲突的措词,否则即可能被有关法院宣布当事人间不存在有效的仲裁协议。

世界上仍然有少数国家如英国、比利时等允许当事人对仲裁裁决向法院上诉,而德国等国规定当事人可向上一级仲裁机构上诉。但是,英国、德国法律也允许当事人在仲裁协议中以约定的方式赋予仲裁裁决的终局效力。

以上五项是一个较规范的仲裁协议所应具备的最基本内容。此外,为避免发生更多的争议和使现有争议能及时解决,仲裁协议最好还应包括其他一些与仲裁有关的内容,如仲裁所使用的语言、裁决作出的期限、仲裁过程应否公开、裁决中应否附上仲裁员的个人意见、仲裁费用的承担等。

### 三、仲裁协议的作用

有效的仲裁协议的作用主要表现在以下几个方面。

#### (一)对各方当事人具有约束力

仲裁协议只要有效,各方当事人就得受之约束。事后除发生法定失效的情由外,任何当事人不得就仲裁协议中约定的争议事项向法院起诉,否则,另一方当事人可根据仲裁协议要求受理法院终止诉讼。如果有关法院不顾有效的仲裁协议而强行判决,那么当事人可以以有效的仲裁协议作为拒绝执行判决的抗辩理由。

#### (二)排除法院对有关争议的管辖权

这一作用已得到包括我国在内很多国家的广泛承认。法国1980年的《仲裁法令》规定:"当一项根据仲裁协议提交仲裁机构的争执又被提交国家的法院时,该法院应宣布无权受理。"德国《民事诉讼法》规定:"法院受理诉讼,而当事人就诉讼中的争议订有仲裁契约时,被告提出仲裁契约,法院应以起诉不合法驳回之。"美国的《仲裁法》规定:"当事人一方出示仲裁协议申请仲裁,而对方当事人拒绝时,法院应命令双方进行仲裁。但是,如果对方当事人否认仲裁协议存在,法院即对此争执作出决定;如果决定有利于申请仲裁的一方,就应命令进行仲裁,否则,驳回申请。"我国《民事诉讼法》第257条也规定:"涉外经济贸易、运输和海事中发生的纠纷,当事人订有仲裁条款或事后达成仲裁协议的,不得向人民法院起诉。"世界上其他国家的仲裁法中大多也有类似的措词。

#### (三)作为仲裁机构受理案件的最主要依据

这里提"最主要依据"而不是"唯一依据",是因为在某些国家,仲裁机构受理案件的依据并不总是案件当事人之间存在的仲裁协议,而是有时为法院指定或法律规定。例如,英国伦敦国际仲裁院就既可以根据双方的协议进行仲裁,也可以对法院转交的商事案件进行仲裁。除了法院指定或法律另有强制性规定以外,有效的仲裁协议确实是仲裁机构受理案件的唯一依据。

#### (四)作为有关主管机关承认和执行仲裁裁决的主要依据之一

各国法律皆规定,当事人在请求主管机关承认和执行仲裁裁决时,必须提交有效的仲裁协议。仲裁协议的这一作用也为《纽约公约》所确认。

# 第三节　国际商事仲裁程序

仲裁程序是当事人提请仲裁和仲裁庭进行仲裁时经历的手续步骤、活动规则与次序的统称。各国一般允许当事人约定具体的仲裁程序,只有无约定时,仲裁地国家的法律和审理该案件的常设机构的仲裁规则或临时仲裁庭安排的仲裁程序规则才可适用。根据国际商事仲裁的实践,基本的仲裁程序包括下面几个方面。

## 一、仲裁的申请

仲裁申请是一方或双方当事人根据仲裁协议将现存的有关争议提请仲裁的意思表示,是仲裁程序开始的第一步。

世界上各常设的仲裁机构皆要求提请仲裁的当事人必须作成仲裁申请书。如果仲裁申请书是一方当事人做成的,那么该仲裁申请书又称申诉书,该当事人又称申诉人。如果仲裁申请书是由各方当事人共同做成的,该申请书也为各方当事人仲裁协议的一部分。各方当事人共同做成的仲裁申请被有关仲裁机关接受后,最先主张权利的人也称申诉人,其所做成的权利请求书也称申诉书。申诉书中指控的对方当事人为被申诉人。

各常设仲裁机构的仲裁规则对申诉书的内容皆有一定的要求。一般而言,申诉书应包括以下事项:申诉人和被诉人的名称和地址;申诉所依据的仲裁协议;关于案情的说明和各方当事人的争执点;申诉人的权利主张及有关证据;申诉人指定的仲裁员姓名等。

在提请常设机构仲裁时,申诉人提交的申诉书及有关附件(主要为证据材料)的正本或副本套数至少应够分送给每个被诉人和每个仲裁员及受理该案件的常设仲裁机构各一份。在提请临时机构仲裁的情况下,申诉人还必须作成提交仲裁的通知书,并连同申诉书一道送交对方当事人。

在申请仲裁时,申诉人还必须提交有关费用,主要包括案件登记费和预计的仲裁费用保证金。如申诉人最后获得了有利的裁决,他可就该保证金的一部分或全部向败诉方求偿。

## 二、仲裁的受理

仲裁的受理是指仲裁机构对仲裁申请人的申请进行审查后认为符合法定条件,同意进行仲裁的活动。申请人在提交仲裁申请后就进入了仲裁受理阶段,仲裁庭应对仲裁申请进行审查。审查的内容一般包括:仲裁条款与仲裁协议是否有效;该机构是否有管辖权;请求仲裁事项是否属于仲裁协议范围;是否超过诉讼时效等。

仲裁机构受理后,应即向申诉人发出受案通知,同时将仲裁申请书副本及附件送达给被诉人并向被诉人发出仲裁通知,如有必要,还应将仲裁机构的仲裁规则及仲裁员名册同时送达给被诉人。被诉人在收到仲裁申请书后,应在一定期限内提出答辩书及有关证据材料。答辩书的内容应对申诉人在仲裁申请书中提出的请求、陈述的事实和依据的理由加以回答、抗辩和反驳。

## 三、仲裁庭的组成

仲裁庭是根据当事人之间的约定或法律与仲裁机构的规定,由仲裁员组成的审理案件并作出裁决的组织。

### (一)仲裁庭的人数

如果当事人已协议约定了仲裁庭的人数,那么各国皆认可这种约定。如果当事人对仲裁庭的人数未作约定,那么各国法律或仲裁规则或国际公约大多规定,应由 3 名仲裁员组成合议制仲裁庭,如《联合国国际贸易法委员会仲裁规则》便采用了这一做法。从国际商事仲裁的实践来看,由 3 人组成的仲裁庭场合最多。但有些简单的案件,为快速低费地结案,当事人也会只议定 1 名独任仲裁员组成独任制仲裁庭;而在个别较复杂的案件中,当事人也可能选定 5 人组成仲裁庭。

**（二）仲裁员的资格**

具备一定条件的人才有资格担任仲裁员,这是各国法律和各常设仲裁机构的仲裁规则的一致要求,其目的是为了保证仲裁的公正性。各国法律和各常设机构的仲裁规则关于仲裁员资格的规定可分为两个方面:一般仲裁员的资格要求;个案仲裁员的资格要求。一般仲裁员的资格要求对法定管辖范围内的一切仲裁员皆适用;而个案仲裁员的资格要求则只对实际办理具体案件的仲裁员适用,而实际办案中的仲裁员必须同时符合一般仲裁员和个案仲裁员的资格要求。

1. 一般仲裁员的资格要求

不同的国家或不同的常设机构对一般仲裁员的资格要求不尽相同,但大体上可分为以下几个方面:

（1）仲裁员依法应具有完全的民事权利能力和行为能力。这是各国和各常设机构的一致规定。因此,未成年人、精神病人或禁治产人皆不具有一般仲裁员的资格。

（2）仲裁员必须具有完全的公民权。公民权相当于我国刑法中的"政治权利"。很多国家的法律都要求仲裁员必须具备完全的公民权。德国《民事诉讼法》第 1032 条第 3 款规定,经法院宣告剥夺其公职资格的人不具有仲裁员资格。瑞士《联邦仲裁协约》第 18 条第 1 款也规定,犯了不名誉的轻重罪行而受到自由刑的处分者无仲裁员资格。

（3）只有自然人才有资格充任仲裁员。这是世界上大多数国家的实践做法,也是由仲裁性质决定的。仲裁是一种脑力活动,只有自然人才具有这种本领。

（4）仲裁员应具有一定的专门知识和资历。只有具有一定专门知识和资历的人才有能力合理、公正和有效地处理当事人之间的纠纷。不过,基于私法关系意思自治原则,多数国家的法律并不要求国际商事纠纷的当事人只能选择有专门知识和资历的人做仲裁员。但是,当事人一般只相信具有专门知识和资历人士的能力,因此,很多常设仲裁机构的仲裁规则或推荐名单中列举的仲裁员一般都是具有一定专门知识和资历的知名人士。

鉴于我国的国情,我国《仲裁法》第 13 条明文规定了仲裁员的资格条件,该条的内容如下:"仲裁委员会应当从公道正派的人员中聘任仲裁员。仲裁员应当符合下列条件:①从事仲裁工作满 8 年;②从事律师工作满 8 年;③曾任审判员满 8 年;④从事法律研究、教学工作并具有高级职称的;⑤具有法律知识,从事经济贸易等专业工作并具有高级职称或具有同等专业水平的。仲裁委员会按不同专业设仲裁员名册。"

（5）仲裁员应具有良好的道德品质。即使具有丰富的专门知识和经验,但如果没有良好的道德品质,有关人员也不能取得仲裁员资格,这一要求是为保证仲裁的公正性和独立性所必需的。根据《联合国国际贸易法委员会仲裁规则》第 10 条第 1 款规定,对具有不良品质而取得仲裁员资格的人,任何人都可提出异议。很多常设仲裁机构在仲裁规则中也对仲裁员的品格作出了要求。

（6）只有不拥有某种公职的人才能担任仲裁员。一些国家规定,在任法官或具有某种公职的人员不得取得仲裁员资格,如比利时和奥地利法律就有如此规定。不过,大多数发达的资本主义国家并不禁止法官充任仲裁员。法国还明确规定,在上级有关部门同意的情况下,法官也有资格充任仲裁员。

2. 个案仲裁员的资格要求

如一位人士在某国或某常设仲裁机构中拥有一般仲裁员的资格,或者在某案的临时仲裁庭中担任过仲裁员,但这些本身都不意味着该人士在任何一个仲裁案件中都有资格担任仲裁员。在某一具体案件中担任仲裁员者除必须符合一般仲裁员的资格要求外,还得满足由该具体案情所决定的特殊条件。不过,尽管个案情形不尽相同,但个案仲裁员的特殊资格要求仍然可以表述为以下几点积极条件或消极条件(其中的积极条件是指应具备某条件;消极条件是指不应具备某条件):

(1)个案仲裁员任职的依据应符合当事人的协议。各国允许当事人以协议约定的形式处理他们之间争议的仲裁员。当个案中仲裁员任职的依据不符合当事人的自愿协议时,有关当事人就可以仲裁员的资格不合约定(或称仲裁程序不当)为由要求法院发布禁令,终止该仲裁程序,或者撤销已作出的裁决。当然,有些仲裁协议并未选定仲裁员或未规定指定仲裁员的方式,但如果该仲裁协议是有效的,那么该协议中肯定规定了仲裁机构或选定了仲裁程序规则或仲裁地。在这种情况下,依该仲裁机构的仲裁规则或依仲裁地法确定的仲裁员也应视为符合当事人间的协议。

(2)个案中的仲裁员应不具有仲裁回避条件。和诉讼中审判回避问题一样,仲裁案件中也存在仲裁员的回避问题,解决好这一问题也是保证仲裁过程的公正性和独立性的前提条件之一。所有常设仲裁机构的仲裁规则对仲裁员的回避问题都规定,具有非公正性和非独立性之嫌的人员应回避做仲裁员。

3. 个案仲裁员的国籍要求

目前,世界上多数发达国家不再禁止外国人担任仲裁员。我国目前的国际经济贸易仲裁委员会推荐的仲裁员名单中就有来自于三十多个国家的外国人。不过,一些国际公约或国际商事仲裁规则规定,在当事人无一致约定而任命仲裁员时,最好任命与当事人国籍不同的仲裁员。

**(三)仲裁庭成员的任命**

仲裁庭成员简称仲裁员。其任命方式问题,各国一般采取意思自治原则,即允许当事人选任仲裁员或规定选任仲裁员的方式。只是在当事人未对仲裁员的选任或选任方式作出约定时,各国的法律或仲裁机构规则或有关的国际公约才规定应依何种方式任命仲裁员。

在无相反约定时,仲裁庭一般由3名人员组成。在这3名仲裁员中,有2名应是由当事人分别指定的,另一名一般应由这2名仲裁员指定。在当事人拒绝履行或拖延履行指定仲裁员义务或当事人所选定的2名仲裁员不能就另一名仲裁员达成一致时,多数国家法律规定,在这种情况下由法院根据一方当事人的请求代为指定仲裁员。此外,大多数国际商事仲裁机构在其仲裁规则中规定,其仲裁机构的最高权力机构也有代为指定仲裁员之权。

关于仲裁员的挑选范围,各国的法律或有关的国际公约一般规定,当事人或有权任命仲裁员的机构可以从符合法定的一般仲裁员和个案仲裁员资格的人士中任意挑选。

在仲裁庭成员不具备一般仲裁员和个案仲裁员资格,或仲裁员在仲裁程序中行为不当时,当事人可对该仲裁庭成员甚至整个仲裁庭提出异议,请求该仲裁员回避或撤销该仲裁员甚至整个仲裁庭。关于异议提出的期限,不少国家的仲裁法或仲裁机构的仲裁规则并无明确规定。

因此,当事人在知悉可提出异议的理由时应立即提出,否则事后即可能被有关机关视为放弃提出异议的权利。美国仲裁协会的仲裁实践就是如此。对仲裁员异议,可向有任命仲裁员之权的机构或有管辖权的法院提起。异议一旦为有权机构确认成立,其后果可能就是仲裁协议无效或撤销该被异议的仲裁员。如果仲裁员不合格并不导致仲裁协议无效而仅构成撤销仲裁员的理由时,就涉及对该被撤销的仲裁员的更换问题。

仲裁员的更换还可能因仲裁员自行回避、辞职、不能执行职务或死亡等原因而产生。各国法律或仲裁规则对仲裁员更换程序的规定大体一致,即按选任或任命被更换的仲裁员程序选任或任命接替的仲裁员。

### (四)仲裁庭成员的权限差别

目前,各国基本上都实行仲裁庭成员的平权制度,即所有仲裁员在仲裁程序和仲裁裁决中享有平等的权利。不过,除独任仲裁员组成的仲裁庭外,数人组成的仲裁庭成员中也不得不有一个先后顺序的排列问题,而在仲裁程序或裁决的某些方面也必须有一个仲裁员领头或作出最终决定。因此,很多国家的法律或仲裁规则也规定,在多人组成的仲裁庭中须有一人作首席仲裁员或公断人或仲裁庭主席。总的来说,首席仲裁员在至关重要的仲裁程序或裁决中,并无优越于其他仲裁员的权利。但是,有些仲裁法或仲裁规则或仲裁协议等也有例外规定,首席仲裁员在特殊情况下有优先决定权。如瑞士《联邦仲裁协约》第10条第4款规定:在仲裁庭的成员是单数时,双方当事人应约定:"在表决时,双方票数相等,由公断人决定;或者由仲裁庭全体一致票或特别多数票决定之。"《国际商会仲裁院调解与仲裁规则》第19条也规定:"仲裁院任命三名仲裁员时,裁决以多数票决定之,得不到多数时,应由仲裁庭的主席单独决定之。"

### (五)仲裁庭的任务范围

根据各国的国际商事仲裁的实践,归纳起来,仲裁庭的任务范围包括以下几个方面:

(1)收受仲裁案件双方当事人的仲裁申请或答辩文件、证据影本,询问双方当事人的地址,及时地将该仲裁申请或答辩理由通知对方当事人并使其充分陈述。

(2)在当事人未约定时,决定仲裁地点、适用于争议的实体法等。

(3)按照有关法律或仲裁规则进行听证,听取当事人的充分陈述,并作出与案情有关的客观调查。

(4)在当事人无约定时,决定仲裁程序。

(5)作出与有关法律不相抵触的裁决。

### (六)仲裁庭成员的权利与义务

仲裁庭成员的权利可以概括为三个方面:仲裁员有权独立地参与仲裁审理程序和对裁决作出表决,任何当事人或其他机关或个人皆无权干预;仲裁员有权为其仲裁工作取得合法的报酬;仲裁员无正当理由不得被撤职。

仲裁庭成员同时也应依法或依有关的仲裁规则承担相应的义务。概括起来,这些义务有以下几个方面:

(1)必须秉公仲裁并保守仲裁秘密。

(2)接受仲裁任务后不得无正当理由辞职,否则须对由此而造成的当事人损失负赔偿责任。

(3)依合法合理原则,迅速仲裁和对裁决作出表决。

(4)仲裁员不得接受一方当事人提供的贿赂或其他不正当利益。

（5）仲裁员不得作出与双方当事人仲裁协议或有关法律相冲突的行为。

### 四、国际商事仲裁的审理

仲裁审理是指仲裁庭对案情所作的审查和核实活动的总称。仲裁审理可分为口头和书面两种形式。口头审理又称听证。在此方式下，仲裁员和当事人各方规定时间集中于规定的场所，由仲裁员作口头查问，当事人作口头陈述。不过，在听证过程中，仲裁员查问时也可向当事人出示书面证据供当事人口头辩论和解释，而当事人在对案情作口头陈述时也可以有书面证据作凭据。目前，世界上只有斯德哥尔摩商会仲裁院等常设机构的仲裁规则硬性规定仲裁庭必须安排口头听证。不过，其他仲裁规则虽然未规定听证为一例常的审理程序，但是它们一般也规定，只要有一方当事人提出听证申请，仲裁庭就应安排听证；无任何当事方提出听证申请时，仲裁庭可自行决定是否举行听证。在书面审理的方式下，当事人不需要共同出庭陈述，仲裁员只根据当事人提交的书面材料进行审理。在国际商事仲裁中，当事人往往分处于不同的国家，听证安排费时、费力，因此，当事人无明确要求时，国际商事仲裁大多以书面审理为主。当今极为发达的通讯条件也为书面审理提供了极大的方便。各仲裁机构对仲裁的审理过程基本相似，包括开庭、调解、收集证据与调查证人、采取保全措施以及最后作出裁决等几个步骤。

**（一）开庭**

仲裁开庭审理地点依仲裁协议来确定，无协议时，各常设机构的仲裁规则一般规定，仲裁员有权决定仲裁审理地点。至于仲裁员间协商碰头，向证人、专家或当事人调查、取证或听取意见，以及对货物或其他财产检验、对有关文件验证等与审理有关的活动，只要当事人间无协议明确表示反对，就不必限于在当事人或仲裁庭安排的仲裁审理地点进行。

仲裁审理的范围应仅限于各方当事人在仲裁协议中约定的可交付仲裁的事项。常设机构的仲裁规则对仲裁审理的范围大多也无明确具体的规定。实践中，仲裁审理的范围是因案而异的。

当事人对仲裁审理程序可加以约定，无当事人约定时，仲裁庭可自主安排。在实践中，仲裁审理程序与法院的程序大体相同，只是在很多环节上，仲裁要比诉讼快速灵活得多，且具有保密性。

**（二）调解**

在仲裁审理中，包括我国在内的很多常设机构的仲裁规则皆赋予仲裁庭以调解之权，有些常设机构的规则干脆将调解规则和仲裁规则合并定之。调解成功了，好处很多，最大的好处是双方当事人一般能自愿执行调解协议，以及各方当事人之间的友好关系不至于中断。但是，调解也可能不成功。在久调不解，特别是当事人约定的或法定的仲裁期限临近时，仲裁庭应停止调解而径自裁决。如果调解成功且当事人有要求时，那么仲裁庭应以裁决或调解书的形式记载调解结果。调解书与裁决书具有同等的法律效力。

**（三）收集证据与调查证人**

在仲裁审理过程中，仲裁庭有权审核证据与调查证人。双方当事人为自己进行辩护，自然也提出若干证据作为依据。仲裁庭认为有必要时可以传讯证人。欧洲、美洲国家一般都允许仲裁庭传唤证人出庭作证。但是如果证人不愿出庭作证，仲裁庭是否有权强令证人出庭作证，各国的规定有所不同。例如，1926年的《美国仲裁法》规定，根据该法指定的仲裁员全体或者过半数有权用书面传唤任何人出庭作证。但是英国、日本与瑞典等国家的仲裁法则规定，如果证人在接到仲裁庭的通知后不出庭作证,仲裁庭无权强令证人出庭作证。如果遇到这种情况,可以由当事人或仲裁庭向有关法院提出申请,由法院发出传票勒令证人出庭作证。

### (四)保全措施

保全措施是指在仲裁审理过程中,在作出最后的裁决之前的一段时间里,对有关当事人的财产作一种临时性的强制措施,以保证胜诉一方及时获得应有的损失赔偿。现在,许多国家的仲裁立法和仲裁规则都规定,仲裁庭对于双方当事人对争议中的标的物可以采取必要的保全措施。例如,联合国国际贸易法委员会、欧洲经济委员会等机构制定的仲裁规则都规定,对争议中的标的物可以采取必要的保全措施。美国仲裁协会的仲裁规则也规定,仲裁庭在必要时经当事人的同意,可以发出保全仲裁标的物的命令。但是也有部分国家认为保全措施是一种强制性措施,仲裁员没有这种权利,只能向有关法院提出申请,由法院作出保全措施的决定,如中国、澳大利亚等国家。我国《国际经济贸易仲裁委员会仲裁规则》规定,仲裁委员会可以根据当事人的申请与中国法律的规定,提请被诉人财产所在地或仲裁机构所在地的法院作出关于保全措施的裁定,以保护当事人的权利。我国民事诉讼法规定,这种保全措施应由仲裁机构向有关的中级人民法院提出,经法院裁定允许后才可执行。我国《仲裁法》第68条也规定:"涉外仲裁的当事人申请证据保全的,涉外仲裁委员会应当将当事人的申请交证据所在地的中级人民法院。"

### (五)法律适用

关于仲裁员在审理过程中究竟应适用哪一国法律的问题,其处理方法一般是属于程序者,各国都一致适用仲裁地法。关于实体法的适用,各国一般都允许当事人自由选择,这就是"意思自治"原则的体现。如果当事人没有指定哪一国法律,那么,通常由仲裁庭自己确定应适用的法律。

## 五、国际商事仲裁裁决的作出

仲裁裁决是仲裁庭对当事人提出仲裁的争议问题所作出的处理结论。

### (一)仲裁裁决作出的方式

仲裁裁决必须以书面形式作出。仲裁庭如果是由独任仲裁员组成,裁决就由其作出,如果是一个由3名仲裁员组成的合议仲裁庭进行仲裁,可能存在着仲裁员对案件处理存在不同意见,此时,就需要一套完善的表决制度来保障仲裁裁决的作出。根据各国商事仲裁法的规定和国际商事仲裁实践,仲裁裁决的表决方式主要有三种:一是多数原则。实行多数原则是大多数国家及其仲裁机构通行的做法。二是首席仲裁员决定的规则。例如,《国际商会仲裁规则》第9条规定:"仲裁庭由3名仲裁员组成时,裁决得依多数票决定之,如达不到多数时,应由仲裁庭主席单独作出。"三是当事人自主原则。这是一个例外原则,以当事人各方同意作出裁决的方式往往发生在仲裁程序中当事人达成和解而中止仲裁的案件中。为了便于和解协议的执行,有时经当事人要求或由仲裁庭自主决定根据其和解协议的内容作成一项合意裁决。在这种情况下,当事人有充分的自主权决定合意裁决的方式而不必拘束于多数原则和首席仲裁员决定规则。

### (二)仲裁裁决的效力及其异议

从理论上说,仲裁裁决一经作出,即对当事人具有约束力。如果一方当事人不能自动履行,另一方当事人可请求法院强制执行。但按照各国仲裁立法与实践,如果裁决存在着法律规定的可以撤销的理由,当事人则可以在法律规定的期限内,向对此有管辖权的法院申请撤销该仲裁裁决。可撤销的仲裁裁决的理由,归纳起来主要有以下四种情况:

(1)仲裁裁决所依据的仲裁协议无效。

(2)仲裁程序不当。

(3)仲裁庭越权,即仲裁庭裁决的事项超出了当事人在仲裁协议中规定的事项。

(4)仲裁庭的组成与当事人约定或应当适用的法律不符。

以上情况均应当由当事人提供证据证明。如能证明有上述情况之一的,法院就可以裁定撤销仲裁庭已经作出的仲裁裁决。此外,按照《国际商事仲裁示范法》第 34 条的规定,如果法院查明,该仲裁裁决所涉及的事项依据法院地法为不能通过仲裁裁决的事项,或者该仲裁裁决违反了当地的公共政策,也可裁定撤销该仲裁裁决。

# 第四节　国际商事仲裁裁决的承认与执行

国际商事仲裁裁决的承认与执行,是指法院或其他法定的有权机关承认国际商事仲裁裁决的终局约束力,并予以强制执行的制度。仲裁机构本身没有强制执行的权利,因此,仲裁裁决主要靠当事人自觉履行。当一方当事人拒不履行仲裁裁决时,另一方当事人就可通过有关国内法院申请强制执行,这就涉及对本国的国际商事仲裁裁决的承认和执行和对外国的国际商事仲裁裁决的承认和执行的问题。

## 一、对本国的国际商事仲裁裁决的承认和执行

包括我国在内的世界上的大多数国家对确认本国国际商事仲裁的效力和执行都处理得很简单,即由获得有利裁决的一方当事人向有管辖权的法院提出申请,该法院收到申请后即对仲裁协议和裁决作出形式审查,经审查认为形式上合法后,即发布执行该裁决的命令,予以强制执行。但是,在执行过程中,若对方当事人依法提出了有效的异议,则强制执行行为应予以中止,待异议经法院审查不成立后再继续强制执行。当然,对方当事人的异议经法院审查认为成立的,该仲裁裁决就不能被执行。

根据我国《民事诉讼法》第 260 条规定,对我国涉外仲裁机构作出的仲裁裁决(其中的绝大多数可称为我国的国际商事仲裁裁决),被申请人提出证据证明仲裁裁决有下列情形之一的,经人民法院组成合议庭审查核实,裁定不予执行:①当事人在合同中没有订立仲裁条款或事后没有达成书面仲裁协议的;②被申请人没有得到指定仲裁员或进行仲裁程序的通知,或者由于其他不属于被申请人负责的原因未能陈述意见的;③仲裁庭的组成或仲裁的程序与仲裁规则不符的;④仲裁的事项不属于仲裁协议的范围或者仲裁机构无权仲裁的。

## 二、对外国的国际商事仲裁裁决的承认和执行

各国对外国的国际商事仲裁裁决的承认和执行制度一般都较复杂,其原因主要是它涉及本国的国家利益和有关当事方利益。为维护本国国家利益和本国当事方的切身利益,世界上很多国家对承认和执行外国的国际商事仲裁裁决作了严格的限制。这些限制主要表现为:本国存在承认和执行该类裁决的条约义务;该裁决作成地国家对本国的同类裁决互惠承认和执行;对该裁决的承认和执行不违反本国的公共秩序;等。

　　为统一缔约方承认和执行外国仲裁裁决特别是外国商事仲裁裁决制度,促进国际仲裁特别是国际商事仲裁的发展,《纽约公约》规定各缔约方应承担下列义务:应相互承认仲裁裁决具有约束力,并应依执行地的程序规则及公约所载的条件予以执行;各缔约方在承认和执行其他缔约方的仲裁裁决时,不应在实质上比承认和执行本国的仲裁裁决提出更为麻烦的条件或征收更高的费用。

　　《纽约公约》同时要求申请承认和执行仲裁裁决的当事人在申请时应提交:原裁决的正本或其正式副本;据以裁决的仲裁协议的原本或其正式副本;如上述裁决或仲裁协议所用文字不是执行地国的正式文字,申请者还必须提交关于裁决和仲裁协议的执行地国正式文字的译本,该译本还应经外交、领事或有关译员的认证。

　　此外,《纽约公约》对各缔约方拒绝承认和执行其他缔约方的商事仲裁裁决的情形作了明确的限定。根据该公约第 5 条的规定,缔约方只有在下列情况下才有权拒绝承认和执行。

　　(1)当事人一方向申请承认和执行的主管机关提供了证明,证明裁决有下列情形之一:

　　①签订仲裁协议的当事人依对其适用的法律有某种无行为能力的情形,或该协议依当事人约定的准据法或当事人无约定时依裁决地国家的法律无效。

　　②当事人一方未接到关于指派仲裁员或仲裁程序的适当通知,或因其他原因未能对案件进行申辩。

　　③裁决所处理的争议不是交付仲裁的标的,或超出仲裁协议的范围。但交付仲裁事项的裁决部分与未交付仲裁事项可区分时,裁决中关于交付仲裁事项的裁决部分应予承认和执行。

　　④仲裁庭的组成及仲裁程序与各方当事人间的协议不符,或无协议时与仲裁地国家的法律不符。

　　⑤裁决对当事各方尚无约束力,或者已经裁决地国家或据其法律作出裁决的国家的主管机关撤销或停止执行。

　　(2)申请承认及执行地国家的主管机关认定有下列情形之一:

　　①依该国法律,争议事项不能以仲裁解决。

　　②承认或执行裁决有违该国公共政策。

　　我国承认和执行外国仲裁裁决的依据是我国的《民事诉讼法》中的有关规定和我国缔结参加的双边和多边国际公约,如已于 1987 年对我国生效。在我国执行的外国仲裁裁决,可以分为《纽约公约》项下的裁决和非《纽约公约》下的裁决。《纽约公约》项下的裁决为在我国以外的《纽约公约》缔约国境内作出的裁决,这些裁决执行的条件只能依照公约规定的条件执行。对于非《纽约公约》项下的裁决,按照我国《民事诉讼法》中的规定,按互惠原则予以承认和执行。申请人在我国申请执行外国仲裁裁决的,按照我国《民事诉讼法》第 269 条的规定,应当直接向被执行人住所地或者其财产所在地的中级人民法院申请。如果被执行人为自然人,为其户籍所在地的中级人民法院;被执行人为法人,为其主要办事机构所在地的中级人民法院。被执行人在我国无住所或主要办事机构,但有财产的,为其财产所在地的中级人民法院。申请执行仲裁裁决的期限,依我国《民事诉讼法》第 219 条的规定,双方或一方当事人为公民的申请执行期限是 1 年,双方是法人或者其他组织的为 6 个月,自法律文书规定履行期间的最后 1 日起算。凡是向法院申请执行的仲裁裁决经法院审查后准许执行的,由法院作出准予执行的规定,并向被执行人发出执行通知,责令其在指定的期限内履行,逾期不履行的,由法院强制执行。

## 思考与练习

1. 仲裁为什么能成为国际商事争议解决的最常用手段之一?
2. 仲裁协议应包括哪些内容?

## 案例分析

2005 年 2 月 16 日,美国 A 公司与香港 F 公司订立了一份 1 000 公吨的大豆买卖合同,合同中有一条款约定:与本合同中的一切争议应通过友好协商解决;若无法达成协议,争执问题应提交中国国际经济贸易仲裁委员会仲裁。2006 年 5 月 21 日,双方又签订了一份修改上述买卖合同的"更改书"。该"更改书"包含了大豆的价格和交货条件。就该交货条件而言,F 公司同意 A 公司先装运大豆 500 公吨,另 500 公吨在稍后一个月内装运。2006 年 7 月,由于大豆行情发生变化,A 公司不愿交货,双方发生争议,双方协商未果,香港 F 公司遂向中国国际经济贸易仲裁委员会提交仲裁。美国 A 公司却认为,2005 年 2 月 16 日的合同已被后来的合同所取代,后来的合同没有约定仲裁条款,故不能将争议提交给中国国际经济贸易仲裁委员会仲裁。

问:A 公司的主张是否合法? 为什么?

# 参考文献

[1] 杜晓君,宁烨,董云华.国际商法[M].沈阳:沈阳出版社,2000.

[2] 任荣明,侯兴政.国际商法[M].北京:清华大学出版社,2004.

[3] 何美欢.香港代理法[M].北京:北京大学出版社,1996.

[4] 黄安生,编译.英国商法[M].北京:法律出版社,1991.

[5] 沈四宝,等.国际商法[M].北京:对外对外经济贸易大学出版社,2002.

[6] 刘丕峰,等.国际商事合同[M].北京:中国商业出版社,2002.

[7] 崔建远.合同法[M].北京:中国政法大学出版社,2000.

[8] 冯大同.国际商法[M].北京:对外经济贸易大学出版社,1991.

[9] 程祖伟,韩玉军.国际结算与融资[M].2版.北京:中国人民大学出版社,2004.

[10] 马齐林.新编国际商法[M].广州:暨南大学出版社,2002.

[11] 王传丽.国际贸易法[M].3版.北京:法律出版社,2005.

[12] 金晓晨.国际商法[M].北京:首都经济贸易大学出版社,2005.

[13] 黎孝先.国际贸易实务[M].3版.北京:对外经济贸易大学出版社,2000.

[14] 邹建华.国际商法[M].北京:中国金融出版社,1995.

[15] 曹祖平.新编国际商法[M].北京:中国人民大学出版社,2002.

[16] 王学先.国际商事法[M].大连:大连理工大学出版社,1998.

[17] 余劲松,吴志攀.国际经济法[M].北京:北京大学大学出版社,高等教育出版社,2003.

[18] 国际商会中国委员会,编译.ICC跟单信用证统一惯例[M].修订本.北京:中国民主法制出版社,2007.

[19] 阎之大.UCP600前瞻——即将成稿实施的UCP600会有哪些变化[J].中国外汇,2006(7).

[20] 林光祖,刘经华.国际商法[M].厦门:厦门大学出版社,2003.

[21] 余非,孙红湘.国际商法[M].北京:中国时代经济出版社,2004.

[22] 曹建明.国际产品责任法概说[M].上海:上海社会科学出版社,1998.

[23] 余先予.国(区)际民商事适用法[M].北京:人民日报出版社,1995.

[24] 刘文琦.产品责任法律制度比较研究[M].北京:法律出版社,1997.

[25] 孔祥俊.民商法热点、难点及前沿问题[M].北京:人民法院出版社,1996.

[26] 刘文琦.产品责任法律制度比较研究[M].北京:法律出版社,1997:34—35.

[27] 张骐.中美产品责任规则原则比较[J].中外法学,1998(4).

[28] 祝磊.美国产品责任规则原则的嬗变[J].社会科学研究,2003(2).

[29] 蒋熙辉,蒋桂芝.关于信息产品责任的思考[J].四川警官职业学院学报,2003.

[30] 曹建明.国际经济法学[M].北京:中国政法大学出版社,1999.

[31] 陈安.国际经济法学[M].北京:北京大学出版社,1994.

［32］沈达明,冯大同,赵宏勋.国际商法[M].北京:中国对外经济贸易出版社,1992.

［33］张玉卿.国际反倾销法律与实务[M].北京:中国对外经济贸易出版社,1993.

［34］王承斌.西方国家反倾销法与实务[M].北京:中国对外经济贸易出版社,1996.

［35］施米托夫.国际贸易法文选[M].赵秀文,选译.中国大百科全书出版社,1993.

［36］沈四宝.国际商法论文集(2003－2005)[M].北京:中国对外经济贸易出版社,2005.

［37］沈四宝,马其家.对外贸易法若干问题研究[J].山西大学学报:哲学社会科学学部.

［38］甘功仁.论我国加入WTO后反倾销法制的完善[J].中央财经大学学报,2001(5).

# 后记

在本书的写作过程中,我们对国际商事法律和实践进行了探索性的研究,参考了大量中外文献,并结合实际向相关各界人士求教,因此,本书是在理论与实践相结合的基础上完成的。

本书由周晓唯任第一主编并统稿,杨林岩任第二主编,王胜利任副主编。具体编写分工为:杨林岩(西安交通大学)第一章,宁烨(东北大学)第二章,王丽娜(西安工业大学)第三章,沈剑(陕西师范大学)第四章,周晓唯(陕西师范大学)、娄玉(河南财经学院)第五章,李莉(西安爱生技术集团公司)第六章,娄玉(第七章),张月华(西安理工大学)第八章,何芳(西安工程大学)第九章,王胜利(陕西科技大学)第十章,黎文龙(湖南理工学院)第十一章。

本书的编写得到了国际贸易及法学界很多专家学者的大力支持,在此表示诚挚的感谢。在本书的写作过程中,参考了国内外众多专家、学者的著作及文章,在此表示衷心的感谢。尽管编写本书的作者长期从事国际贸易及法学教学工作,具有丰富的教学与科研经验,但书中可能还会存在错误与纰漏,恳请专家、读者批评指正。

作　者
2008 年 8 月

**图书在版编目(CIP)数据**

国际商法/周晓唯等主编.—2版.—西安:西安交通大学
出版社,2013.8(2016.8重印)
　ISBN 978-7-5605-5626-0

　Ⅰ.①国… Ⅱ.①周… Ⅲ.①国际商法-高等学校-教材
Ⅳ.①D996.1

　中国版本图书馆 CIP 数据核字(2013)第 196866 号

| | |
|---|---|
| 书　　名 | 国际商法(第二版) |
| 主　　编 | 周晓唯　杨林岩 |
| 责任编辑 | 魏照民　郑　伟 |
| 出版发行 | 西安交通大学出版社 |
| | (西安市兴庆南路 10 号　邮政编码 710049) |
| 网　　址 | http://www.xjtupress.com |
| 电　　话 | (029)82668357　82667874(发行中心) |
| | (029)82668315(总编办) |
| 传　　真 | (029)82668280 |
| 印　　刷 | 虎彩印艺股份有限公司 |
| 开　　本 | 787mm×1092mm　1/16　印张 15.625　字数 371 千字 |
| 版次印次 | 2008 年 9 月第 1 版　2013 年 8 月第 2 版　2016 年 8 月第 4 次印刷 |
| 书　　号 | ISBN 978-7-5605-5626-0/D·151 |
| 定　　价 | 29.80 元 |

读者购书、书店添货、如发现印装质量问题,请与本社发行中心联系、调换。
订购热线:(029)82665248　(029)82665249
投稿热线:(029)82668133
读者信箱:xj_rwjg@126.com